Wolf / Schopf / Burkard / Lepper
Die Macht der Zensur

Hubert Wolf / Wolfgang Schopf
Dominik Burkard / Gisbert Lepper

# Die Macht der Zensur

Heinrich Heine auf dem Index

Patmos Verlag Düsseldorf

Die Deutsche Bibliothek – CIP-Einheitsaufnahme

**Wolf, Hubert:**
Die Macht der Zensur: Heinrich Heine auf dem Index / Hubert Wolf /
Wolfgang Schopf. – 1. Aufl. – Düsseldorf: Patmos-Verl., 1998
ISBN 3-491-72392-2


© 1998 Patmos Verlag Düsseldorf
Alle Rechte, einschließlich derjenigen des auszugsweisen Abdrucks
sowie der photomechanischen Wiedergabe, vorbehalten.
1. Auflage 1998
Umschlagbild: Heinrich Heine · Öl auf Leinwand von
Moritz Daniel Oppenheim, 1831 · 43 x 34 cm · Kunsthalle Hamburg,
Vermächtnis von J. H. Campe · Foto: Elke Walford, Hamburg
Satz: Fotosatz Moers, Mönchengladbach
Druck und Bindung: Wiener Verlag, Himberg
ISBN 3-491-72392-2

# Inhalt

## Vorwort

»Man kann sagen, was man will, der Katholizismus ist eine gute
Sommerreligion. Es läßt sich gut liegen auf den Bänken dieser
alten Dome, man genießt dort die kühle Andacht, ein heiliges
dolce far niente.« Die »Reisebilder« und andere Werke Heinrich
Heines (1797–1856) sind voll von solchen spöttischen Bemer-
kungen über die katholische Kirche. Um so mehr verwundert,
daß der Reaktion der Kirche auf Heines Anwürfe bislang keiner-
lei Beachtung geschenkt wurde, obwohl seit über eineinhalb
Jahrhunderten bekannt ist, daß vier Werke des Dichters 1836
bzw. 1845 auf den römischen »Index der verbotenen Bücher«
kamen und somit bis 1967, dem Jahr der Aufhebung der
»schwarzen Liste« durch Papst Paul VI., von keinem Katholiken
gelesen werden durften. Auch im Heine-Jahr (1997) selbst blieb
dieser wichtige Aspekt bisher ausgeblendet. Dies dürfte wesent-
lich mit der Tatsache zusammenhängen, daß das Archiv der
römischen Indexkongregation, der kurialen Zensurbehörde, bis-
lang der Forschung grundsätzlich nicht zugänglich war.

Durch Vermittlung Seiner Exzellenz des Bischofs von Rotten-
burg-Stuttgart, Dr. Walter Kasper, und die wohlwollende Unter-
stützung des Präfekten der Glaubenskongregation, Seiner Emi-
nenz Joseph Kardinal Ratzinger, erhielt der Unterzeichnende
eine umfassende Erlaubnis zur Konsultation dieses Archives.
Erst dadurch wurde das Erscheinen dieses Bandes überhaupt
möglich, kann die kirchliche und staatliche Zensur gegen Heine
sachgerecht und quellenfundiert dargestellt werden. Beide, Bi-
schof und Kardinal, denen mein besonderer Dank gilt, folgten
bei ihrem Engagement dem Grundsatz Papst Leos XIII. bei der
Öffnung des Vatikanischen Geheimarchivs 1880, nach dem sich
die Kirche vor der historischen Wahrheit nicht zu fürchten brau-
che – ein Satz, der sich im Fall Heine erneut bewährte. Denn im
Gegensatz zur pauschalen, undifferenzierten Verurteilung der
Literatengruppe des »Jungen Deutschland« durch den Deut-
schen Bundestag in Frankfurt im Dezember 1835 machte es sich
die Kirche nicht so einfach mit der Zensurierung Heines. Für
jedes seiner inkriminierten Werke wurde ein eigener Gutachter

bestellt, dessen Votum zweimal eingehend beraten wurde – durch Fachleute und die Kardinäle der Indexkongregation –, erst danach fällte der Papst sein Urteil.

Im ersten Teil des vorliegenden Werkes stelle ich gemeinsam mit meinem Assistenten Lic. theol. Dominik Burkard das staatliche und kirchliche Zensurverfahren gegen Heine in seiner gegenseitigen Verzahnung dar. Den Beamten des Vatikanischen Geheimarchivs Rom und des Haus-, Hof- und Staatsarchivs Wien für ihre großzügige Unterstützung der Recherchen gilt dabei ebenso ein besonderer Dank wie Archivar Rev. Giménez Alejandro Cifres von der Glaubenskongregation. Nicht zuletzt die Gastfreundschaft des Collegio Teutonico im Campo Santo und seines Rektors Prof. Dr. Erwin Gatz beförderte das Projekt maßgeblich.

Das Werk dokumentiert in seinem zweiten Teil die römischen Heine-Verfahren durch Abdruck der Originaldokumente der Indexprozesse, namentlich der Geheimgutachten und der Urteilsbegründung. Diese mußten im Indexarchiv mühsam aufgespürt und handschriftlich erfaßt sowie in einem zweiten Durchgang kollationiert werden, da dort keine Möglichkeit zur Erstellung von Mikrofilmen bzw. Fotokopien besteht. Im Interesse der besseren Verständlichkeit wurden die italienischen Dokumente von Herrn Kollegen Prof. Dr. Gisbert Lepper und meiner Mitarbeiterin Frau Beate Müller ins Deutsche übersetzt. Die Finanzierung der dazu notwendigen Auslandsaufenthalte übernahm die Fritz Thyssen Stiftung Köln; dank deren großzügiger Unterstützung konnte das Projekt innerhalb kurzer Zeit verwirklicht werden.

Seinen dritten und vierten Teil verdankt das Buch der kollegialen interdisziplinären Zusammenarbeit mit Prof. Dr. Gisbert Lepper und Wolfgang Schopf vom Fachbereich Neuere Philologien der Johann Wolfgang Goethe-Universität Frankfurt/Main, die für die germanistischen Perspektiven sorgten. Herr Lepper steuert eine erste Analyse der römischen Geheimgutachten bei, während sich Wolfgang Schopf in grundsätzlicher Weise dem Thema »Religionskritik, Zensur und Selbstzensur« bei Heine zuwendet. Beiden sei für die konstruktive Zusammenarbeit gedankt.

Bei den Nachforschungen zu den Personen der Gutachter, Fachberater und Kardinäle der Indexkongregation taten sich häufig unüberwindlich erscheinende Schwierigkeiten auf. Ohne die selbstlose Hilfe von Dr. Herman H. Schwedt, dem Direktor des Diözesanarchivs Limburg, der uns seine umfangreichen Sammlungen zur Prosopographie von Indexkongregation und Inquisition zur Verfügung stellte, hätten wir den Nachweis vieler in den Heine-Prozeß involvierter Personen schuldig bleiben müssen. Bleibt zu hoffen, daß Schwedts umfangreiche Sammlung bald im Druck der wissenschaftlichen Öffentlichkeit zugänglich gemacht werden kann.

Ohne zuverlässige Mitarbeiter und Mitarbeiterinnen ist ein solches Projekt nicht binnen Jahresfrist abzuschließen. Daher gilt mein besonderer Dank allen Angehörigen meines Lehrstuhls für Kirchengeschichte. Meine außergewöhnlichen Arbeitsbedingungen, die im geisteswissenschaftlichen Bereich ihresgleichen suchen, beruhen auf der Förderung meiner Forschungen durch den Präsidenten, den Kanzler und die Gremien meiner Universität. Ich widme daher dieses Werk der Johann Wolfgang Goethe-Universität Frankfurt/Main, die mir zu einer neuen wissenschaftlichen Heimat wurde.

Frankfurt a. M., 10. Dezember 1997, dem 162. Jahrestag des Frankfurter Bundestagsbeschlusses gegen das »Junge Deutschland« und Heinrich Heine.

*Hubert Wolf*

# A. Zwischen Amboß und Hammer: Heinrich Heine unter staatlicher und kirchlicher Zensur

*Hubert Wolf und Dominik Burkard*

## I. Das politische und kirchliche Koordinatensystem: Revolutionsfurcht als Signatur einer Epoche (1815–1848)

### 1. Repression im Deutschen Bund – oder: Das »Schreckensbild« der Revolution als »fixe Idee« Metternichs

Unter den Auspizien der Revolution von 1789 begann das 19. Jahrhundert, und die Revolution sollte das beherrschende Moment der ersten Jahrhunderthälfte bleiben. Napoleon gestaltete mit seinen militärischen Operationen in Mittel- und Südeuropa die staatliche Organisation Europas von Grund auf um. Säkularisation und Mediatisierung zerschlugen die alten feudalrechtlichen Strukturen und verschoben damit die Machtverhältnisse. Die Säkularisation beraubte die Kirche – auf fast allen Ebenen – ihrer Güter und Rechte. Die Mediatisierung schuf aus dem Flickenteppich eigenständiger, zum Teil kleiner und kleinster Territorien die Flächenstaaten des 19. Jahrhunderts.

Napoleon beseitigte im Innern Frankreichs die demokratischen Institutionen und unterdrückte die politische Öffentlichkeit, wurde aber zugleich der Wegbereiter der Moderne: Der *Code Napoléon*, Grundlage des modernen Zivilrechts, fixierte die Staatsgewalt in ihrer Trennung von der bürgerlichen Gesellschaft. An Napoleon schieden sich die Geister – Ablehnung und Bekämpfung oder Anlehnung und Nachahmung? Der Einfluß des französischen Kaisers reichte weit, nirgendwo war er aber so

groß wie in den »Vorhöfen seines Heiligtums«, in den neuent-
standenen deutschen Staaten »von Napoleons Gnaden«, den
Pufferstaaten westlich der Elbe. Sie übernahmen zahlreiche
Reformen und trieben ihrerseits die Auflösung der altständisch-
feudalen Herrschaftsstrukturen voran[1]. Der alte Adel mußte sich
unterordnen oder weichen, die Bürokratie wurde aufgewertet,
die Stellung des Fürsten im Staatsgefüge veränderte sich. Verlie-
rer waren vor allem die katholische Kirche, die Reichsstädte und
die Aristokratie. Das formelle Ende des Reiches 1806 erschien
vielen Zeitgenossen als die längst fällige Kapitulation eines über-
lebten Systems vor den Anforderungen der Zeit.

Bis 1813 hielt Napoleon Europa in Atem. Die »Epoca Napo-
leonica« war in vielfacher Hinsicht eine Übergangszeit: Na-
poleon brachte einerseits Bewegung in die bis dahin relativ
festgefügte territoriale, politische und religiöse Ordnung des
Deutschen Reiches, andererseits unterband er mit seiner un-
durchsichtigen imperialen Politik notwendige Reformen. Politisch
war der Rheinbund abhängig von der militärischen Vormacht
Frankreichs. Die Neuordnung des Verhältnisses von Staat und
Kirche scheiterte abwechselnd am Widerstand entweder Napo-
leons oder des Papstes oder der deutschen Fürsten.

Im Vorfeld der Befreiungskriege entstand eine vom Bürger-
tum getragene nationale Bewegung, die mit Duldung der Für-
sten eine politische Publizistik ins Leben rief. Darin kamen die
Ideen der Französischen Revolution, die Forderungen nach Frei-
heit, Gleichheit und Brüderlichkeit zur Wirkung. Der Wider-
stand gegen Napoleon ließ liberale und nationale Erwartungen
aufkeimen, die in politischen Flugschriften, aber auch literarisch
in patriotischen Liedern und Dramen vorgetragen wurden. Die
Presse begann, sich in den Dienst der nationalen Einigung zu
stellen.

Die Regierungen unterstützten nach anfänglichem Zögern
diese Bewegung, denn sie war ein neues Element der Politik, das
sie bis dahin unterdrückt hatten. Nach Napoleons Sturz, als der
alte Adel im Staat wieder Fuß faßte, erschien diese abrupt ent-
standene Publizistik den monarchisch-dynastischen Gewalten
wieder im alten Licht: als ein entbehrliches Medium politischer
Meinungsbildung. Nur in der Reformbürokratie hatte sie einen
Rückhalt.

1 Zum Folgenden vgl. Langewiesche, Europa; Doering-Manteuffel, Frage.

Die Zensurmaßnahmen der Restaurationspolitik zeigen die Angst der an die Macht zurückgekehrten Dynastien vor dem Einfluß politischer Literatur. Was als »nationale Erhebung« in die deutsche Nationalhistoriographie eingehen sollte, war zu einem bedeutenden Teil das Werk von Schriftstellern: die Erfindung der Nation. Es war die Idee von Heinrich Friedrich Karl Freiherr vom Stein (1757–1831) gewesen, die appellative Sprache von Schriftstellern durch die Umsetzung mythischer Bilder der nationalen Mobilisierung nutzbar zu machen[2]. In Johann Gottlieb Fichte (1762–1814) und Ernst Moritz Arndt (1769–1860) fand Stein zwei ideale »Prediger«, mit deren Wirken eine Umsetzung des Plans versucht werden konnte. Stein war sich der politischen Sprengkraft von Literatur bewußt, nutzte diese gezielt und stattete so die Schriftsteller mit einer ungekannten politischen Sendung aus. Am Beispiel Arndts läßt sich deren Wirkung deutlich nachzeichnen. In seinem »Kurzen Katechismus für teutsche Soldaten«[3] von 1812 entwarf er das Programm der »Befreiungskriege« und formulierte das neue nationale Selbstverständnis: Ein deutscher Staat habe nach seinem Sieg über Frankreich mit dem Gebiet der Sprachverbreitung deckungsgleich zu sein; Deutschland und sein (Reichs-)Erbe sei von den Fürsten verraten worden, weswegen der »teutsche Soldat« nicht ihnen zur Loyalität verpflichtet sei, sondern dem »teutschen Menschen« und dem »teutschen Land«, dem Blut der Abstammung und dem Boden der Verbreitung der Deutschen[4]. Arndts Gedicht »Des Deutschen Vaterland« (1813)[5], eine Komprimierung des »Katechismus« in Versen, hat für die deutsche Dichtung ein neues Kapitel der Wirkungsgeschichte eröffnet. Es wurde zur Hymne der antinapoleonischen Kriege, die in der deutschen Literatur zur Etablierung

2 Stein war durch eine Schrift aus dem Umfeld des Vendée-Widerstands zu dem Vorhaben angeregt worden. Der »Histoire de la guerre de la Vendée et Chouans« (Paris 1806) von Alphonse Beauchamp entnahm Stein die Elemente seines Konzeptes zur Vorbereitung eines nationalen Aufstands gegen Napoleon: Nationalerziehung als Grundlage, die Sprache als Integrationsmedium des Volkes und die Einbettung des Individuums in eine Volks-Konstruktion, die auf historische Erb- und Blutsbande gegründet ist. – Zur Beauchamp-Rezeption durch vom Stein vgl. Johnston, Nationalmythos 27–48.
3 Arndts Werke X 115–129.
4 Vgl. ebd. 117 f. und 199–201.
5 Arndts Werke I 126 f.

eines neuen Genres führte: der politischen Lyrik[6]. Die beteiligten Dichter bedienten sich oftmals wiedererkennbarer Bilder, der Ikonographie des untergegangenen Reiches oder Motiven aus der Sagenwelt. Die Pointe liegt aber darin, daß ein kollektives Stimmungsbild erzeugt wurde, dem in der politischen Wirklichkeit nichts entsprach: Die »deutsche Nation« existierte 1813 als Nationalstaat nicht. Die Gedichte kleideten kein bestehendes Nationalgefühl in Worte, sondern trugen zu dessen Schöpfung bei[7].

Der Deutsche Bund selbst war also auch auf den Resultaten dieser neuen politischen Wirksamkeit von Literatur gegründet. Daß sich die vom Schlachtfeld zurückgekehrten Studenten dieses Mechanismus' bei der politischen Verarbeitung ihres Unmuts über die gebrochenen Versprechen der Fürsten bedienen könnten, war eine naheliegene Befürchtung. Die nationalen Einigungsbestrebungen und die erzeugte öffentliche Meinung, im Kampf gegen Napoleon willkommene Mittel, drohten sich gegen ihre Nutznießer zu wenden. Eine zweifache Verschiebung war die Folge: Aus den begeisterten Fechtern für die nationale Einheit wurden in dem politischen System, das aus den Befreiungskriegen hervorging, Verfolgte. Und Literatur, deren politische Dynamik zur Errichtung des Deutschen Bundes beigetragen hatte, sollte um diese Wirksamkeit beschnitten werden. Die Versuche, nach 1815 mittels Einschränkung der Meinungsfreiheit die Stimmen der literarischen Öffentlichkeit zu unterdrücken, sollten die selbst gerufenen Geister bändigen. Der neue publizistische Raum einer politischen Öffentlichkeit konnte jedoch auch durch Repression nicht wieder sicher verschlossen werden.

Der Wiener Kongreß (1814/15)[8] bestärkte zunächst die im Kampf gegen Frankreich erstandenen Hoffnungen. Doch führte er weder zur nationalen Einigung – die Restauration der Dynastien und die europäische Balancepolitik wirkten in entgegengesetzter Richtung – noch wurde den liberalen Forderungen nach einer konstitutionellen Staatsform Rechnung getragen. In gewissem Sinne blockierten sich die beiden Bestrebungen gegenseitig:

6 Vgl. Altenhofer, Lyrik. – Altenhofer spricht von den »Befreiungskriegen« als der »eigentlichen Geburtsstunde des politischen Gedichts in Deutschland«.
7 Zur Einführung Weber, Freiheit 237–256. – Umfassend ders., Lyrik.
8 Vgl. Burg, Kongreß. – Zusammenfassend mit ausführlicher Bibliographie Ferenbach, Ancien Régime 122–131, 244–246.

Die süddeutschen Staaten, Bayern, Württemberg und Baden insbesondere, wachten über ihre Souveränität, kamen aber dem Verfassungsversprechen nach. Österreich hingegen, das den nationalen Einheitsgedanken betonte, trat dem »Liberalismus« hart entgegen. Auch in der deutschen Kirchenfrage blieb die reale Politik hinter den gehegten Hoffnungen zurück. Der Dalberg-Wessenbergsche Plan einer deutschen Nationalkirche[9] auf der Grundlage eines Bundeskonkordats mit Rom wurde ebensowenig verwirklicht, wie die Hoffnung restaurativer Kräfte auf eine Revision der Säkularisation und eine Restitution der deutschen (Reichs-)Kirche in Erfüllung ging. Die Staaten auf dem Wiener Kongreß beschäftigten sich mit anderen Problemen, und diese waren kompliziert genug. So mußten die gegensätzlichen Interessen in ein neues System gebracht werden, das ganz darauf gerichtet war, ein abermaliges Auflodern der Revolution und weitere Kriege zu verhindern. »Großmächtesolidarität, Friedenssicherung und Revolutionsprophylaxe hingen aufs engste zusammen und kennzeichneten die europäische Entwicklung bis 1848«[10]. Baumeister dieses Systems war der österreichische Staatskanzler von Metternich (1773–1859)[11]. Er plante zunächst, durch regelmäßig stattfindende Kongresse eine Art Großmächteregierung zu schaffen, die seine Vision einer umfassenden Ordnungspolitik umsetzen sollte. Doch verlor die »Ära der Kongresse« (1818–1822) bald ihre strenge Form und wich einer eher unverbindlichen Kooperation der Mächte, dem »Europäischen Konzert«.

In dieser europäischen Stabilisierungspolitik sollte nach dem Willen Metternichs der Deutsche Bund die zentrale Rolle spielen. Die Bundesakte von 1815 definierte als seinen Zweck: »Erhaltung der äußeren und inneren Sicherheit Deutschlands und der Unabhängigkeit und Unverletzbarkeit der einzelnen deutschen Staaten« (Art. 2). Überdies enthielt die Bundesakte Bestimmungen, die einer politischen Liberalisierung den Weg hätten öffnen können. Namentlich der Artikel 13, der den Bun-

---

9 Vgl. dazu Bischof, Konkordatspolitik 75–92 (Lit.).
10 Doering-Manteuffel, Frage 8.
11 Seit 1809 österreichischer Staatsminister, 1821 Staatskanzler. Mit dem Sturz seines Systems in der Revolution 1848 mußte er nach Brüssel und London fliehen, kehrte 1851 aber nach Wien zurück. Zu ihm Goldinger, Metternich 249–250 (Lit.).

desstaaten auferlegte, sich eine »landständische« Verfassung zu geben, wies in diese Richtung[12].

Metternich sah das innovatorische Potential und die Gefährlichkeit einer solchen Bestimmung für das »monarchische Prinzip« sehr wohl und versuchte daher, auf die Verfassungsdiskussionen in den einzelnen Staaten massiv einzuwirken. Obwohl alle Regierungen das konservative Interesse an Ruhe und Ordnung teilten, hatten sie verschiedene Auffassungen von dem Weg zur Erreichung dieses Ziels. Die Verfassungsfrage blieb in den folgenden Jahren der entscheidende Konflikt zwischen den Bundesstaaten, auch wenn er zeitweilig verdeckt, nämlich als Streit um Presse und Zensur, ausgetragen wurde. Während die meisten Staaten ihre Ständeversammlungen beibehielten bzw. wiederbelebten und als Parlamente ausgaben, entschieden sich zum Beispiel die süddeutschen Länder für eine konstitutionelle Staatsform mit Repräsentationselementen. Österreich hingegen vertrat die Linie eines strikten Absolutismus und verstand es, auch Preußen für diese Position einzunehmen.

Dazu nutzte der österreichische Staatskanzler Metternich das Wartburgtreffen der deutschen Burschenschaften und das am 23. März 1819 verübte Attentat des Burschenschaftlers Karl Ludwig Sand auf den in russischen Diensten stehenden Schriftsteller Karl August von Kotzebue[13]. Er nahm beide Ereignisse zum Anlaß, die Minister einiger ausgewählter Staaten zu einer Konferenz nach Karlsbad zu laden. Sein Ziel war es, eine verbindliche Interpretation des Artikels 13 der Bundesakte durchzusetzen, die eine Volksvertretung ausschließen sollte. Dies hätte nicht nur bedeutet, daß die preußische Regierung ihr Verfassungsvorhaben hätte aufgeben müssen, sondern hätte auch die süddeutschen Fürsten gezwungen, ihre Verfassungskonzession zu widerrufen. Zwar scheiterte Metternich mit dieser Initiative, er konnte jedoch eine Reihe von Gesetzesvorschlägen durchsetzen, die eine anti-nationale, anti-liberale und anti-revolutionäre Stoßrichtung hatten. Der Bundestag ratifizierte die Karlsbader Entwürfe: Die Burschenschaften wurden verboten, die Universitäten unter Aufsicht gestellt; die Presse als Medium zur Verbreitung revolutionärer Ideen wurde der Präventivzensur unterworfen. Die Mitgliedsstaaten akzeptierten eine Intervention des

---

12 Vgl. Mager, Problem 296–346.
13 Dazu vgl. Schulze, Sand 215–232.

Bundes für den Fall, daß sie die neuen Gesetze nicht anwende-
ten. Die »Karlsbader Beschlüsse« führten zu einer Wende in der
Politik des Deutschen Bundes. Preußen unterstützte den Vorstoß
Österreichs konsequent; eine gemeinsame restaurative Bundes-
politik der beiden deutschen Vormächte war eingeleitet. Staats-
rechtlich besiegelt wurde diese »reaktionäre Wende« (H.
Lutz) durch die »Bundes-Supplementar-Akte«, die die Bundesakte
von 1815 als ein zweiter Grundvertrag der Bundesstaaten er-
gänzte. Sie war das Resultat von Ministerialkonferenzen, die
von November 1819 bis Mai 1820 in Wien stattfanden, und wurde
am 8. Juli 1820 von der Bundesversammlung angenommen.
Sie erhob die fürstliche Souveränität, das sogenannte monarchi-
sche Prinzip zum ersten Grundsatz des Bundesstatuts. Der Bund
blockierte damit die konstitutionelle Entwicklung, entwertete
die bereits konzedierten Verfassungen und entmachtete die
Kammern in den konstitutionellen Ländern. Bezeichnender-
weise ist die »Bundes-Supplementar-Akte« nicht veröffentlicht
worden. Damit war klargestellt, daß »Gesetze«, die auf dieser
Rechtsgrundlage erlassen wurden, eben fürstliche Erlasse und
die Regierten wie im Ancien Régime Untertanen bleiben wür-
den.

Ein zweiter Restaurationsschub erfolgte nach der Julirevolu-
tion von 1830. Der Sturz des reaktionären Bourbonen Karl X.
(1757–1836) wurde als exemplarischer Angriff auf das »Prinzip
monarchischer Legitimität als bisherige Basis der europäischen
Staatenordnung«[14] gewertet. Die Unruhen wirkten als Initial-
zündung: Belgien wurde von den Niederlanden gelöst, formier-
te sich als konstitutionelle Monarchie und gab sich eine liberale
Verfassung; in Polen kam es zu Aufständen gegen die Herrschaft
des Zaren; schließlich griff die Revolution auch auf Mittelitalien
und die Schweiz über. Auch in Deutschland gab es revolutionä-
re Erhebungen. In Braunschweig wurde der Herzog gestürzt, in
Sachsen und Kurhessen dankten die Landesherren ab, in Han-
nover wechselte die Regierung. Alle genannten Länder erhielten
Verfassungen. Preußen und Österreich blieben verschont, eben-
so die konstitutionellen Staaten. Was den Aktionen den Charak-
ter von Aufständen verlieh, war die Beteiligung von Bauern,
Handwerkern und Arbeitern. Sie empörten sich wegen der
Steuerlast und des Brotpreises, doch waren ihre Interessen nicht

14 Doering-Manteuffel, Frage 13.

politisch artikuliert. Meist trat ihnen Militär entgegen, in den Städten gelegentlich auch Bürgergarden, die sich regelmäßig dort formierten, wo Garnisonen fehlten oder untätig blieben. Begünstigt wurden nur die Liberalen. Sie erhielten in den Mittelstaaten einen größeren Handlungsspielraum. Sie hielten Versammlungen ab, gründeten Zeitschriften und organisierten sich in Vereinen, z. B. den »Polenkomitees« zur Unterstützung der Emigranten, die nach der Unterdrückung des polnischen Aufstands 1830 geflüchtet waren. Einen Höhepunkt stellte das Hambacher Fest im Mai 1832 dar, zu dem der »Deutsche Vaterlandsverein zur Unterstützung der freien Presse« aufrief. Es formierte sich also nach fünfzehnjähriger Repression erneut eine politische Öffentlichkeit.

Doch hatte sie nicht lange Bestand. Gedrängt von Österreich und Preußen, beschloß der Bundestag im Juni und Juli 1832 zunächst die berüchtigten »Sechs Artikel«, dann weitere »Zehn Artikel«, die abermals die Bundesakte revidierten. Er illegalisierte mit diesen Beschlüssen alle neuen Aktionsformen und Organisationen, die die Liberalen ins Leben gerufen hatten: »alle Vereine, welche politische Zwecke haben«, öffentliche Versammlungen und Reden. Überdies beschränkte er die landständischen Rechte, verbot die Berichterstattung über Kammerverhandlungen und richtete eine zentrale Kommission zur Überwachung der Landtage ein[15]. Der Bund sorgte mithin dafür, daß der Angriff auf das System Metternichs und die neu erlassenen Verfassungen keine erodierende Wirkung hatten.

Alle restaurativen und antiliberalen Tendenzen kulminierten in der Person des österreichischen Staatskanzlers Fürst Metternich. Das Urteil über Metternich in der Geschichtsschreibung oszilliert zwischen Bewunderung seines »Systems«[16] und einer pauschalen Verdammung seiner Politik. Vor allem wurde das Bild vom »gegenläufigen« Staatsmann, der sich gegen die Entwicklungen seiner Zeit stemmte, tradiert. Franz Schnabel nennt das Österreich Metternichs »ein Wesen aus einer anderen Welt«[17]. Heinrich von Treitschke schildert ihn als Mann »kläglicher Gedankenarmut« und empörte sich über die »tiefe Un-

---

15 Vgl. dazu Wehler, Gesellschaftsgeschichte II 366.
16 Dazu Doering-Manteuffel, Frage 15–19.
17 Zit. nach Langewiesche, Europa 117.

wahrhaftigkeit seines Geistes«[18], Karl Glossy spricht von der
»Stickluft des Metternichschen Systems«[19].

Der »Baumeister Europas« auf dem Wiener Kongreß, dessen
staatsmännische Maximen auf das Gleichgewicht der politischen
Mächte und die Stabilisierung von Monarchie und Kirche ziel-
ten, hatte ein sensibles Gespür für die Gefahren, die seinem Bau-
werk drohten. Kein Wunder, daß Metternich die Bemühungen
um die Reform der tradierten Ordnung als revolutionär, als
Gefährdung der politisch-sozialen Hierarchie bekämpfte. »Revo-
lution« wurde zum entscheidenden Stichwort seiner Politik[20].
Sie war für ihn nach 1815, besonders aber nach 1830 »die wich-
tigste unter allen Fragen des Tages«, eine »schleichende Krank-
heit, die den gesamten sozialen Körper vergiftet und immer wie-
der zu fiebrigen Eruptionen führt«. Durch sie würden die Grund-
lagen von Gesellschaft und Politik, Gesetzgebung und Moral,
Religion, Wirtschaft und Verwaltung erschüttert. Metternich
hielt alle revolutionären Ideen für unrealisierbare demagogische
Versprechen: »Alle Revolutionen sind Lügen.« Sie waren für
Metternich stets von langer Hand geplant: »Revolutionen bre-
chen niemals ohne lange Vorbereitung überraschend herein.
Elemente, aus denen sich der Umsturz herausbildet, sind stets
und unter allen Verhältnissen vorhanden.« Von Frankreich und
der Julirevolution des Jahres 1830 sah Metternich eine Gefahr
für ganz Europa ausgehen: »Jene verruchte Verbrüderung, wel-
che seit einem halben Jahrhundert an dem Umsturze der beste-
henden und selbst aller möglichen gesetzlichen Ordnung und
aller Throne unablässig arbeitet, hat im Jahre 1830 in Frankreich
einen bedeutenden Sieg errungen, welcher ihr jedoch keines-
wegs genügt: Ihr Plan geht weiter, er umfaßt die Welt.« Es gab
für den Staatskanzler nur eine Möglichkeit, dem drohenden Ver-
derben zu entrinnen, nämlich den unerbittlichen Kampf gegen
alles, was in seinen Augen revolutionär war. Dazu mußte in
erster Linie die autokratische Monarchie gesichert werden. Von
dieser festen Bastion aus konnten revolutionäre und liberale
Kräfte gezielt eliminiert, präventive und repressive Maßnahmen
zur Anwendung gebracht werden. Um einen ausreichenden

18 Ebd.
19 Zit. nach Marx, Zensur Metternichs 6.
20 Zum Revolutionsbegriff Metternichs und zum folgenden Hoefer, Pressepo-
litik 16–19; Schoeps, Kampf 169–210 ; Kissinger, Gleichgewicht, z. B. 380–393.

Schutz möglich zu machen und gegen die Opposition vorgehen zu können, reichte es nicht, nur die entsprechenden Gesetze zu erlassen. Vielmehr galt es, jede Revolutionstendenz aufzuspüren, Mitglieder revolutionärer Geheimbünde festzustellen und die Verbreitung staats- und religionsgefährdender Schriften zu unterbinden.

Während Metternich in Österreich freie Hand hatte, erwies sich der Deutsche Bund als unkalkulierbares Element in seinem System. Da die oppositionellen Kräfte international agierten und die »liberaleren«, konstitutionell verfaßten Staaten des Deutschen Bundes als »Einfallstore« für ihre Aktivitäten nutzten, war es für Metternich von grundlegender Bedeutung, alle Mitgliedsstaaten und die Freien Städte zu einer einheitlichen Front zusammenzuschließen. Eine Aufgabe, die schwieriger nicht hätte sein können. Die auf ihre Souveränität bedachten Mittel- und Kleinstaaten, vor allem aber Württemberg und Bayern, waren nicht gewillt, bloße Mitläufer einer von Metternich initiierten Bundespolitik zu sein. Dieser Widerstand veranlaßte die Mittel- und Kleinstaaten zu dem Versuch, sich unter württembergischer Führung zu einem »Dritten Deutschland« zu verbünden und unabhängig von Österreich und Preußen eine eigene Politik zu betreiben[21]. Metternich besaß jedoch in der österreichischen Bundespräsidialgesandtschaft in Frankfurt relativ große Einflußmöglichkeiten. Zielstrebig unterdrückte er alle Bestrebungen, die auf Schwächung seines Einflusses, auf eine Destabilisierung des Bundes oder gar auf den Ausbruch einzelner Staaten hinauslaufen konnten.

Österreich kam in der Politik des Deutschen Bundes aus mehreren Gründen eine besondere Rolle zu. Nicht nur brachte es die Prärogative des habsburgischen Kaisertums ein, als Vielvölkerstaat verfügte es auch über lange Erfahrungen in der Einbindung auseinanderstrebender Kräfte und Repression separatistischer Tendenzen. Schließlich setzte Metternich die süddeutschen Staaten wegen ihrer konstitutionellen Verfassungen zunehmend unter Druck. Die im Vergleich mit Österreich liberalere Gesetzgebung, gemäßigte Zensur und vermehrte Mitsprache der Kammern erschwerten es dort, rigoros gegen oppositionelle Kräfte vorzugehen. Hier war Metternich gerne zur »Hilfe« bereit. So schrieb er etwa am 20. April 1833 an den Leiter des Mainzer

---

21 Dazu vgl. Burg, Trias.

Informationsbüros[22]: »Gegen Österreich wenden sich die Blicke aller Regierungen, welche Rettung suchen«, und 1835 bezeichnete er sich gar als »den Beichtvater der Kabinette und den Arzt der kranken Regierungen der ganzen Welt«[23]. Dennoch gelang es dem Staatskanzler aufgrund starker zentrifugaler Tendenzen der Einzelstaaten nur mit Mühe, den Deutschen Bund in seinem Sinne zu lenken und zu instrumentalisieren.

## 2. Restauration im Kirchenstaat – oder: Das Revolutionstrauma Papst Gregors XVI. (1831–1846)

Auch in Rom fürchtete man die Revolution wie kaum etwas anderes. Die Französische Revolution war im Zeichen der Aufklärung angetreten und hatte unter der Guillotine, in der Diktatur der Jakobiner und in Kriegen geendet, die das alte Europa in seinen Fundamenten erschütterten. Die Revolution wurde in den Augen konservativer Kreise zum Beweis für die Verderblichkeit der Aufklärung und jener Werte, für die sie stand. Alles, was die Aufklärung bekämpft hatte, war seit 1815 automatisch richtig; namentlich die katholische Kirche mit ihren Ansichten und Strukturen sah sich durch das Scheitern der »Moderne« in der Revolution bestätigt. Weil die Aufklärung – um nur ein Beispiel zu nennen – für Glaubens- und Gewissensfreiheit eingetreten war, »roch diese nach Schwefel« und mußte verboten werden. Gleiches galt für Menschenrechte, Volkssouveränität, Gewaltenteilung o. ä. – diese Werte waren durch die »Freiheit« der Revolution, die nach kurialer Ansicht zwangsläufig in Diktatur umgeschlagen war, endgültig diskreditiert. Im Gegenzug mußten die der althergebrachten Ordnung, mithin Autorität und Hierarchie, gestärkt werden[24].

Mit der Wiederherstellung der alten Ordnung auf dem Wiener Kongreß 1815 begann in Europa eine Phase der Restauration »von oben«. Zur Sicherung der Monarchien sollte eine Belebung der Koalition von Thron und Altar, von Kirche und Staat, dienen. In der Religion sahen die führenden Politiker des Restaurationssystems den wichtigsten Faktor zur Stabilisierung der

22 Zu dieser Einrichtung unten.
23 Zit. nach Hoefer, Pressepolitik 19.
24 Dazu Schmidlin, Papstgeschichte I 1–510.

politischen und sozialen Verhältnisse; ihr traute man am ehesten zu, die Menschen gegen die »Verführungen« revolutionärer und freiheitlicher Gedanken resistent zu machen[25].

Diese neue Hochschätzung des Christentums durch Staatsmänner und Regenten, die in der Bezeichnung des Staatsbündnisses als »Heilige Allianz«[26] anklingt, kam in besonderem Maße der katholischen Kirche, namentlich ihrem Oberhaupt, dem römischen Papst, zugute. Als einziger der Monarchen Europas hatte er der »Bestie« Napoleon widerstanden. Papst Pius VII. (1800–1823)[27] war auf Befehl des Kaisers wegen seiner unnachgiebigen Haltung ins französische Exil verschleppt und fünf Jahre lang (1809–1814) gefangengehalten worden. Nicht zuletzt dieser moralische Prestigegewinn des Papsttums als Fels in der revolutionären Brandung ermöglichte es Kardinalstaatssekretär Ercole Consalvi (1757–1824)[28], auf dem Wiener Kongreß die Restauration des von Napoleon zerschlagenen Kirchenstaates gegen zahlreiche Widerstände durchzusetzen[29]. Freilich sollte sich die wiederhergestellte weltliche Herrschaft des Papstes bald als schwere Hypothek erweisen. Da der »liberal« eingestellte Staatssekretär sich gegen die »Hardliner« an der Kurie, die den Kirchenstaat in eine totalitäre Theokratie umwandeln wollten, nicht durchsetzen konnte, unterblieben auch die maßvollsten Reformen, zu denen selbst Metternich dringend geraten hatte. Die Unzufriedenheit im Kirchenstaat entlud sich immer wieder in revolutionären Aufständen, so daß der Papst seinen Staat nur mit Hilfe ausländischer, vor allem österreichischer Truppen halten konnte, was den Haß der Bewohner gegen ihren Herrn und

---

25 Zusammenfassend mit ausführlicher Bibliographie Langewiesche, Europa; ferner Nipperdey, Geschichte 272–594; Jedin, Handbuch 105–246.

26 Vgl. Geiger, Politik 107–125. – Kritisch zum Begriff der »Heiligen Allianz« Metternich, Denkwürdigkeiten 326–329.

27 Vormals Graf Luigi Barnaba Chiaramonti (1742–1823), Benediktiner 1758, Bischof von Tivoli 1782, Bischof von Imola und Kardinal 1782. Auf dem unter dem Schutz Österreichs ausnahmsweise in Venedig stattfindenden Konklave als Kandidat der »Politicanti« am 14. März 1800 als Pius VII. zum Papst gewählt. – Zu ihm Gelmi, Pius VII.; immer noch unverzichtbar Schmidlin, Papstgeschichte 1–366; ferner Raab, Zeitalter.

28 Päpstlicher Diplomat, »Königsmacher« im Konklave 1799/1800; 1800 Kardinal und Staatssekretär, nach dem Tod Pius' VII. 1823 von den »Zelanti« als zu »politisch« entmachtet. – Zu ihm Schneider, Ercole Consalvi; Gelmi, Consalvi, mit neuerer Lit.

29 Zum Kirchenstaat allgemein vgl. Frenz, Kirchenstaat.

die fremden Besatzer noch mehr anstachelte[30]. Die Angst vor einem revolutionären Umsturz im Kirchenstaat, die immer reaktionärere Politik zur Unterdrückung dieser Gefahr durch die Kurie und die dadurch erst recht provozierten Unruhen bildeten einen Teufelskreis, der für die Papstgeschichte nach dem Wiener Kongreß symptomatisch war.

Ihren unbestreitbaren Höhepunkt fand diese restaurative oder vielmehr: reaktionäre Politik im Pontifikat Gregors XVI. (1831–1846)[31], dessen Amtszeit sozusagen durch zwei Revolutionen, die des Juli 1830 und die des März 1848, eingerahmt wird. Die Papstgeschichte des 19. Jahrhunderts ist gekennzeichnet durch das Ringen zweier Parteien in Kurie und Kardinalskollegium, die insbesondere bei den Papstwahlen aufeinandertrafen, da jedes Konklave zu einer Richtungsentscheidung wurde. Die »Politicanti« versuchten, Consalvis Politik maßvoller Reformen weiterzuführen, um so durch vorsichtiges Öffnen des »Überdruckventils« eine revolutionäre Explosion in Kirche und Kirchenstaat zu verhindern. Die »Zelanti« dagegen lehnten dies als falsches Nachgeben ab, das die gegnerischen Kräfte erst recht stärken werde. Sie traten daher für einen kompromißlosen Kurs ein; der Deckel auf dem siedenden Topf sollte auch nicht einen Millimeter angehoben werden. Je nachdem, welche Gruppe im Konklave für ihren Kandidaten die notwendige Zweidrittelmehrheit erreichen konnte, fiel die Kirchenstaatspolitik »politischer« oder »eifernder« aus. Daher kam es fast nach jeder Papstwahl zu einer gewissen Kurskorrektur. Hatte Pius VII. (1800–1823) als Kandidat der gemäßigten »Politicanti« gegolten, so kam dessen Nachfolger, Leo XII. (1823–1829)[32], eindeutig aus dem Kreis der »Zelanti«. Pius VIII. (1829/30)[33] verfolgte in sei-

30 Dazu Aubert, Kirche.
31 Vormals Bartolomeo Alberto Cappellari (1765–1846), seit 1783 Kamaldulenser, 1823 Ordensgeneral, 1826 Kardinal und Präfekt der Propagandakongregation. – Zu ihm Lill, Restauration 176–181; Schwaiger, Gregor XVI; Schmidlin, Papstgeschichte 511–688.
32 Vormals Annibale della Genga (1760–1829), 1794 Titularerzbischof und Nuntius in Köln, 1814 Nuntius in Paris, 1816 Kardinal und Bischof von Sinigaglia, 1820 Generalvikar von Rom. – Zu ihm Lill, Zeitalter 174; Schmidlin, Papstgeschichte 367–473; Schwaiger, Leo XII.
33 Vormals Francesco Sarerio Castiglioni (1761–1830), 1816 Kardinal und Bischof von Cesena, 1822 Präfekt der Indexkongregation, schon 1823 gemäßigter Gegenkandidat Leo XII. – Zu ihm Lill, Zeitalter 175 f.; Schmidlin, Papstgeschichte 474–510.

nem nur zwanzigmonatigen Pontifikat wieder eine »liberalere« Politik: Das »Polizeiregiment im Kirchenstaat wurde gemildert«, der neue Papst erwies sich als »ausgleichwillig« und in der Kirchenpolitik zu Konzessionen bereit, so daß man in der Tat von »kräftigen Korrekturen des Regierungskurses« sprechen kann[34]. Nach diesem gemäßigten Intermezzo schlug das Pendel ins zelantische Extrem aus. Mit dem Kamaldulensermönch Bartolomeo Alberto Cappellari wurde nach einem schwierigen, sich über 50 Tage hinziehenden Konklave – unterstützt von Metternich – einer der Hardliner als Gregor XVI. zum Papst gewählt. Seine ständige Furcht vor einem Umsturz im Kirchenstaat führte im Innern zu einer starken Betonung der päpstlichen Monarchie, die mit zahlreichen »Schroffheiten in der politischen und kirchenpolitischen Sphäre« einherging[35].

Gregors XVI. Haltung ist nachvollziehbar. Zahlreiche Gläubige in Frankreich waren infolge der Revolution kirchlich entwurzelt worden. In Deutschland lebten die meisten Katholiken seit der Säkularisation als Untertanen evangelischer Fürsten, die den protestantischen Summepiskopat, wonach der Landesherr zugleich oberster Bischof (summus episcopus) der Landeskirche ist, auch auf den katholischen Bereich auszudehnen beabsichtigten. Franzosen wie Deutsche suchten »ultra montes«, über den Bergen, in Rom, Orientierung und Hilfe. In ihrer Perspektive bot für Kirche, Staat und für den einzelnen nur der Fels Petri Halt in den Stürmen der modernen Zeit, die alles zu zerstören drohten. Solche »ultramontanen«[36] Ideen wurden – wie gesagt – zunächst in Frankreich und Deutschland entwickelt und erst allmählich in Rom rezipiert. Unter Gregor XVI. hatte Joseph de Maistre (1753–1821)[37] in seinem Werk *Du Pape*[38] die Grundein-

---

34 Zitate bei Lill, Zeitalter 175.
35 Schmidlin, Papstgeschichte 681.
36 Zur Problematik des Begriffs »Ultramontanismus«, der ein großes Bedeutungsspektrum aufweist, vgl. Raab, Geschichte; Weiss, Ultramontanismus; Weber, Ultramontanismus.
37 Von Jesuiten erzogen, Rechtsstudium, Mitglied des Senats von Savoyen. Ursprünglich von Rousseau geprägter Freimaurer, wurde De Maistre ein scharfer Gegner der Französischen Revolution. 1793 mußte er vor französischen Truppen nach Lausanne fliehen. Von 1802 bis 1817 als sadinischer Gesandter in St. Petersburg. De Maistre verteidigte die absolute Monarchie als Grundlage eines christlichen Europas gegen die Revolution und den Konstitutionalismus. In der katholischen Kirche sah er den Hort aller weltlichen

stellung einer ganzen Generation von Katholiken auf den Punkt gebracht, wenn er – eine »Kette von Vernunftschlüssen aufstellend« – schreibt: »Es gibt weder eine öffentliche Moral noch einen nationalen Charakter ohne Religion – es gibt in Europa keine Religion ohne Christentum – es gibt kein Christentum ohne Katholizismus – es gibt keinen Katholizismus ohne Papst – es gibt keinen Papst ohne den ihm zukommenden unbedingten Vorrang (suprématie)«[39]. Andere gingen in ihrer Verehrung des Heiligen Vaters weiter und sprachen von einer dreifachen Menschwerdung Jesu Christi, im Kind von Betlehem, in der Hostie der Eucharistie und im Papst. Sie konnten sogar behaupten: »Wenn der Papst denkt, dann denkt Gott in ihm«[40]. Die Vorstellung vom päpstlichen Supremat sollte schließlich auf dem I. Vatikanischen Konzil (1869/70) dogmatisiert werden[41].

Gregor XVI. hatte 1799 – vor seiner Erhebung auf den Stuhl Petri – in einem Buch unter dem bezeichnenden Titel »Der Triumph des Hl. Stuhles und der Kirche über die Angriffe der Neuerer«[42] ähnliche Gedanken geäußert und vorgeschlagen, die ganze Kirche dem unfehlbaren und absoluten Papstmonarchen zu unterwerfen. Sobald er selbst die päpstliche Würde erlangt hatte, begann er mit der Umsetzung dieses radikalen Programms. Zu einem Fanal des neuen reaktionären Kurses wurde die Enzyklika »Mirari vos«[43] vom 15. August 1832, die Katholizismus und Moderne für grundsätzlich inkompatibel erklärte und gleichzeitig Gewissens-, Meinungs- und Pressefreiheit verurteilte: »Aus der ganz modrigen Quelle der Gleichgültigkeit in Glaubenssachen fließt jene törichte und falsche Meinung, oder richtiger Albernheit, daß für jedermann die Gewissensfreiheit zu fordern

Autorität. Primat und Unfehlbarkeit begründete er nicht theologisch, sondern politisch. – Zu ihm Skalweit, Maistre.
38 Maistre, Joseph Marie de, Du Pape, 2 Bde., Lyon 1819; eine deutsche Ausgabe: Maistre, Joseph Marie de, Vom Papste, übers. von M. Lieber, hg. von Joseph Bernhart, 2 Bde., München 1923.
39 Zitiert nach Schatz, Vaticanum I 11, Anm. 18.
40 Solche und ähnliche Äußerungen über die Päpste, namentlich über Pius IX., finden sich in einer eindrucksvollen Sammlung bei Zinnhobler, Pius IX.
41 Neueste Gesamtdarstellungen Hasler, Pius IX.; Schatz, Vaticanum I.
42 Bartolomeo Alberto Cappellari, Il trionfo della santa Sede e della Chiesa contro gli assalti i novatori, Venedig 1799; eine deutsche Übersetzung: Augsburg 1833.
43 Acta Gregorii 169–174. Zur Entstehung der Enzyklika vgl. Aubert, Phase; ferner Lill, Kirche 160–182.

und zu verteidigen sei. Wegbereiter für diesen ganz verderblichen Irrtum ist jene gänzliche und maßlose Meinungsfreiheit, die zum Verderben von Kirche und Staat weithin verbreitet ist, während einige noch ganz unverschämt behaupten, daß sich daraus auch Vorteile für die Religion ergäben.« Die »abscheuliche Freiheit der Buchdruckkunst, Schriften unters Volk zu bringen«, kann der Papst nur als »Pest« brandmarken, die für Kirche und Staat vor allem anderen »tödlich« sei. Daß dieser Papst die Gegen-Werte zu Meinungs- und Pressefreiheit oder Demokratie in den Vordergrund seines Pontifikates stellte, braucht nicht zu verwundern.

Den Initiatoren der Enzyklika ging es nicht um positive Darlegung der katholischen Lehre in produktiv-kritischer Auseinandersetzung mit den theologischen, philosophischen, politischen oder literarischen Strömungen der Zeit, auch nicht um Vermittlung des christlichen Glaubens in die »Außenräume« der sich zusehends säkularisierenden Welt hinein. Die »Zelanti« um Gregor XVI. verstanden die Kirche als zeitlose Insel im Strom der Zeit; wer sich im Besitz der ewigen Wahrheit wußte, hatte ein sicheres Fundament, von dem aus er die Irrtümer der Gegenwart glaubte bekämpfen zu können. Daher lag »das Schwergewicht dieses Pontifikates« – wie der Papsthistoriker Josef Schmidlin feststellte – »seiner ganzen Richtung nach mehr auf der negativen oder polemischen Seite«. Es ging um die »Verteidigung des Glaubensschatzes vor entstellenden Neuerungen unter Abwehr heterodoxer Auffassungen«[44]. Es entstand eine katholische Ghetto-Mentalität; anstatt aus dem Turm herauszugehen, verwandelte sich die katholische Kirche immer mehr zu einer anachronistischen Festung, einem Fremdkörper in einer sich zunehmend modernisierenden Gesellschaft. Konsequenterweise fand diese Sicherung des Glaubens nicht nur auf dem eigentlich theologischen oder kirchenrechtlichen Gebiet statt, vielmehr wurde der Kampf auch und gerade auf dem Feld der Politik geführt, wie der Fall des Félicité Lamennais (1782–1854)[45] eindrücklich zeigt, gegen den sich indirekt bereits die Enzyklika »Mirari vos« (1832) richtete. In seiner unter dem berühmt gewordenen Motto »Gott und die Freiheit« erscheinenden Zeit-

---

44 Schmidlin, Papstgeschichte 675.
45 Zu ihm Le Guillou, Lamennais; Schwedt, La Mennais.

schrift *L'Avenir* (1831/32)[46] forderte er eine Abkehr von der reaktionär-antirevolutionären Politik der Kirche und Kurie. Mit den Grundwahrheiten des christlichen Glaubens gelte es die positiven Werte der Französischen Revolution auszugleichen. Statt »Thron und Altar« propagierte Lamennais ein Bündnis von »Kirche und Freiheit«, eine neue Koalition des Katholizismus mit Liberalismus und Demokratie. Nach einer kurzfristigen Unterwerfung unter das päpstliche Rundschreiben brach Lamennais in seinem Werk *Paroles d'un Croyant* (1834), einem der größten Bucherfolge des 19. Jahrhunderts, vollständig mit der römischen Kirche, der er menschenverachtende Tyrannei vorwarf. Nach der Unterdrückung des Aufstandes der katholischen Polen durch den orthodoxen russischen Zaren Nikolaus I. hatte Gregor XVI. von ihnen Unterwerfung und Gehorsam gefordert. Lamennais klagte daraufhin leidenschaftlich das Selbstbestimmungsrecht der Völker ein und entwarf die Vision der Befreiung der unterdrückten Nationen durch göttliches Eingreifen[47]. Ganz von antirevolutionärem Geist durchdrungen, beschuldigte der Papst den Autor in der Enzyklika »Singulari nos« (1834)[48], mit seinen »demokratischen« Gedanken die Grundlagen jeglicher kirchlichen und staatlichen Autorität zu untergraben, Papst und Bischöfe der Mitverschwörung gegen die Rechte der Völker zu bezichtigen, zum Umsturz und Aufstand dagegen aufzurufen und sogar die Hl. Schrift als Quelle für seine revolutionären Gedanken zu mißbrauchen.

Zur Erreichung des Zieles einer »prinzipiellen Ächtung jeder Revolution«, gepaart mit einem tiefen »Mißtrauen gegenüber allen Bewegungen kirchlicher Freiheit«[49], wurden von Papst und Kurie die Instrumente der Zensur und Indizierung in intensiver Weise genutzt. Wann immer ein Buch in Rom angezeigt wurde, hatte der Wunsch nach Verurteilung bzw. Indizierung dann die größte Aussicht auf Erfolg, wenn es gelang, den Autor revolutionärer Gedanken zu überführen oder ihn zumindest in ihre Nähe zu rücken, gleichgültig, ob seine Vorstellungen das Feld der Philosophie und Theologie, der Literatur und Poesie oder der Politik und Staatslehre betrafen. Es konnte sogar so-

---

46 Vgl. Verucci, Avenir.
47 Dazu Aubert, Erste Phase 345 f.
48 Text der Enzyklika in Acta Gregorii 433 f.
49 So treffend Schatz, Kirchengeschichte 70.

weit gehen, daß ein Theologe, dessen Werk mit revolutionären Gedanken kaum etwas gemein hatte, aufgrund einer entsprechenden Denunziation in Rom dennoch als »Revolutionär« verurteilt wurde[50].

Das hier skizzierte reaktionäre Koordinatensystem des Pontifikats Gregors XVI. gilt es zu beachten, will man den »Fall Heine«, die Indizierungen seiner Werke von 1836 und 1845, in die kirchenpolitische Großwetterlage einordnen. Beide Verfahren der Indexkongregation gegen den Dichter, von der Anklage und den diplomatischen Aktivitäten über die internen Gutachten und Diskussionen im Dikasterium selbst bis zur Urteilsverkündung und ihrer Rezeption, müssen vor diesem Hintergrund gesehen werden. Zahlreiche Argumente in den Voten der Konsultoren der Kongregation werden erst in diesem Kontext verständlich[51]. Die nicht unberechtigte Furcht der Kurie vor allem, was irgendwie nach Revolution und Freiheit roch, insbesondere das Revolutionstrauma des Papstes, gehört zum hermeneutischen Vorverständnis einer sachgerechten Interpretation der hier publizierten Geheimgutachten im Fall Heinrich Heine.

### 3. Die Achse Wien–Rom – oder: Die Entente Metternich–Gregor XVI. im Kampf gegen die Revolution

Schon ein oberflächlicher Vergleich der Politik der Kurie mit derjenigen Österreichs nach dem Ende des Wiener Kongresses zeigt auffällige Parallelen. Nicht umsonst werden in kirchengeschichtlichen Lehrbüchern und profanhistorischen Handbüchern die Jahre zwischen 1815 und 1848 gleichermaßen als Epoche der Restauration gekennzeichnet[52]. In der Tat entsprechen sich die Argumente der Verurteilung der Meinungs- und Pressefreiheit durch den Papst 1832 und die Begründung der Karlsbader Be-

---

50 Das fast klassisch zu nennende Beispiel ist der Bonner Theologe Georg Hermes, dessen Theologie, die der Papst von »theologischen Irrlehren« (»Rationalismus« und sog. »positiver Zweifel«) geprägt sah, explizit in Verbindung zu den revolutionären Bewegungen der Zeit gebracht wurde. Die im Breve »Dum acerbissimas« (1835) verurteilten Bücher von Hermes lassen eine solche Verbindung jedoch nicht erkennen. Dazu Schwedt, Urteil, v. a. 152–211. Der Text des Breves als Faksimile bei Schwedt im Anhang.
51 Vgl. dazu unten die Analyse der Gutachten.
52 Vgl. als Beispiele Heyer, Kirche 94–121; Langewiesche, Europa.

schlüsse von 1819[53] zur Einführung der Präventivzensur bei Zeitungen – um nur ein Beispiel zu nennen – weitgehend. Das Informationssystem, über das die römische Kurie nicht zuletzt durch ihre Nuntiaturen[54] (von manchen Spöttern »Denuntiaturen« genannt) verfügte, stand dem Polizei- und Bespitzelungssystem des Wiener Staatskanzlers[55] kaum nach. Namentlich bei Metternich und Gregor XVI. dürfte eine gewisse Geistesverwandtschaft bestanden haben, die aus einer beiden eigenen, extremen Angst vor der Revolution, vor einer Wiederkehr der Ereignisse von 1789, die für sie Umsturz der gottgewollten Ordnung, Chaos und Entwurzelung der Menschen in politischer und religiöser Hinsicht bedeuteten, resultiert. Steigerte sich der Papst in ein regelrechtes Revolutionstrauma hinein, so lautete das ständige »ceterum censeo« des österreichischen Staatskanzlers sinngemäß etwa folgendermaßen: »Und übrigens meine ich noch, daß wir alles tun sollten, um jeden Anflug einer Revolution im Keime zu ersticken.« Auch wenn man die Auffassung Heinrich von Treitschkes nicht teilt, daß Metternichs Regierungszeit Jahre der fortschreitenden Erstarrung gewesen seien und je länger sie gedauert habe, desto »krampfhafter ward die Furcht des Ruheseligen vor der Revolution, bis endlich fast in allen seinen Sendschreiben das sorgfältig ausgemalte Schreckbild des drohenden allgemeinen Weltbrandes wie die fixe Idee eines Geisteskranken wiederkehrte«[56], so dürfte die antirevolutionäre Fixierung seiner Regierung, die sich im Laufe der Zeit mehr und mehr verfestigte, genauso feststehen wie bei Gregor XVI.

Von daher ist der Gedanke naheliegend, daß nicht nur jeder für sich – Gregor XVI. in Kirchenstaat und Kirche, Metternich in Staat und Gesellschaft – die Revolution und die sie tragenden Ideen und Kräfte bekämpfte, sondern daß sie ihre antirevolutionären Aktionen aufeinander und miteinander abstimmten. Der gemeinsame Vorsatz, den Gegner durch Unterdrückung und Ausrottung revolutionärer Ideen »a stirpe« auszuschalten, statt sie durch Integration ins System zu zähmen, dürfte beiden Seiten eine antirevolutionäre Koalition, eine reaktionäre Achse Wien–Rom, geradezu aufgedrängt haben. Dies war nicht zuletzt

53 Langewiesche, Europa 60 f.
54 Zur Entwicklung der Nuntiaturen vgl. Gatz, Gesandtschaftswesen.
55 Dazu vgl. unten.
56 Treitschke, Geschichte 125.

auch naheliegend, weil Gregor XVI. militärisch von Österreich abhängig war, um die revolutionären Umtriebe im Kirchenstaat niederzuschlagen[57]. Diese »entente cordiale antirévolutionnaire« wurde bisher von der Forschung nur am Rande thematisiert. Eine zusammenfassende Darstellung zu diesem Thema kann auch in diesem Rahmen nicht geboten werden. Da jedoch dem Zusammenspiel zwischen dem Wiener Hof und der römischen Kurie zumindest in der ersten Runde des Heine-Falles, die zu den Indizierungen des Jahres 1836 führte, zentrale Bedeutung zukommt, soll hier wenigstens eine Reihe wichtiger Indizien angeführt werden, welche die These einer funktionierenden antirevolutionären Achse Wien–Rom während des Pontifikats Gregor XVI. und der Kanzlerschaft Metternichs stützen.

Das enge Zusammenwirken zwischen der österreichischen Regierung und der römischen Kurie hatte bereits auf dem Wiener Kongreß ausgezeichnet funktioniert. Die Pläne zur Errichtung einer deutschen Nationalkirche mit einem Primas an der Spitze, die vor allem vom Konstanzer Generalvikar Ignaz Heinrich Freiherr von Wessenberg[58] in Wien vorgetragen wurden, stießen bei den Staaten und der römischen Kurie gleichermaßen auf Ablehnung. Wollte Rom eine Renaissance der verhaßten (da starken) Reichskirche verhindern, so ging es den einzelnen deutschen Regierungen um ihren Einfluß auf die Landeskirchen, der durch die Wiedereinrichtung der Germania Sacra empfindlich hätte geschwächt werden können. Daher verhinderten die Staaten und die Kurie aus ganz unterschiedlichen Motiven das Zustandekommen eines Bundeskonkordats und damit einer einheitlichen Lösung der Kirchenfrage im Deutschen Bund[59].

Nachdem die größeren Staaten des Deutschen Bundes, namentlich Bayern, Österreich und Preußen, ihre Kirchenangelegenheiten in Separatvereinbarungen mit dem Heiligen Stuhl hatten klären können, blieben schließlich nur noch die (protestantischen) deutschen Mittel- und Kleinstaaten übrig, die sich

57 Vgl. etwa 26. Juli 1831 Gregor XVI. an Franz I. – Abgedr. in Engel-Janosi, Korrespondenz 206–208.
58 Zu ihm Weitlauff, Aufklärung.
59 Vgl. Becher, Primas 92–103. Die wichtigsten Dokumente zur Kirchenfrage auf dem Wiener Kongreß finden sich bei Huber/Huber, Staat und Kirche 104–117.

auf den sogenannten Frankfurter Konferenzen[60] zusammenfanden, um von einer starken staatskirchenrechtlichen Basis aus zu einer gemeinsamen Übereinkunft mit Rom zu kommen. In diese konfliktbeladenen Ausgleichsbemühungen schaltete sich Metternich als Vermittler zwischen Rom und den Staaten ein. Um diese zum Einlenken in gemäßigte, den römischen Vorstellungen entgegenkommende Bestimmungen zu bewegen, unterstützte er den Versuch Badens, in separaten Geheimverhandlungen mit dem Heiligen Stuhl zum Ziel zu kommen und damit radikaleren Vorstellungen die politische Basis zu entziehen. Das Vorgehen Badens hinter dem Rücken der »Stati Protestanti Uniti« war mit Metternich bis ins Detail abgestimmt. Der österreichische Geschäftsträger in Rom wurde zum Verhandlungsführer bestimmt. Die Koordination zwischen Karlsruhe–Wien–Rom übte letztlich einen solchen Druck auf die übrigen Staaten und deren Verhandlungen aus, daß diese in wesentlichen Punkten nachgeben mußten.

Die 1815 begründete Kooperation zwischen Wien und Rom erreichte im Pontifikat Gregors XVI. ihre größte Wirksamkeit. Der österreichische Staatskanzler »inspirierte« lehramtliche Äußerungen des Papstes und wurde im Gegenzug von der Kurie als ehrlicher Makler immer dann eingeschaltet, wenn es Probleme zwischen dem Heiligen Stuhl und den protestantischen Regierungen des Deutschen Bundes in Kirchenfragen gab. So dürften die beiden Schlüsselenzykliken dieses Pontifikats, »Mirari vos« (1832) und »Singulari nos« (1834), von Metternich mit angeregt worden sein[61]. Beide Verlautbarungen, die sich wesentlich gegen Lamennais' Programm einer Annäherung von Kirche und Freiheit, von Demokratie und Glauben richteten, trafen den Ton der »Karlsbader Beschlüsse«. Die Verurteilung der Gewissens- und Pressefreiheit und die Verteidigung der Legitimität der Zensur in den päpstlichen Lehrschreiben stellen im Grunde lediglich eine andere, nämlich kirchlich-kuriale Lesart der entsprechenden, lange zuvor erlassenen staatlichen Verordnungen dar. Während das Faktum der »Mitwirkung« Metternichs an den genannten Enzykliken in der Forschung unbestrit-

---

60 Vgl. Becher, Primas 103–130; dazu demnächst Dominik Burkard, Die Frankfurter Verhandlungen (1818–1828). Kirchenpolitik der Stati Protestanti Uniti zur Neuordnung der katholischen Kirche in Deutschland (Diss. theol.).
61 Aubert, Phase 340.

ten ist, gehen die Meinungen über die Reichweite der »Inspiration« Gregors XVI. durch den österreichischen Staatskanzler auseinander. So hält Rudolf Lill die päpstlichen Lehrschreiben für »mitbeeinflußt durch Metternich«[62], Josef Schmidlin dagegen sieht in Metternich den eigentlichen Drahtzieher der päpstlichen Aktionen gegen Lamennais' Freiheitsprogramm[63]. Namentlich den Passus in der Enzyklika »Mirari vos«, in dem Gregor XVI. vor überkonfessionellen Vereinen warnt, die aus Neuerungssucht Freiheit predigten und gegen jedwede Autorität hetzten, führt Schmidlin auf den direkten Einfluß Metternichs zurück[64].

Sind demnach bereits die beiden großen kirchenpolitischen Enzykliken Gregors XVI. aus den Jahren 1832 und 1834 von Metternich inspiriert beziehungsweise engstens mit ihm abgestimmt, so zeigt sich sein maßgeblicher Einfluß in der größten theologischen Auseinandersetzung dieses Pontifikats, dem Streit um die Theologie des Bonner Professors Georg Hermes (1775–1831)[65]. Dessen Werke waren im Oktober 1832 vom Düsseldorfer Pfarrer Anton Josef Binterim (1779–1855)[66] beim Münchner Nuntius denunziert worden. Von entscheidender Bedeutung für den Fortgang des Falls Hermes dürfte eine Intervention Metternichs vom Sommer 1833 gewesen sein. Dabei handelt es sich näherhin um ein Votum aus der Feder des Metternich-Beraters Karl Ernst Jarcke (1801–1852)[67], das der österreichische Staatskanzler durch seinen römischen Botschafter dem Papst persönlich aushändigen ließ. Der zunächst theolo-

---

62 Lill, Kirche 162.
63 »Im Begleitschreiben von Pacca an Lamennais wird diesem mitgeteilt, was in der Enzyklika sich speziell auf ihn und seine Anschauungen beziehe, so daß sie zwar hauptsächlich, aber nicht ausschließlich gegen ihn gerichtet ist, und auch noch andere Zeitverirrungen geißeln will. Doch spielt dabei die philosophische, mehr traditionalistisch als rationalistisch gemeinte und auf die kirchliche Überlieferung anwendbare Theorie vom Sens-commun keine Rolle. Um so entscheidender ist die von Metternich dem Papst als Schreckgespenst hingestellte politische und kirchenpolitische Freiheitsübersteigerung bis zu dem von Lamennais verteidigten absoluten Trennungssystem, das Gregor schon 1831 verwarf«; Schmidlin, Papstgeschichte 676, Anm. 3.
64 Schmidlin, Papstgeschichte 678.
65 Zu ihm Hegel, Hermes.
66 Seit 1803 Pfarrer in Bilk bei Düsseldorf, typischer Vertreter des rheinischen Ultramontanismus. – Zu ihm Schwedt, Binterim.
67 Zu ihm vgl. unten S. 69.

gisch oder philosophisch gelagerte Fall wurde dadurch politisiert. Statt des »positiven Zweifels« und des angeblichen »Rationalismus« in der Lehre von Hermes ging es jetzt um die Hermesianer als »Werkzeuge der katholizismusfeindlichen preußischen Regierung«[68]. In seiner Untersuchung über den Hermes-Fall hat Herman H. Schwedt überzeugend nachgewiesen, daß »die Initiative zu der österreichischen Intervention gegen die Lehre Hermes' in Rom tatsächlich von Österreich ausging. Nicht der Papst wünschte Aufklärung von Metternich über die Hermesianer, erhielt vom Kanzler die Zusage und sah seine Bitte schließlich erfüllt; sondern umgekehrt drängte in Wien Jarcke seinen Kanzler«[69]. Vorsichtig urteilend fährt Schwedt fort: »Aus diesem Zusammenhang läßt sich freilich keine Hörigkeit Gregors XVI. gegenüber Metternich in Lehrfragen beweisen. Die Episode der Entstehung zeigt nur, daß Metternich sich zuständig glaubte, dem Heiligen Stuhl in theologischen Fragen Hilfestellung zu leisten; weiter zeigt die Episode, daß der Heilige Stuhl es durchaus nicht für ungewöhnlich hielt, wenn der Staatskanzler in theologischen Fragen in Rom intervenierte«[70]. Auch wenn sich nicht eindeutig beweisen läßt, daß Metternichs »Vorarbeit« die Grundlage für die Verurteilung von Hermes in Rom bildete, so verlieh die Intervention des österreichischen Staatskanzlers diesem Fall doch unbestreitbar eine neue Dynamik. Gregor XVI. hängte Metternichs Intervention freilich nicht an die große Glocke, denn »der Papst wußte um seinen Ruf als angeblicher ›Untertan des Kaisers‹, er wußte von dem Wort: ›Metternich regiert Rom‹, und er wußte schließlich von der Kritik der angeblichen Österreich-Hörigkeit, die aus den Reihen selbst derjenigen Kardinäle kam, die keineswegs im Sinne der alten ›politisierenden‹ Linie Consalvis dachten. Der Papst mußte also die Intervention Metternichs gegen den Bonner Theologen, wenn er sie als solche verstand, möglichst verschweigen. Im päpstlichen Verurteilungs-Breve sind jedenfalls nur erfundene Theologen und Bischöfe als Denunzianten erwähnt, nicht jedoch Wiens Staatskanzler, tatsächlicher Ankläger«[71]. Wie dem auch sei, Metternich hat das Hermes-Verfahren von Anfang an begleitet. Er schaltete sich

---

68 Schwedt, Urteil 79.
69 Ebd. 80.
70 Ebd.
71 Ebd. 83 f.

auch in dessen späterem Verlauf immer wieder in Rom ein[72]. Die Verurteilung des Bonner Theologen und die Verfolgung seiner Schüler, der sogenannten Hermesianer, paßte in sein kirchenpolitisches Konzept wie in das Gregors XVI. Antirevolutionäre Politik in Wien und antirevolutionäre Theologie in Rom erwiesen sich auch im Fall Hermes als natürliche Bündnispartner.

Während sich die Achse Wien–Rom im Hermes-Fall, der durch die Intervention Metternichs vom Sommer 1833 (und eine spätere vom Juni 1837) gekennzeichnet ist, erneut bewährte, trug Metternich seinen Angriff gegen Heine und das »Junge Deutschland« auf dem Bundestag vor und versuchte zugleich, die Unterstützung Roms für die Bundestagsbeschlüsse zu erhalten[73]. Das römische Indexverfahren gegen Heinrich Heine paßt genau in diesen Rahmen. Fest steht: Gregor XVI. hatte immer ein offenes Ohr für entsprechende Bitten Metternichs. Andererseits konnte sich der Papst auf Metternich als katholische Stütze im größtenteils protestantischen Deutschen Bund verlassen. Wenn also von Wien im Fall Heine ein Wunsch an die römische Kurie herangetragen wurde, war zu erwarten, daß der Papst und die zuständigen Kongregationen einem solchen Wunsche möglichst zu entsprechen suchen würden[74]. Aus dem Vergleich mit den anderen genannten Fällen ergibt sich: Eine Anklage gegen Heine durch den österreichischen Staatskanzler in Rom hatte große Erfolgsaussichten.

Freilich war die Achse Wien–Rom keineswegs nur eine Einbahnstraße etwa in dem Sinne, daß nur Interventionen, Weisungen und Bitten von Metternich an die Kurie geschickt worden wären, denen diese dann einfach folgte. Es handelte sich zwischen Wien und Rom durchaus um ein Geben und Nehmen. So trat der Papst mehrfach an den österreichischen Staatskanzler mit der Bitte heran, zwischen der Kurie und verschiedenen, vorwiegend protestantischen Regierungen Deutschlands in Kirchenfragen zu vermitteln. Das Vertrauensverhältnis zwischen

---

72 Vgl. dazu die Chronik zum römischen Urteil über den Hermesianismus; ebd. XLI–XLVII.
73 Dazu unten.
74 Der Ansicht, daß die Kurie den Wünschen Metternichs in jedem Falle nachzukommen gedachte, folgt weitgehend die Beurteilung von Schwedt, Urteil. Anders dagegen Weber in seiner Rezension dieses Werks in: AHVNrh Heft 185 (1982), 205–209.

Metternich und Gregor XVI. war zudem in deutschen Regierungskreisen so bekannt, daß Metternich von diesen mehrfach um diplomatische Unterstützung bei der Kurie gebeten wurde. Namentlich bei zwischen Staat und Kirche umstrittenen Bischofswahlen in Deutschland wurde er von beiden Seiten gleichermaßen als ehrlicher Makler eingeschaltet. In den letzten Jahren konnte die Forschung anhand der Beispiele Württemberg[75], Nassau[76] und Baden[77] Ausmaß und Intensität der Vermittlungstätigkeit Metternichs zeigen. Erst mit Metternichs Sturz ausgerechnet in den Wirren der Revolution von 1848 kam die Epoche der antirevolutionären Achse Wien–Rom an ihr Ende.

## II. Staatliche und kirchliche Zensur als Instrument antirevolutionärer Politik

### 1. Metternichs Zensur und Polizeistaat

Für die oppositionellen Kräfte in den deutschen Staaten stellte sich die Frage nach Foren ihrer politischen Betätigung, mithin nach Institutionen und Medien. Im Gegensatz zu England oder Frankreich gab es im Deutschen Bund kein politisches Entscheidungszentrum, namentlich kein nationales Parlament, in dem sich bürgerliche Interessen hätten artikulieren können. Immerhin waren in etlichen Staaten die altständischen Vertretungen erneuert bestehen geblieben oder gar – wie in Württemberg, Baden oder Nassau – neue Repräsentationsorgane geschaffen worden. Sie wurden in den folgenden Jahren zum Schauplatz heftiger Auseinandersetzungen. Wollte sich die Opposition darüber hinaus bemerkbar machen, so mußte sie auf alternative, im übrigen vorpolitisch organisierte Formen zurückgreifen: auf Burschenschaften oder Turn-, Gesang- und Gewerbevereine[78]. Daneben spielten jedoch Presse und literarische Publizistik die

75 Dazu Wolf, Ketzer 76–93; ders., Hirscher 173–190; Zoll, Bischofswahlen.
76 Vgl. Kramer, Politik.
77 Dazu Braun, Vicari.
78 Vgl. Langewiesche, Europa 63.

wichtigste Rolle; sie wurden zu Trägern einer politischen Öffentlichkeit, deren Druck jene Veränderungen herbeiführen sollte, die 1815 von der Regierungsseite nicht freiwillig zugestanden worden waren.

Auf diese Bestrebungen, das Medium »Schrift« gezielt einzusetzen, reagierten die Regierungen – wenn auch in unterschiedlicher Intensität – mit dem »alten« Instrument der Zensur und Pressebeschränkung. Für besondere Schärfe war Österreich bekannt, und Metternich betrieb denn auch den Ausbau der Zensur nach bewährtem österreichischem Vorbild im gesamten Deutschen Bund.

Die Zensur in Österreich[79] war wie im übrigen katholischen Deutschland zunächst prinzipiell konfessionell ausgerichtet. Erst langsam setzte sich eine »Säkularisierung« durch, wobei das Kriterium der Rechtgläubigkeit durch das der Staatsräson ersetzt wurde. Unter Kaiser Joseph I. (1705–1711) kam es zu einer Trennung von staatlicher und religiöser Zensur. Die Wiener Zensurbehörden (Universität, Bischöfliche Bücher-Revisions-Kommission und Magistrat) behielten das Recht, über religiöse Schriften zu entscheiden, während der Hofrat als oberste Justizbehörde die Zensur politischer Schriften an sich zog. Die geistlichen Vertreter wurden unter Maria Theresia (1740-1780) Schritt für Schritt aus den Zensurbehörden entfernt und die religiös-theologischen Schriften ebenfalls der zentralen staatlichen Zensurbehörde zugewiesen[80]. In den folgenden Jahrzehnten entwickelte sie sich immer mehr zur Arena grundlegender Auseinandersetzung zwischen Kirche und Staat. Selbst unter Joseph II. (1765/80–1790) gab es in Österreich keine Pressefreiheit, doch ging die Zensur relativ milde gegen antikirchliche Kampfschriften vor. Rigoros schritt der Kaiser nur gegen jene Bücher ein, die die religiös-sittliche Ordnung des Staates in Frage stellten: »Bücher, die systematisch die katholische, ja öfters gar die christliche Religion angreifen, können auf keine Art geduldet werden, so wie jene, welche diese unsere Religion öffentlich zum Spott,

---

79 Zum Folgenden vgl. v. a. Breuer, Geschichte 98–113.
80 Entsprechende Dekrete stammen aus den Jahren 1750, 1753, 1754 und 1770. – Seit 1754 wurden die verbotenen Bücher in einem gedruckten Index zusammengefaßt. Da er jedoch bald zu einem gesuchten Führer durch die verbotene Literatur wurde, setzte ihn die Zensurhofkommission 1777 selbst auf den Index der verbotenen Bücher und erlaubte seine Lektüre lediglich den Zensoren selbst. Vgl. ebd.

und lächerlich machen«[81]. Unter dem Eindruck der Französischen Revolution schloß Leopold II. (1790–1792) wieder Kompromisse mit den alten Mächten. Ein Dekret von 1790 bestimmte, was eine Schrift bedenklich machte: alles,»was [die] allgemeine Ruhe stört, was Irrungen, Uneinigkeit und Spaltungen hervorbringt oder hervorbringen kann, was den Gehorsam gegen den Landesfürsten vermindert, Lauigkeit in Beobachtung der bürgerlichen oder Religionspflichten, was endlich Zweifelsucht in geistlichen Sachen nach sich ziehen kann«; verdächtig waren ferner »alle Schriften, welche öffentliche landesfürstliche Gesetze und Anordnungen kritisieren und tadeln«[82]. Franz II. (1792–1835) schließlich verfolgte eine reaktionäre Zensurpolitik; der Wiener Erzbischof Christoph Bartholomäus Graf Migazzi (1714–1803)[83] gewann zunehmend Einfluß. Das Zensurgesetz von 1795 bedeutete insofern einen Einschnitt, als wieder geistliche Zensoren beteiligt wurden und die Zensur inhaltlich eine restaurative Ausrichtung fand. Besonders seit 1810 betrachtete

81 Zit. nach Breuer, Geschichte 103. – Interessanterweise gewährte Joseph II. satirischen und politisch-kritischen Schriften Zensurfreiheit, sofern sie nicht anonym publiziert wurden. Dieses Zensurgesetz, das 1781 in Kraft trat, ließ sich jedoch nur fünf Jahre in vollem Umfang aufrecht erhalten. Ab 1786 verschärfte der Kaiser die Bestimmungen. Eine Folge der freizügigeren Pressepolitik unter Joseph II. war, daß vor allem in Wien die satirisch-kritische Literatur eine Blüte erlebte. Diese richtete sich gegen alle Feinde der Aufklärung, besonders aber gegen die alte kirchliche Ordnung.
82 Zit. nach Breuer, Geschichte 106 f.
83 Aus altadeliger Trienter Familie stammend, im Alter von neun Jahren zum geistlichen Stand bestimmt und in die fürstbischöfliche Pagerie Passau aufgenommen. Auf Empfehlung des Passauer Fürstbischofs Lamberg trat Migazzi 1732 ins Collegium Germanicum in Rom ein. 1736 Mitglied des Brixener Domkapitels, 1738 zum Priester geweiht. 1740 begleitete er Kardinal Lamberg nach Rom ins Konklave, blieb in Rom und arbeitete seit 1741 als Accessist des deutschen Rotaauditors Graf Thun. Als dieser noch im selben Jahr Fürstbischof von Gurk wurde, erlangte Migazzi das Amt eines Proauditors. 1742 wurde er Domkapitular in Trient und unternahm 1742 eine Mission nach Wien. 1751 zwar zum Koadjutor für das Erzbistum Mecheln ernannt, doch schickte Kaiserin Maria Theresia Migazzi, den sie sehr schätzte, in politischer Mission nach Spanien. 1756 Bischof von Waitzen (Ungarn), 1757 nach Wien transferiert, 1761 Kardinal. Unter Maria Theresia zunächst ein Verfechter der Kirchenreform und in Wien als Mitglied der Studienhofkommission an der Zurückdrängung der Jesuiten beteiligt. Unter Joseph II. wandte sich Migazzi zunehmend von dessen Politik ab und kämpfte fortan – zum Teil erfolgreich – gegen die staatlichen Übergriffe im kirchlichen Bereich an. – Zu ihm Gatz, Migazzi.

man die Kirche wieder als verläßliche Stütze der Monarchie, wie die Rückgabe des Zensurrechts für theologische Schriften an die Bischöfe 1814 zeigt[84]. Die neue Dienstvorschrift für die Zensurbehörde von 1810[85] regelte u. a. den Umgang mit der »schönen« Literatur. In § 6 hieß es:

»Broschüren, Jugend- und Volksschriften, Unterhaltungsbücher, müssen nach der Strenge der bestehenden Zensurgesetze behandelt werden. Hier muß nicht nur alles entfernt werden, was der Religion, der Sittlichkeit, der Achtung und Anhänglichkeit an das regierende Haus, die bestehende Regierungsform usw. geradezu oder mehr gedeckt entgegen ist, sondern es sind auch alle Schriften der Art zu entfernen, welche weder auf den Verstand noch auf das Herz vorteilhaft wirken, und deren einzige Tendenz ist, Sinnlichkeit zu wiegen. Es soll daher alles Ernstes gedacht werden, der so nachteiligen Romanen-Lektüre ein Ende zu machen. Dabei versteht es sich von selbst, daß hier jene wenigen guten Romane, welche zur Aufklärung des Verstandes und zur Veredelung des Herzens dienen, nicht gemeint sein können, wohl aber der endlose Wust von Romanen, welche einzig um Liebeleien als ihre ewige Achse sich drehen, oder die Einbildungskraft mit Hirngespinsten füllen.« In § 10 schließlich hieß es: »Schriften, welche das höchste Staatsoberhaupt oder dessen Dynastie, oder auch fremde Staatsverwaltungen angreifen, deren Tendenz dahin geht, Mißvergnügen und Unruhe zu verbreiten, das Band zwischen Unterthanen und Fürst locker zu machen, die christliche und vorzüglich die katholische Religion zu untergraben, die Sittlichkeit zu verderben, den Aberglauben zu befördern, Bücher, welche den Sozianismus [sic!], Deismus, Materialismus predigen, endlich Schmähschriften aller Art, sind so wenig geeignet, das Glück Einzelner, und das Wohl des Ganzen zu erhöhen, als sie selber vielmehr vom Grunde aus zerstören, und können daher so wenig auf Nachsicht, als Meuchelmörder auf Duldung Anspruch machen. Sie sind nach der Strenge der bisher bestehenden Vorschriften zu behandeln«[86].

84 Vgl. Breuer, Geschichte 162.
85 Abgedruckt bei Marx, Zensur 73–75.
86 Die Zensurgesetze unter Franz II. pflegten und vermehrten zum einen die Rationalisierung der Verwaltungsbehörden und die immer umfassendere Kontrolle des staatlichen und literarischen Lebens, auf der anderen Seite beendeten sie inhaltlich die Aufklärung, um revolutionäre Regungen und Bewegungen eindämmen zu können.

Die österreichische Präventivzensur basierte auf einem komplizierten System verschiedener zuständiger Stellen mit unscharfen Kompetenzabgrenzungen[87]. Neben der 1801 errichteten Polizei- und Zensurhofstelle und dem ihr untergeordneten Zentralrevisorenamt, bei dem die Druckschriften eingereicht werden mußten, besaß auch die Metternichsche Staatskanzlei ein Zensurreferat, das in alle Angelegenheiten von staatsrechtlicher oder politischer Bedeutung eingriff. Unter Josef Graf Sedlnitzky (1778–1855)[88], auch der »Streicher-Graf« genannt, dem Leiter der Polizei- und Zensurhofstelle (1815–1848), funktionierte die Zusammenarbeit mit der Staatskanzlei sehr gut. Während die Polizei nach den bestehenden Vorschriften urteilte, hatte die Staatskanzlei stets auch politische Gesichtspunkte im Auge. Die Gründe hierfür lagen nicht zuletzt im personellen Bereich: Die Hofstelle war darauf bedacht, geeignete Zensoren für die einzelnen Sparten zu gewinnen, so etwa Schriftsteller für die belletristische Literatur[89]. In der Staatskanzlei zensierte zunächst der eher zurückhaltende Freiherr Franz von Menßhengen[90]. Sein Urteil überprüfte Karl Ernst Jarcke, der als eigentlicher »Hardliner« in der Kanzlei Metternichs gelten darf und den Staatskanzler in seinem Sinne auch nachhaltig beeinflußt zu haben scheint[91].

Ausländische Literatur wurde grundsätzlich anders als österreichische behandelt. Da österreichische Schriften zur Vorzensur

87 Vgl. Marx, Zensur Metternichs 17–24.
88 Nach dem Studium im österreichischen Staatsdienst, wo er sich schnell emporarbeitete. 1806 Kreishauptmann in Weißkirchen, 1815 Vizepräsident und 1817 Präsident der obersten Polizei- und Zensur-Hofstelle in Wien. – Zu ihm Wurzbach 33 (1977), 284–288. – Zu ihm und seiner Arbeit auch Marx, Zensur Metternichs 36–43. – Sedlnitzky war der Bruder des Breslauer Fürstbischofs Leopold Graf von Sedlnitzky (1787–1871), der 1840 – von Gregor XVI. zur Resignation aufgefordert – sein Amt aufgab und 1863 zur evangelischen Kirche übertrat. Vgl. Gatz, Sedlnitzky.
89 Marx, Zensur Metternichs 45.
90 Er trat 1825 in die Staatskanzlei ein, wurde 1826 Reinschreiber für die geheimen Erlasse im Deutschen Büro, 1827 Hofkonzipist. Ab 1835 führte er Protokoll und Index des Deutschen Büros. 1837 stieg Menßhengen zum Hofsekretär, 1840 zum Staatskanzleirat auf und wurde 1846 Hofrat. – Zu ihm Mayr, Geschichte 25, 40.
91 Marx, Zensur Metternichs 224, 231, 237. – Vgl. auch seine Rolle im Fall Hermes. Jarcke unterschrieb zwar meist formelhaft mit »im Auftrage Seiner Durchlaucht«, dürfte jedoch vorwiegend selbständig entschieden haben. Vgl. Marx, Zensur Metternichs 223, 236 f.

in zwei Manuskripten eingereicht werden mußten, konnten die Verfasser den Wünschen der Zensoren gemäß Änderungen anbringen oder das Manuskript zurückziehen. Auswärtige Literatur, die bereits gedruckt an die Zensurstelle kam, konnte nicht mehr verändert, sondern nur noch in die verschiedenen Zensurgrade eingestuft werden[92]. Es gab folgende Abstufungen: Admittitur (erlaubte die Verbreitung ohne Beschränkung), Transeat (erlaubte den öffentlichen Verkauf, jedoch nicht die Werbung in Zeitungen), Erga schedam (diese Schriften konnten gegen Vorlage eines Reverses erstanden werden), Damnatur (Schriften, die »den Staat oder die Sittlichkeit untergraben«; nur die Polizeihofstelle konnte – in Einzelfällen – die Lektüre erlauben, mußte die Namen der Personen und die Schriften allerdings dem Kaiser vorlegen)[93].

Im Bereich des Deutschen Bundes war es für Metternich sehr viel schwieriger, einer strengen Zensurpolitik Eingang zu verschaffen. Nach dem Sieg über Napoleon setzte 1813/14 in allen deutschen Territorien eine Debatte über die Pressefreiheit ein, die nach Auffassung der liberalen bürgerlichen Vertreter in zu erlassenden Verfassungen garantiert werden sollte[94]. Diese Forderung vertrug sich allerdings nicht mit den restaurativen Absichten der Fürsten. Eine Delegation der deutschen Verleger und Buchhändler auf dem Wiener Kongreß erreichte immerhin die »Preßfreiheit und die Sicherstellung der Rechte der Schriftsteller und Verleger gegen den Nachdruck«. Um die Aufnahme einer Pressefreiheitsgarantie in die Bundesakte hatte sich vor allem Preußen bemüht[95]. Die vorgesehene Bundesversammlung sollte nähere Regelungen treffen. Doch bevor diese zustande kamen, erließen die einzelnen Staaten in Eigenregie neue Zensurgesetze. In Preußen wurde 1816 ebenso wie in Sachsen und Hessen die anfängliche Lockerung der Zensur zurückgenommen. In Österreich blieb unter dem Einfluß Metternichs ohnehin alles beim alten, d. h. bei einer rigorosen Vorzensur. Vollkommene Pressefreiheit gewährte 1816 nur Sachsen-Weimar, eine eingeschränkte Pressefreiheit Württemberg (1817), ebenso Bayern (1818). In der Folge wurde heftig um die Frage gerungen, ob Pressefreiheit und Zensur einander ausschließen. Österreich

92 Marx, Zensur im Vormärz 59.
93 Vgl. die Verordnung von 1810 bei Marx, Zensur im Vormärz 75.
94 Zum folgenden Breuer, Geschichte 151–153.
95 Vgl. dazu Schömig, Politik 284–288.

setzte sich mit seiner bejahenden Antwort durch. Bereits 1816 erfolgten die ersten Verbote von kritischen Zeitschriften und Zeitungen[96].

Die restaurative Politik Metternichs, die in den Karlsbader Beschlüssen von 1819 einen ersten Höhepunkt fand und Preußen in der Bundespolitik zum engen Schulterschluß an Österreich bewegte[97], nahm vor allem die Presse als außergouvernementales Artikulationsforum des gebildeten Bürgertums und der liberalen Opposition ins Visier. Metternich gelang es 1819 faktisch, die österreichische Zensurpraxis auf die anderen Bundesstaaten zu übertragen. Zeitungen, Zeitschriften und Bücher, deren Umfang 20 Druckbogen[98] unterschritt, wurden der Vorzensur unterworfen. Die Zensurgesetze der einzelnen Bundesstaaten sollten entsprechend revidiert werden. Die Bundesversammlung sollte das Recht haben, auch ohne Aufforderung durch die Einzelstaaten in Zensurangelegenheiten einzugreifen und Schriften unanfechtbar zu verbieten sowie die Einzelstaaten zu verpflichten, ihre Entscheidungen mitzutragen (damit waren die gesetzlichen Möglichkeiten für die spätere Verurteilung des »Jungen Deutschland« geschaffen).

Die Karlsbader Beschlüsse wurden von der Bundesversammlung am 20. September 1819 einstimmig angenommen, zunächst auf die Dauer von fünf Jahren; 1824 wurden sie auf unbestimmte Zeit verlängert und blieben bis 1848 in Geltung. In der Folge setzten die Einzelstaaten die alte Zensur wieder in Kraft[99]. 1820 versuchte Metternich, die staatliche Überwachung weiter zu verschärfen; er legte der Bundesversammlung einen Plan zur staatlichen Organisation des gesamten deutschen Buchhandels

96 Etwa des Rheinischen Merkur von Joseph Görres.
97 Bereits vor Erlaß der Karlsbader Beschlüsse hatte Preußen in der Pressepolitik einen schärferen Kurs eingeschlagen, wie sich am Zensurverfahren gegen Arndts »Geist und Zeit« zeigen läßt. – Vgl. dazu Schömig, Politik 292–296.
98 Dies entspricht 320 Seiten im Oktavformat.
99 In Preußen wurden die Karlsbader Beschlüsse streng durchgeführt. – Vgl. Schömig, Politik, insbes. 320–324. Das Zusammenwirken der deutschen Regierungen in der Zensurfrage gestaltete sich immer schwierig. Während Preußen und Österreich einen gemeinsamen Weg einschlugen, übte z. B. Sachsen eine liberale Pressepolitik, da der Buchhandel von wesentlicher wirtschaftlicher Bedeutung für das Königreich war. Von Hamburg aus konnten die Verleger geschickt in den Nachbarort Altona (auf dänischem Boden) ausweichen, Interventionen Metternichs blieben ungehört. – Marx, Zensur im Vormärz 58.

vor, der allerdings scheiterte. Für Österreich selbst hatten die Karlsbader Beschlüsse indes keine Bedeutung; sie wurden nicht einmal veröffentlicht, da sie eine Lockerung der österreichischen Zensurgesetze von 1810 bedeutet hätten[100]. Für Österreich galt z. B. die Begrenzung der Vorzensur auf Bücher unter 20 Druckbogen nicht[101]. Im Gegenzug zur verschärften Zensurpraxis gründeten Buchhändler und Verleger 1825 in Leipzig den Börsenverein des Deutschen Buchhandels. Immer wieder brachten sie beim Deutschen Bund Petitionen gegen die staatlichen Restriktionen ihres Gewerbes und für die Pressefreiheit ein[102]. Da diese Vorstellungen mehr oder weniger erfolglos blieben, sah man sich gezwungen, immer neue Taktiken zu ersinnen, die Zensurvorschriften zu unterlaufen: durch Aufspüren von Gesetzeslücken und Ausnützen der noch immer unterschiedlichen Handhabung der Regelungen durch die einzelnen Bundesstaaten.

Trotz relativer äußerer Ruhe bildete sich im Untergrund zunehmend ein oppositionelles Potential. Die französische Julirevolution von 1830 wirkte wie eine Initialzündung auf die Vertreter oppositioneller Ideen. Für Presse und Publizistik brachte sie einen neuen Politisierungsschub.

Nach 1830 häuften sich in den süddeutschen Landtagen Anträge auf Revision der repressiven Pressebestimmungen. So versuchte der Abgeordnete Karl Theodor Welcker (1790–1869)[103],

---

100 Marx, Zensur im Vormärz 15.
101 Vgl. Breuer, Geschichte 162–164.
102 Vgl. ebd. 177.
103 Von 1817 bis 1819 Professor der Rechtswissenschaft in Heidelberg, anschließend für kurze Zeit in Bonn, dann in Freiburg. Seit 1830 wirkte Welcker öffentlich für die Einführung der Pressefreiheit, vor allem, als er 1831 Mitglied der Zweiten Badischen Kammer wurde. Gegen den Protest der Regierung konnte er durchsetzen, daß die Kammer über »eine der Nationaleinheit und staatsbürgerlichen Freiheit gemäße Entwicklung der organischen Einrichtungen des deutschen Bundes« verhandelte. In Freiburg war Welcker Mitarbeiter des Blattes »Der Freisinnige«. Als dieses infolge des Bundesbeschlusses vom 19. Juli 1832 unterdrückt wurde und Welcker heftig dagegen auftrat, wurde er von seinem Lehramt suspendiert. Die Regierung verhinderte 1837 seine Wiederwahl in die Kammer. 1843 publizierte Welcker die streng geheim gehaltenen Protokolle der Karlsbader Konferenzen von 1819 und das Schlußprotokoll der Wiener Konferenzen von 1834 aus den Papieren des Staatsrechtslehrers Klüber. – Zu ihm Weech, Welcker. – Zum Kampf um die Pressefreiheit in Baden vgl. Naujoks, Liberalismus. – Über die Zensur in Baden auch Fetscher, Seeblätter, insbes. 29–37.

in der Badischen Kammer uneingeschränkte Pressefreiheit durchzusetzen. Im Dezember 1831 wurde ein neues Pressegesetz verabschiedet, das im März des darauffolgenden Jahres in Kraft trat und im Gegensatz zum Bundesrecht die Zensur lockerte[104]. Allerdings mußte es bereits am 5. Juli unter dem Druck Metternichs und des Deutschen Bundes ausgesetzt werden. 1832 gründete sich der »Preß- und Vaterlandsverein«, der die Öffentlichkeit zu mobilisieren versuchte und überstaatliche Zusammenarbeit anstrebte[105]. Solche freiheitlichen Regungen und revolutionäre Initiativen wie der »Sturm auf die Frankfurter Hauptwache« 1833 führten aber am Ende nur zu einer Verschärfung der Zensur und zum Ausbau des Polizei- und Spitzelapparats.

Metternich beschritt 1833 verschiedene Wege, um gegen revolutionäre Organisationen vorzugehen. Zum einen sollte durch den Deutschen Bund eine gerichtliche Zentraluntersuchungskommission errichtet werden. Zum anderen dachte er an einen geheimen, effektiv arbeitenden Nachrichtendienst, der über jedwede revolutionäre Aktion frühzeitig informieren sollte.

Den Ausschlag für Metternichs Plan eines interstaatlich agierenden Nachrichtendienstes[106] gaben die sich häufenden Berichte über eine Vereinigung der Oppositionsführer in den Ständekammern Badens, Württembergs, Hessens, Nassaus und der Rheinpfalz, mit dem angeblichen Ziel, gemeinsam mit den Liberalen Frankreichs in Deutschland eine Revolution vorzubereiten. Metternich reagierte mit dem Vorschlag der Errichtung eines umfassenden polizeistaatlichen Systems zur Überwachung von Geheimorganisationen und Öffentlichkeit. Die nach der Julirevolution verstärkt operierenden Oppositionellen sollten mit effektiveren Mitteln überwacht, die Mängel seines Spitzelsystems beseitigt werden. Hatten bisher die einzelnen Regierungen getrennt voneinander Erkundigungen eingezogen und die einzelnen Nachrichtendienste nur von Fall zu Fall zusammengearbeitet, ging es nun um Koordinierung zum Zweck der Totalkontrolle. »Den permanent tätigen, organisierten und zentralisierten revolutionären Kräften sollte ein permanent tätiger, or-

104 Dazu Langewiesche, Europa 65; Müller, Presse 41–43. – Zur Verschärfung der badischen Zensur bis 1840 vgl. ebd. 46–48.
105 Langewiesche, Europa 66.
106 Zum folgenden vgl. Hoefer, Pressepolitik, insbes. 72–92.

ganisierter und zentralisierter geheimer Nachrichtendienst entgegengestellt werden«[107]. Dem bayerischen Gesandten Wrede setzte Metternich im Februar 1833 seine Ansicht auseinander: »Was nützen getrennte Entdeckungen und wozu führen lange Korrespondenzen? Ich kenne in allen Sachen derart nur ein ausgiebiges Mittel und dies ist die Zentralisation. Daß dieses Mittel das rechte ist, beweisen die Maßregeln, welche der Feind ergriffen hat. Die Revolution, so unbändig sie auch ihrer Natur gemäß ist, hat sich dennoch seiner Disziplin unterworfen; sie hat einen Foyer d'entente, einen Foyer de départ und ein Centre d'union geschaffen. Erst seitdem sie dies getan hat, ist sie praktisch gefährlich und sind die vereinzelt stehenden Regierungen, ihr gegenüber und ihrer Aufmerksamkeit ungeachtet, schwach. Ein Mittelpunkt, ein Punkt, in den alle Staaten konvergieren und sich zum hellen Lichte bilden, muß notwendigerweise geschaffen werden«[108]. Neben Österreich sollten auch Preußen, Württemberg und Bayern an einer derartigen Einrichtung teilnehmen. Letztere wohl nicht nur deshalb, weil sie zu den bedrohtesten – weil liberalsten – Staaten gehörten[109]. Sie dürften vielmehr auch als »Pufferländer« Österreichs in Metternichs Augen eine besondere Rolle gespielt haben.

Metternich wollte mit seiner Initiative zunächst keine einheitlich agierende Polizei, sondern lediglich eine zentrale Informationsstelle aufbauen. Von ihr sollten alle Berichte über revolutionäre »Verschwörungen« gesammelt und bearbeitet, das »aufbereitete« Material danach an die einzelnen Regierungen geleitet und dort nach eigenem Ermessen für das jeweilige Land entsprechende Gegenmaßnahmen angeordnet werden. Das heißt: Es ging Metternich um »eine zentrale und koordinierte Überwachungsarbeit als rein informative Basis für polizeiliche Maßnahmen der Einzelstaaten«[110].

Neu war neben der Zentralisation auch die absolute Geheimhaltung. Nicht nur die Tätigkeit dieses politisch-polizeilichen Nachrichtendienstes, sondern sogar seine Existenz sollte aus Effektivitätsgründen völlig verborgen bleiben. Metternich dachte daher auch nicht an die Errichtung einer formellen Behörde wie die frühere Mainzer Zentraluntersuchungskommission.

107 Ebd. 73.
108 Metternich an Wrede 26. Februar 1833. Zit. nach Hoefer, Pressepolitik 73.
109 So Hoefer, Pressepolitik 73.
110 Ebd. 74.

Noch im Februar und März 1833 wurden Preußen, Bayern und Württemberg über ihre Ansichten zum Plan Metternichs befragt. Alle stimmten zu. Bedenken Preußens gegen eine Beteiligung Bayerns und Württembergs konnten ausgeräumt werden. Preußen und Österreich sollten je einen Kommissar sowie einen Polizeibeamten bestimmen, die in der Bundesfeste Mainz zu stationieren waren. Als Verbindungsleute zu den anderen beiden Ländern war an einen in Aschaffenburg arbeitenden bayerischen sowie einen württembergischen Kommissar mit Sitz in Frankfurt (später in Wiesbaden) gedacht. Doch scheiterte das Projekt an seiner überstaatlichen Ausrichtung. Schuld daran dürfte nicht nur die zunehmende Kritik Bayerns gewesen zu sein.

Als der Bundestag am 30. Juli 1833 die Einsetzung einer Frankfurter Bundeszentralbehörde zur Untersuchung des Frankfurter Wachensturms beschloß, veränderte sich die Situation völlig. Hier sollten die Berichte über alle gerichtlichen Untersuchungen in den deutschen Bundesstaaten zusammenfließen. Der Plan einer Zentraluntersuchungskommission war keineswegs neu. Bereits früher – als Folge der Karlsbader Beschlüsse – hatte der Deutsche Bund ein gemeinsames Organ in Mainz geschaffen. Diese Mainzer Zentraluntersuchungskommission bestand von 1819 bis 1828 und hatte die Aufgabe, alle »gegen die bestehende Verfassung und innere Ruhe, sowohl des ganzen Bundes, als einzelner Bundesstaaten, gerichteten revolutionären Umtriebe und demagogischen Verbindungen« zu erfassen[111]. Die neue Kommission erhielt alsbald dieselben Kompetenzen. Bis 1842 versuchte sie, jede greifbare Information über alle gefährlich erscheinenden Personen, Gruppierungen und Bestrebungen zu sammeln[112].

Der Versuch des österreichischen Bundespräsidialgesandten in Frankfurt, Joachim Graf Münch von Bellinghausen (1786–1866)[113], eine Verlegung des Mainzer Informationsbüros zur Unterstützung der Zentraluntersuchungskommission nach

111 Zit. nach Langewiesche, Europa 61. – Siemann, Protokolle 301–317.
112 Langewiesche, Europa 66.
113 Zunächst im Verwaltungsdienst in Böhmen, 1822 als Hofrat im diplomatischen Dienst der Wiener Staatskanzlei, wo er zum zweiten Geschäftsführer des Büros bestellt wurde. 1823–1848 Bundespräsidialgesandter in Frankfurt. Münch gehörte zum engeren Kreis um Metternich. Durch seine Herkunft (seine Mutter war eine geborene Penkler) stand er auch in Beziehung zu Klemens Maria Hofbauer und dessen Kreis. – Zu ihm Goldinger, Bellinghausen. – Über Münch-Bellinghausens Politik auch Srbik, Metternich 56 f.

Frankfurt zu erreichen, scheiterte am Widerstand der anderen Staaten. Vom ehrgeizigen Projekt Metternichs blieb eine rein österreichische Einrichtung übrig, mit deren Hilfe der Staatskanzler sich die Aufspürung aller Verbindungen zwischen deutschen und französischen Oppositionellen erhoffte. Am 10. Mai 1833 nahm der österreichische Polizeibeamte Karl Gustav Noé von Nordberg (1789–1885)[114] von der Wiener Polizeioberdirektion in Mainz die Arbeit auf[115]. Weisungsbefugt waren der Mainzer Festungskommandant Emanuel Graf Mensdorff-Pouilly (1777–1852)[116] sowie der Bundespräsidialgesandte Münch-Bellinghausen. Letzterer war in den Augen Metternichs wie kein

114 Nach dem Jurastudium 1822 Eintritt in die Wiener Polizeidirektion, auf den Kongressen von Verona und Mailand in politisch-polizeilicher Funktion tätig. 1828 in der belgischen Flüchtlingsmetropole Brüssel, um die Pläne der dortigen Geheimbünde auszukundschaften. 1830 Berichterstatter über die Stimmung in Galizien während der Warschauer Revolution. Seit 1831 Oberkommissar. Im Oktober 1841 auf eigenen Wunsch von Mainz abberufen und zum Adjunkten der Wiener Polizeioberbehörde befördert. 1847/48 Polizeidirektor in Innsbruck und Linz, 1849 Wiener Polizeipräsident. 1850 Ministerialrat im Innenministerium, kurz darauf Entlassung. – Zu ihm Marx, Nordberg; Hoefer, Pressepolitik 84 f.
115 Nach dem Ausscheren Preußens, Bayerns und Württembergs wollte man Noé zunächst dem Vertreter Österreichs in der Bundeszentralbehörde, Baron Wagemann, zuordnen. Metternich erhoffte sich dadurch einen direkten Zugriff auf die Daten der Prozeßakten. Wagemann lehnte dies jedoch mit der doppelten Begründung ab, dadurch würde einerseits zu viel Aufmerksamkeit auf Noé gezogen, andererseits könne eine Verquickung von Interessen der Justiz (Bundeszentralbehörde) und der Polizei (Informationsbüro) die Loyalität der Bundeszentralbehörde beeinträchtigen. Dem Vorschlag Wagemanns gemäß wurde Noé zunächst offiziell der Paßexpedition in Frankfurt als österreichischer Regierungsbeamter beigegeben. Hier sollte er Münch und Wagemann zugeordnet sein, aber auch selbständig arbeiten. Bereits im Dezember 1833 unterbreitete Noé jedoch einen »Entwurf zur Organisierung einer systematisch wirkenden geheimen Polizei in Deutschland«, in dem er aus verschiedenen Gründen für Mainz als Sitz des Informationsbüros plädierte. Außerdem trat er für die eine Ausweitung des Büros ein: Dem Leiter sollten ein Kanzleidiener zur Bewachung der Akten und ein Protokollant zur Führung des Zentralprotokolls und einer *Revue Générale* beigegeben werden, »aus welcher die periodisch vorzulegenden Nomenklaturen oder der alphabetische (Revolutions-)Index der Mitglieder der Propaganda, der bestehenden Vereine etc. verfaßt werden muß«. Vor allem aber sollten dem Büro vier eigens angestellte Agenten im In- und Ausland zuarbeiten. – Zit. nach Hoefer, Pressepolitik 81.
116 Seit 1824 Festungskommandant, 1829 Vize-Gouverneur, später kommandierender General in Böhmen, 1840 als zweiter Hofkriegsratspräsident nach Wien berufen. – Zu ihm Wurzbach 17 (1867), 368–372.

anderer dazu befähigt, die Berichte auszuwerten und Auskunft über die revolutionären Umtriebe in Deutschland zu geben. Oberster Chef blieb jedoch der Staatskanzler selbst. Ihm hatte Noé kontinuierlich zu berichten. Die Bezeichnung des Nachrichtendienstes wechselte in der Folge öfters, seit 1842 wurde jedoch der Name »Mainzer-Informations-Bureau« (M.I.B.) gebräuchlich.

Der feste Personalbestand der im Unterschied zur Mainzer oder Frankfurter Zentraluntersuchungskommission lediglich auf Informationsbeschaffung ausgerichteten Behörde blieb gering. Mitarbeiter waren zwei bzw. drei Polizeibeamte in Mainz; hinzu kam aber eine Reihe von Spitzeln (Konfidenten) im In- und Ausland. Hierfür geeignete Leute mit »intellektuellem« Niveau zu finden und in die Reihen der Opposition einzuschleusen, gehörte zu den wichtigsten Aufgaben des Mainzer Büros. Dazu stand Noé ein »Manipulationsfond« mit mehreren tausend Gulden zur Verfügung. Dennoch erwies sich der Aufbau eines solchen Spitzelsystems als schwierig. Metternich hatte schon 1833 zur Anwerbung von Geheimagenten Richtlinien festgelegt: »Es ist allerdings nützlich, die Stimmung des gemeinen Volkes, den Geist der versammelten Menge und die Namen einzelner untergeordneter Emissäre der Propaganda auszukundschaften. Weit wichtiger jedoch ist es, Leute zu haben, die bis in die höhere Sphäre der Verschwörung dringen. Um dies zu können, müssen derlei Individuen nebst einem gewissen Grade wissenschaftlicher Bildung auch einen so entschiedenen Charakter haben oder zeigen, daß die Oberhäupter der Propaganda an ihnen eine wichtige Aquisition zu machen glauben. Auch ist es nötig, daß sie den Anstrich haben, von ihrer Regierung politischer Meinungen halber verfolgt zu sein«[117].

In den ersten Jahren unternahmen die Polizeibeamten selbst noch Reisen zu Spionagezwecken. Zwei Missionen Noés in den Jahren 1836 und 1838 nach Paris, die eine Zusammenarbeit mit der französischen Geheimpolizei herbeiführen und die französische Regierung dazu bewegen sollten, energischer gegen politische Emigranten einzuschreiten, scheiterten jedoch. Nachrichten über revolutionäre Bewegungen in Europa erhielt das Informationsbüro auch aus der Wiener Staatskanzlei von Graf Mensdorff und der Frankfurter Bundeszentralbehörde.

117 Zit. nach Hoefer, Pressepolitik 83.

Als Konfidenten figurierten meist Leute, die ihre Dienste aus Geldnot, Gründen der Strafmilderung oder wegen der Annullierung eines Ausweisungsbefehls anboten. Gerade ihre existentiell bedrohte Lage machte sie für Metternich interessant. Das Mainzer Informationsbüro suchte als Spitzel zuverlässige und gebildete Leute, die den zu bespitzelnden Milieus selbst entstammten oder über gute Kontakte zu ihnen verfügten, also meist Literaten oder Journalisten, die schon von Berufs wegen gute Kontakte zu den politischen Gegnern Metternichs hatten. Damit war selbstredend auch die Möglichkeit eröffnet, gegen persönliche Feinde oder Konkurrenten belastendes Material anzuhäufen. Bei der Auswahl der Konfidenten mußte man besonders vorsichtig sein, da sich teilweise Scheinagenten anboten, die loyale Mitglieder der Opposition blieben.

Der Geschäftsgang sah offiziell so aus: Die Geheimagenten berichteten aus allen Teilen Deutschlands und Westeuropas; alle Informationen flossen im Mainzer Informationsbüro zusammen. Hier wurden die Berichte eingesehen, miteinander verglichen und anhand eigener Informationen und Erhebungen auf ihren Wahrheitsgehalt hin geprüft. Fehlinformationen konnten herausgefiltert und korrigiert werden. Mit einem Begleitschreiben wurden die Berichte schließlich nach Wien an Metternich gesandt. Sie nahmen ihren Weg über die Bundespräsidialgesandtschaft in Frankfurt; dort konnte Graf Münch die Berichte einsehen. In der Staatskanzlei in Wien wurden sie ab 1837 in der ersten Sektion des Polizeireferats behandelt. Bis Ende 1836 gelangten die Berichte von Mainz über Frankfurt direkt zur Bearbeitung in ein selbständiges Amt der Staatskanzlei. Nach der Bearbeitung durch Metternich und seine Räte wurden sie an die Polizeihofstelle weitergeleitet. Besonders wichtig erscheinende Protokolle kamen in den Sitzungen des Wiener Zentralinformationskomitees zur Verlesung. Wichtig war der direkte Geschäftsgang über die Bundespräsidialgesandtschaft zu Metternich und nicht über den »Umweg« der Polizeihofstelle oder der Wiener Oberpolizeidirektion. So behielt das Mainzer Informationsbüro den Charakter einer spezifisch »Metternichschen Geheimpolizei«[118].

---

118 So Hoefer, Pressepolitik 91.

## 2. Indexkongregation und Inquisition

»Die Kirche begann schon frühe, die Benützung apokrypher und die Lesung häretischer Bücher zu verbieten«[119]. Mit dieser bewußt ungenauen Formulierung gibt Johann Baptist Sägmüller in seinem *Lehrbuch des katholischen Kirchenrechts* einen Hinweis auf die Problematik der Datierung des Anfangs kirchlicher Bücherzensur. Glauben manche sogar, einen biblischen Beleg für diese kirchliche Praxis in der Apostelgeschichte finden zu können[120], stößt man erst im Kontext des Konzils von Nicaea 325 auf ein sicheres historisches Fundament[121]. Mit der Lehre des Arius, der die Gottheit Jesu Christi leugnete, wurde auch dessen Werk verboten[122]. Ein erster Index librorum prohibitorum, also ein erster Katalog verbotener Schriften, dürfte 496 erstellt worden sein[123]. Derartige Bücherverbote standen sowohl in der Alten Kirche als auch während des Mittelalters immer wieder auf der Tagesordnung[124].

Mit der Erfindung des Buchdrucks trat auch die Zensur in ein neues Stadium. Gutenbergs Technik ermöglichte es, Wissen und Meinungen in Buchform zu verbreiten und zu popularisieren. Die Geschichte der Reformation als Massenbewegung ist ohne die abertausendfache Verbreitung von Luthers (vorwiegend deutschen) Druckschriften nicht zu verstehen. Daher verwundert es nicht, daß die katholische Hierarchie der unkontrollierten Verbreitung von gefährlichen Schriften die Hauptschuld an der Reformation und Kirchenspaltung des 16. Jahrhunderts gab. Überhaupt ist die Epoche von Gegenreformation und Konfessionalisierung durch neue Formen der Sozialdisziplinierung gekennzeichnet[125]. Bei den frühneuzeitlichen Staaten läßt sich genauso wie bei den sich herausbildenden Konfessionskirchen

---

119 Sägmüller, Lehrbuch 496.
120 Dort heißt es von den Ephesern, daß sie, nachdem sie zum Glauben gekommen waren, offen bekannt hätten, was sie früher getan hatten: »Und nicht wenige, die Zauberei getrieben hatten, brachten ihre Zauberbücher herbei und verbrannten sie vor aller Augen. Man berechnete den Wert der Bücher auf 50.000 Silberdrachmen« (Apg 19,19). – Vgl. Hilgers, Index 3.
121 Hilgers, Index 3 f.
122 Zu Arius und seiner Lehre vgl. Ritter, Arianismus 692–719.
123 Hilgers, Index 4.
124 Ebd. 5.
125 Dazu Maron, Reform; Reinhard, Gegenreformation.

eine Modernisierung und Intensivierung der Bücherzensur feststellen. Bücher waren für diese Institutionen das gefährliche Medium zur Verbreitung verderblicher Meinungen schlechthin[126].

In diesen größeren Kontext einer Revolution der Verbreitung von Wissen und der Herausbildung einer Wissenskultur durch das Medium Buch gehört der Versuch der in ihrer alten Monopolstellung bedrohten römischen Kurie, eine Totalkontrolle des Büchermarktes zu schaffen. Denn wenn sich »Menschwerdung« und menschliche Würde seit der Epoche des Humanismus nur in Verbindung mit Bildung begreifen läßt und wenn andererseits die Verbreitung von Wissen beziehungsweise Bildungsinhalten im wesentlichen durch die Druckerpresse geschieht, dann hat derjenige, der diese kontrolliert, auch entscheidenden Einfluß auf das Bildungswesen und damit auf die Menschen selbst. Einer solchen Totalkontrolle über das gesamte verfügbare Wissen durch die katholische Kirche beziehungsweise die römische Kurie sollten insbesondere zwei römische Kongregationen dienen, die sich maßgeblich mit der Bücherzensur beschäftigten: Einerseits die Heilige Römische und Universale Inquisition[127], auch Heiliges Offizium genannt (gegründet 1542), andererseits die Kongregation des Index[128] (gegründet 1571). Die Verwirklichung des ehrgeizigen Programms sollte sich jedoch schon bald als illusorisch erweisen. Angesichts der Explosion des Büchermarktes war niemand in der Lage, diesen zu überblicken, geschweige denn alle Bücher zu lesen und zu beurteilen, ob sie mit dem katholischen Glauben übereinstimmten oder nicht. Immer wieder kommt in den frühen schriftlichen Voten der Mitarbeiter der genannten römischen Kongregationen die Aussichtslosigkeit eines solchen Unterfangens zum Ausdruck.

Dessen ungeachtet zog die Arbeit von Inquisition und Indexkongregation wie auch der protestantischen und staatlichen Zensurbehörden immer wieder heftige Kritik auf sich[129]. Aber selbst in Mitteleuropa dauerte es bis weit in unser Jahrhundert hinein, bevor staatliche und kirchliche Bücherverbote abge-

126 Zur staatlichen und kirchlichen (katholischen wie protestantischen) Bücherzensur vgl. Hilgers, Index passim.
127 Vones, Inquisition.
128 Schwedt, Index; neben Hilgers, Index, ist immer noch unverzichtbar Reusch, Index.
129 Vgl. dazu Hilgers, Index passim; Reusch, Index passim.

schafft wurden. Die katholische Kirche selbst hat auf das Instrument der Indizierung erst im Gefolge der Reformen des II. Vatikanischen Konzils 1967 verzichtet[130].

Die Kritik an der römischen Indizierungspraxis, wie sie namentlich während der Aufklärungszeit geäußert wurde, fand teilweise auch an der römischen Kurie selbst Gehör. So erließ Papst Benedikt XIV.[131] am 9. Juli 1753 eine neue Verfahrensordnung für die Indexkongregation und das Heilige Offizium, durch die der Geschäftsgang der genannten Dikasterien eindeutig geregelt und damit nachvollziehbarer gemacht wurde. Da die Konstitution »Sollicita ac provida«[132] Benedikts XIV. bis zu den Reformen Leos XIII. im Jahr 1897[133] in Kraft blieb und somit auch die rechtliche Grundlage für die Indexverfahren gegen Heinrich Heine in den Jahren 1835/1836 und 1844/1845 bildete, wird auf sie später etwas ausführlicher einzugehen sein.

Zunächst ist auf die beiden grundsätzlichen Möglichkeiten der Bücherzensur, die der Kirche zu Gebote standen, hinzuweisen. Entweder verhinderte man das Erscheinen eines (vermeintlich) gefährlichen Buches, oder man mußte es, nachdem es bereits im Druck erschienen war, aus dem Verkehr ziehen. Die sogenannte Präventivzensur[134] stellt zweifellos die elegantere Variante dar, da sie häufig intern abgewickelt werden konnte, das Manuskript selbst nie an die Öffentlichkeit kam und ein entsprechendes kirchliches Bücherverbot nicht kontraproduktiv wirkte, indem es etwa die Verkaufszahlen eines verbotenen Buches in die Höhe schnellen ließ. Zu diesem Zweck wurde für katholische Autoren das Instrument des »Imprimatur« (es möge gedruckt werden) geschaffen, bevor also ein »guter« Katholik ein Manuskript der Druckerpresse übergab, reichte er es bei der für ihn zuständigen kirchlichen Stelle mit der Bitte um Druckerlaubnis ein. Für einen Ordensangehörigen war dies in der Regel der zuständige Ordens-

---

130 Wilhelm Rees, Index.
131 Vormals Prospero Lambertini (1675–1758), 1727 Erzbischof von Ancona, 1728 Kardinal, 1731 Erzbischof von Bologna, 1740 nach über sechsmonatigem Konklave als ausgezeichneter Kanonist zum Papst gewählt. – Zu ihm Schwaiger, Benedikt XIV.
132 Zu den wichtigsten lateinischen Ausgaben der Konstitution vgl. Schwedt, Urteil XVII, Anm. 1; Reusch, Index II 1–6. Eine vollständige deutsche Übersetzung bei Paarhammer, Sollicita ac Provida 346–356.
133 Hilgers, Index 79–114; Schwedt, Index 305 f.
134 Ritter/Bour, Imprimatur.

obere, für einen Weltlichen – Laien oder Kleriker – der zuständige Ortsbischof oder Inquisitor. Von diesen wurde das Manuskript einem oder mehreren Zensoren zugeleitet, die es auf seine Rechtgläubigkeit hin überprüften. Sie konnten es entweder grundsätzlich zurückweisen, so daß es nicht gedruckt werden durfte, oder die Publikation prinzipiell erlauben. Häufig jedoch ließen sie den Druck nur unter Bedingungen zu, so daß der Autor eine Reihe von Corrigenda in sein Manuskript einarbeiten mußte. Daß das »Imprimatur« nur bei katholischen Autoren funktionierte, liegt auf der Hand. Andere Formen der Präventivzensur, wie Kontrolle von Druckereien und Buchhandlungen, konnten meist nur in Zusammenarbeit mit staatlichen Stellen erfolgreich durchgeführt werden.

Auch für die eigentliche Bücherzensur, also die Verurteilung bereits im Druck erschienener Bücher, gab es in unserem Untersuchungszeitraum verschiedene Möglichkeiten. Handelte es sich um einen Fall von größter Bedeutung, konnte der Papst die Sache an sich ziehen und, mehr oder weniger von Gutachtern aus den unterschiedlichsten Kongregationen der römischen Kurie beraten, ein Buch durch feierliches »Breve« verbieten[135]. In kirchenpolitisch äußerst wichtigen Fällen, namentlich wenn es darum ging, einen von einer Regierung ins Auge gefaßten Bischofskandidaten zu desavouieren und damit als Bischof unmöglich zu machen, konnte anstelle der eigentlich für die Bücherzensur zuständigen Kongregationen der Inquisition und des Index auch die Kongregation für die außerordentlichen kirchlichen Angelegenheiten eingeschaltet werden. Diese zu Beginn des 19. Jahrhunderts entstandene Kongregation war dem Staatssekretariat zugeordnet und hatte dieses in außerordentlichen Angelegenheiten zu beraten[136]. So waren, um auf das oben bereits genannte Beispiel der Rottenburger Bischofswahl der Jahre 1845-1847 einzugehen, mehrfach Mitarbeiter der Congregazione degli Affari Eccleciastici Straordinari mit Gutachten über Werke potentieller, vom Staat vorgeschlagener Bischofskandidaten befaßt. Die Schriften landeten allesamt auf dem Index[137]. Die feierlichen Indizierungen durch päpstliches

---

135 Vgl. dazu die oben bereits angesprochenen Fälle Lamennais und Hermes, deren Lehren durch feierliches Breve verurteilt wurden.
136 Vgl. Pasztor, Congregazione; Greipl, Archiv.
137 Dazu Wolf, Theiner.

Breve und die außerordentlichen durch die Kongregation für die außerordentlichen Angelegenheiten waren indes die Ausnahme. Die meisten Causae liefen regulär über die zuständigen Kongregationen des Index und der Inquisition, wobei die letztere, zumindest im 19. Jahrhundert, für die größeren beziehungsweise bedeutenderen theologischen Fälle zuständig war, während die sonstigen Angelegenheiten durch die Indexkongregation behandelt wurden.

Da beide Heine-Verfahren erwartungsgemäß von der Indexkongregation abgewickelt wurden, soll deren Geschäftsgang im folgenden in Anlehnung an die Konstitution »Sollicita ac provida«[138] skizziert werden, einerseits, um eine formale Orientierung über die einzelnen Verfahrensschritte zu geben, und andererseits, um die Voraussetzung zu schaffen für die Prüfung der Frage, inwieweit der vorgeschriebene Geschäftsgang bei Heine in der Tat eingehalten wurde oder nicht.

Der Papst versuchte in seiner Maßgabe, »bestimmte feste Regeln aufzustellen, nach denen künftig die Prüfung und Beurteilung der Bücher erfolgen soll« (§ 2). Hierzu nahm er zunächst eine Aufgabenteilung zwischen Heiligem Offizium und Indexkongregation vor. In der Heiligen Römischen und Universalen Inquisition sollte »über verschiedene, und zwar wichtigste Angelegenheiten gehandelt [werden], vor allem über Fragen des Glaubens und über Personen, welche der Religionsverletzung schuldig geworden sind« (§ 3). Für die anderen Fälle war eo ipso die Indexkongregation zuständig. Diese bestand aus zwei Gremien, aus der Kardinalsplenaria und der Konsultorenversammlung. Der Kardinalsplenaria, also der eigentlichen Kongregation, gehörten zehn bis zwanzig vom Papst ernannte Kardinäle an, von denen einige gleichzeitig Mitglieder des Heiligen Offiziums sein sollten. Die Kongregation stand unter der formellen Leitung des Kardinalpräfekten, der eigentlich starke Mann war jedoch der Sekretär der Kongregation, der die Geschäfte und Akten führte und nicht im Kardinalsrang stand. Gemeinsam mit dem Magister Sacri Palatii, dem päpstlichen Hoftheologen – wie der Sekretär stets Mitglied des Dominikanerordens –, nahm er als Nicht-Purpur-Träger an allen Sitzungen der Kardinäle teil. Der Sekretär hatte die Beschlüsse der Kardinäle in Privataudienz

---

138 Die folgenden Auszüge aus der Konstitution werden zitiert nach der Übersetzung von Paarhammer, Sollicita ac provida.

jeweils auch dem Papst vorzulegen, dem die Letztentscheidung zustand (§ 6).

Die Kardinalskongregation wurde von einem Gremium, der sogenannten Konsultorenversammlung, beraten. Die Zahl dieser Gruppe von vereidigten Theologen, Philosophen, Juristen und sonstigen kompetenten Fachleuten schwankt im 19. Jahrhundert zwischen dreißig und fünfzig. Die Konsultoren traten gewöhnlich einige Tage vor der Sitzung der Kardinäle zusammen und unterbreiteten diesen einen Beschlußvorschlag über ein bestimmtes Buch. Dieser besaß freilich nur empfehlenden Charakter. Dennoch kann das Votum des Konsults nicht hoch genug eingeschätzt werden. Ein Buch, das von den Fachleuten den Kardinälen zur Indizierung vorgeschlagen wurde, konnte von diesen kaum einen »Persilschein« erhalten[139].

Die Entscheidung der Konsultoren mußte auf der Basis mindestens eines schriftlichen Gutachtens eines Konsultors beziehungsweise Relators fallen. Befand sich im Kreis des Konsults selbst kein mit der Materie vertrauter Gutachter, so sollte aus der Gruppe der sogenannten Relatoren, einer Zahl freier Mitarbeiter der Kongregation, ein Gutachter bestellt werden. Benedikt XIV. regelte dieses Verfahren in seiner Konstitution »Sollicita ac provida« ganz genau: »Weil die Indexkongregation allein [...] die Aufgabe der Bücherzensur hat, pflegt sie nicht so häufig zusammenzukommen wie die andere Kongregation des Heiligen Offiziums, die wegen der Vielzahl der Fälle und Angelegenheiten dreimal in der Woche zusammentritt; deshalb soll der Sekretär der Indexkongregation, wie es schon früher zu geschehen pflegte, die besondere Aufgabe und Pflicht der Anzeige von verdächtigen Büchern übernehmen. Dieser soll vom Relator des Buches sorgfältig in Erfahrung bringen, aus welchen Gründen er jenes zu verbieten verlangt; dann soll er selbst dieses Buch gründlich lesen, damit er die Grundlage der vorgebrachten Anklage kennenlernt; auch muß er zur Sache zwei Konsultoren herbeiziehen, welche vorher vom Papst oder vom Kardinalpräfekten oder dessen Stellvertreter zur Auswahl approbiert worden waren. Wenn nach Einholen des Rates derselben das Buch für die Zensur für würdig gehalten wird, muß ein Relator ausgewählt werden, der über dieses Buch ein Urteil zu fällen vermag, das heißt,

139 Schwedt, Index 307 f.

der über den Inhalt des Buches die nötige Sach- und Fachkenntnis besitzt; dieser muß schriftlich seine Stellungnahme berichten unter Angabe der Seiten, auf welchen die einzelnen von ihm erfaßten Dinge enthalten sind. Bevor er aber seine Zensur an die Kardinalskongregation berichtet, wollen Wir, daß es eine private Konsultorenversammlung gibt ... damit diese über die zum Buch vom Relator vorgebrachten Stellungnahmen und über deren Bedeutung ein Urteil bildet« (§ 8).

Wichtigere Fälle sollten von der Kardinalskongregation in Gegenwart des Papstes verhandelt werden. »Nicht ist dies notwendig, wenn ein Buch eines Häretikers angezeigt wird, in welchem der Autor Irrtümer, die der Dogmatik widersprechen, darlegt und vorträgt; oder wenn ein Werk zur Prüfung gelangt, durch welches die richtigen Regeln der Sitten besudelt werden und Schädigungen beziehungsweise Verderbtheiten gefördert werden. In diesen Fällen ist es nicht notwendig, genauere Vorschriften zu machen, sondern wenn ein Buch als häretisch oder Sitten verderbend befunden wird, muß es sofort indiziert werden« (§ 11).

Eine erste Analyse des Archivs der Indexkongregation für den Zeitraum des 19. Jahrhunderts in Verbindung mit den Bestimmungen der Konstitution »Sollicita ac provida« ergab, grob schematisiert, für ein Indexverfahren folgendes Procedere[140]:

1. Ein Buch wird bei der römischen Kurie angezeigt. Dies kann von seiten einer kirchlichen Behörde, etwa einer päpstlichen Nuntiatur, einem Ordensoberen oder einem Diözesanbischof geschehen. Freilich können auch besorgte Laien ein gefährliches Druckwerk melden. Besonderes Gewicht erhält eine solche Anzeige, wenn sie auf diplomatischem Wege von einem katholischen Souverän vorgebracht wird.
2. Grundsätzlich sind zunächst ganz unterschiedliche Adressaten einer Buchanzeige an der römischen Kurie möglich. Eine fromme katholische Adelige schreibt direkt an den Heiligen Vater, der französische Botschafter beim Heiligen Stuhl wendet sich an den Kardinalstaatssekretär, der Magister Sacri Palatii erfährt von einem Ordensbruder von einem gefährli-

---

140 Zum Verfahrensgang vorläufig Wolf, Ketzer 193–198; ders., Sailer; Esch, Akten. Insbesondere stützt sich diese schematische Übersicht auf eine erste, freilich kursorische Auswertung der Akten des Sekretärs der Indexkongregation aus dem 19. Jahrhundert.

chen Druckwerk, der Münchner Nuntius sendet ein Buch direkt an die zuständige Indexkongregation. In Rom wird daraufhin entschieden, welcher Kongregation die Sache zur Prüfung zu übergeben ist. In der Regel ist dies die Indexkongregation, möglich sind aber auch Inquisition und Kongregation für die außerordentlichen Angelegenheiten.

3. Jetzt wird der Sekretär der Kongregation tätig, der darüber entscheidet, ob es sich lohnt, ein angezeigtes Buch einer Prüfung zu unterziehen. Kommt es zu einem negativen Ergebnis in dieser Vorberatung, ist die Causa damit schon an ihrem Ende. Bezeichnenderweise haben sich diese eher konfidentiellen Unterredungen in den Akten der Kongregation so gut wie nicht niedergeschlagen. Wird freilich eine bestimmte Sache vom Papst selbst oder einer hochgestellten Persönlichkeit der Kurie der Kongregation zur Prüfung übergeben, ist die Ablehnung eines Verfahrens von vornherein so gut wie ausgeschlossen.

4. Wenn eine Überprüfung für notwendig erachtet wird, beauftragt der Sekretär einen sachkundigen Gutachter, der ein schriftliches Votum über das inkriminierte Werk abgeben muß. Der Gutachter wird aus dem Kreis der – nur wenigen – Relatoren oder der Konsultoren genommen. Dieses Gutachten wird im Geheimdruck für die Konsultoren der Kongregation vervielfältigt. Diese Geheimgutachten haben sich fast vollständig im Archiv der Indexkongregation, genauer, in den Akten ihres Sekretärs, erhalten.

5. Hat sich eine Reihe von Fällen angesammelt und liegen die entsprechenden schriftlichen Gutachten vor, beruft der Sekretär eine Versammlung der Konsultoren ein. Ein solcher Konsult findet in unserem Untersuchungszeitraum jährlich zwischen drei- und sechsmal statt. Auf dieser Sitzung der Fachleute werden die einzelnen Fälle auf der Basis der vorgelegten und im Druck verteilten Gutachten beraten. Dabei kann es durchaus vorkommen, daß Gegengutachten erstellt werden. Nach ausgiebiger Diskussion wird den Kardinälen zu jedem einzelnen angezeigten und untersuchten Buch ein Vorschlag unterbreitet. Er lautet entweder einfach »prohibeatur«, das Buch ist zu verbieten, »dilata«, es wird vertagt, oder es liegt kein Grund für ein ausdrückliches Verbot vor. Möglich ist auch, daß vorgeschlagen wird, bei komplizierter

Sachlage weitere Gutachten von »innen« (Konsultoren bzw. Qualifikatoren) oder von »außen« (Bischöfe, Fachtheologen, zum Beispiel aus Deutschland etc.) einzuholen.

6. Mit diesem Votum der Konsultorenversammlung geht der Sekretär in die Kardinalsplenaria. In der Regel folgt die Versammlung der Kardinäle dem Vorschlag der Sitzung der Fachtheologen. Freilich kann es auch hier ab und an zu abweichenden Entscheidungen kommen.

7. Wenn die Sitzung der Kardinäle nicht in Anwesenheit des Papstes stattfand (was die Regel ist), erläutert der Sekretär der Kongregation in Privataudienz dem Papst die Beschlüsse der Kardinalsversammlung, da diesem das letzte Urteil zusteht. Normalerweise bestätigt der Heilige Vater die Beschlüsse der Kardinalsplenaria, die dadurch Rechtsverbindlichkeit erlangen.

8. Schließlich wird ein Indexdekret ausgefertigt, auf dem die in einer Kardinalssitzung verbotenen Bücher zusammengefaßt abgedruckt werden. Diese Indexdekrete erschienen in der Regel in Plakatform mit der Überschrift »Damnatio« und wurden an den Türen der päpstlichen Basiliken (»ad valvas ecclesiae«) angeschlagen. Teilweise wurden die Dekrete auch an päpstliche Nuntien, betroffene Bischöfe und katholische Regierungen geschickt, wobei letzteres freilich nicht die Regel darstellt.

9. Im Interesse der besseren Dokumentation und leichteren Verbreitung der Dekrete der Indexkongregation erschien alle paar Jahrzehnte dann ein »Index librorum prohibitorum«, also eine offizielle Liste aller durch den Heiligen Stuhl indizierten Bücher. Solche auf dem Index stehenden Bücher durften von Katholiken nicht gelesen und besessen, von katholischen Buchdruckern nicht gedruckt und von katholischen Buchhändlern nicht vertrieben werden. Ausnahmen wurden lediglich durch ein genau geregeltes Dispensverfahren, namentlich für katholische Wissenschaftler, zugelassen, die ihre literarischen Feinde, wollten sie diese widerlegen, wenigstens kennen mußten.

# III. Im Fadenkreuz von Politik und Polizei:
## Das »Junge Deutschland«

### 1. Das »Junge Deutschland« – eine geheime Verbindung?

Die härtere, betont antirevolutionäre Gangart, die der Deutsche Bund – ganz im Metternichschen Sinne – infolge der französischen Julirevolution von 1830 eingeschlagen hatte, zwang die oppositionellen Kräfte, sich andere Aktionsmöglichkeiten zu suchen. So bildeten sich in einer Art Gegenreaktion seit 1833 zahlreiche politische Vereinigungen im Untergrund. Sie waren demokratisch bzw. radikal-bürgerlich ausgerichtet. Besonders im angrenzenden Ausland, in der Schweiz, Belgien und Frankreich, schlossen sich vorwiegend Studenten, Dozenten und Journalisten als politisch Verfolgte im Exil zu revolutionären Geheimbünden zusammen. Sie rekrutierten sich aus den zahlreichen im Ausland lebenden Deutschen (in der Schweiz lebten vor 1848 rund 40.000 Deutsche, in Belgien 1846 rund 13.000, in Frankreich 1847 rund 170.000, davon allein 62.000 in Paris). Solche Gruppen waren unter anderem das »Junge Deutschland«[141], der »Deutsche Volksverein«, der »Bund der Geächteten«, der »Bund der Kommunisten« und das von Giuseppe Mazzini (1805–1872)[142] begründete »Junge Europa«. Deutsche Handwerksgesellen, die aufgrund schlechter Aufstiegsmöglichkeiten emigriert waren, vergrößerten die Mitgliederzahl. All diese Organisationen verfügten über strenge Satzungen, achteten den Gleichheitsgrundsatz und formierten sich nach demokratischen Prinzipien. Es handelte sich um den Versuch, eine neue politi-

---

141 Ein Geheimbund, der von 1834 bis 1836 in der Schweiz existierte.
142 Von »jansenistischen« Priestern erzogen. Geriet unter den Einfluß der Carbonari und wurde 1830 verhaftet. Emigriert, gründete er 1831 in Marseille den Geheimbund »Giovine Italia« mit dem Ziel, eine Republik Italien zu schaffen, 1834 in Bern das »Giovine Europa« zur Sammlung aller Republikaner. 1837 mußte Mazzini nach England übersiedeln, schloß sich 1848 aber Garibaldi an, beteiligte sich 1849 an der Ausrufung der Republik in Rom und wurde Mitglied des Triumvirats. Danach erneut in England im Exil und Kontakte mit Ruge und anderen. Mazzinis Programm war stark antikirchlich ausgerichtet, Offenbarung und Lehramt lehnte er ab. Seine Schriften zur sozialen Frage zeigen Berührungen mit den Saint-Simonisten und Verwandtschaft mit dem Frühsozialismus. – Vgl. Ott, Mazzini.

sche Ordnung in Europa herbeizuführen[143]. Diese Idee wurde vor allem auf zwei Wegen verbreitet: durch die Mitglieder (vor allem die wandernden Handwerksgesellen) sowie durch entsprechende Veröffentlichungen[144].

Die Existenz solcher politischer Geheimbünde lag es in den Augen der Polizei nahe, auch eine geheime Vereinigung von Literaten zu vermuten, die sich in politisch-revolutionärem Sinne äußerten und mit politisch gefärbter Literatur eine breite Masse von Lesern zu erreichen suchten[145]. Die Literaten gerieten in den dreißiger Jahren zunehmend in das Blickfeld der Metternichschen Spitzel. Tatsächlich verstärkte mancher Schriftsteller indirekt die Angst vor solchen Zirkeln, indem er politisch einschlägig besetzte Begriffe verwendete. So schrieb Heinrich Laube seine Trilogie *Das junge Europa* gerade zu jener Zeit, als Giuseppe Mazzini, der die Einigung Italiens in einer Republik anstrebte, die Propaganda für seinen politischen Geheimbund gleichen Namens eröffnete. Dieser Bund sollte sich in verschiedene nationale Sektionen gliedern, von denen sich eine das »Junge Deutschland« nannte. Es hatte sich in der Schweiz konstituiert und wurde polizeilich scharf beobachtet. Mazzini, der nach Frankreich hatte emigrieren müssen, gründete in Marseille auch eine Zeitschrift mit dem Namen *La giovine Italia*.

Daher verwundert es nicht, daß das Mißtrauen gegen die Literaten ständig größer wurde. Bereits im Januar 1833 hatte ein anonymer »Gelehrter« Metternich von der Existenz und der »höchstgefährliche[n] Wirksamkeit einer hochverräterischen Kongregation« unterrichtet, die »über fast ganz Deutschland verbreitet, bereits nahe an 9.000 Mitglieder zählt, und nach ihren eigenen Geständnissen auf dem Wege der Empörung Deutschland von seinen 34 Herrscherfamilien zu befreien die Absicht

---

143 Paragraph 1 der Satzungen des Jungen Deutschland lautete: »Das Junge Deutschland konstituiert sich, um die Ideen der Freiheit, der Gleichheit und der Humanität in den zukünftigen republikanischen Staaten Europas zu verwirklichen.« HHStAW Bundespräsidialgesandtschaft Frankfurt, Kart. 92, Revol. Umtriebe Nr. 211: Zusammenstellung der Ergebnisse aus den in Deutschland geführten Untersuchungen, bezüglich des politischen Treibens in der Schweiz, insbesondere der Verbindung »Das junge Deutschland«, nach den der Bundes-Central-Behörde bis 14ten Januar 1836 zugekommenen Akten.
144 Hoefer, Pressepolitik 26.
145 Zum folgenden Houben, Junges Deutschland.

hegt«. Diese Vereinigung habe »acht Monate lang ihr Catilinarisches Gift unentdeckt und unbemerkt über das von ihr verratene Vaterland ausbreiten« können. Unter ihren Mitgliedern seien »bedeutende und einflußreiche Namen«. »Fünf berüchtigte Publizisten, welche, um sicher zu sein, ihr Bureau in Straßburg aufgeschlagen haben, verbreiten von da aus durch geheime Emissäre die gefährlichsten Schriften über das westliche und südliche Teutschland.« Sie predigten in Schenken und Herbergen »die verkehrten Grundsätze von Volkssouveränität und Verfassungsrechten« und ermutigten »das ohnehin schon aufgeregte Volk offen und frech zum Aufruhr«. Einer jener fünf Publizisten habe ihn am Ende des vergangenen Jahres gebeten, für die Summe von 100 Brabanter Thalern 500 Exemplare einer Schrift in Österreich zu verteilen. Dreizehn Emissäre durchreisten Deutschland, fast in allen Universitätsstädten bestünden unter der Leitung von »Handelsmännern« und Universitätslehrern »Komitees der sogenannten freien Presse«, »kräftiges, wiewohl höchst behutsames Einschreiten« sei »höchst dringend« geboten[146].

Neben Karl Gutzkow, Heinrich Laube, Ludolf Wienbarg, Theodor Mundt und anderen geriet zunehmend Heinrich Heine ins Visier der Geheimdienstler Preußens und Österreichs. Über den vierten Band der *Reisebilder*, den Campe 1831 im sächsischen Altenburg herausbrachte und den Preußen umgehend beschlagnahmte, urteilte die Zensur in Berlin, das Buch sei »eines der verderblichsten Produkte, die in jüngster Zeit ins Publikum gebracht wurden; es würdige das Heiligste herab, enthalte empörende Blasphemien, beleidige durch schlüpfrige Darstellungen die guten Sitten und erlaube sich neben gehäßigsten Invektiven gegen Staatsinstitutionen und Staatsverwaltungen eine Schmähung Friedrichs des Großen« als »witzigen Kamaschengott von Sanssouci«[147].

Vor allem aber verursachten Heines *Französische Zustände* großen Wirbel. Die Schrift war aus einer Artikelserie entstanden, die Heine anonym in Cottas *Augsburger Allgemeinen Zeitung* publiziert hatte. Für die Buchausgabe entwarf er eine Vorrede, in der er einen Angriff gegen die neuesten Freiheitsbeschränkungen

---

146 N. N. an [Metternich] Abschrift, o. O. [Im Jänner 1833]. HHStAW StK Polizei, Fasz. 75, fol. 25–26.
147 Zit. nach Breuer, Geschichte 159.

durch die Bundesversammlung führte. Insbesondere mit der Wiener Bundesakte ging Heine ins Gericht, da sie »zu jedem despotischen Gelüste die legalsten Befugnisse« enthalte: »Bis jetzt hat man von jenem Meisterwerk der edlen Junkerschaft wenig Gebrauch gemacht, und sein Inhalt konnte dem Volke gleichgültig sein. Nun es aber ins rechte Tageslicht gestellt wird, dieses Meisterstück, nun die eigentlichen Schönheiten des Werks, die geheimen Springfedern, die verborgenen Ringe, woran jede Kette befestigt werden kann, die Fußangeln, die versteckten Halseisen, Daumschrauben, kurz nun die ganze künstliche, durchtriebene Arbeit allgemein sichtbar wird: jetzt sieht jeder, daß das deutsche Volk, als es für seine Fürsten Gut und Blut geopfert und den versprochenen Lohn der Dankbarkeit empfangen sollte, aufs heilloseste getäuscht worden, daß man ein freches Gaukelspiel mit uns getrieben, daß man, statt der zugelobten Magna Charta der Freiheit, uns nur eine verbriefte Knechtschaft ausgefertigt hat«[148].

Campe ließ das Buch unzensiert – da über 20 Bogen stark – in Altenburg drucken und legte dem Zensor lediglich die Vorrede vor. Sie wurde zusammengestrichen und – wie Heine bemerkte – »mitunter ins Servile verkehrt«[149]. Unmittelbar nach Erscheinen wurde der Band jedoch von Preußen verboten und beschlagnahmt. Die Berliner Oberzensurbehörde rechnete ihn »zu den verwerflichsten, welche wir je zu prüfen veranlaßt worden sind«. Heine forderte daraufhin einen ungekürzten Separatdruck der Vorrede von Campe. Dieser erschien 1833, allerdings bei der Pariser Druckerei Heideloff[150]. Heine polemisierte darin in harten Worten weniger gegen die konstitutionellen deutschen Staaten oder das Österreich Metternichs, dessen Geradlinigkeit er respektierte, sondern vor allem gegen Preußen:

»Ich will nicht die konstitutionellen Fürsten anklagen; ich kenne ihre Nöten, ich weiß, sie schmachten in den Ketten ihrer kleinen Kamarillen, und sind nicht zurechnungsfähig. Dann sind sie auch, durch Zwang aller Art, von Östreich und Preußen

148 Heine, Französische Zustände, HS III, 98 f.
149 Zit. nach Breuer, Geschichte 159. – Über Heine und die Zensur vgl. den Überblick von Radlik, Heine.
150 Vorrede zu Heinrich Heines Französischen Zuständen nach der französischen Ausgabe ergänzt und herausgegeben von P.G.g.r, Leipzig, Heideloff & Campe 1833.

embauchiert worden. Wir wollen sie nicht schmähen, wir wollen sie bedauern. Früh oder spät ernten sie die bitteren Früchte der bösen Saat. Die Toren, sie sind noch eifersüchtig aufeinander, und während jedes klare Auge einsieht, daß sie am Ende von Östreich und Preußen mediatisiert werden, ist all ihr Sinnen und Trachten nur darauf gerichtet, wie man dem Nachbar ein Stück seines Ländchens abgewinnt [...]. In der Tat, wir können gegen Östreich kämpfen, und todeskühn kämpfen, mit dem Schwert in der Hand; aber wir fühlen in tiefster Brust, daß wir nicht berechtigt sind, mit Scheltworten diese·Macht zu schmähen. Östreich war immer ein offener ehrlicher Feind, der nie seinen Ankampf gegen den Liberalismus geleugnet oder auf eine kurze Zeit eingestellt hätte. Metternich hat nie mit der Göttin der Freiheit geliebäugelt, er hat nie in der Angst des Herzens den Demagogen gespielt, er hat nie Arndts Lieder gesungen und dabei Weißbier getrunken, er hat nie auf der Hasenheide geturnt, er hat nie pietistisch gefrömmelt, er hat nie mit den Festungsarrestanten geweint, geweint, während er sie an der Kette festhielt; – man wußte immer, wie man mit ihm dran war, man wußte, daß man sich vor ihm zu hüten hatte, und man hütete sich vor ihm. Er war immer ein sicherer Mann, der uns weder durch gnädige Blicke täuschte, noch durch Privatmalicen empörte. Man wußte, daß er weder aus Liebe noch aus kleinlichem Hasse, sondern großartig im Geiste eines Systems handelte, welchem Östreich seit drei Jahrhunderten treu geblieben. Es ist dasselbe System, für welches Östreich gegen die Reformation gestritten; es ist dasselbe System, wofür es mit der Revolution in den Kampf getreten [...]. Ich betrachtete vielmehr mit Besorgnis diesen preußischen Adler, und während andere rühmten wie kühn er in die Sonne schaue, war ich desto aufmerksamer auf seine Krallen. Ich traute nicht diesem Preußen, diesem langen frömmelnden Kamaschenheld mit weitem Magen, und mit dem großen Maule, und mit dem Korporalstock, den er erst in Weihwasser taucht, ehe er damit zuschlägt. Mir mißfiel dieses philosophisch christliche Soldatentum, dieses Gemengsel von Weißbier, Lüge und Sand. Widerwärtig, tief widerwärtig war mir dieses Preußen, dieses steife, heuchlerische, scheinheilige Preußen, dieser Tartüff unter den Staaten«[151].

151 Heine, Französische Zustände. Vorrede, HS III, 93–95.

Kein Wunder, daß Preußen angesichts solcher Worte und noch schärferen Spottes auf König Friedrich Wilhelm nach den Verantwortlichen im ganzen Bundesgebiet fahnden ließ. Verbindungen wurden zum hessischen Verschwörerkreis um Rektor Friedrich Ludwig Weidig (1791–1837)[152] in Butzbach und in die süddeutschen Staaten entdeckt, wo weitere Drucke der Vorreden auftauchten. Am 6. Juli 1834 konnte das Mainzer Informationsbüro nach Wien melden, die Vernehmung verschiedener Buchhändler im Zusammenhang mit der Verurteilung des Buchhändlergehilfen Paul Hanger wegen Verbreitung der Vorrede zu Heines *Französischen Zuständen* habe ergeben, daß vor allem Zunftgenossen in Württemberg an der Verbreitung beteiligt gewesen seien[153]. Auch habe der Buchhändlergehilfe Cornelius in Berlin ausgesagt, daß er in Leipzig die Art und Weise kennengelernt habe, wie Österreich mit verbotenen Werken vom Norden aus versorgt werde[154].

Diese Nachrichten versetzten Metternich in höchste Alarmbereitschaft. Durch das Mainzer Informationsbüro ließ er die Frankfurter Literaturszene bespitzeln. Am 13. November 1835 sandte Noé aus Mainz einen Bericht »Über das junge literarische

152 Nach dem Theologiestudium in Gießen 1812 Konrektor der Lateinschule in Butzbach. Dort gründete er eine »Deutsche Gesellschaft«, die auch politische Zwecke verfolgte. 1822 Promotion zum Dr. phil. und 1826 Rektor der Butzbacher Schule. Bereits 1819/20 wurde gegen Weidig wegen angeblicher revolutionärer Beeinflussung der Jugend ermittelt, 1833 geriet er nach dem Sturm auf die Frankfurter Hauptwache erneut in Verdacht, mit führenden Revolutionären in Verbindung zu stehen, doch konnte ihm nichts nachgewiesen werden. Von der Regierung 1834 gegen seinen Willen auf die kleine Landpfarrei Obergleen (Alsfeld) versetzt, 1835 jedoch in Haft genommen. Die Haftbedingungen und Untersuchungsmethoden wirkten zersetzend auf Weidig. Am 23. Februar 1837 nahm er sich in seiner Zelle das Leben. Weidig propagierte ein geeintes Deutschland mit parlamentarischen Formen und freier Presse; zur Durchsetzung dieser Ziele bejahte er revolutionäre Mittel. Sein Tod trug wesentlich zur Abschaffung des geheimen Strafverfahrens in Deutschland bei. – Zu ihm Wyss, Weidig.
153 Genannt wurden Carl Drechsler zu Heilbronn, Carl Friedrich Nast jun. zu Ludwigsburg, Jakob und Johann Friedrich Ebner in Ulm, Herbig in Leipzig, L. H. Osiander in Tübingen, Heinrich Laupp und Ludwig Friedrich Fuesz in Tübingen, Heinrich Erhard, Carl Hoffmann und E. W. Löflund in Stuttgart sowie Heideloff und Campe in Leipzig.
154 Bericht Nr. 231 vom 30. Juni 1834, im Protokoll Nr. 62.266 vom 6. Juli 1834. HHStAW Zentrale Informationsprotokolle 1834. – Abgedr. bei Glossy, Geheimberichte 5 f.

Deutschland« (samt abschriftlicher Beilage eines Briefes vom 11. November 1835) nach Wien. Darin hieß es:

»Eine solche Verbindung mußte um so mehr zu der gespanntesten Aufmerksamkeit auffordern, als dieselbe von den alten Chorführern der Bewegungsparthei Börne und Heine von Paris aus mächtig influenciert wird und besonders letzterer mit dem hier wohnenden bekannten jungen Literaten Gutzkow in direktem Verkehre steht.« Frankfurt sei das Zentrum des Jungen Deutschland. Der hier eingesetzte Konfident, der mit den meisten jener jungen Literaten in persönlicher Bekanntschaft stehe, habe herausgefunden, daß folgende Personen involviert seien: Dr. Sauerländer, Duller, Dr. Gutzkow, Wolfgang Menzel, Wienbarg, Dr. Kottenkamp, Dr. Beuermann, Spazier, Mundt, Dr. Wihl und Berly. Prof. Ulrici habe sich in der *Allgemeinen Zeitung* öffentlich von den anderen distanziert. »Börne und Heine schwebten Gutzkow vor den Augen, allein er nahm einigermaßen die Erfahrung zu Rate ... (es heißt, Gutzkow genießt preußischen Schutz) ... und wollte sich von der Politik entfernt halten [...]. Börne und Heine wurden aufmerksam und namentlich auf Gutzkow, und Heine besonders nimmt sein litterarisches Treiben in Schutz, wie dieses an einem bei Campe in Hamburg von Heine zu erscheinenden Werke zu ersehen sein wird.« So also werde »die Fahne der jungen deutschen Literaten«, die *Deutsche Revue*, nun bald entfaltet werden. »Gutzkow und Wienbarg sind die Fahnenträger; Börne, Heine, Spazier, Kottenkamp, Beuermann, Koloff u.s.w. halten mit die Stange.« Zunehmend gewinne die junge deutsche Literatur Anhänger, »welche entweder durch Umgestaltung der sozialen und religiösen oder kirchlichen Fragen die Umgestaltung der politischen hoffen«[155].

Am 20. November 1835 konnte Noé einen weiteren Bericht über die junge deutsche Literatur vorlegen:

»Börne und Heine in Paris fingen an, an dem Auftauchen des jungen (geistigen) Deutschland Gefallen zu haben; mit seinen Fortschritten, die sich in literarischen Ergüßen äußerten, wurden sie befreundeter mit ihm, bis sie endlich mit ihm in ein vertrautes Verhältnis traten.« Die Repräsentanten des Jungen Deutschland in Frankfurt behaupteten, dieses bilde »kein ge-

155 13. November 1835 Noé, Mainz an Metternich mit Beilagen. HHStAW StK Deutsche Akten, alte Reihe 225, Presse und Zensur, 1832–33. Presse. Den unter dem Namen »Das junge Deutschland« sich bildenden litterarischen Verein betreffend 1835, fol. 23–28. – Abgedr. bei Glossy, Geheimberichte 28–31.

schlossenes Ganzes, sie ständen mit Börne und Heine nur in einer literarischen Verbindung«. Die sonst so zerstrittenen Literaten spendeten sich nun »Lobpreisungen, die allein nur durch den Grund des Zusammenwirkens erklärt werden«[156]. Zahlreiche weitere Berichte folgten, die der Frankfurter Korrespondent durch das Mainzer Informationsbüro nach Wien weiterleiten ließ[157].

Metternich ging aufgrund dieser Geheimberichte von der tatsächlichen Existenz eines literarischen »Jungen Deutschland« aus. Eine *förmliche* Vereinigung des »Jungen Deutschland« gab es allerdings nie, allenfalls persönliche Verbindungen und lose Korrespondenzen. Die verdächtigten Schriftsteller, Laube, Mundt und Wienbarg, bestritten denn auch später in ihren Lebenserinnerungen entschieden die Existenz eines solchen Zusammenschlusses. Heine und Börne in Paris waren ohnehin durch die große räumliche Entfernung von den anderen getrennt. Immerhin gab es Ansätze und Pläne zu einem engeren Zusammenschluß. Vor allem Theodor Mundt spielte im Sommer 1834 mit dem Gedanken, durch eine gemeinsame Zeitschrift, den *Literarischen Zodiacus*, einen »Vereinigungspunkt« für all jene zu bilden, die in Deutschland »jungen Kopf und junges Herz« besäßen. In einem Brief an Gustav Schlesier vom Januar 1835 wurde Mundt deutlicher: »Sie haben die Idee des ganzen Unternehmens sehr treffend aufgefaßt. Meine Hauptabsicht ist es, daß aus den Mitarbeitern des *Zodiacus* ein engerer Verein hervorgehen möchte, der auch äußerlich zu einer Gesellschaft zusammentritt«[158]. An verschiedene Schriftsteller ergingen entsprechende Einladungen; Mundt entwarf sogar bereits eine Eröffnungsrede[159]. Das Unternehmen scheiterte wahrscheinlich an Gutzkow, der Mundt sehr distanziert gegenüberstand. Dafür rückte im Herbst 1835 abermals ein Zusammenschluß mehrerer Schriftsteller in greifbare Nähe. Mittelpunkt sollte die *Deutsche*

156 Abgedruckt bei Glossy, Geheimberichte 31–36.
157 Alle in HHStAW StK Deutsche Akten, alte Reihe 225, Presse und Zensur, 1832–33, Presse. Den unter dem Namen »Das junge Deutschland« sich bildenden literarischen Verein betreffend 1835.
158 Vgl. zum folgenden die bekannte Darstellung von Houben, Junges Deutschland, insbes. 15–42. Dort auch die Zitate.
159 Da Mundt ungefähr seit Januar 1835 unter polizeilicher Bewachung stand, seine Briefe also geöffnet und gelesen wurden, dürften Mundts Pläne der Polizei bekannt geworden sein und die Furcht vor einem neuen Geheimbund geschürt haben. Ebd.

*Revue* sein, die Gutzkow und Wienbarg herauszugeben dachten. Es kam zwar nicht dazu, doch zeigen sich in den Briefen der Verdächtigten so enge Verbindungen, daß die Annahme der Existenz eines solchen Vereins nahe lag.

Politik und Polizei identifizierten die Literaten aufgrund der Namensgleichheit mit dem politischen Geheimbund »Das Junge Deutschland« oder brachten sie wenigstens miteinander in Verbindung. Daran waren die Schriftsteller nicht unschuldig, da sie die politische Terminologie aufgriffen. So schrieb Gutzkow in der Vorrede zu seiner 1834 in Stuttgart erschienenen Schrift *Dr. le Petit's ausführliche Erklärung der Hogarthischen Kupferstiche:* »Wir jungen Leute, die wir uns anheischig gemacht haben, die Tradition der deutschen Literatur lebendig fortzupflanzen, führen hinter den Coulissen einen lebhaften Briefwechsel: wir rufen uns wechselseitig Parolen zu, bereiten Emeuten vor, lesen uns wechselseitig die Federn ab, kurz wir haben auch eine Conspiration, welche man aber nicht verbrecherisch nennen kann«[160]. Auch die nur bruchstückhaft erhaltenen Briefe der Schriftsteller boten – sollten sie denn von den »Schwarzen Kabinetten« geöffnet worden sein – zahlreiche Hinweise auf eine Vereinigung, die politisch gefährlich werden konnte. So gebrauchte Gutzkow sehr deutliche Worte, er sprach von den »inneren Geheimnisse[n] des jungen Deutschland« und davon, daß Laube, statt an seinen Schriften, lieber »an den Stäben seines Gefängnisses feilen« solle; Wienbarg sei bei seinem rhetorischen Talent »zu politischen Parteiungen« trefflich zu gebrauchen, und sein eigenes Ziel sei es, »die Kirche auszulösen« und »an der Verflüchtigung des Staates« zu arbeiten. Laube hatte schon 1833 in einem Brief an Heine bedauert, daß er den Autor der *Reisebilder* nicht sprechen könne, »damit wir unsere Partei organisieren könnten«. Diese verstand er zwar nicht im politischen, sondern im literarischen Sinne, doch sollte sie neue moralische Gesetze einführen und »viel Christenthum, Prüderie, sogenannte Tugend hinauswerfen«[161].

160 Der von Heine später als »Kirchenrath Prometheus« gefeierte Theologe Heinrich Eberhard Gottlob Paulus (1761–1851) tadelte Gutzkow deswegen in einem »Sendschreiben« hart: dieser leichtsinnige »Namensunfug« müsse die Polizei ja geradezu aufreizen. Ebd.
161 Zit. nach Houben, Junges Deutschland 41 f., der zu einer fast völligen Relativierung der Aussagen neigt: »Der politische Zeitgeschmack ist nichts weiter als eine Stilfrage.«

## 2. Preußens Vorgehen gegen das »Junge Deutschland«

Gutzkow wurde von Frankfurter Spionen – nicht nur von denen Metternichs – genau beobachtet. Geheimrat Gustav Adolf Tzschoppe (1794–1842)[162], vortragender Minister im preußischen Staatsministerium, den Zeitgenossen als »Erzschuft« (Varnhagen von Ense) und von krankhafter Verfolgungswut Besessenen schildern[163], ließ sich vom preußischen Residenten über Gutzkow Material beschaffen und versuchte, dessen Bewegungsspielraum durch Verweigerung von Reisepapieren einzuschränken[164].

Auslöser für ein scharfes Vorgehen Preußens gegen Gutzkow war das Erscheinen seines Romans *Wally, die Zweiflerin*[165] im August 1835. Vor allem die Ausfälle des Stuttgarter »Literaturpapstes« Wolfgang Menzel (1798–1873) in dessen auch im Norden Deutschlands verbreiteten *Literaturblatt* erregten allgemeine Aufmerksamkeit. Selbst der preußische König Friedrich Wilhelm III. soll den Roman gelesen und daraufhin persönlich beim badischen Großherzog die Beschlagnahmung der *Wally* gefordert haben[166]. Das Oberzensurkollegium[167] in Berlin verlangte in einem Gutachten vom 18. September 1835 die Entfernung der Schrift aus Buchhandlungen, Leihbibliotheken und Lesegesellschaften[168]. Im fränkischen Obermainkreis, in München, im badischen Unterrheinkreis und im hessischen Kassel kam es noch im Oktober zur Konfiszierung des Romans. In Mannheim wurde am 16. November sogar ein gerichtliches Ver-

162 Nach dem Jurastudium wurde er 1817 als Hilfsexpedient in die Berliner Staatskanzlei aufgenommen. 1820 Reise nach Rom und Neapel. Seit 1822 fanatischer Demagogenverfolger und williger Helfer Wittgensteins. 1830 Referent in der Ministerialkommission und Mitglied des Oberzensurkollegiums, 1837 wirklicher Geheimer Oberregierungsrat und Direktor der 1. Abteilung des Ministeriums des Königlichen Hauses. Tzschoppe litt zunehmend an Verfolgungswahn, 1841 konnte er in Wien noch ein längeres politisches Gespräch mit Metternich führen. – Zu ihm Petersdorff, Tzschoppe.
163 So Houben, Junges Deutschland 55; für ihn war Tzschoppe »ein spukhafter Alb, der allen auf der Brust sitzt«.
164 Houben, Junges Deutschland 40.
165 Mannheim 1835.
166 Dies behauptete jedenfalls der durch einflußreiche Leute gut informierte Theodor Mundt. – Vgl. Houben, Junges Deutschland 59.
167 Zu dieser Behörde ebd. 45.
168 Das Gutachten war von dem Historiker Professor Wilken verfaßt und vom evangelischen Bischof und Professor Neander unterschrieben. – Vgl. ebd. 43.

fahren gegen Gutzkow als Autor und seinen Verleger Löwenthal eingeleitet[169].

Dem preußischen Oberzensurkollegium ging die Konfiszierung jedoch nicht weit genug. Am 11. November wandte es sich mit einem weiteren Gutachten an das Innenministerium, in dem die neue Literatur in sehr drastischen Farben geschildert, in die Nähe revolutionärer Bestrebungen gerückt und eine Revolution vorausgesagt wird:

»Die junge Literatur kämpft [...] gegen jede geoffenbarte Religion und bildet sich vorzugsweise zur Sinnenlust ihren eigenen Cultus; sie greift das Christenthum und seine Lehren auf die frechste Weise an, setzt die heiligsten Verhältnisse, namentlich die Heiligkeit der Ehe herab, kämpft gegen Sitte, Zucht und Ehrbarkeit, und sucht eine Rehabilitation des Fleisches und seiner Lüste herbeizuführen. Mit der Lösung der Schranken, welche Religion und Sitte dem unzüchtigen Treiben gesetzt, lösen sich auch bei der überhand nehmenden Verworfenheit alle andern Bande, und diesen Zeitpunkt scheint die junge Literatur herbeiführen zu wollen, um demnächst auch in politischer Beziehung mit leichter Mühe die dem revolutionären Treiben entsprechenden Veränderungen herbeizuführen«[170].

Hauptzweck dieser Eingabe war es, die Zensur der jungdeutschen Literatur nicht mehr dem Urteil einzelner Zensoren zu überlassen, sondern dem Oberzensurkollegium eine Letztentscheidung in jedem einzelnen Fall vorzubehalten. Die Eingabe hatte Erfolg. Am 14. November erging eine preußische Verfügung, die die jungdeutsche Literatur en gros verurteilte[171]. Das Verbot war umfassend und bezog sich auf alle vergangenen und zukünftigen Schriften des »Jungen Deutschland«. Es wurde damit versucht, selbst »die noch ungeborenen Kinder der jungdeutschen Muse« aus der Welt zu schaffen – ein »Akt unerhörtester Willkür«, der »jeder gesetzlichen Unterlage« entbehrte, da es kein Gesetz gab, das das Verbot einer noch nicht erschienenen Schrift vorsah[172]. Ausdrücklich genannt wurden Gutzkow, Wienbarg, Laube und Mundt. Zur Last gelegt wurden ihnen vor allem

169 Zu Gutzkows »Wally« und den Folgen vgl. die einschlägigen Dokumente in Gutzkow, Wally.
170 Zit. nach Houben, Junges Deutschland 46.
171 Abgedruckt ebd. 43 f.
172 Ebd. 48.

Vergehen gegen Religion und Sitte. Verbindungen zu revolutionären Gruppierungen oder die Verbreitung politischer Programme wurden interessanterweise nicht genannt. Auch fehlten in dieser preußischen Verfügung die Exilierten Heinrich Heine und Ludwig Börne, deren Schriften bereits seit Jahren die Zensur auf sich gezogen hatten.

## 3. Die Offensive des Deutschen Bundes gegen das »Junge Deutschland«

### a) Österreichs Drängen auf ein allgemeines Verbot

Im Herbst 1835 häuften sich die Denunziationen über das Treiben des »Jungen Deutschland«. Nicht nur vom Mainzer Informationsbüro kamen Metternich immer neue Nachrichten zu. In Wien nahm sich vor allem Karl Ernst Jarcke (1801–1852)[173] der Sache an. Der 1825 konvertierte Jurist war schon als außerordentlicher Professor in Berlin unermüdlich im Kampf gegen alles, was nach Revolution roch, tätig gewesen. Nach der Julirevolution von 1830 hatte er sich auch als politischer Schriftsteller betätigt und war seit 1831 Redakteur und eifrigster Mitarbeiter im – zur Bekämpfung aller Umsturzideen gegründeten – *Berliner politischen Wochenblatt*. Da er als Konvertit keine weiteren Aufstiegsmöglichkeiten in Preußen hatte, folgte er 1832 einem Ruf Metternichs nach Wien, wo er seitdem in der Staatskanzlei neben kirchlichen Fragen auch galizische und ungarische Angelegenheiten bearbeitete[174]. Jarcke betrachtete seine Aufgabe nicht nur mit den Augen des Staatsbeamten, er verstand sie ebenso sehr als »religiösen Beruf«. In der Tat war er nicht nur aus beruflichen Gründen, sondern auch aus persönlicher Überzeugung mit theologischen und kirchenpolitischen Fragen beschäftigt. Schon längere Zeit stand Jarcke in enger Beziehung zu Joseph Görres (1776–1846)[175] und dessen Münchner Kreis, der im Sinne einer restaurativen »Erneuerung« der Kirche arbeitete und als einer der wichtigsten Vorkämpfer eines ultramonta-

173 Zu ihm ÖBL 3 (1965), 80 (Lit.). – Zu Jarckes Mitarbeit an den Historisch-Politischen Blättern vgl. Albrecht/Weber, Mitarbeiter.
174 Über seine Zensurtätigkeit hinsichtlich religiöser Schriften vgl. Marx, Zensur Metternichs 218–235.
175 Aus der Fülle an Literatur Raab, Görres.

nen Katholizismus in Deutschland gilt. Gemeinsam gaben die Görres-Brüder, Jarcke und andere die in eben diesem Sinne 1838 gegründeten *Historisch-Politischen Blätter* heraus[176]. Die jungdeutsche Literatur dürfte Jarcke seit langem ein Dorn im Auge gewesen sein[177]. Inwieweit Jarcke, der zusammen mit Metternich auch an anderen Fällen wesentlichen Anteil hatte[178], als treibende Kraft auch hinter den Aktionen Metternichs gegen das »Junge Deutschland« stand, kann nicht sicher beantwortet werden[179]. Jedenfalls dürfen seine religiösen Motive (Konvertitenmentalität) nicht unterschätzt werden[180].

Wie aus einem Schreiben des österreichischen Gesandten in Stuttgart, Eduard Fürst von Schönburg-Hartenstein (1787–1872)[181], an Metternich hervorgeht, hatte Jarcke es sich »zur besonderen Aufgabe gemacht«, Metternich »einen umständlichen Bericht über den Unfug zu erstatten, den in neuester Zeit das Junge Deutschland in der literarischen Welt zu treiben wagt«. Nach Jarcke sei »die Frage von so hoher Wichtigkeit«, daß »von Bundeswegen entscheidende Schritte zur Verhütung weiterer Skandals einzuleiten« seien[182]. Jarcke ließ sich von Buchhändler Berks aus Leipzig regelmäßig »die neuesten Produkte der sich unter dem Namen des jungen Deutschlands ankündigenden Schule unchristlich-unsittlicher Autoren« zusenden[183]. Unter dem Einfluß Jarckes dürfte bei Metternich die Überzeugung gewachsen sein, gegen diese Literaten vorgehen zu müssen, die er als »Bagage aus dem Norden« bezeichnete, als »schafsköpfige Menschen«, »liederliche Buben«, als »Monstruosität, die sich unter dem literarischen Gewande über Deutsch-

176 Rhein, Jahre, insbes. 11–13, 20–24; Pesch, Presse 166 f.; Albrecht/Weber, Mitarbeiter 9.
177 Zum großen Konflikt zwischen dem »Jungen Deutschland« und dem Katholizismus sollte es erst noch kommen. – Vgl. unten.
178 Etwa am Mischehenstreit sowie an den Maßnahmen gegen Bolzano, Anton Günther und die »Zillertaler«.
179 So auch Geiger, Junges Deutschland 393 f.; Marx, Zensur 191; Mayr, Geschichte 48, 106 f. u. a.
180 Rhein, Jahre 50–52.
181 Seit 1835 österreichischer Geheimer Rat. – Zu ihm Luft, Schönburg-Hartenstein.
182 25. Oktober 1835 Fürst von Schönburg, Stuttgart an Metternich. HHStAW StK Deutsche Akten, alte Reihe 226.
183 Namentlich Bücher von Wienbarg, Gutzkow, Duller und Heine. 28. Oktober 1835 [Jarcke], Wien an Berks in Leipzig. HHStAW StK Deutsche Akten, alte Reihe 226.

land verbreitet und deren Zweck es sei, die gesamte bürgerliche Gesellschaft in ihren Grundlagen zu zerstören«[184].

Aus der Perspektive Wiens zeichnete sich mit der herben Kritik Menzels an den »Jungdeutschen« im September 1835 eine bereits länger vermutete »Spaltung« dieser – angeblich homogenen – Gruppierung ab. Der österreichische Gesandte in Stuttgart, Fürst von Schönburg, meldete triumphierend nach Wien:

»Die Uneinigkeit hat ihr Haupt erhoben und bringt Verwirrung in die feindlichen Reihen. Menzel der Demagoge tritt offen in die Schranken gegen das Junge Deutschland [...]. Es liegt hierin ein neuer Sieg der guten Sache, welche schon so viele Jahre ihre Gegner überwältigt oder abgenützt, wider ihren Willen ihr die besten Dienste leisteten«[185].

Für Metternich schien die Zeit zu einem vernichtenden Schlag gegen das »Junge Deutschland« reif. Am 31. Oktober 1835 schrieb er an den österreichischen Bundespräsidialgesandten Münch-Bellinghausen über die Literaten: »Ihre Richtung geht [...] dahin, im Wege des Romans und des Gedichtes sich auf die große Leserzahl in Deutschland Einfluß zu verschaffen und diesen Einfluß zur Untergrabung aller und jeder geoffenbarten sowie natürlichen Religion und zur Vergötterung der rohesten Sinnlichkeit anzuwenden.« Die Literaten wollten auf diesem Wege das politische Gebäude der Staaten in Deutschland zum Einsturz bringen[186].

Bevor Metternich allerdings nähere Weisungen erteilen konnte, hatte Münch-Bellinghausen am 29. Oktober – offenbar eigenmächtig – in der Frankfurter Bundesversammlung die Initiative ergriffen, um die Bundesstaaten zu einem gemeinsamen Vorgehen gegen die Literaten des »Jungen Deutschland« zu veranlassen. Der Staatskanzler zeigte sich nachträglich mit dem Vorgehen Münchs völlig einverstanden und gab ihm am 7. November den Auftrag, die Sache weiterzuverfolgen[187]. Wie gesagt, Münch besaß seit 1833 die Möglichkeit, alle Berichte des

184 Zit. nach Glossy, Geheimberichte XCIII f.
185 23. Oktober 1835 Fürst von Schönburg, Stuttgart an Metternich. HHStAW StK Deutsche Akten, alte Reihe 226.
186 31. Oktober 1835 Metternich, Wien an Münch. HHStAW StK Deutsche Akten, alte Reihe 226.
187 7. November 1835 [Metternich], Wien an Münch in Frankfurt. HHStAW StK Deutsche Akten, alte Reihe 226.

Metternichschen Spitzeldienstes, die über das Mainzer Informationsbüro nach Wien gingen, noch vor Metternich einzusehen und war daher bestens informiert. Als der preußische Gesandte Schöler in der 26. Sitzung des Bundestages vom 29. Oktober mitteilte, sein Land habe Wienbargs »Wanderungen durch den Thierkreis« verboten, nahm Münch dies zum Anlaß, die Anregung zu einem gemeinsamen Vorgehen gegen das »Junge Deutschland« zu geben. Es schloß sich eine Aussprache an, und die Kommission für Preßangelegenheiten wurde zu entsprechenden Anträgen aufgefordert[188].

Bereits am 3. November konnte der preußische Gesandte in Wien, Joachim Karl Ludwig Mortimer Graf von Maltzahn (1793–1843)[189], nach Berlin melden, Metternich strebe ein gemeinsames Vorgehen aller deutschen Bundesstaaten an[190]. Als der preußische Außenminister Johann Peter Friedrich Ancillon (1767–1837)[191] am 23. November Metternich durch Maltzahn das Verbot sämtlicher literarischer Produkte von Gutzkow, Wienbarg, Laube und Mundt in Preußen vertraulich zur Kenntnis bringen ließ, begrüßte der österreichische Staatskanzler diesen Schritt aufs höchste und leitete umgehend die Großoffensive in Frankfurt ein: »Jetzt scheint mir der Zeitpunkt gekommen zu sein«, schrieb Metternich an Münch-Bellinghausen, »wo das von Preußen bei sich mit so vieler Einsicht angewendete Heilmittel

188 Houben, Junges Deutschland 64.
189 1811 Studium an der Universität Breslau, 1813 Fähnrich beim Regiment Garde du Corps in Berlin, aktiver Militärdienst bis 1815. Vermählung mit Auguste v. d. Goltz, Eintritt in den diplomatischen Dienst, Legationsrat bei seinem Schwiegervater in der preußischen Bundestagsgesandtschaft in Frankfurt. 1826 Geschäftsträger in Darmstadt für Baden und Hessen, 1830 Geschäftsträger in Hamburg für die Hansestädte sowie Hannover und Braunschweig. 1834 preußischer Gesandter in Holland und 1835 in Wien. 1841 Staats- und Kabinettsminister der auswärtigen Angelegenheiten in Berlin. – Zu ihm Schmidt, Geschichte 165–168.
190 Houben, Junges Deutschland 65.
191 Nach dem Theologiestudium in Genf Prediger in Berlin sowie Professor für Geschichte an der Kriegsakademie. Durch »charakterlose Beflossenheit«, »milde Umgangsformen« und »subalterne Einsicht« – wie der anonyme Verfasser des Biogramms in der ADB tendentiös vermerkte – bekam Ancillon einflußreiche Posten bei Hof und in der Regierung. 1808 Erzieher der königlichen Prinzen, 1814 Geheimer Legationsrat bei Hardenberg, 1817 Staatsrat, 1818 Direktor der politischen Sektion im Außenministerium, 1832 Außenminister. Ancillon verfaßte zahlreiche staatswissenschaftliche Schriften und publizierte zeitlebens in verschiedenen Zeitungen. – Zu ihm ADB 1 (1875) 420–424.

auf den ganzen Bund ausgedehnt und demselben dadurch erst die wahre und vollkommene Anwendung gesichert werden muß«[192]. Zwei Wege wurden erwogen, um dem Einfluß des »Jungen Deutschland« gegenzuwirken. Zum einen sollte an der Löwenthalschen Buchhandlung in Mannheim ein Exempel statuiert werden. Metternich schlug vor, durch den Bund die badische Regierung auffordern zu lassen, »der gedachten Buchhandlung die Firma und das Verlagsrecht, von welchem sie so großen Mißbrauch gemacht, zu entziehen«. Bei Schwierigkeiten könnte aber auch durch förmlichen Bundestagsbeschluß oder zumindest durch eine Vereinbarung unter den Bundesregierungen ein Verbot der Erzeugnisse des Verlags in sämtlichen Staaten veranlaßt werden. Metternich versprach sich hiervon eine abschreckende Wirkung auf andere Buchhandlungen und Verlage. Zum anderen sah er die Notwendigkeit, daß die »mit so vieler Kühnheit hervorgetretenen Leiter und Vorsprecher des jungen Deutschlands [...] *persönlich* im gesamten Bunde ebenso ernstlich mit dem Stempel der öffentlichen Ahndung belegt werden, als dieses eben in Preußen geschehen ist«. Dies sei nun allerdings eine Sache aller Regierungen. Preußen habe namentlich nur Gutzkow, Wienbarg, Laube und Mundt verboten. Damit stand nach Metternich jedoch nur ein Teil des »Jungen Deutschland« am Pranger. Ihm lag vor allem daran, »den berüchtigten Heine«, »den geistigen Vater des jungen Deutschlands« in die Liste aufzunehmen. Vermutlich sei Heine aus dem preußischen Verbot nur deshalb ausgelassen worden, weil über ihn schon früher in Preußen das Interdikt erlassen worden war. Jedenfalls müsse »seiner vom Bunde bei der zu treffenden Maßregel die gebührende Erwähnung gemacht und auch seiner gewöhnlichen Verlags[buch]handlung – der Hofmann Campeschen in Hamburg – das Schicksal der Buchhandlung Löwenthal zum warnenden Beispiel *namentlich* vorgehalten werden«.

Metternich war sich der Schwierigkeiten eines pauschalen Verbotes durchaus bewußt, glaubte diese jedoch mit Hinweis auf die »von den genannten Schriftstellern angekündigte periodische Schrift«, die *Deutsche Revue*, überwinden zu können. Das provisorische Pressegesetz vom 20. September 1819 bot für ihn alle notwendige Handhabe: Wenn die Bundesversammlung

192 30. November 1835 Weisung Metternich, Wien an Münch (Abschrift). HHStAW StK Deutsche Akten, alte Reihe 226.

nach § 6 dieses Gesetzes befugt war, zu ihrer Kenntnis gelangende, besonders gefährliche Zeitschriften zu unterdrücken, wenn durch solche Unterdrückung nach § 7 die Redakteure dieser Zeitschriften fünf Jahre hindurch Publikationsverbot erhalten konnten, so ist es doch gewiß »nach dem Geiste dieses Gesetzes«, schon die Ankündigung einer solchen Zeitschrift, die alle Grundsätze des Umsturzes in der gefährlichsten Form atme und »von einer sich zu diesem Geiste offen bekennenden geschlossenen Schule« ausgehe, *präventiv* zu behandeln[193].

Der österreichische Staatskanzler teilte diesen Plan der Berliner Regierung mit, um sich der Unterstützung Preußens zu versichern, und gab Münch in Frankfurt den Auftrag, sobald der preußische Gesandte Schöler ebenso instruiert sei, gemeinsam in der besprochenen Weise vorzugehen[194]. Kurze Zeit später ließ Metternich auch den Höfen der anderen deutschen Bundesstaaten seine Ansicht von der Notwendigkeit eines gemeinsamen Vorgehens gegen »eine Anzahl junger, unmoralischer Literaten, teilweise von jüdischer Abkunft«[195] mitteilen, die in ihren Romanen »jeden positiven Glauben, insbesondere jenen an das Christentum« zu untergraben suchten, »Sinnenlust« predigten »und sohin nach vollbrachter Auflösung aller religiösen und moralischen Bande das dergestalt jeder Grundlage beraubte alte Staatsgebäude von selbst einsinken« machen wollten[196].

193 Eine zweite Strategie, die Metternich ursprünglich vorgesehen hatte, die Buchhändler in Leipzig von der Gefährlichkeit des »Jungen Deutschland« *zu überzeugen* und auf die Seite der Regierungen zu ziehen, wurde – da wohl unrealistisch – noch im Entwurf fallengelassen.
194 Schon am 23. November hatte Außenminister Ancillon den preußischen Gesandten in Frankfurt angewiesen, einen eventuellen Antrag Metternichs kräftig zu unterstützen. – Houben, Junges Deutschland 65.
195 Das Argument der »jüdischen« Herkunft der verdächtigten Schriftsteller war alt. Vor allem Hofrat Dr. Münch in Stuttgart, Korrespondent der *Münchner politischen Zeitung* und des *Berliner politischen Wochenblatts* (Verbindung zu Jarcke!), hatte behauptet, alle jungen Deutschland gehörenden Schriftsteller seien Juden. Diese Behauptung wurde im jüdischen Umfeld entrüstet zurückgewiesen. Im Januar 1835 erschien eine Broschüre mit dem Titel *Die Jeune Allemagne in der Sache des jungen Deutschland*, die gegen dasselbe bzw. eigentlich gegen das Judentum gerichtet war. Die Metternichschen Zuträger in Frankfurt waren der Ansicht, daß die Broschüre falsche Informationen enthielt. – Vgl. 6. Januar 1836 [?], Frankfurt an Metternich (Abschrift). HHStAW StK Deutsche Akten, alte Reihe 226.
196 2. Dezember 1835 Metternich, Wien an die Gesandten in München, Stuttgart, Karlsruhe und Dresden. HHStAW StK Deutsche Akten, alte Reihe 226.

Während Metternich in Wien auf die Antworten wartete, machten Preußen und Baden infolge des Präsidialantrags vom 29. Oktober 1835 der Bundesversammlung durch ihre Gesandten vertrauliche Mitteilung[197]. Preußen berichtete, es werde »mit Ernst dieser Schriftstellerei entgegentreten, welche im allgemeinen die Richtung der sogenannten französischen Philosophen des vorigen Jahrhunderts verfolgt und den Mangel an wahrem Witz und an Neuheit der Gedanken durch eine, oft sehr einnehmende Gewandtheit des Ausdrucks und durch eine, alles ihr Vorangegangene überbietende, freche Verhöhnung des Heiligsten zu ersetzen versteht«. Alle Werke der fraglichen Autoren seien verboten worden.

Der badische Gesandte erklärte, Gutzkows *Wally* sei konfisziert und die Regierung beauftragt worden, alle Schriften der Literaten, »deren Absicht dahin zu gehen scheint, durch Erschütterung aller bisherigen Begriffe über Christentum, Obrigkeit, Eigentum, Ehe etc. in allen sozialen Verhältnissen eine Anarchie zu verbreiten und eine allgemeine Umwälzung vorzubereiten«, aufzuspüren. Doch betonte der Gesandte – und darin lag die wichtige Aussage –, daß gegen diese Schriften *nach den bestehenden gesetzlichen Vorschriften* zu verfahren sei. Deutlich war diese Aussage gegen ein neues Gesetz der Bundesversammlung gerichtet[198].

Zu einem Beschluß kam es in Frankfurt vorerst nicht. Die auf diplomatischem Wege den Höfen mitgeteilte Initiative Metternichs traf vor allem in Berlin auf Zustimmung[199]. Der preußische Gesandte am sächsischen Hof, Johann Ludwig Jordan (1773–1848)[200], ging mit seiner Forderung sogar noch einen Schritt weiter und forderte, die Verfasser »zur Untersuchung

197 Registratur, aufgenommen in der 30. Sitzung der Deutschen Bundesversammlung, Frankfurt den 3. Dezember 1835 [Druck]. HHStAW StK Deutsche Akten, alte Reihe 226.
198 Ebd.
199 7. Dezember 1835 Trauttmansdorff, Berlin an Metternich. HHStAW StK Deutsche Akten, alte Reihe 226.
200 Bürgerlicher Abstammung, nach juristischen Studien 1799 als Journalist im Berliner Außenministerium angestellt, 1802 Kriegsrat. Durch seinen Gönner Hardenberg wurde Jordan zunehmend mit wichtigen politischen Angelegenheiten betraut. 1810 Staatsrat, 1813/14 begleitete er Hardenberg nach Breslau, Paris und zum Wiener Kongreß, war 1816 bis 1818 in außerordentlicher Mission in Warschau, Wien und Dresden und von 1819 bis 1848 Gesandter am königlich sächsischen Hof. – Zu ihm Bailleu, Jordan.

ziehen und nach erfolgter Ermittlung zur Detention im Narren- oder Zuchthause verurteilen« zu lassen[201]. Baden zeigte sich in seiner Antwort an Metternich zwar willens, einzulenken und ein Verbot der jungdeutschen Literatur insgesamt zu erlassen, berief sich hierbei jedoch explizit auf § 6 des badischen Pressegesetzes vom 20. September 1819, das die 20 Bogen-Klausel enthielt[202]. Auch aus Bayern kam die beruhigende Mitteilung, Freiherr von Giese[203] habe sich »für seine Person ganz bereit und geneigt« erklärt, müsse die Sache aber noch im Gesamtrat vortragen[204]. Doch der (gegenüber Österreich gewahrte) Schein trog, denn dem preußischen Gesandten August Graf Dönhoff (1763–1838)[205] in München erklärte Giese, daß er »Verbote von noch nicht erschienenen Schriften überhaupt nicht billigen, daher auch nicht für Bayern befürworten könne«[206].

## b) Uneinigkeit

Neben Bayern war vor allem Württemberg nicht gewillt, die Metternichsche Offensive widerstandslos hinzunehmen, mit der dem Deutschen Bund einmal mehr der Stempel österreichischer Politik aufgedrückt werden sollte. Bereits die Mitteilung des Münchschen Antrags in der Bundestagssitzung vom 29. Oktober hatte in Stuttgart Unwillen ausgelöst[207]. Dort vertrat man die Ansicht, daß die Tätigkeiten und Tendenzen der Schriftsteller »zunächst auf dem Gebiet der Ästhetik und Philosophie sich

---

201 Zit. nach Houben, Junges Deutschland 65.
202 Vgl. Houben, Junges Deutschland 65.
203 Konnte nicht nachgewiesen werden.
204 7. Dezember 1835 Kast, München an Metternich. HHStAW StK Deutsche Akten, alte Reihe 226.
205 Nach dem Studium der Kameralistik seit 1821 im preußischen Diplomatischen Dienst. Kurzzeitig in Paris und Madrid, ab 1828 in London, 1833 Gesandter in München und von 1842 bis 1848 als Bundestagsgesandter in Frankfurt. Dönhoff versuchte 1848 vergeblich, seine Regierung von der Notwendigkeit einer Reform im Deutschen Bund zu überzeugen, da er glaubte, die revolutionäre Welle durch konstitutionelle Zugeständnisse aufhalten zu können. 1848 für zwei Monate preußischer Außenminister. – Zu ihm Bussmann, Dönhoff.
206 Zit. nach Houben, Junges Deutschland 68.
207 26. November 1835 Ministerium für auswärtige Angelegenheiten, Stuttgart an Bundestagsgesandtschaft. HHStAW StK Deutsche Akten, alte Reihe 226.

bewegen und nur indirekt das der Politik berühren sowie daß ihre Schriften nicht auf die Volksmasse, sondern auf das literarische Publikum berechnet sind«. Selbst wenn tatsächlich »sittliche und religiöse Begriffe« angetastet würden, »welche zu den Grundpfeilern der gesellschaftlichen Ordnung gehören«, so geschehe dies doch »auf einem Felde, auf welchem durch die öffentliche Stimme des literarischen Publikums einem solchen Treiben zweckmäßiger als durch Maßregeln der Regierungen entgegengewirkt« werde. Im übrigen werde die Verbreitung jener Schriften, die sich als gesetzwidrig herausstellten, wie bisher am besten durch »Verfügungen der Landesbehörden jedes Staats, nach Maßgabe der Verschiedenheit der dabei in Betracht kommenden besonderen Verhältnisse der Lokalität« unterbunden. Insbesondere wandte man sich in Stuttgart gegen das Verbot einer Zeitschrift, die noch gar nicht erschienen war. Heftig wurde »die Kompetenz der Bundesversammlung zu einer Einschreitung« bestritten. Die Voraussetzungen, welche durch § 6 des Beschlusses vom 20. Dezember 1819 zur Bedingung gemacht würden, träfen ohnehin bei Schriften, »welche religiöse und moralische Fragen ganz allgemein und ohne nähere positive Beziehungen, noch in spezieller Richtung auf die Verfassung und Verwaltung des Bundes oder einzelner Bundesstaaten erörtern«, nicht zu. Ebensowenig lasse sich die Bestimmung des Artikels 28 der Wiener Schlußakte von 1820 »auf eine noch so entfernt liegende Möglichkeit einer von schriftstellerischen Unternehmungen zu besorgenden Bedrohung der inneren Ruhe und Ordnung anwenden, deren Aufrechterhaltung nach dem vorhergehenden Artikel 25 in der Regel den Regierungen allein zusteht«. Werde die Angelegenheit trotzdem vom politischen Gesichtspunkt aus betrachtet, so führe auch dies zum selben Ergebnis, denn es lasse sich »nicht mißkennen, daß durch eine Einschreitung der Bundesversammlung jenen Schriftstellern, in deren ganzen Treiben doch wohl nur eine [...] Erscheinung zu erblicken ist, eine Bedeutung beigelegt [wird], die ihnen nicht zukommt, und nur die Folge haben möchte, sie der Verurteilung durch die öffentliche Meinung zu entziehen, die ihrer bei fernerem Beharren in einer gegen die sittlichen und religiösen Begriffe der Gesellschaft anstoßenden Tendenz sicher wartet«. Zuletzt befürchtete Württemberg, durch ein solches Verbot die Literaten erst recht zu vereinen und zu einer politischen Reaktion herauszufordern. Anstatt dies zu fördern, solle man sich eher darauf konzentrieren, die

»literarischen Kämpfe« der Schriftsteller untereinander zu schüren; dadurch würden deren Kräfte effektiv gebunden. Bundestagsgesandter Trott wurde daher angewiesen, gegen das von Metternich intendierte Verbot aller jungdeutschen Schriften zu stimmen.

Während diese Instruktion für den württembergischen Bundestagsgesandten an Deutlichkeit nichts zu wünschen übrig ließ, reagierte Stuttgart den österreichischen Wünschen gegenüber sehr verhalten. Dem Gesandten Schönburg versicherte Außenminister Joseph Ignaz Graf Beroldingen (1780–1868)[208] lediglich, er wolle dem Metternichschen Wunsche möglichst entgegenkommen und werde sofort den Antrag stellen, Gutzkows *Wally* in Württemberg zu konfiszieren. Doch wies Beroldingen auch darauf hin, daß der beabsichtigte Zweck mit dem badischen Vorgehen gegen die Mannheimer Buchhandlung Löwenthal bereits im wesentlichen erreicht sei. Die preußischen Maßregeln seien zwar lobenswert und in Preußen anwendbar, könnten aber in Württemberg so nicht übernommen werden[209].

Am 7. Dezember eröffnete Beroldingen dem österreichischen Gesandten, daß »der König seine größte Bereitwilligkeit an den Tag gelegt habe, den gewünschten Maßregeln gegen die Urheber des jungen Deutschlands im Bunde die geeignete Folge zu geben«. Dies sei dem Bundestagsgesandten mit dem Auftrag mitgeteilt worden, die Anträge des Präsidialgesandten hinsichtlich des fraglichen Gegenstandes entgegenzunehmen und »dahin zu wirken, daß auf die geeignetste Art der vorgesetzte Zweck, in allen Bundesstaaten dem jungen Deutschland und ihren Urhebern das Handwerk zu legen, erreicht werde«. Nähere Instruktionen seien, so Beroldingen, im Augenblick nicht möglich. Man wolle abwarten, welche Anträge der österreichische Präsidialgesandte mache. Die von Baden getroffene Maßregel gegen die Löwenthalsche Buchhandlung, die Arretierung Gutzkows und der gegen ihn eingeleitete Kriminalprozeß hätten die Lage verändert.

Schönburg nutzte die Gelegenheit, Beroldingen darauf aufmerksam zu machen, daß »die sogenannten konstitutionellen Regierungen durch ihre Gesetzgebung zu sehr in ihrer Wirksamkeit gegen die Ausschweifungen der Presse beengt wären,

208 Zu ihm Uhland, Beroldingen.
209 8. Dezember 1835 Fürst von Schönburg, Stuttgart an Metternich. HHStAW StK Deutsche Akten, alte Reihe 226.

welche in Druckschriften über zwanzig Bogen, da sie der Zensur nicht unterliegen, fast ungestraft begangen werden könnten. Die Kriminalgerichte nämlich höben die polizeiliche Beschlagnahme solcher Werke sehr oft ohne hinreichenden Grund unter Freisprechung des Schriftstellers und Verlegers wieder auf, wodurch der Zweck verfehlt und die Regierung kompromittiert« werde. Österreich und Preußen bedürften für sich keiner Bundesmaßregeln. Wenn diese Mächte aber dennoch »zum Frommen des allgemeinen Besten in Deutschland Anträge machten, welche den übrigen Bundesregierungen die verlorene Kraft wiederzugeben geeignet wären«, so sollten diese Staaten die dargebotene Hilfe tunlichst nutzen. Das auf unbestimmte Zeit gültige provisorische Bundespreßgesetz gebe der Bundesversammlung die Befugnis, alle in den Bundesstaaten erscheinenden Druckschriften, also auch die über zwanzig Bogen zählenden, zu unterdrücken. Wenn diese Befugnis noch nicht allseitig anerkannt werde, so bedürfte es nur einer »authentischen Interpretation«. Der Zeitpunkt scheine nun sehr günstig, »mit Kraft gegen die Presse aufzutreten, wo selbst Frankreich mit dem Beispiel vorangegangen wäre«. Es liege im Interesse der Bundesstaaten, »an die Bundesgewalt zu rekurrieren und wenigstens einige abschreckende Beispiele zu provozieren, die ebenso günstig wirken würden als die Unterdrückung einiger Tageblätter«. Schönburg bat Beroldingen, sich mit »einsichtsvollen und wohlgesinnten Geschäftsmännern« über diesen Gegenstand zu beraten und der Bundesversammlung geeignete Vorschläge darüber zu machen[210].

Beroldingen signalisierte seine Bereitschaft, auf die Vorschläge einzugehen, und Schönburg ließ sich offensichtlich täuschen[211]. Gegenüber dem preußischen Gesandten in Stuttgart, Theodor von Rochow[212], äußerte sich Beroldingen anders: Ein Bücherverbot nach preußischem Vorbild sei in Württemberg weder mit der Verfassung vom 23. September 1819 noch mit dem württembergischen Pressegesetz vom 30. Januar 1817 vereinbar. Beroldingen machte Rochow klar, daß ein entsprechender

210 Ebd.
211 Vgl. Houben, Junges Deutschland 67, Anm. – Das Verhalten Württembergs und Bayerns ähnelt sich auffallend. Beide äußersten sich gegenüber Preußen sehr distanziert, während die österreichischen Gesandten mit vagen Versprechungen auf eine falsche Fährte gelockt wurden.
212 Konnte nicht nachgewiesen werden.

Bundestagsbeschluß mit Württemberg nicht durchzubringen sei. Stuttgart sei aufgrund seiner eigenen Gesetze nicht einmal befugt, Bundestagsbeschlüsse zur Ausführung zu bringen, ohne Gefahr zu laufen, vor den Kammern, »deren jedes einzelne Mitglied sich für einen Gesetzgeber und Volksbeglücker hält«, Rechenschaft darüber ablegen zu müssen. Seit 1817 sei Kritik an Staat und Religion erlaubt, gegen Schriften könne erst dann eingeschritten werden, wenn eine Klage vorliege. Damit jedoch erhalte die württembergische Zensur den Charakter eines »Injurienprozesses«, der gegen kluge Autoren und »Advokatenkünste« völlig aussichtslos sei[213].

## c) Der Bundestagsbeschluß von 1835: Ein Kompromiß

Inzwischen hatte auch Bundestagspräsident Münch-Bellinghausen Nachricht von der negativen württembergischen Instruktion erhalten. Er behandelte sie zunächst vertraulich und sandte sie erst am 12. Dezember, also nach bereits erfolgter Beschlußfassung der Bundesversammlung, nach Wien an Metternich weiter. Angesichts des zu erwartenden Widerstandes und, »um solchen Ansichten jeden Boden zu entziehen«, entschied sich Münch, ohne zuvor mit Metternich Rücksprache zu halten, zu einer Änderung im vereinbarten »Fahrplan«. Ohne den vom »Bundestagsausschuß in Preßangelegenheiten« angeforderten Vortrag abzuwarten, überrumpelte er den Bundestag am 10. Dezember mit einem Präsidialvortrag und definitiven Anträgen[214]. Was Münch-Bellinghausen Metternich nicht mitteilte: Kurz vor der Bundestagssitzung hatte er dem württembergischen Gesandten Trott, der auch für Bayern substituiert war, signalisiert, er werde eine solche Fassung der Anträge vorlegen, die geeignet sei, allseitige Zustimmung zu finden[215].

Der Vortrag des Bundespräsidialgesandten war sehr ausführlich und ganz im Metternichschen Sinne, die Anträge fielen allerdings gemäßigt und kompromißbereit aus[216]:

---

213 Zit. nach Houben, Junges Deutschland 67.
214 12. Dezember 1835 Münch, Frankfurt an Metternich. HHStAW StK Deutsche Akten, alte Reihe 226.
215 So Trott am 11. Dezember 1835 in seinem Bericht an die Bayerische und Württembergische Regierung. – Vgl. Houben, Junges Deutschland 71.
216 Beilage zum Bericht Münch, Frankfurt an Metternich vom 12. Dezember 1835. HHStAW StK Deutsche Akten, alte Reihe 226.

»Die Initiative, welche die k.k.-Präsidialgesandtschaft in der 26. diesjährigen Sitzung vom 29. Oktober letzten Jahres in Betreff des seit einiger Zeit hervorgetretenen Strebens der unter dem Namen des ›jungen Deutschlands‹ sich ankündigenden literarischen Schule genommen hat, wird dieser hohen Versammlung keinen Zweifel über die Ansicht gelassen haben, welche der k.k.-Hof über diese höchst bedauerliche Erscheinung der neuesten Zeit und über die Wichtigkeit derselben für das gesamte Deutschland aufgefaßt hat. Nachdem es den Regierungen Deutschlands durch gemeinsam verabredete energische Maßregeln gelungen ist, den Wirkungen der schlechten Presse auf dem politischen Felde ein Ziel zu setzen, wird die Aufmerksamkeit auf die Vorkehrung jeder gewissenhaften Obrigkeit auf diese neue literarische Richtung in Anspruch genommen, die in ihren Absichten noch böslicher, in ihren zur Anwendung gebrachten Mitteln bei weitem gefährlicher und in ihren zerstörenden Wirkungen, wenn ihr nicht bald *allenthalben* Einhalt getan wird, unendlich tiefer eingreifend sein müßte, als es die bloß auf dem politischen Felde sich bewegende aufrührerische Presse der jüngsten Zeit gewesen ist.

Die schlechte Literatur, die hier gemeint ist, läßt sich wesentlich als antichristlich, gotteslästerlich und alle Sitte, Scham und Ehrbarkeit absichtlich mit Füßen tretend bezeichnen. An der Spitze derselben steht H. Heine in Paris, welcher diesen Ton bald nach der Julirevolution unter den Deutschen zuerst angeklungen hat. Aus einer genauen Prüfung der neuesten Schriften, welche von ihm und seinen Genossen herrühren, erhellt, daß ein tiefer lange verhaltener Groll gegen das Christentum das eigentliche Hauptmotiv dieses literarischen Treibens ist. Die Schmähungen gegen die Religion, welche versteckt oder offen das stets variierte Thema ihrer Arbeiten bilden, sind keineswegs neu und originell. Neu dagegen, wenigstens in Deutschland, ist das Hinüberziehen dieser Materien auf das belletristische Gebiet, wo das, was früher höchstens einem engeren Kreis wissenschaftlicher Leser bekannt war, jetzt vor das Forum jener unermeßlichen Menge gebracht wird, die in Deutschland zur Unterhaltung liest; neu ist daran die halb witzige, halb poetische Einkleidung und die gewählte verführerische Form des Romans, des Gedichts, der Novelle und der politischen Briefe; neu ist ferner die besonders von Heine zur Anwendung gebrachte, eigens auf die Verführung der Jugend berechnete innige Verbindung der Blasphemie mit der Aufregung der Sinnlichkeit, sowie die eigentümliche Einflechtung humoristischer und poetischer Ideen, und die besonders von dem letztgenannten Schriftsteller ausgehende eigentümliche Verarbeitung aller dieser Elemente zu einem vollständigen Systeme der Gottesleugnung und Unzucht, welches Heine im zweiten Bande seines Salons sich nicht scheut, als neue Weltreligion zu proklamieren. In dieser Schrift ist bereits offen und unverhohlen die Abolition des Glaubens an Gott und die gänzliche Emanzipation der Sinnlichkeit, insbesondere der Geschlechtslust, von allen Schranken der Moral und der Sitte als das eine, was Not tat, und als das Ziel gepriesen, dem das jetzige Geschlecht unaufhaltsam entgegenstreben müsse.

Diese Produkte haben außer zahlreichen Lesern, die sie in allen Ständen fanden, Adepten und Apostel der neuen Religion erweckt, welche seit einigen Monaten auf deutschem Boden eine Reihe von Druckschriften ergehen lassen, in denen sie nicht bloß jene Ideen wiederholen, kommentieren, amplifizieren und sie so viel an ihnen ist, durch noch größere Keckheit und Schlüpfrigkeit zu überbieten suchen, sondern sich auch offen vor aller Welt als Missionare des neuen Glaubens bekennen und eingestehen, daß sie planmäßig für dessen Verbreitung zu wirken suchen würden. Sie haben sich zu diesem Ende als eigene literarische Cotlerie unter dem Namen des ›jungen Deutschlands‹ konstituiert und stillschweigend und ausdrücklich den Willen ausgesprochen, fortan der neuen Richtung die gesamte Produktivität ihres Geistes zu widmen.

Um den letzteren zu charakterisieren, möge hier vorläufig unter den zahlreichen Erscheinungen derselben Art nur auf den Roman von Karl Gutzkow ›Wally, die Zweiflerin‹ auf ›Die ästhetischen Feldzüge‹ von Wienbarg und auf die Vorrede zu Schleiermachers Briefen über Schlegels Lucinde, ebenfalls von Gutzkow, aufmerksam gemacht werden. In dem ersten findet sich Seite 225 bis 304 eine Polemik gegen das Christentum, wie sie in christlichen Ländern und Zeiten bisher zu den unerhörten und beispiellosen Erscheinungen gehörte. Die Schrift dreht sich außerdem um die Abolition der Ehe und um die Verbannung aller weiblichen Schamgefühle, welches als lächerliches Vorurteil darzustellen der Zweck des Buches ist. Die zweite jener Schriften ist eine Amplifikation der oben schon bezeichneten Heineschen Ideen, die zwar in mildern, gleichsam wissenschaftlichen Formen auftritt, der Sache nach aber allen Ernstes die neue Religion der Sinnlichkeit und ihre Emanzipation von der Knechtschaft des Spiritualismus predigt. In der zuletzt genannten Vorrede endlich wird der Satz verfochten: wie glücklich die Welt sein würde, *wenn sie nie etwas von Gott erfahren hätte.*

Es kann den deutschen Regierungen nicht entgehen, daß alles, was bisher vom Bunde gemeinsam gegen die schlechte Presse in Deutschland geschehen ist, rein verloren wäre, wenn dieses bei weitern gefährlicheren Unwesen geduldet werden wollte. Es bedroht nämlich diese schlechte Richtung des Geistes nicht minder wie das offene Predigen des Aufruhrs die Obrigkeit und die öffentliche Ordnung in ihren Fundamenten. Die Ehre aller deutschen Regierungen fordert es, diesem Übelstande, welcher bereits die laute Indignation aller Besseren erregt hat, nicht länger zuzusehen, denn es müßten die Regierungen bei dem zucht- und ehrliebenden deutschen Volke notwendig an Achtung und Vertrauen verlieren, wenn sie Bedenken trügen, durch kräftige und ausreichende Maßregeln dem Übel entgegenzutreten, bevor es gelungen ist, im Wege des Romans und der leichten allen Klassen zugänglichen Literatur auf die Menge verderblich zu wirken, in ihr jeden positiven Glauben, insbesondere an das Christentum zu untergraben, die rohe Sinnenlust allein als oberste Aufgabe des Menschengeschlechts zu predigen und sohin nach vollbrachter Auflösung aller religiösen und moralischen Bande das dergestalt jeder Grundlage beraubte alte Staatsgebäude von selbst einsinken zu machen.

Der Unwille, den das Hervortreten dieser Literatur erzeugt hat, ist als befriedigender Gefühlmesser der öffentlichen Meinung eine doppelte Aufforderung an die Regierungen, zu tun, was die höherstehende Regierungspflicht von ihnen erheischt. Zwar ist von einzelnen Regierungen schon Ersprießliches in dieser Beziehung geschehen. Die Zensurgesetze, wie sie in Österreich bestehen und gehandhabt werden, geben allen Bundesgenossen die Bürgschaft, daß die Verbreitung dieser die besten Gesinnungen verderbenden und in den Meinungen und Gefühlen eines ganzen Volkes Umkehr zu bewirken geeigneten Literatur im ganzen Gebiete des österreichischen Kaiserstaates ausgiebig verhindert ist. Die königlich-preußische Regierung hat mit der Weisheit, die sie charakterisiert, die Gefahr erkannt und sie nach der am 3. dieses [Monats] in der 30. Sitzung vertraulich gemachten Anzeige innerhalb ihres Bereichs zu bewältigen gestrebt. Die großherzoglich-badische Regierung hat endlich gleichfalls, indem sie den Buchhändler Löwenthal zu Mannheim wegen der Herausgabe des Romans ›Wally‹ zur Strafe gezogen und demselben die weitere Führung der Verlagsbuchhandlung untersagt hat, Maßregeln ergriffen, deren korrektes Prinzip nur den Beifall der übrigen Regierungen hervorrufen kann.

Vorkehrungen *einzelner* deutscher Regierungen können aber nach der Natur des deutschen Buchhandels schlechterdings nicht zum Ziele führen, wenn sie nicht durch gleichförmige Maßregeln aller übrigen gemeinsam gemacht werden, weil wenn irgendwo die schlechte Presse einen Schlupfwinkel fände, von dort aus wie bisher ganz Deutschland bedroht wäre.

Der Antrag des k.k. Hofes ist daher dahin gerichtet: daß bevor noch von Seite des in der Sitzung vom 29. Oktober letzten Jahres zur Berichterstattung über die gesamten Erzeugnisse der jungen deutschen Literatur aufgeforderten Bundestagsausschusses dieser hohen Versammlung umfassende Vorschläge gemacht werden, welches sich bei dem Umfange des Geschäfts noch verzögern wird, hinsichtlich der notorisch bekannten Leiter und Vorsprecher dieser gefährlichen literarischen Schule, sofort von der Gesamtheit der Bundesglieder mindestens solche Maßregeln getroffen werden, welche demjenigen entsprechen, was bereits von einzelnen geschehen ist.

In diesem Sinne dürften

1. sämtliche Bundesregierungen die Verpflichtung übernehmen, gegen die Urheber, Drucker und Verbreiter der Schriften aus der mit dem Namen des jungen Deutschlands bezeichneten literarischen Schule, zu welcher namentlich H. Heine, K. Gutzkow, L. Wienbarg, Mundt und Laube gehören, die *Straf- und Polizeigesetze* ihres Landes, insbesondere die hinsichtlich des *Mißbrauchs der Presse* bestehenden Vorschriften nach ihrer vollen Strenge in Anwendung zu bringen;

2. wären die Buchhändler hinsichtlich des Verlags und Vertriebs der vorbenannten Schriften in angemessener Weise zu verwarnen und ihnen gegenwärtig zu halten, wie sehr es in ihrem eigenen Interesse liege, die Maßregeln der Regierungen gegen die zerstörende Tendenz jener Schule auch ihrerseits, mit Rücksicht auf den von ihnen in Anspruch genommenen Schutz des Bundes, tätigst zu unterstützen;

3. wäre insbesondere der Campe und Hoffmann'schen Buchhandlung zu Hamburg, welche vorzugsweise Schriften obiger Art in Verlag und Vertrieb hat, durch die Regierung der Freien

Stadt Hamburg in Gemäßheit einer diesfalls an dieselbe mittels ihres hiesigen Gesandten zu richtenden Aufforderung, in dieser Beziehung die geeignete Verwarnung zugehen zu lassen«.

Soweit die von Münch-Bellinghausen an Metternich eingesandte Fassung seines Vortrags. Ob sie dem tatsächlich gehaltenen Vortrag entprach, ist allerdings mehr als fraglich[217]. Der württembergische Gesandte Trott referierte im Bericht an seine Regierung zumindest eine andere Version. Demnach hatte der Bundespräsidialgesandte den ersten Antrag völlig anders gestellt: »daß der Debit sämmtlicher Schriften der gedachten schriftstellerischen Verbindung, namentlich deren von Heine, Gutzkow, Wienbarg, Laube und Mundt im ganzen Bundesgebiete zu verbieten seye«. Damit wäre ein generelles Verbot ausgesprochen gewesen, ohne Rücksicht auf die einzelnen Landesgesetze. Trott führt auch noch einen weiteren Antrag an: »daß die Censoren anzuweisen seyen, auf dergleichen Schriften ein besonderes Augenmerk zu richten und solche der genauesten Prüfung zu unterwerfen«[218].

Preußen erklärte sich nach Ende des Vortrags sogleich bereit, alles anzunehmen, während Trott sowohl für Bayern als auch für Württemberg instruktionsgemäß darlegte, solchen Anträgen nicht zustimmen zu können. Da aber offensichtlich sowohl Trott als auch Münch-Bellinghausen sehr daran interessiert waren, noch in derselben Sitzung einen Beschluß herbeizuführen, einigte man sich auf eine »weiche« Fassung, die kein eigentli-

---

217 Münch-Bellinghausen weigerte sich – so Trott – später, seinen als vertraulich zu betrachtenden Vortrag in Abschrift mitzuteilen. – Vgl. Houben, Junges Deutschland 71. – Offenbar versuchte Münch auch, nachträglich das Sitzungsprotokoll zu fälschen. Seine »Niederlage« gegen Trott wurde zu kaschieren versucht. – Vgl. ebd. 75 f.

218 Unter Umständen muß man hinter diesem ganzen Vorgang ein zwischen den Bundestagsgesandten abgekartetes Spiel sehen, das so ausgesehen haben könnte: Trott zeigte Münch-Bellinghausen seine Instruktion und signalisierte gleichzeitig die Unmöglichkeit Stuttgarts, den österreichischen Anträgen zuzustimmen. Gegenüber Stuttgart gab er vor, Metternich selbst habe einen umgehenden Antrag im Bundestag veranlaßt. Münch-Bellinghausen seinerseits täuschte gegenüber Metternich die Notwendigkeit eines raschen Beschlusses vor und zeigte sich gegenüber Trott zu einer »weichen« Fassung des Beschlusses bereit. Durch dieses Manöver konnten jedenfalls eine erneute Instruktionseinholung Metternichs, eine härtere Gangart und ein diplomatischer Zusammenprall in Frankfurt vermieden werden.

ches Verbot der Schriften des »Jungen Deutschland« aussprach, die Regierungen aber ermahnte, ihre Landesgesetze mit aller Härte gegen die Schriften jener »Schule« einzusetzen. Dadurch konnte eine Pattsituation verhindert werden; Trott erreichte die Wahrung der Souveränitätsrechte der einzelnen Staaten gegen die Majorisierungstendenz Metternichs, Münch-Bellinghausen brachte zumindest eine gemeinsame Erklärung gegen das »Junge Deutschland« zustande.

Im Rückblick auf die Vorgänge, die zum Bundestagsbeschluß vom 10. Dezember 1835 führten, bleibt festzuhalten:

1. Die Initiative ging von Österreich aus. Ob nun letztlich Jarcke, Münch-Bellinghausen oder Metternich selbst das Startzeichen gab, läßt sich nicht eindeutig klären. Preußen kam dieser Initiative durch sein generelles Verbot der jungdeutschen Literatur noch zuvor und zeigte sich sehr bereitwillig, Österreich im Deutschen Bund zu unterstützen. Preußen hatte Heine jedoch dieser Gruppierung zunächst nicht zugeordnet.

2. Widerstand gegen den Plan, die Literatur des »Jungen Deutschland« generell und auch für alle zukünftigen Zeiten verbieten zu lassen, kam von Württemberg und Bayern, wobei Bayern seine Interessen ebenfalls durch den württembergischen Gesandten Trott vertreten ließ.

3. Dadurch entstand einmal mehr die für den Deutschen Bund so typische Konstellation: Österreich–Preußen gegen Württemberg-Bayern. Baden nahm eine eigenartige »Zwitterstellung« ein, indem es Metternich keinen offenen Widerstand entgegensetzte, seine Ansprüche vorsichtig äußerte, sich letztlich jedoch der Mehrheit anschloß. Hinter dieser Konstellation ist das ungelöste Problem des Deutschen Bundes zu sehen: die unterschiedlichen Auffassungen in der Verfassungsfrage, das Bestreben der kleineren Staaten, ihre Souveränität gegen die Großmächte Österreich und Preußen zu verteidigen, das Trias-Problem. Von daher ist auch der Versuch Metternichs von 1833 zu verstehen, mit Preußen, Württemberg und Bayern das Mainzer Informationsbüro zu gründen; damit hätten Österreich und Preußen Württemberg und Bayern stärker im Griff gehabt und leichter majorisieren können.

4. Das ursprüngliche – der Bundespolitik eigentlich entsprechende – Vorhaben, eine eigene Bundestags-Kommission einzusetzen und die Frage ausgiebig zu erörtern, wurde fallen-

gelassen, als für Münch-Bellinghausen klar war, daß Württemberg und Bayern Widerstand leisten würden. Offiziell gab Münch vor, im Auftrag Metternichs zu handeln, doch scheint er eigenmächtig vorgegangen zu sein[219]. Vielleicht hatte er sich zuvor mit Trott auf jene Kompromißformulierung verständigt, die hinter dem offiziellen Antrag und dem preußischen Vorpreschen deutlich zurückblieb, aber einen gemeinsamen Bundesbeschluß ermöglichte: Warnung und Mahnung statt Totalverbot.

5. Die Angelegenheit wurde auf unterschiedlichen »Bühnen« (Bundespolitik in Frankfurt; diplomatische Korrespondenz) und von unterschiedlichen Leuten betrieben. Es kam zu parallel verlaufenden Aktionen und Überschneidungen: Zunächst hatte Metternich alles diplomatisch »abkarten« wollen, bevor die Bundesversammlung einen Beschluß faßte. Die preußische Initiative kam ihm zuvor, die Bundesversammlung reagierte. Eine nachträgliche diplomatische Entscheidung wurde abermals vom Bundestag (Münch) unterlaufen, indem dieser auch die Kommission überging und am 10. Dezember eine Entscheidung durchdrückte. Diese »verunglückte« in gewissem Sinne und konnte so ihre Wirkung nicht voll entfalten.

*d) Die unmittelbaren Folgen des Bundestagsbeschlusses*

In Preußen wurden am Tag nach dem Bundestagsbeschluß vom 10. Dezember 1835 auch Heines Schriften nachträglich in das preußische Reskript vom 14. November aufgenommen[220].

Auch die österreichische Zensur unterdrückte die Schriften des »Jungen Deutschland« aufgrund des Bundestagsbeschlusses[221]. Die Polizeihofstelle unterwarf in der zweiten Januarhälfte 1836 die Hamburger Ausgabe von *Die romantische Schule* (Hamburg 1836) und den ersten Teil von *De l'Allemagne* (Paris 1835)[222]

---

219 Gegen Houben, der Münchs Darstellung für die Bundestagsabgeordneten folgt.
220 Dazu Houben, Junges Deutschland 58–60.
221 Marx, Zensur im Vormärz 63.
222 Im November 1844 folgten die *Neue Gedichte* sowie *Deutschland. Ein Wintermärchen* mit der Beurteilung »Damnatur nec erga schedam und mit Beschlag zu belegen«. Verzeichnis der in der ersten Hälfte des Monats November 1844 von der k.k. Zentralzensur in Wien mit allerhöchster Genehmigung verbotenen Zensurobjecte. HHStAW StK 60 (alt 80) ad Polizei, Zensur 1777–1848, fol. 168.

dem »Damnatur«[223]. Bereits im Februar 1836 lockerte Preußen jedoch das Verbot und ließ neue Werke der Literaten zu. Hannover erlaubte sogar bald wieder die älteren Werke. Und selbst die österreichische Polizei erteilte bald wieder öfter »Erga schedam«[224]. Die Zensur der Staatskanzlei befaßte sich in sechs Fällen mit der Literatur über das »Jungen Deutschland«, und zwar ausschließlich nach dem Bundestagsverbot vom Dezember 1835[225]. Erstmals griff Metternich ein, als ein Polizeizensor die Besprechung eines Wienbargschen Werkes in einer Zeitschrift durch den Dichter Ernst Frhr. von Feuchtersleben (1806–1849) gestattete. Der Staatskanzler wies Sedlnitzky[226] daraufhin an, die Zeitschrift einem anderen Zensor zu übergeben. Außerdem sollten alle Zensoren angewiesen werden, möglichst wenig und so vorsichtig als möglich über das »Junge Deutschland« schreiben zu lassen. Menßhengen bezog sich auf diese Anweisung, als er der Schrift *Über moderne Literatur* von Marbeit »Transeat« gab. Das *Votum über das junge Deutschland* erhielt »Erga schedam«, obwohl es sich gegen diese literarische Strömung wandte; doch reizte es in den Augen Menßhengens zu sehr zur Neugier. Ein Aufsatz von Bauernfeld *Kritische Rückblicke und Seitenblicke* wurde gründlich purifiziert, so daß er schließlich nur noch von »neuer Poesie« und »neuer Literatur« sprach, von den verfemten Autoren jedoch lediglich Heine erwähnte. Menzels *Die deutsche Literatur* erhielt in allen Lieferungen »Erga schedam«, da dessen Ansichten über religiöse Literatur und kirchliche Verhältnisse nach Auffassung Menßhengens nur für wissenschaftlich gebildete Kreise mit guten Grundsätzen unbedenklich seien. Nur die *Polemische[n] Erörterungen über die neueste Literatur von Menzel und Gutzkow* erhielten wegen ihrer Unverfänglichkeit »Transeat«, obwohl Menßhengen solche Werke überhaupt verboten wissen wollte.

Im großen und ganzen zeitigte der Bundestagsbeschluß vorerst nicht die gewünschte Wirkung, sondern erzielte eher den

223 Verzeichnisse der von der k.k. Zentralzensur verbotenen Werke 1835–1848. HHStAW StK 60 (alt 80) ad Polizei, Zensur 1777–1848, fol. 504.
224 Vgl. Marx, Zensur Metternichs 190 f.
225 Vgl. ebd. 189 f. – Überhaupt griff die Staatskanzlei 1835 nur neunmal ein, 1836 dagegen 51mal, 1838 sogar 132mal. Danach nahm die Zahl rapide ab. – Vgl. den Überblick in ebd. 172.
226 Zu ihm siehe oben.

gegenteiligen Effekt. Bereits am 2. Dezember 1835 wurde über Frankfurt vom Mainzer Informationsbüro nach Wien berichtet, die vorgesehenen Maßnahmen gegen das »Junge Deutschland« hätten ein allgemeines Interesse »der gebildeten Klassen« zur Folge, man suche sich »die Bücher desselben zu verschaffen«. Zwar sei etwa Gutzkows *Wally* aus den Buchhandlungen und Bibliotheken verschwunden, kursiere aber im Stillen und werde eifrig gelesen: »Leider wird das Gift einer Wally von unserer fast in der Wurzel verbildeten Jugend, was die Obszönität dieses Romans betrifft, auch von der begehrlichen weiblichen begierig eingesogen; denn welche Tendenzen können verdorbenen moralischen Grundsätzen mehr frönen, als diejenigen, welche Atheismus, gepaart mit Laszivität aussprechen?«[227] Am 24. Dezember wurde berichtet, die *Wally* werde sogar in den unteren Ständen gelesen: »In dem Wirtshaus von Zöller [...] verglich dieser Tage ein Handwerksbursche, der die Wally gelesen, Gutzkow mit dem Reformator Luther. Der Handwerksbursche bemerkte, Gutzkow und seine Freunde wollten eine neue Religion einführen, was auch ganz vernünftig sei; die Religion des jungen Deutschland sei besser als die übrigen etc. Dabei wurde tüchtig auf Luther geschimpft [...] Es ist unglaublich, aber es ist wahr, die Handwerksklassen, die nur einigermaßen die gebildeten Stände berühren, haben sich die Wally zu verschaffen gewußt und sind ganz berauscht von Gutzkowschen Ideen, soweit sie dieselben verstehen. Da bis jetzt von der Wally kein Nachdruck erschienen ist, so wandert die Wally von Hand zu Hand fort. Wer Geld hat, schafft sich die übrigen Schriften der Jünger des jungen Deutschland an, und diese Schriften sind jetzt bestimmt die ausschließliche Lektüre der sogenannten Gebildeten«[228].

Nicht zuletzt aufgrund des Bundestagsbeschlusses rückte auch Heinrich Heine in Paris stärker ins Blickfeld des Metternichschen Geheimdienstes, immer öfter berichtete Spitzel

---

227 2. Dezember 1835, Frankfurt (Abschrift). HHStAW StK Deutsche Akten, alte Reihe 225, Presse und Zensur, 1832–33. Presse. Den unter dem Namen »Das junge Deutschland« sich bildenden litterarischen Verein betreffend 1835, fol. 2–7. – Abgedr. bei Glossy, Geheimberichte 42–46, hier 43.
228 24. Dezember 1835, Frankfurt. – Abgedr. bei Glossy, Geheimberichte 52 f., hier 52.

»B.«[229] über ihn aus der französischen Metropole, die man als Mittelpunkt aller revolutionären Strömungen betrachtete. So wußte der Konfident etwa mitzuteilen, die refugierten Deutschen hätten sich verabredet, Rheinbayern zu bearbeiten, um das deutsche Volk »durch Flugschriften glauben zu machen, daß 1836 längs dem Rhein eine Revolution ausbrechen würde, daß ein Bruch zwischen Frankreich und Rußland früher oder später unvermeidlich sei, und daß alsdann alle Patrioten in Deutschland aufstehen würden«. Daraus gehe deutlich hervor, »daß die mindeste Regung der französischen Regierung alle revolutionären Hoffnungen augenblicklich anfacht«. Diese habe »die Büchse der Pandora in der Hand«. Das Verbot von Heines Werken habe in Paris im übrigen »einen üblen Eindruck gemacht« und gebe ihm »eine Wichtigkeit, die, nach des Vertrauten Ansicht, zu vermeiden gewesen wäre. Da seine Schriften im Preußischen seit so vielen Jahren verkauft wurden, so sieht man den Nutzen einer solchen Maßregel nicht recht ein; denn anstatt den Schriftsteller zur Mäßigung zu stimmen, reizt so etwas viel mehr auf und wirft ihn immer mehr in die Partei der Revolutionäre oder wenigstens der Opposition«. Das Schlimmste jedoch sei, daß Heine mit Minister Adolphe M. Thiers (1797–1877)[230] »ganz intim« sei, »ein noch so kleines Atom demnach gegen die jetzt bestehende Ordnung mit Wort und Schrift wirken« könne[231].

Doch sollten sich diese Befürchtungen sehr bald als übertrieben erweisen. Im Februar berichtete der Pariser Spitzel, es gebe in der letzten Zeit eine neue »von der Politik sich wegwendende Stimmung«, und es sei zu wünschen, daß man in Deutschland nachsichtiger gegen die Presse vorgehe, um dadurch der schon desorganisierten revolutionären Partei noch mehr Terrain zu

229 Hinter dem Kürzel verbirgt sich Eduard Beuermann. Er war mit Börne befreundet und referierte in seinen Konfidentenberichten die Zoten, die Börne gegen Heine losließ.
230 1830/31 Unterstaatssekretär für Finanzen, 1832 für zwei Monate und von 1834 bis 1836 Innenminister Frankreichs, von 1832 bis 1834 Wirtschaftsminister, von 1836 bis 1840 Präsident des Ministerrats, Außenminister. – Zu ihm Robert/Yvert, Thiers 189–192. – Zu seinen Kontakten mit den jungdeutschen Literaten vgl. etwa Adler, Geheimberichte 94, 146.
231 Protokoll Nr. 14.59 vom 30. Jänner 1836. HHStAW Zentrale Informationsprotokolle 1836. – Zum Teil auch abgedr. bei Glossy, Geheimberichte 58 f.

entziehen. Auch das Interesse an Heine schien zu schwinden: »Heine stellt sich jetzt den Franzosen als ein Märtyrer der deutschen Bundesbeschlüsse dar: seine Werke sinken so sehr, daß man sie nicht zu verbieten brauchte; er schreibt nun keine Zeile mehr wie früher«. Das letzte Verbot seiner Werke sei »eine kleine Privatrache« des preußischen Ministers Ancillon, der Heine nie habe vergeben können, »daß dieser früher einmal Ancillon's pedantisches Schriftstellertalent getadelt hat« [232].

Nach und nach wurde es ruhiger um das »Junge Deutschland«. Gutzkow hielt sich politisch zurück und unterhielt keine Verbindungen mehr nach Paris, um sein »Heiratsproject mit einer hiesigen Bürgerstochter« nicht zu gefährden. Er habe eingesehen, »daß der Senat, dem Bundestag gegenüber und dem gegen die ›jeune Allemagne‹ erlassenen Maßregeln zufolge, ihm leichthin das Bürgerrecht nicht zugestehen« könne[233]. Und auch Heine wurde im Januar 1837 von dem Pariser Konfidenten nicht mehr als gefährlich eingestuft. Literarisch würden Heine und Börne in Frankreich kaum mehr beachtet[234].

Bereits Mitte Februar 1836 hatte Preußen sein im November 1835 erlassenes »totales« Verbot der jungen deutschen Literatur modifiziert und den Schriftstellern ermöglicht, unter preußischer Zensur drucken zu lassen[235]. Alexander von Humboldt hatte sich für die Literaten verwandt, wie Gerüchte wissen wollten[236]. Metternich sandte daraufhin Jarcke nach Berlin, um die preußische Regierung wieder auf den alten Kurs einzuschwören.

232 Protokoll Nr. 29.138 vom 27. Februar 1836. HHStAW Zentrale Informationsprotokolle 1836. – Abgedr. bei Glossy, Geheimberichte 63 f.
233 16. März 1836 Frankfurt (Abschrift). HHStAW StK Deutsche Akten, alte Reihe 225, Presse und Zensur, 1832–33. Presse. Den unter dem Namen »Das junge Deutschland« sich bildenden litterarischen Verein betreffend 1835.
234 Vgl. die Berichte aus Paris. – Abgedr. bei Glossy, Geheimberichte 88–98, 107.
235 Dazu vgl. ebd. XCVI–XCVIII. – Die genaue Auflistung der preußischen Bücherverbote bei F. Her. Meyer, Bücherverbote im Königreiche Preußen von 1834 bis 1882 (Archiv für Geschichte des Deutschen Buchhandels 14) Leipzig 1891. – Zum Wandel in der preußischen Haltung vgl. Houben, Junges Deutschland 42–55.
236 Humboldt hatte angeblich an einen in Paris befindlichen deutschen Gelehrten folgendes geschrieben: »Ich werde dahin arbeiten, freisinnigeren Ansichten über literarische Erzeugnisse in unserm Berlin Platz zu schaffen.« – Protokoll Nr. 29.138 vom 27. Februar 1836. HHStAW Zentrale Informationsprotokolle 1836. – Abgedr. bei Glossy, Geheimberichte 63 f.

Allerdings scheint er lediglich erreicht zu haben, daß für die jungdeutschen Schriften ein eigener Zensor bestellt wurde[237].

## IV. Rom und der »Fall Heine«

### 1. Die Achse Wien–Rom bewährt sich

Für die Verurteilung des »Jungen Deutschland« durch Metternich und den Deutschen Bundestag im Dezember 1835 waren nicht nur politische Gründe ausschlaggebend gewesen, vielmehr hatten auch religiöse und moralische Argumente eine gewichtige Rolle gespielt. In der Untergrabung des christlichen Fundaments der gesellschaftlichen und moralischen Ordnung, in der Polemik gegen die christlichen Kirchen – zumal die katholische – sah Metternich auch die politische Stabilität gefährdet; der Angriff auf Religion und Moral war für ihn zugleich ein Angriff auf Staat und Politik. Dieser Gefahr wollte Metternich durch eine Verurteilung der jungdeutschen Literatur begegnen. Zwar hatte er kein generelles Verbot im Deutschen Bund durchsetzen, wohl aber eine verschärfte Wachsamkeit der Regierungen und damit ein deutliches Signal in der Öffentlichkeit bewirken können.

Der Gedanke, einen ähnlich weitgehenden Einfluß auf die Politik der anderen europäischen Staaten auszudehnen, war von vornherein unrealistisch. Und doch mußte sich Metternichs Auge auch dorthin richten, zumal er von der internationalen Verschwörung aller revolutionären, politisch-oppositionellen Gruppierungen überzeugt war. Neben dem deutschsprachigen Ausland ging es ihm vor allem um die Nachbarländer Frankreich und Italien. Frankreich machte eine erhöhte Aufmerksamkeit nötig, sowohl wegen der »liberalen« Politik, die seit der Julirevolution vorherrschte, als auch aufgrund der Tatsache, daß sich dort viele deutsche Emigranten aufhielten; Italien zog das Interesse vor allem auf sich, weil die österreichische Herrschaft bis weit nach Süden reichte und die italienische Einigungsbewegung (Risorgimento) unter dem nach Marseille

---

237 Auch für die Wiener Staatskanzlei arbeitete Jarcke einen Plan für ein eigenes »literarisches Referat« aus. – Vgl. Srbik, Metternich 58.

geflüchteten Giuseppe Mazzini und seinem »Jungen Europa« ein enormes Revolutionspotential darstellte. Auf die französische Regierung Einfluß zu erlangen, war jedoch ebenso aussichtslos, wie mit den verschiedenen italienischen Regierungen Kontakt aufzunehmen. Was lag für Metternich näher, als sich seiner »alten« Kontakte zur römischen Kurie zu erinnern und auf die Hilfe des Papstes zu rechnen? Dieser konnte unter Umständen sehr viel effektiver auf das »katholische« Frankreich und Italien einwirken, während Metternich mit dem Bundestagsbeschluß das »protestantische« Deutschland auf seine restaurative Linie eingeschworen hatte.

Der österreichische Staatskanzler zögerte nicht, die »Achse Wien – Rom« auch in dieser Angelegenheit zu aktivieren. Am 23. Januar 1836 teilte er dem österreichischen »Ambasciatore straordinario« beim Heiligen Stuhl, Rudolf Graf Lützow (1780–1858)[238], den Bundestagsbeschluß vom 10. Dezember mit und übersandte einen Druck des Protokolls, wobei er nicht zu erwähnen vergaß, daß dieses den (österreichischen) Präsidialvorschlag enthalte[239] – eine falsche Information, wie oben angedeutet werden konnte. Der päpstlichen Regierung, mithin dem Kardinalstaatssekretär, könne – so Metternich in seinem Begleitschreiben – dieses für den Deutschen Bund bemerkenswerte Übereinkommen wegen der religiösen und moralischen Implikationen, die die Werke jener »nouvelle secte véritablement impie« beinhalteten, nicht gleichgültig sein. Für den Fall, daß

238 Großneffe des »aufgeklärten« Salzburger Erzbischofs Hieronymus Graf Colloredo. Von diesem wurde er 1790 auf die Militärakademie nach der Wiener Neustadt geschickt, nach kurzer Zeit jedoch für die geistliche Laufbahn bestimmt. Infolge der Revolutionskriege kam Lützow nach Wien zu seinem Onkel Czernin und schlug die diplomatische Laufbahn ein. 1804 Attaché in Regensburg, 1806 Legationssekretär in München, 1808 interimistischer Legationssekretär in Stuttgart, 1812 außerordentlicher Gesandter in Kopenhagen, 1814 in Stuttgart, 1818 kaiserlicher Internuntius in Konstantinopel, 1823 Gesandter in Turin und von 1827 bis 1848 Botschafter in Rom. Dort vertrat er unter vier Päpsten und in drei Konklaven den österreichischen Kaiser. Vom Kaiser mit den Großkreuzen des Stefan- und Leopoldordens ausgezeichnet, von Gregor XVI. mit dem Großkreuz des St.-Gregor-Ordens in Brillanten. – Zu ihm Wurzbach 16 (1867), 148–150. – Lützow besaß in Rom und Wien gleichermaßen hohes Vertrauen. Ein Dank- und Empfehlungsschreiben Franz I. an Gregor XVI. vom 25. Oktober 1834 abgedr. bei Engel-Janosi, Korrespondenz 219.
239 Dépêche Politique Nr. 457, 23. Januar 1836 Metternich an Lützow. HHStAW Gesandtschaft Rom-Vatikan II, Fasz. 173.

Rom Wert darauf lege, über alle Einzelheiten des Bundestagsbeschlusses unterrichtet zu werden, wurde Lützow ermächtigt, das Protokoll mitzuteilen bzw. eine beglaubigte Übersetzung anfertigen zu lassen.

Metternich traf mit seinem geschickten Vorgehen »ins Schwarze«. Lützow hatte bereits von dem Bundestagsbeschluß erfahren, über den auch Zeitungen in Rom berichteten. Für den Botschafter ein Anlaß, bei der Kurie hervorzuheben, daß es wieder einmal Österreich gewesen war, dem man die »Rettung« Deutschlands und der Religion zu verdanken habe. Umgehend machte der Gesandte dem Kardinalstaatssekretär mündliche Mitteilung und übergab ihm eine beglaubigte Übersetzung des Bundestagsbeschlusses[240].

Über die Gespräche zwischen Kardinalstaatssekretär Luigi Lambruschini (1776–1854)[241] und Lützow scheinen sich keine näheren Aufzeichnungen erhalten zu haben. Aus dem Bericht, den Lützow über die Ausführung seines Auftrags nach Wien sandte[242], läßt sich nur so viel ersehen, daß er die Gefahren der jungdeutschen Literatur weniger im realpolitischen Bereich sah; für ihn waren die Mitglieder des »Jungen Deutschland« in erster Linie »Nestbeschmutzer« der Nation und ihrer ehrwürdigen Geschichte. Vor allem aber beklagte Lützow die Kritik der Jungdeutschen an den »principes de la vraie religion« und an der »saine morale«. Religion und Moral jedoch betrachtete er wie Metternich als Stütze der ständischen Ordnung und »Trost« des einzelnen. Vor diesem Hintergrund mußten ihm die – wie er

240 Zur Rolle Lützows im »Fall Lamennais« vgl. Derré, Metternich, passim (mit Abdruck der einschlägigen Dokumente).
241 1793 Eintritt in den Barnabitenorden in Genua, Studium in Macerata und Rom, anschließend im Dienst des Ordens. Während der französischen Besetzung des Kirchenstaats im April 1810 aus Rom ausgewiesen. 1814 Konsultor, 1816 Sekretär der Kongregation für die außerordentlichen Angelegenheiten, von 1816 bis 1819 Konsultor des Heiligen Offiziums. 1819 Erzbischof von Genua, 1826 Nuntius in Paris und als solcher eng in die Affäre Lamennais verwickelt. 1831 Rückkehr nach Rom und Kardinal. Präfekt der Kongregation für die Ordensdisziplin (1833–1834), von 1831 bis 1845 Präfekt der Studienkongregation. Von 1836 bis 1846 Kardinalstaatssekretär. 1848 nach Neapel geflohen, 1850 zurückgekehrt. Von 1847 bis 1854 Präfekt der Ritenkongregation, 1839 bis 1854 Sekretär der Breven. – Zu ihm Weber 475 f.; Bischof, Lambruschini 1029–1032.
242 6. Februar 1836 Lützow an Metternich (Konzept). HHStAW Gesandtschaft Rom-Vatikan II, Fasz. 173.

glaubte – reinen Aufstiegsambitionen der »atheistischen Litera-
ten« doppelt verwerflich erscheinen. Originalton Lützow: »Zu
lange hat der deutsche Boden geduldet, daß er von einer Verei-
nigung beschmutzt wurde, die nur aus milchbärtigen atheisti-
schen Literaten besteht, deren Gehilfen diese Schöngeister aus
Norddeutschland sind, die dem Talmud abgeschworen haben,
ermutigt durch die Hoffnung, sich eine soziale Stellung schaffen
zu können nach dem Vorbild einiger ihrer Glaubensgenos-
sen«[243].

Die »Botschaft«, daß der Bundestagsbeschluß der österreichi-
schen Initiative zu verdanken war, kam bei Lambruschini an. Er
dankte Lützow ausdrücklich und lobte die Klugheit und Gesin-
nung Österreichs. Außerdem versprach er, alles dem Papst zu
unterbreiten, der das Verdienst des Deutschen Bundes für die
Religion und das Festhalten an guten Grundsätzen bestimmt
sehr hoch schätze. Noch am selben Tag verfaßte der Kardinal-
staatssekretär auch ein offizielles Antwortschreiben an Lützow,
das dieser am 13. Februar an Metternich weiterleitete[244]. Darin
hieß es: »Ich konnte nicht umhin, größte Bewunderung zu emp-
finden angesichts der Weisheit des Beschlusses des Deutschen
Bundestags, durch den die gottlosen Produkte jener Gesellschaft,
die sich unter dem Namen Junges Deutschland und Junge Lite-
ratur gegründet hat, verurteilt werden, um, soweit möglich, das
Unheil zu verhindern, das den Unvorsichtigen drohte, denen das
Unglück widerfahren wäre, diese Produkte zu lesen. Man kann
nicht umhin, zu erschaudern beim Lesen der teuflischen The-
men, die die Gesellschaft sich zu behandeln anschickte, und man
muß entsetzt sein angesichts der allgemeinen Verderbtheit des
Geistes und des Herzens, nach der sie strebte und vielleicht noch
immer strebt«. Des weiteren versicherte Lambruschini, alles
Notwendige zu veranlassen, um die Einführung und den Umlauf
der Schriften des »Jungen Deutschland« in den Gebieten des
Kirchenstaates zu verhindern[245].

Bereits drei Tage später erließ der Kardinalstaatssekretär
ein Zirkular an die Apostolischen Delegaten, Subdelegaten und
Kommissare von Perugia, Ferrara, Forli, Benevento, Ancona,

243 Ebd. (in Übersetzung). – Zu den antijüdischen Affekten vgl. oben.
244 Rapport politique Nr. 10, 13. Februar 1836 Lützow an Metternich (Kon-
zept). HHStAW Gesandtschaft Rom-Vatikan II, Fasz. 173.
245 Beilage zum Rapport politique Nr. 10, 6. Februar 1836 Lambruschini an
Lützow. HHStAW Gesandtschaft Rom-Vatikan II, Fasz. 173.

Pesaro, Bologna und Viterbo[246]. Unter Mitteilung einer Abschrift der italienischen Übersetzung des Bundestagsbeschlusses berichtete Lambruschini über das »Junge Deutschland« und die Maßnahmen des Deutschen Bundestages; er befahl die Beschlagnahmung und Übersendung etwaiger in den einzelnen Gebieten auftauchender Schriften.

»Eine verabscheuungswürdige Vereinigung ist in Deutschland unter der Bezeichnung Junges Deutschland entstanden. Sie beabsichtigt, den Geist und das Herz der heutigen Generation zu verderben mit neuartigen gottlosen Schriften in Form von Romanen, Komödien, unterhaltsamer Korrespondenz und anderen Gattungen, die sich bei der Mehrzahl der Leser größter Beliebtheit erfreuen, in denen, nicht mehr im verborgenen, sondern ganz offensichtlich, nichts geringeres als der Atheismus und eine uneingeschränkte Ausschweifung der Sinne Einzug halten, um einer Zeit den Weg zu bahnen, in der das Entstehen einer – viel schlechteren als der heutigen – öffentlichen Meinung dazu führt, daß, wo immer man dies kann, die Altäre und Throne zerstört werden.«

»Die wichtigsten Mitglieder der Vereinigung heißen« – so Lambruschini weiter – »Heine, Gutzkow, Wienbarg, Mundt, Laube. Der Deutsche Bundestag hat mit der großen Weisheit, die seinen Entscheidungen zugrunde liegt, einige wichtige Maßnahmen getroffen mit dem Ziel, im gesamten Deutschen Reich das Fortbestehen dieser teuflischen Vereinigung, die Produktion neuer Schriften durch diese und die Verbreitung der Schriften, die unglücklicherweise schon zum Schaden der Unvorsichtigen erschienen sind, zu verhindern.

Eure [Exzellenz] kann sich vorstellen, wie sehr dem Heiligen Vater daran gelegen ist, daß Schriften dieser Art und solcher Autoren weder im Original noch in den Übersetzungen, die davon angefertigt werden könnten oder schon angefertigt wurden, seine Untertanen verderben, und daß sie da, wo bedauerlicherweise einige Exemplare in seinen Herrschaftsgebiete verbreitet worden sein sollten, beschlagnahmt und mir übergeben werden.

Es wird folglich Eurer [Exzellenz] Aufgabe sein, mit Umsicht über diese äußerst wichtige Angelegenheit zu wachen, und mit

---

246 9. Februar 1836 Zirkular des Kardinalstaatssekretärs. ASV Segr. di Stato Esteri Rubr. 260 Busta 534.

irgendeiner Person, die Sie dafür benötigen, die Maßnahmen zu vereinbaren, die am wirkungsvollsten sind, um das nützliche Vorhaben des Heiligen Vaters zu verwirklichen«.

In ähnlicher Weise benachrichtigte der Kardinalstaatssekretär auch den Magister Sacri Palatii und bat ihn, für die Stadt Rom ähnliche Vorkehrungen zu treffen. Um den Rest des Kirchenstaates wollte er selbst sich kümmern[247].

Die erste Reaktion Lambruschinis macht deutlich, daß es zunächst sein größtes Anliegen war, »das Erscheinen oder den Umlauf« der jungdeutschen Schriften in den Gebieten des Kirchenstaats zu verhindern und diesen so vor eventuell schädlichem Einfluß zu schützen. Die Anweisung an die päpstlichen Delegaten zur strikten Beobachtung des Buchmarktes war das beste Mittel, um schnell und effektiv vorzugehen. Interessant ist, daß der Kardinalstaatssekretär – anders als Lützow – nicht nur den »Atheismus« und die Sittenlosigkeit der Literaten im Auge hatte, sondern wie Metternich »Thron und Altar« in Gefahr sah.

Selbst wenn Lambruschini zu diesem Zeitpunkt schon an eine Indizierung der Werke gedacht haben sollte, was bislang nicht belegt werden kann, wußte er, daß ein solches Verfahren in der Indexkongregation Wochen, wenn nicht Monate in Anspruch nehmen würde. Bis dahin wollte er mit administrativen Maßnahmen gegensteuern; mit anderen Worten: die erste Reaktion in Rom war eine politische Reaktion. Erst in einem zweiten Schritt kam es dann auch zur »theologischen«, lehramtlichen Reaktion: die Werke Heines wurden dem Index überstellt.

Zwischen dem 13. und 20. Februar liefen die Antwortschreiben der päpstlichen Delegaten bei Lambruschini ein[248]. Alle versicherten, den Schriften des »Jungen Deutschland« höchste Aufmerksamkeit zu widmen. Etwas aus dem üblichen Rahmen fiel die Antwort des Delegaten von Perugia, der seine Zollbehörde für nicht vertrauenswürdig genug hielt, worauf der Kardinalstaatssekretär darum bat, ihm eine kirchentreue Person für die Besetzung dieses Postens zu nennen[249].

---

247 9. Februar 1836 Kardinalstaatssekretär an Magister Sacri Palatii. ASV Segr. di Stato, Esteri Rubr. 260 Busta 534.
248 Alle in: ASV Segr. di Stato, Esteri Rubr. 260 Busta 534.
249 23. Februar 1836 Kardinalstaatssekretär an den Delegaten in Perugia. ASV Segr. di Stato Esteri Rubr. 260 Busta 534.

## 2. Das »politische« Indexverfahren gegen Heine

### a) Mehr Fragen als Antworten

Im Herbst des Jahres 1836 wurden drei Schriften Heinrich Heines auf den römischen Index der verbotenen Bücher gesetzt. Die Frage ist: Wie kam es dazu? Wer zeigte die Schriften Heines bei der Indexkongregation an? Worauf gründete sich die kirchliche Verurteilung?

Nachdem Metternich im Vorfeld des Bundestagsbeschlusses so energisch darauf bestanden hatte, Heinrich Heine mit auf die Liste der jungdeutschen Autoren zu setzen, weil er in ihm den gefährlichsten Vertreter jener »Sekte« sah, hätte man erwarten können, daß sich in Rom eine direkte Bitte oder Aufforderung Metternichs finden würde, Heine auch kirchlicherseits verbieten zu lassen. Die Suche blieb allerdings erfolglos. Weder im Staatssekretariat noch im Archiv der Indexkongregation fand sich ein entsprechendes Schriftstück. Es fehlt nicht nur eine direkte Aufforderung Metternichs, sondern auch eine Weiterleitung der Angelegenheit etwa vom Saatssekretär an die Indexkongregation.

Das Fehlen eines positiven Aktenbeweises dafür, wie Heines Schriften zur Begutachtung in die Indexkongregation gelangten, legt zwei Varianten nahe:

Entweder ist das Verfahren gegen Heine nicht auf Metternichs Initiative zurückzuführen. In diesem Fall müßte eine weitere Denunziation gegen Heine an den Heiligen Stuhl gelangt sein, etwa über die Nuntiaturen in Paris und Wien oder über die Gesandten Frankreichs, Österreichs oder anderer deutscher Staaten beim Heiligen Stuhl. Die Möglichkeit, daß die französische Regierung selbst hinter der Anklage gegen Heine steckt, ist kaum anzunehmen. Heine war – wie wir wissen – mit Minister Thiers sogar »intim«. Immerhin bleibt die Möglichkeit einer Anzeige durch den Nuntius in Paris oder den Pariser Erzbischof Hyacinthus Ludovicus de Quelen (+ 1839)[250], den Heine in seinen *Französischen Zuständen* mehrfach mit beißendem

---

250 Zunächst Koadjutor des Pariser Erzbischofs, 1819 Kardinal und 1821 Erzbischof von Paris. – Zu ihm Ritzler/Sefrin, Hierarchia 299.

Spott überzogen hatte[251]. Die Tatsache, daß der Indexkongregation die Werke Heines in der französischen Ausgabe vorlagen, spricht für diese Vermutung. Denn das Rom-Bild der ultramontanen Ankläger sah etwa so aus: Der Heilige Vater ist der Heilige Vater von allen, deshalb versteht er auch alle Sprachen. Von daher hätte aus deutscher Sicht keine Notwendigkeit bestanden, die zu indizierenden Bücher in einer Übersetzung nach Rom zu schicken.

251 So schrieb Heine im Zusammenhang mit der Cholera: »Da ich mal im Zuge bin, will ich auch den Erzbischof von Paris loben, welcher ebenfalls im Hôtel-Dieu, nachdem der Kronprinz und Périer dort ihren Besuch abgestattet, die Kranken zu trösten kam. Er hatte längst prophezeit, daß Gott die Cholera als Strafgericht schicken werde, um ein Volk zu züchtigen, ›welches den allerchristlichsten König fortgejagt und das katholische Religionsprivilegium in der Charte abgeschafft hat‹. Jetzt, wo der Zorn Gottes die Sünder heimsucht, will Hr. v. Quelen sein Gebet zum Himmel schicken und Gnade erflehen, wenigstens für die Unschuldigen; denn es sterben auch viele Karlisten. Außerdem hat Hr. v. Quelen, der Erzbischof, sein Schloß Conflans angeboten, zur Errichtung eines Hospitals. Die Regierung hat aber dieses Anerbieten abgelehnt, da dieses Schloß in wüstem, zerstörtem Zustande ist, und die Reparaturen zu viel kosten würden. Außerdem hatte der Erzbischof verlangt, daß man ihm in diesem Hospitale freie Hand lassen müsse. Man durfte aber die Seelen der armen Kranken, deren Leiber schon an einem schrecklichen Übel litten, nicht den quälenden Rettungsversuchen aussetzen, die der Erzbischof und seine geistlichen Gehülfen beabsichtigten; man wollte die verstockten Revolutionssünder lieber ohne Mahnung an ewige Verdammnis und Höllenqual, ohne Beicht und Ölung, an der bloßen Cholera sterben lassen. Obgleich man behauptet, daß der Katholizismus eine passende Religion sei für so unglückliche Zeiten, wie die jetzigen, so wollen doch die Franzosen sich nicht mehr dazu bequemen, aus Furcht, sie würden diese Krankheitsreligion alsdann auch in glücklichen Tagen behalten müssen.« – Heinrich Heine, Französische Zustände, Art. 6, HS III, 177. – Ganz anders beurteilte das *Berliner Politische Wochenblatt* Nr. 47 (1835) das kirchliche Wirken im Kampf gegen die Cholera und stellte eine neu entfachte Wahrnehmung der Kirche fest: »Der christliche Glaube hatte im Süden auffallende Zeichen alter unversiegter Lebenskraft von sich gegeben; die Priester hatten in Marseille und Toulon vor der Cholera Stand gehalten, während die Aerzte die Flucht ergriffen; das Herz des Volkes schien sich dem alten Cultus wieder freundig zu öffnen; die Regierung selbst, die schon von vornherein die Wünsche und Hoffnungen der Feinde Gottes nur schwach und furchtsam erfüllt hatte, schien in der letzten Zeit offenbar zur Annäherung an den Clerus geneigt; die revolutionäre Politik ist seit den Gesetzen, die von Fieschi ihren Namen tragen, eine verbotene Frucht.« Zit. nach Sion 1835 Dezember 23, Nr. 153, 1221. – Hinter dem Artikel des Berliner Politischen Wochenblatts könnte dessen Mitbegründer Jarcke gestanden haben.

Oder man muß doch davon ausgehen, daß das Verfahren gegen die Schriften Heines auf den durch Metternich mitgeteilten Bundestagsbeschluß zurückging. Dies scheint nach Abwägen aller Aspekte am wahrscheinlichsten. Da jedoch ein positiver Beleg hierfür fehlt, kann im folgenden kein Tatsachenbeweis erbracht, sondern lediglich ein Indizienbeweis geführt werden. In diesem Fall muß jedoch einiges erklärt werden, z. B. weshalb es nur zum Verfahren gegen Heine und nicht gegen die übrigen Autoren des »Jungen Deutschland« kam und weshalb die Indizierung erst Monate später stattfand.

Die Frage, weshalb neben Heinrich Heine nicht auch andere Literaten des »Jungen Deutschland« in Rom indiziert wurden, ist von zentraler Bedeutung – nicht nur, weil Metternich den ganzen Bundestagsbeschluß mit Nennung von Heine, Gutzkow, Wienbarg, Mundt, Laube (wenngleich in dieser Reihenfolge!) nach Rom übersandt hatte. Wichtiger war, daß Gutzkows Roman *Wally, die Zweiflerin* den Ausschlag für die Bundestagsinitiative gegeben hatte. Auch Metternich scheint – zumindest noch im November 1835 – Gutzkow für einen der gefährlichsten Schriftsteller gehalten zu haben. An Münch in Frankfurt hatte er über Gutzkow geschrieben: »Daß es der gemeinsamen guten Sache nicht gleichgültig sein kann, gerade den Wortführer und Vorkämpfer der gottlosen Sekte, deren Treiben jetzt Gegenstand der gerechten Aufmerksamkeit der Regierungen ist, in der Bundesstadt und noch dazu als Widersacher an ihren Souveränitätsrechten angesiedelt zu sehen, liegt am Tage«[252].

Eine (vielleicht spätere) Indizierung Gutzkows wäre insbesondere auch deshalb verständlich gewesen, weil Gutzkow 1838 in heftige Auseinandersetzungen um den im Zusammenhang mit dem Kölner Mischehenstreit geschriebenen *Athanasius* von Görres verwickelt wurde[253] und sich mit diesem heftige Gefechte lieferte. Aber nichts dergleichen: Gutzkow blieb von der römischen Indexkongregation unbehelligt!

Tatsächlich war Gutzkow – und mit ihm die ganze junge deutsche Literatur – bereits in Rom angezeigt, bevor es in Deutschland zum Bundestagsbeschluß gegen das »Junge Deutschland« kam. Auch hierbei hatte Metternich, der mit dem Wiener

---

252 21. November 1835 Metternich [?], Wien an Münch. HHStAW StK Deutsche Akten, alte Reihe 226.
253 Vgl. unten.

Nuntius Pietro Ostini (1775–1849)[254] oft zur Besprechung der politischen und kirchlichen Lage zusammenkam, seine Finger im Spiel. In einem Brief vom 13. November 1835 an Kardinal Tommaso Bernetti (1779–1852)[255] – den Vorgänger von Lambruschini im Amt des Kardinalstaatssekretärs[256] – berichtete Ostini davon:

»Ich führe häufig vertrauliche Gespräche mit Metternich, bei denen oft über die gegenwärtige deutsche Literatur, besonders die religiöse und politische, gesprochen wird. Dabei haben wir über die in diesem Jahr erschienenen Werke gesprochen, die teils in französischer Sprache (meist von ungläubigen Deutschen, die nach Frankreich geflohen sind), teils in Deutschland in deutscher Sprache geschrieben sind. Zu ersteren gehört ein wirklich gottloses Werk von Lerminier, Professor am Collège de France, und ein nicht weniger gottloses eines gewissen Heine in mehreren Bänden, besonders die beiden ›Deutschland‹ genannten Bände. Beide Werke wenden sich nicht nur gegen die katholische und christliche, sondern gegen jede offenbarte oder natürliche Religion und leugnen [›zerstören‹] sogar die Existenz Gottes. Die gleichen Prinzipien finden sich, um auch für das Volk besser verständlich zu sein, auch in einem Roman, der gerade in Mannheim unter dem Titel ›Wally, die Schlafende‹ [›la dor-

254 Vermutlich einer bürgerlichen römischen Familie entstammend, promovierte Ostini 1796 am Collegio Romano zum Dr. theol., wurde zwei Jahre darauf zum Priester geweiht und Professor für Kirchengeschichte am Collegio Romano sowie Professor für Theologie an der Accademia dei Nobili Ecclesiastici. Für die Kurie 1817 Konsultor der Kongregation für die außerordentlichen Angelegenheiten, 1818 Relator der Indexkongregation, Konsultor der Propagandakongregation, 1819 Qualifikator des Heiligen Offiz und 1820 Konsultor des Index. 1824 kam er als Internuntius in den diplomatischen Dienst nach Wien, wurde 1827 Nuntius in Luzern, Titularerzbischof von Tarsus, 1829 Nuntius in Brasilien, 1832 abermals – diesmal jedoch als Nuntius – nach Wien. 1836 erhielt Ostini das Kardinalat. Unter anderem wurde er 1837 Mitglied der Indexkongregation, 1843 des Heiligen Offiz und 1848 als Nachfolger von Mai Pro-Präfekt der Indexkongregation. – Zu ihm Sammlung Schwedt, Limburg.
255 Bernetti verfügte keineswegs über gute Kontakte nach Wien. Bereits unter Leo XII. für einige Monate Kardinalstaatssekretär, führte er im darauffolgenden Konklave jene Gruppe an, die der proösterreichischen Politik Albanis gegenüberstand. – Jedin, Handbuch 219, Anm. 12.
256 Gregor XVI. hatte auf den »alten Zelanto« Bernetti zurückgegriffen und ihn am 10. Februar 1831 erneut zum Kardinalstaatssekretär ernannt. Bernetti demissionierte am 20. Januar 1836, am Tag zuvor wurde Lambruschini zu seinem Nachfolger ernannt. – Vgl. De Marci, Nunziature 9–11.

mente‹ (sic!)] erschienen ist. Der Fürst war entsetzt über soviel Gottlosigkeit und hat mir gesagt, daß er in den vergangenen Tagen an den Präsidenten des Deutschen Bundestages und an den König von Preußen geschrieben hat, damit Maßnahmen zur Beschlagnahmung aller auffindbaren Exemplare solcher Werke ergriffen und anschließend ihre Veröffentlichung verhindert wird, indem jedem, der es in Zukunft wagen sollte, diese oder ähnliche Werke zu veröffentlichen, die Lizenz für den Buchhandel entzogen wird. Der Fürst teilte dem König von Preußen mit, daß er genauso wie Österreich an dieser Sache interessiert sein sollte, weil hier nicht nur der Katholizismus, sondern auch das Christentum und jede andere Religion vernichtet werden sollen. Der Fürst hat mir auch gesagt, daß er, da die meisten Verfasser und Herausgeber solcher Werke Juden sind, wie der Drucker [...] des in Mannheim erschienenen Romans, mit Rothschild darüber gesprochen und ihm zu denken gegeben hat, daß solche Werke auch die jüdische Religion diskreditieren. Rothschild hat darauf geantwortet, daß sich diese Juden nur aus Berechnung taufen lassen, um dort wohnen zu können und Besitz zu erwerben, wo die Gesetze dies sonst verhindern würden«[257].

Und kurze Zeit später konnte Ostini nach Rom melden: »Als Metternich von dem Eindruck hörte, den der gottlose Roman ›Wally, die Zweiflerin‹ in Mannheim machte, wurde er vom Eifer übermannt. Er schrieb an das preußische Kabinett, damit man sich auf dem Frankfurter Bundestag einigte und mit durchgreifenden Maßnahmen zukünftig ähnliche Produktionen verhinderte. Die Antwort des preußischen Kabinetts war äußerst zufriedenstellend. Daraufhin wird sich der Bundestag mit dieser Angelegenheit beschäftigen. Die badische Regierung hat alle Exemplare, die bei dem Mannheimer Buchhändler gefunden wurden, beschlagnahmt«[258].

Damals reagierte Kardinalstaatssekretär Bernetti ebenso wie kurze Zeit später sein Nachfolger Lambruschini im Fall des ganzen »Jungen Deutschland«. Er ließ Vorkehrungen treffen, um eine Verbreitung der *Wally* – nicht aber der anderen von Ostini denunzierten Schriften, Heine inklusive (!) – im Kirchen-

---

257 13. November 1835 Bericht Nr. 158 Wiener Nuntius an Kardinal Bernetti. ASV Segr. di Stato, Esteri Rubr. 247 Busta 407.
258 27. November 1835 Bericht Nr. 162 Wiener Nuntius an Kardinal Bernetti. ASV Segr. di Stato, Esteri Rubr. 247 Busta 407.

staat zu verhindern. Als einzigen Grund für die Gefährlichkeit des Romans führte Bernetti hierbei an, daß dieser von einem gegen die bestehende Gesellschaftsordnung gerichteten Denken (»Il suo spirito è antisociale«) geprägt sei[259].

Angesichts der expliziten Denunziation von Gutzkows *Wally* und der Tatsache, daß nach dem Roman zwar gefahndet, jedoch kein Indizierungsverfahren eingeleitet wurde, stellt sich um so mehr die Frage nach den Motiven für die ein knappes Jahr später erfolgte Indizierung Heinrich Heines. Weshalb – so muß man mit aller Deutlichkeit fragen – wurde nicht Gutzkow indiziert, dessen Buch den Gottesglauben problematisierte und einen solchen Skandal auslöste, daß Metternich sich entschloß, endlich ein allgemeines Verbot des »Jungen Deutschland«, als dessen Wortführer Gutzkow galt, herbeizuführen? Weshalb Heinrich Heine und nicht Karl Gutzkow?

## b) Spurensuche

Stellen wir diese Frage vorerst noch einmal zurück. Zunächst gilt es, sich die problematische Überlieferungslage vor Augen zu führen. Im Archiv der Indexkongregation selbst hat sich lediglich eine dünne Überlieferungsschicht erhalten; hierbei handelt es sich einzig und allein um die eigentlichen Akten des Sekretärs der Kongregation. Während sich aus der Amtszeit anderer Sekretäre teilweise auch Beiakten, etwa Briefwechsel zu den Verfahren, beigebunden finden, ist dies unter Tommaso Antonio Degola OP (1776–1856)[260] nur sehr vereinzelt der Fall. Dies kann unterschiedliche Gründe haben. So ist es durchaus möglich, daß die Schriftstücke, die an den Präfekten gerichtet waren, in Sopra Minerva bei den Dominikanern lagern[261] oder daß sich ein »Fondo Degola« anderswo findet.

259 Zirkular vom 17. Dezember 1835 an Ancona, Fermo, Macerata, Perugia, Viterbo, Civitavecchia, Ascoli, Camerino, Orvieto, Plieti, Frosinone, Benevento, Bologna, Velletri, Loreto, Urbino und Pesaro. ASV Segr. di Stato, Rubr. 247 Busta 407.
260 1826 Bibliothecarius Casanatensis, 1833 Esaminatore dei Vescovi in S. Teologia. Im Februar 1832 war er auf Bitten des Sekretärs der Indexkongregation, des Dominikaners Bardani, dessen Substitut mit dem Recht der Nachfolge geworden. Bardani starb vier Monate später. – Zu ihm Sammlung Schwedt, Limburg.
261 Das dortige Archiv ist der Forschung nicht zugänglich.

Eine andere Überlegung ist unter Umständen noch wichtiger. Der Magister Sacri Palatii war Anfang 1836 ebenso wie die päpstlichen Legaten durch Kardinalstaatssekretär Lambruschini über den Bundestagsbeschluß und die »Verderblichkeit« der neuen deutsche Literatur informiert worden, weil er zuständig war für das römische Imprimatur sowie den römischen Buchdruck und Buchhandel. Die Funktion eines »Chefs« des päpstlichen Hauses war traditionsgemäß einem Dominikaner übertragen. Qua Amt saß der Magister Sacri Palatii jedoch zugleich in der Indexkongregation und im Heiligen Offizium. Der Sekretär des Index, Tommaso Antonio Degola, war ebenso wie der Magister Dominikaner, ein gelehrter Mann, der ursprünglich (1826) als Bibliothecarius Casanatensis gearbeitet hatte und seit 1833 Esaminatore dei Vescovi in S. Teologia war. Im Februar 1832 war er dem damaligen Sekretär der Indexkongregation, dem Dominikaner Alexander Angelicus Bardani (+ 1832)[262], auf dessen Bitte als Substitut mit dem Recht der Nachfolge beigegeben und nach Bardanis Tod vier Monate später zum Sekretär des Index ernannt worden[263].

Zwischen den beiden Ordensbrüdern, dem Magister Sacri Palatii und dem Geschäftsführer der Indexkongregation, dürften auch amtliche Dinge größtenteils mündlich geregelt worden sein, so daß schon von daher ein direkter schriftlicher Beweis für die Einleitung eines Indexprozesses gegen Heinrich Heine unwahrscheinlich ist. Überhaupt geschah innerkuriale Kommunikation nicht selten mündlich[264]. Man darf also davon ausgehen, daß der Auftrag zur Untersuchung von Heines Schriften entweder vom Kardinalstaatssekretär über den Magister Sacri Palatii an den Sekretär der Indexkongregation gelangte oder daß Lambruschini, der seit November 1835 und vor allem seit Januar 1836 durch Metternich über die jungdeutsche Literatur informiert war, sich direkt an den Sekretär des Index wandte.

Gesetzt den Fall, der Kardinalstaatssekretär hätte selbst die Indizierung gegen Heine eingeleitet, so dürfte dieser Auftrag

---

262 Bardani hatte als Sekretär der Indexkongregation eine ausgewogene Linie vertreten. – Vgl. Schwedt, Urteil 23.
263 Vgl. Sammlung Schwedt, Limburg.
264 Dafür spricht ein Brief Graziosis vom 8. September 1836 an den Sekretär der Indexkongregation und den Magister Sacri Palatii. – Archiv der Indexkongregation IIa 112, fol. 249.

nicht schon im Januar 1836 erteilt worden sein. Denn zuerst wartete Lambruschini die Berichte seiner Legaten über eine eventuelle Verbreitung der jungdeutschen Schriften im Kirchenstaat ab.

Sein Interesse mußte sich erst in dem Augenblick auf Heine konzentrieren, in dem Lambruschini die Schriften auch in französischer Sprache vorlagen. Dies war im Januar allerdings noch nicht der Fall, wie entsprechende Äußerungen Lambruschinis gegenüber Lützow vom 6. Februar 1836 zeigen. Zugleich gibt sein Antwortschreiben Aufschluß über einen – offenbar – zentralen Aspekt der römischen Zensurpraxis, zumindest in jenen Jahren: »Obwohl mir nicht bekannt ist, daß irgendein Frevler in anderen Ländern sich angeschickt hat, sie [gemeint sind die jungdeutschen Schriften] in andere, den meisten Europäern bekanntere Sprachen zu übersetzen, werde ich – da ich meine, daß die Feinde der Ordnung und der Religion dies nicht unterlassen werden – alles Notwendige veranlassen, um die Einführung und den Umlauf solcher Schriften in den Gebieten Ihrer Heiligkeit zu verhindern, sowohl im deutschen Original als auch in Übersetzungen, die unglückseligerweise in anderen Sprachen angefertigt werden könnten«[265].

Diese Äußerung Lambruschinis verdient besonderes Interesse, lag dem Staatssekretariat doch bereits seit November 1835 von Ostini die Anzeige vor, daß Heines Werke gerade in einer französischen Ausgabe erschienen. Offenbar hatte sich Lambruschini noch nicht mit den unter seinem Amtsvorgänger eingelaufenen Akten vertraut gemacht bzw. den Wiener Nuntiaturberichten zu wenig Interesse geschenkt.

Deutlich wird jedenfalls, welch große Bedeutung dem Sprachenargument – unabhängig von den Personen – beigemessen wurde: Was nicht in »lesbarer« Sprache, mithin in den »Kultursprachen« Französisch und Italienisch, erschien, war von untergeordneter Bedeutung für die römische Kurie, jedenfalls solange es sich nicht explizit um theologisch, philosophisch oder kirchenrechtlich relevante Literatur handelte. Dafür sprechen auch einige andere Beobachtungen. So liegen zahlreiche Indizierungen französischer und italienischer Literaten vor – übrigens auch Werke des vom Wiener Nuntius in einem Atemzug mit

---

265 Beilage zum Rapport politique Nr. 10, 6. Februar 1836 Lambruschini an Lützow. HHStAW Gesandtschaft Rom-Vatikan II, Fasz. 173.

Heine genannten Eugène Lerminier[266] –, wohingegen nur wenig deutsche Belletristik auf den Index kam, englische überhaupt nicht[267]. Das hatte zum einen politische Gründe. In romanischen Sprachen abgefaßte Literatur konnte dem Kirchenstaat und der »katholischen Welt« eher gefährlich werden, da sie dort gelesen und verstanden werden konnte – England und Deutschland waren größtenteils ohnehin vom »wahren Glauben« abgefallen, ihre »Barbarensprachen« verstand jedoch Gott sei Dank kein »gebildeter«, sprich romanischer Mensch. Zum anderen konnte – und das war ein »inneres« Problem der kurialen Behörde – die Indexkongregation nur deutsche Bücher indizieren, wenn in der Kongregation ein Deutscher saß oder zumindest einer, der des Deutschen mächtig war. Dies war aber keineswegs immer der Fall. Das Sprachendilemma zeigte sich zum Beispiel im »Fall Hermes«[268]. Hier mußte man zu dem Hilfsmittel greifen, zwei Konsultoren der Kongregation für die außerordentlichen Angelegenheiten um die Abfassung von Gutachten zu bitten! Erst 1840 fand man in dem Oberschlesier Augustin Theiner einen »Experten« und »ultramontan« Gesinnten für deutsche Fragen und Bücher[269]. Ferner wurde in Rom der offiziellen Intervention Metternichs bzw. Österreichs durch seinen Gesandten beim Heiligen Stuhl eine größere Bedeutung beigemessen als der Denunziation eines Werkes durch den eigenen »untergebenen« päpstlichen Nuntius. Die Parallele zur Wirkung der Metternichschen Intervention gegen Hermes von 1833 liegt nahe. Aber schon die Tatsache, daß Gutzkows Roman damals in keine romanische Sprache übersetzt wurde, nahm ihm jede besondere Gefährlich-

266 Vgl. Reusch, Index II 1039.
267 Vgl. ebd. 1049–1053. Neben Heine lediglich Nicolaus Lenau [Pseudonym für: Nicolaus Niembsch Edler von Strehlenau], Die Albigenser. Freie Dichtungen, Stuttgart und Tübingen 1842 (es folgten dennoch zahlreiche Neuauflagen: ²1846, ³1852, ¹²1884) und Sigismund Wiese, Jesus. Drama, Berlin 1844. – Dazu Hilgers, Index 463.
268 Dazu Schwedt, Urteil 46–50.
269 Vgl. Wolf, Theiner. – Wohl aus eben diesem Grunde konnte man – selbst wenn man gewollt hätte – Gutzkow und seinen Roman *Wally, die Zweiflerin* nicht greifen, da man über keinen geeigneten, deutschlesenden Konsultor zur Begutachtung verfügte. Nach der Konstitution Benedikts XIV., an die man sich an der Kurie nicht nur im Heine-Fall genau hielt, durften jedoch nur fach- und sachkundige Konsultoren mit der Begutachtung von Schriften beauftragt werden.

keit für weitere »katholische« Kreise und den Kirchenstaat. Für Deutschland konnte in diesem Fall das Bundestagsverbot völlig genügen – zumal man von der unbeirrten Wachsamkeit Metternichs in Rom überzeugt war.

Kenntnis von Heines *De l'Allemagne* erhielt man in Rom spätestens im Juni 1836, als in den von Antonio De Luca (1805–1883)[270] herausgegebenen *Annali delle Scienze Religiose* ein Artikel mit der Überschrift »La nuova setta irreligiosa denominata La Giovane Allemagna« erschien[271]. Erklärtes Ziel dieses Artikels war es, über die Ziele des Jungen Deutschland aufzuklären und die Italiener vor dem zu warnen, was man in Italien vom »Jungen Italien« zu erwarten habe. Der Autor befürwortete den deutschen Bundestagsbeschluß gegen jene »ungläubige Bande« und »verdammenswerte Sekte«. Heinrich Heine bezeichnete er als Anführer des Jungen Deutschland, »der zweifellos die Herrschaft über seine Kollegen besitzt«. Deshalb ging der Autor näher auf *De l'Allemagne* ein, das sowohl in Frankreich als auch in Deutschland ein unglaubliches Entsetzen hervorgerufen habe. Heine sei ein neuer »Verkünder des Unglaubens«. Als Sohn eines preußischen Juden habe er dem jüdischen Glauben abgeschworen, sei im Unglauben aufgewachsen und sammle nun eine »Schar junger Flegel« um sich, um sein Ziel zu verfolgen,

270 Aus Sizilien stammend, 1826 Stipendiat und Privatlehrer in Palermo, ab 1829 zunächst als Student und Schriftsteller in Rom. Von 1833 bis 1836 Sekretär von Kardinal Tommaso Weld (+ 1836), seit November 1836 Konsultor der Indexkongregation, 1838 Konsultor der Propagandakongregation. Von 1838 bis 1841 Professor für Fisica sacra an der Sapienza. Erst 1839 zum Priester geweiht, im November 1839 Ehrendoktor der Universität Löwen, Direktor der Tipografia della Propaganda Fide. Von 1840 bis 1845 Vizepräsident der Accademia dei Nobili Ecclesiastici und 1840 Begleiter des späteren Kardinals Pacca in Paris. 1845 Bischof von Aversa, 1848 Konsultor der Vorbereitungskommission des Immaculatadogmas, 1853 Titularerzbischof von Tarsus und Nuntius in München, ab 1856 in Wien. 1863 zum Kardinal ernannt und als solcher zunächst Mitglied, ab Dezember 1864 Präfekt der Indexkongregation, sowie Mitglied der Propagandakongregation, der Studienkongregation, der Kongregation für die außerordentlichen Angelegenheiten und für die Bischöfe. 1869 Mitglied des Heiligen Offiziums und Präsident auf dem Vaticanum. 1878 Mitglied der Zeremonialkongregation, Vizekanzler der Römischen Kirche, Suburbikarischer Bischof von Palestrina und Präfekt der Studienkongregation. – Zu ihm Sammlung Schwedt, Limburg.
271 Annali delle Scienze Religiose compilati dall' Ab. Ant. De Luca, Vol. II, Rom 1836, 445–448.

den Umsturz der religiösen und gesellschaftlichen Ordnung in Deutschland. Auch Gutzkow wurde namentlich erwähnt. Auffallend sind die starken Antijudaismen des Artikels. Das »Junge Deutschland« wird als fast nur aus Juden bestehende Sekte betrachtet. Es handle sich um eine neue Art von Doktoren, die vorgeben, Christen zu sein, aber keine Christen, nicht einmal Juden sind. Auch baut der Autor eine Brücke vom »Jungen Deutschland« zu »reformkatholischen« Kreisen. Das Junge Deutschland lobe nämlich die von Zschokke anonym verfaßten *Stunden der Andacht*[272] in den Himmel, deren Glaubensbekenntnis nur aus zwei Worten bestehe: Ich glaube an Gott und an die Ewigkeit. Bereits vor einiger Zeit hätten katholische Zeitungen die Öffentlichkeit gewarnt, daß sich eine Gruppe von Juden im Geheimen treffe, um eine konspirative Vereinigung zur Verbreitung antichristlicher Lehren zu gründen. Deren Absichten hätten sich auch deutlich bei der Gründung des Berliner Instituts zur Bekehrung der Juden gezeigt. Dem Artikel zugrunde lag ein Aufsatz des in Würzburg erscheinenden *Allgemeinen Religions- und Kirchenfreund*[273] sowie ein Artikel der englischen Zeitschrift *The Quaterly Review*[274].

Inwiefern dieser Artikel in den *Annali delle Scienze Religiose* zur Indizierung Heines beitrug, ist nicht mehr auszumachen, zumal nicht sicher ist, wann das Indizierungsverfahren letztlich in Gang kam. Der Herausgeber der *Annali*, De Luca, beherrschte neben der englischen auch die deutsche Sprache und las offenbar regelmäßig deutsche Zeitschriften – eine Ausnahme in Rom. Es ist durchaus möglich, daß der wirklich heftige Beitrag im *Allgemeinen Religions- und Kirchenfreund* vom 12. Januar 1836 als Initial-

272 Die *Stunden der Andacht zur Beförderung wahren Christenthums und häuslicher Gottesverehrung* erschienen zuerst zwischen 1809 und 1815 als Wochenschrift und wurden bis 1858 dreißigmal gedruckt. Sie verursachten bei ihrem Erscheinen großen Aufruhr und kamen am 27. November 1820 auf den römischen Index. Zunächst waren sie dem Konstanzer Generalvikar Ignaz Heinrich von Wessenberg zugeschrieben worden, der sich jedoch im Januar 1820 von der Schrift distanzierte, weil sie wichtige Lehren der Offenbarung, namentlich die Gottheit Christi leugnete. Heinrich Zschokke (1771–1848), mit dem Wessenberg allerdings in engem Kontakt stand, bekannte sich später öffentlich zur Verfasserschaft. – Vgl. Reusch, Index I 1082 f. – Zum Kontakt zwischen Zschokke und Wessenberg vgl. Herzog/Pfyl, Briefwechsel.
273 Bemerker 1836 Januar 12, Nr. 2, 21 f. – Zu dieser in Würzburg erscheinenden, pointiert katholischen Zeitschrift vgl. Pesch, Presse 150 f., 200 f.
274 Dezember 1835, 1–3.

zündung wirkte[275]. Überdies konnte eine Wendung in der Ausgabe dieser Zeitschrift vom 2. Februar als indirekte Aufforderung zur Indizierung verstanden werden[276]. Doch ist damit allein die Konzentration auf Heine als vorgeblichen Anführer des »Jungen Deutschland« nicht zu erklären. Daß die Berichterstattung der *Annali delle Scienze Religiose* die Indizierung Heines auf jeden Fall wahrscheinlicher machte, ist sicher. Der gelehrte Antonio De Luca jedenfalls wurde, obwohl Laie, noch im November 1836 ins Konsultorenkollegium der Indexkongregation berufen.

In der Frage, auf welchem Weg die Werke Heines zur Indexkongregation gelangten, führt uns eine letzte Spur über Lambruschini nochmals zurück nach Frankreich. Wie oben angedeutet, könnte bereits die Vorlage der französischen Ausgaben für eine Anzeige aus Paris sprechen. Hinzu kommt die Tatsache, daß sich Lambruschini, bevor er Kardinalstaatssekretär wurde, diplomatische Sporen verdient hatte, und zwar als Nuntius einer der bedeutendsten Botschaften des Heiligen Stuhls, als Geschäftsträger in – Paris. Die vier Jahre seines Pariser Aufenthaltes dürften ihm genügend Kontakte verschafft haben, um auch »privat« über die Entwicklungen in Frankreich auf dem Laufenden gehalten zu werden. Weshalb sollte er nicht entsprechende Informationen – von Metternich »scharfgemacht« – eingezogen, weshalb nicht die französische Ausgabe der Heineschen Werke in Paris bestellt haben? Damit wäre auch die Verzögerung der erst im September 1836 erfolgten Indizierung erklärt.

Festzuhalten bleibt: Die Kurie verfügte über vielfältige Quellen, um sich Informationen über anstößige Bücher zu verschaffen und den Büchermarkt – zumindest theoretisch, wenn auch keineswegs in praxi – zu kontrollieren. Anders gewendet galt aber auch: Wer die Indizierung, die kirchenamtliche Verurteilung eines Werkes durchsetzen wollte, dem standen genügend Wege offen, ein entsprechendes Verfahren in Rom in Gang zu bringen.

275 Der Beitrag hatte auch eine ziemlich eindeutige Passage Gutzkows zitiert, »daß er mit seinen Gesellen doch eins von dem Nazaräer lernen wolle und solle, nämlich: Jesus habe seine Jünger dahin fanatisirt, daß sie ihr Blut und Leben für die Einführung des Christenthums hergegeben. Und, setzt er hinzu: so muß wiederum Märtyrerblut strömen, um das Christenthum zu zerstören«.
276 »Ist keine Kirchenbehörde auf der Erde, welche sich der Grundwahrheit des Christenthums annimmt?« – Bemerker 1836 Februar 2, Nr. 5, 77.

## c) Das Verfahren

Obwohl keine schriftlichen Belege für eine direkte Beauftragung der Indexkongregation durch den Papst oder seinen Staatssekretär vorliegen, wird man in der Metternichschen Anzeige und den präventiven Maßnahmen des römischen Staatssekretariats den Ausgangspunkt der Indizierung Heines sehen müssen[277]. Hätte der Kardinalstaatssekretär den Fall selbst der Indexkongregation überstellt, so hätte dies sicher seinen Niederschlag in den Akten (aber wessen – des Sekretärs oder des Präfekten[278]?) gefunden. Da dies nicht der Fall ist, liegt es nahe, den Magister Sacri Palatii als eigenständigen Akteur anzunehmen. Eine These, die aufgrund des fehlenden Archivs dieses Amtes jedoch nicht zu verifizieren ist.

Im Index ging man die Sache, sobald die französische Ausgabe von Heines Schriften in Rom vorlag, sehr gründlich an. Dies zeigt nicht nur ein Vergleich mit anderen zur selben Zeit anhängigen Fällen oder etwa mit der später erfolgten zweiten Indizierung Heines[279]. Bemerkenswert ist, daß gleichzeitig drei Gutachten bestellt wurden, und zwar zu allen Bänden der von Renduel edierten Ausgabe, mit Ausnahme des vierten, der Heines »Poesie« enthält.

Da keine entsprechenden Schreiben für die Beauftragung der Relatoren vorliegen, ist nicht sicher zu sagen, wann der Indexprozeß überhaupt ins Rollen kam. Immerhin gibt es einen Hinweis darauf, daß dies erst im August 1836 geschah. Die drei Schriften Heines, *De la France* (Paris 1833), *De l'Allemagne* (Paris 1836) und *Reisebilder. Tableaux de Voyage* (Paris 1834), könnten den Relatoren einfach mit einer mündlichen Beauftragung übergeben worden sein, worauf ein Brief des Relators Graziosi vom 8. September 1836 hindeutet[280]. Darin entschuldigte er sich, sein für den Druck bestimmtes Gutachten nicht persönlich dem Präfekten der Indexkongregation übergeben zu können. Aus dem Schreiben erfährt man, daß Graziosi die *Reisebilder* im Auftrag des Präfekten durch seinen Kollegen im Konsultorenamt, Mon-

---

277 Die Denunziation Heines durch Ostini im November 1835 war offenbar folgenlos geblieben.
278 Letztere haben sich nicht erhalten.
279 Vgl. unten.
280 Archiv der Indexkongregation IIa 112, fol. 249.

signore Raffaele Fornari (1788–1854)[281], erhalten hatte, und zwar nicht lange vor der Sitzung der Kongregation, in der darüber beraten werden sollte. Präfekt der Indexkongregation war damals Kardinal Giacomo Giustiniani (1769–1843)[282], der dieser päpstlichen Behörde von 1834 bis zu seinem Tode vorstand. Aus einer fürstlichen römischen Familie stammend, hatte er seine Studien am Collegio Urbano und an der römischen Sapienza absolviert und war 1792 zum Doktor beider Rechte promoviert worden. Giustiniani zählte zur Fraktion der »Zelanti«[283]. Obwohl Laie oder allenfalls mit den niederen Weihen ausgestattet, wurde er von Pius VI. zum Hausprälaten und Apostolischen Protonotar ernannt, 1794 als Vizelegat nach Ravenna gesandt und war Präsident des Staatsrats von Rom, bis die Besetzung des Kirchenstaats durch napoleonische Truppen der päpstlichen Regierung ein Ende machte. Dieses Ereignis dürfte prägend für seine Abneigung gegen jede Revolution und vor allem gegen Frankreich geworden sein. Unter Pius VII. Pro-Gouverneur von Rom, dann Legat in Bologna, wurde Giustiniani erst mit 47 Jahren zum Priester, zwei Jahre später durch Kardinal Mario Mattei (1792–1870)[284], der

281 Aus sehr armer Familie stammend, war er nach dem Theologiestudium zunächst Ökonom des Seminario Romano. Von 1823 bis 1838 lehrte er dort scholastische Theologie. Seit 1829 Konsultor der Indexkongregation. 1832 Kanonist der Poenitentiarie und 1837 Konsultor der Propagandakongregation. Ehemals Mitstudent von Capaccini, holte ihn dieser 1837 in die Diplomatie. Fornari wurde Internuntius, später Nuntius in Brüssel, im Dezember 1842 Nuntius in Paris. Nach seiner Rückkehr nach Rom wurde Fornari 1850 Kardinal und im Jahr darauf Mitglied der Konzilskongregation, der Kongregation für die außerordentlichen Angelegenheiten, der Indexkongregation und Präfekt der Studienkongregation. 1852 folgte die Mitgliedschaft im Heiligen Offizium. Daneben war Fornari Mitglied, später Leiter der Spezialkommission zur Vorbereitung des Immaculata-Dogmas. – Zu ihm Martina, Fornari 1095–1107 sowie Sammlung Schwedt, Limburg.
282 Zu ihm Weber, Legati 335, 373, 705; ders., Senatus; Sammlung Schwedt, Limburg.
283 Vgl. Weber, Kardinäle II 770 f. (Tafel).
284 Nach dem Studium in Rom von 1810 bis 1812 an der Accademia de' Nobili Ecclesiastici, 1819 an der Rota, 1823 Prosekretär, 1826 bis 1829 Sekretär des Buon Governo. 1832 Kardinal, 1835 bis 1842 Präfekt der Propagandakongregation, 1840 bis 1846 Präfekt der Congregazione della Consulta und Sekretär für die inneren Staatsangelegenheiten, 1844 bis 1854 Bischof von Frascati, 1854 bis 1860 von Porto und Rufina, 1854 bis 1858 Präfekt der Signatur, 1858 bis 1870 Prodatar, 1860 bis 1870 Bischof von Ostia und Velletri, Dekan des Kardinalskollegiums. – Zu ihm Weber, Kardinäle 483 f.

ebenfalls zu den »Zelanti« zählte, zum Bischof geweiht. 1817 sandte man ihn als Nuntius nach Spanien, wo er vermutlich auch nähere Kenntnis von der spanischen Inquisition erwarb[285]. 1826 erhielt Giustiniani den Kardinalshut. Im Konklave von 1830/1831 war er Kandidat der »Zelanti« und konnte am 28. Dezember 1830 21 Stimmen auf sich vereinen, doch sprach der spanische Botschafter am 9. Januar 1831 im Namen seiner Regierung gegen Giustiniani die Exklusive aus, da sich dieser während seiner Nuntiatur in Madrid durch energische Verteidigung der Rechte des Klerus die Feindschaft der Regierung zugezogen hatte[286]. Immerhin zeigte sich, welch großen Einfluß Giustiniani in jenen Jahren an der Kurie erlangt hatte. Das Amt des Präfekten der Indexkongregation lag weit unter dem Kaliber eines Giustiniani. Dies läßt Platz für die Vermutung, daß sich Giustiniani wenig in der Kongregation engagierte und die Geschäfte mehr als üblich dem Sekretär überließ. In die Verurteilung von Georg Hermes war Giustiniani als Mitglied des Heiligen Offiziums involviert[287].

Welchen Kurs Giustiniani als Präfekt des Index bei der Übernahme seines Amtes einzuschlagen gedachte, zeigte sich bereits Ende des Jahres 1834, als er ein typisch »zelantisches« Rundschreiben an alle Nuntiaturen mit dem Inhalt erließ, sie sollten zwecks Indizierung mehr denunzieren[288]. Dies läßt sich aus der Vorgeschichte verstehen. Vor Giustiniani war Giuseppe Antonio Sala (1762–1839)[289] für wenige Monate Präfekt der Indexkongregation gewesen. Sala – der zusammen mit seinem älteren Bruder Domenico Sala (1747–1832) um 1800 als Parteigänger

285 Zu ihm Sammlung Schwedt, Limburg.
286 Vgl. Eiseler, Veto 240–42; March, La exclusiva. – Zur Papstwahl von 1831 auch Schmidlin, Papstgeschichte I 513–515; Jedin, Handbuch 312 f.
287 Schwedt, Urteil 36.
288 Vgl. Schwedt, Urteil 36.
289 1801 Sekretär von Caprara in Paris wegen Konkordatsverhandlungen, wobei Sala als Gegner Consalvis und dessen Konkordatspolitik auftrat. 1809 gehörte er zum Kreis um Di Pietro, Sekretär der S. Congregazioni della Riforma, 1816 Referendar der Signatur, 1823 bis 1825 Sekretär der Kongregation für die außerordentlichen Angelegenheiten, 1823 Esaminatore dei Vescovi in S. Canone, 1825 Sekretär der Konzilskongregation, 1826 Konsultor der Kongregation für die außerordentlichen Angelegenheiten. 1831 Kardinal, 1834 Präfekt der Indexkongregation, Mitglied im Heiligen Offizium und in der S. Congregatio S. Paolo. 1834 Präfekt der Kongregation für die Bischöfe. – Zu ihm Sammlung Schwedt, Limburg.

der Gegner Consalvis eine bedeutende politische Rolle an der römischen Kurie gespielt hatte – arbeitete in den 1820er Jahren Reformpläne für die Kurie aus und war durch seine Extravaganz vor allem bei den Zelanti im Kurs stark gesunken. Eine Folge davon war, daß sich Sala 1834 als Präfekt des Index nicht lange halten konnte, da die Zelanti die wichtigen Fälle nicht mehr bei der Indexkongregation anzeigten, sondern beim Hl. Offizium bearbeiten ließen. So mußte er im November 1834 – nach kaum neunmonatiger Amtszeit – Giustiniani als Chef der Kongregation Platz machen und als einfaches Mitglied ins zweite Glied zurücktreten; Giustiniani sollte in der Kongregation »aufräumen«. Dazu hielt man ihn vor allem deshalb für geeignet, weil er sich als Nuntius in Spanien als Hardliner ausgezeichnet hatte. Das Trauma des spanischen Staat-Kirche-Konflikts dürfte Giustiniani endgültig zu einem dezidierten »Scharfmacher« gemacht haben.

Aus den in den *Notizie per l'anno* von 1836, dem päpstlichen »Personalschematismus«, offiziell genannten dreißig Konsultoren der Indexkongregation wählte Giustiniani – oder Degola – drei Gutachter für die Heine-Schriften aus: Pio Bighi, Giovanni Battista Palma und Giuseppe Maria Graziosi.

Pio Bighi (1780–1854)[290] hatte am Seminario Romano und am Collegio Romano studiert, 1803 die Priesterweihe empfangen und war zwei Jahre später zum Doktor der Theologie promoviert worden. Anschließend lehrte er dort bis 1824 als Professor für Moraltheologie. Bighi wurde im Laufe seines Lebens zum Konsultor mehrerer Kongregationen bestellt: Seit 1822 war er – auf Vorschlag Castiglionis[291] – Konsultor der Indexkongregation, 1824 wurde er zugleich Konsultor der Kongregation für die außerordentlichen Angelegenheiten, 1828 Konsultor der Ritenkongregation, 1854 Konsultor des Heiligen Offiziums. Von 1824 bis 1840 war Bighi gleichzeitig Rektor des Collegio Teologico der Sapienza, 1847 wurde er Apostolischer Protonotar, Apostolischer Vikar der Abtei Subiaco und erhielt die Bischofsweihe.

Giovanni Battista Palma (1791–1848)[292] war gebürtiger Römer und trat nach seinem Studium – ebenfalls am Collegio Romano – 1809 in das Collegio Capranica ein und empfing 1817

---

290 Zu ihm Sammlung Schwedt, Limburg.
291 Der spätere Pius VIII.
292 Zu ihm Sammlung Schwedt, Limburg.

die Priesterweihe. Auch er arbeitete schon früh für die römische Kurie, zunächst als Ufficiale der Propagandakongregation. 1823 wurde er Professor für Kirchengeschichte[293] am Propagandakolleg, dann am Collegio Romano, von 1824 bis 1846 an S. Apollinare und von 1843 bis 1848 an der Sapienza als Nachfolger von Vincenzo Tizzani (1809–1892)[294], dessen Lehrer er gewesen war. Palma war Mitglied der Akademie Arcadia, seit 1839 der Accademia di Religione Cattolica. 1835 rückte er als Konsultor in die Indexkongregation ein, war 1847 vorübergehend Stellvertreter des Sekretärs der Propagandakongregation und 1848 Konsultor der Vorbereitungskommission des Mariendogmas. Die Revolution von 1848 machte Palma zum Märtyrer für die alte Ordnung, als er während des römischen Aufstandes am 16. November von einer Kugel durch ein Fenster des Quirinalpalastes getroffen wurde und starb.

Giuseppe Maria Graziosi (1793–1847)[295] stammte ebenfalls aus Rom und hatte am Seminario Romano studiert. Nach seiner Promotion erhielt er eine Anstellung als Beamter in der Pönitentiarie. 1823 wurde er Professor für Logik, Metaphysik und Dogmatik an S. Apollinare, in der letzten Eigenschaft wirkte er auch am Propagandakolleg. Graziosi war im Besitz eines Kanonikats in Trastevere und im Lateran. 1833 wurde er Minutant in der Propagandakongregation und Theologe der Datarie, 1836 Konsultor der Indexkongregation, 1847 Konsultor der Congregatio Indulgentiarum et Religuiarum. 1838 wurde Garziosi Mitglied des Collegio Teologico der Sapienza, 1839 Mitglied der Accademia di Religione Cattolica und Examinator des römischen Klerus.

In Bighi hatte man einen »alten Hasen« mit langjähriger Erfahrung zum Relator bestellt, während man mit Palma und Graziosi einen Neuanfang wagte. Palma war erst im vorigen Jahr

293 Seine Vorlesungen erschienen in mehreren Auflagen: Praelectiones historiae ecclesiasticae quas in Collegio Urbano Sacrae Congregationis de Propaganda fide et in Pontificio seminario romano habuit [...]. Teile 1–8 in 4 Bde., Romae 1838–1846; 3 Bde., Romae ²1848; 2 Bde., Romae ³1870.
294 Von 1833 bis 1872 Professor für Kirchengeschichte an der Gregoriana. 1843 Bischof von Termi, 1855 Titular-Erzbischof von Nisibis, 1889 Titular-Patriarch von Antiochien. Tizzani war über drei Jahrzehnte Mitglied der Indexkongregation. Während des 1. Vaticanums verfaßte er ein Konzilstagebuch, das eigenständiges Denken und einen dezidierten Antijesuitismus verrät. – Vgl. Pasztor, Concilio.
295 Zu ihm Piolanti, Graziosi; Sammlung Schwedt, Limburg.

als Konsultor in die Kongregation gekommen, Graziosi gehörte ihr erst seit wenigen Wochen an. So bekam letzterer in diesem Fall die Gelegenheit, sein »Gesellenstück« zu fertigen. Von ihm und Palma konnte Giustiniani hohes Engagement und gewissenhafte Arbeit erwarten, während er dem erfahrenen Bighi den politisch heikelsten Band *De la France* anvertraute. Bei der Auswahl der Relatoren fällt auf: Alle absolvierten ihre Studien im Seminario Romano und waren sowohl im wissenschaftlichen Lehrbetrieb als auch im kurialen Apparat tätig, zeitweilig als Konsultoren mehrerer Kongregationen. Die Gutachter kamen aus unterschiedlichen theologischen Disziplinen, was darauf hindeutet, daß eine umfassende Beleuchtung der Schriften Heines angestrebt war. Bighi hatte sich in der Moraltheologie ausgewiesen, was angesichts der Beurteilung der Schriften Heines durch den Deutschen Bundestag von großer Wichtigkeit war. Palma, der sich im historischen Bereich spezialisiert hatte, konnte aus seiner Kenntnis und seinem apologetischen Verständnis der Kirchengeschichte Argumente beibringen. Von Graziosi, dem Dogmatiker und Philosophen, konnte man eine sachgerechte Beurteilung der theologischen und philosophischen Implikationen Heines erwarten. Angesichts dieser – anscheinend wohlüberlegten – Auswahl der Relatoren überrascht es, daß bei der Zuweisung der zur Debatte stehenden Schriften nicht auf das Fachgebiet des jeweiligen Konsultors Rücksicht genommen worden zu sein scheint. Palma, der Historiker, erhielt Heines *De l'Allemagne* zur Begutachtung, das Werk, das von den dreien wohl am ehesten »theologische« und vor allem »philosophische« Fragen traktierte und einen entsprechenden Kommentar forderte. Graziosi, der in Philosophie und Theologie promovierte Systematiker, hatte sein Votum zu Heines *Reisebildern* abzugeben, einer belletristischen Schrift, deren Beurteilung eine solche Qualifikation nicht verlangt hätte, da sie sich eher mit der historischen Ausprägung (oder für Heine: Nichtausprägung) des christlichen Glaubens, mit den Erscheinungsformen von »Kirche« auseinandersetzte; dies aber wäre doch wohl eher die Arbeit des Historikers gewesen. Man könnte vielleicht so formulieren: Hätten Graziosi und Palma die ihnen zugewiesenen Bücher getauscht, hätte der Philosophieprofessor sich mit Philosophie, der Kirchenhistoriker sich mit Historie auseinandergesetzt, wäre den Intentionen der päpstlichen Konstitution »Sollicita ac provida« in größerem Maße entsprochen worden, wären

Heines Schriften vielleicht angemessener, weil entsprechender, beurteilt worden[296]. Am ehesten noch traf Bighi mit Heines *De la France* »sein« Fach bzw. wies zumindest auf Fragen um Ethik und Moral zielsicher hin. Erstaunlicherweise zeigt das Gutachten Bighis überdies stilistische Parallelen zu Münch-Bellinghausens Vortrag in der Bundestagssitzung vom 10. Dezember 1835. Ob Bighi über Kontakte zu entsprechenden Leuten in Deutschland verfügte, die ihm den Vortrag Münchs zugespielt hatten, ist nicht nachzuweisen, jedoch nicht unwahrscheinlich. Denkbar ist, daß gewisse römische Kreise aus dem »ultramontanen« Zirkel in Frankfurt (Friedrich Schlegel u. a.), in denen Münch-Bellinghausen verkehrte, näher unterrichtet waren. Unter Umständen unterhielt Lützow Korrespondenzen nicht nur nach Wien, sondern auch nach Frankfurt. Große Wahrscheinlichkeit hat aber auch die Vermutung, daß Informationen über Jarcke nach Rom gelangten.

Auf die Frage, weshalb die Schriften Heines nicht in ihrer deutschen Ausgabe und von deutschsprachigen Relatoren begutachtet wurden, sind mehrere Antworten denkbar. Auf die Gründe, die für die Indizierung der französischen Übersetzung

296 Der naheliegende Verdacht, bei der Übergabe der Bücher durch einen Dritten in Person Fornaris könnten die ursprünglich vielleicht anders bestimmten Schriften Heines vertauscht worden sein, scheint doch zu gewagt und entbehrt ebenso jedes Beweises wie die einleuchtende Vermutung, Giustiniani hätte den beiden »Neulingen« absichtlich Bücher außerhalb ihres Faches gegeben, um ihre Flexibilität zu testen. Dennoch sollen beide Möglichkeiten als eventuelle Erklärungsmuster genannt werden.
297 Aus bescheidenen Verhältnissen stammend, studierte Mezzofanti zunächst an der Universität seiner Heimatstadt Bologna und wurde bereits mit 15 Jahren zum Dr. phil. promoviert. 1797 erhielt er die Priesterweihe und wurde Universitätsprofessor für Hebräisch. Da er den vorgeschriebenen Eid verweigerte, wurde Mezzofanti abgesetzt, konnte jedoch 1803 bis 1808 und ab 1814 erneut den Kathedler für orientalische Sprachen besteigen und erhielt 1815 das Amt des Universitätsbibliothekars. 1831 berief ihn Gregor XVI. nach Rom, wo Mezzofanti zunächst ein Kanonikat bei S. Maria Maggiore, 1833 bei St. Peter erhielt. Seit 1833 war er zudem als Konsultor in der Kongregation für außerordentliche Angelegenheiten und in der Ritenkongregation tätig, sowie Mitglied der Accademia di Religione Cattolica und erster Kustos der Vatikanbibliothek. 1835 wurde Mezzofanti zudem Konsultor der Indexkongregation. 1838 erhielt er den Kardinalshut und wurde ordentliches Mitglied der Indexkongregation, 1844 Präfekt der Sacra Congregazione Correzione libri orientali, 1845 Präfekt der Studienkongregation, 1847 Minister für die »Istruzione pubblica«. – Zu ihm Sammlung Schwedt, Limburg.

sprachen, wurde bereits hingewiesen. Von daher dürfte Deutsch-
sprachigkeit von den Relatoren kaum mehr gefordert gewe-
sen sein, wiewohl Giustiniani in jedem Fall auf das Sprachen-
genie Giuseppe Mezzofanti (1774–1849)[297], den renommierten
Sprachkundigen und Bibliothekar der Vatikanischen Biblio-
thek[298], hätte zurückgreifen können. Ein anderer deutschspra-
chiger Konsultor, Karl August Graf von Reisach (1800–1869)[299],
der sich aufgrund seiner kirchenpolitisch-theologischen Einstel-
lung und seiner Deutschlandkenntnisse hervorragend für die

298 Der Astronom Baron von Zach schrieb über Mezzofanti: »Dieser Mann
spricht 32 Sprachen. Bei unserem ersten Zusammentreffen redete er mich in
ungarischer Sprache an, und machte mir im besten Magyarisch ein so zierli-
ches Compliment, daß ich im höchsten Grade darüber erstaunt war. Er sprach
hierauf deutsch mit mir, zuerst in sächsischer, dann in österreichischer und
schwäbischer Mundart, Alles mit einer Wahrheit und Richtigkeit der Ausspra-
che, die mein Erstaunen auf das Höchste trieb [...].« Ähnliches berichtete auch
der italienische Linguist Jakobs: »Wir unterhielten uns länger als eine Stunde
in deutscher Sprache, so daß ich hinlänglich Gelegenheit hatte, mich von der
Fertigkeit, die er in dieser besaß, zu überzeugen. [...] Er war mit der deutschen
Literatur nicht unbekannt; sprach unter anderm von Vossens Verdiensten um
die Metrik, und äußerte einige Bedenken über die Nachahmung der alten Sil-
benmaaße. Seine Urteile waren treffend, wie sein Ausdruck und ohne alle
Anmaßung«. – Zit. nach ThQ 20 (1838), 376–380.
299 In Nürnberg geboren, wollte Reisach zunächst die juristische Laufbahn
einschlagen und studierte Rechtswissenschaft in Landshut, Heidelberg, Tübin-
gen, Göttingen und Leipzig. Als Trauma wirkte der Selbstmord des Vaters
nach, der sich und die Familie in ein finanzielles Fiasko gesteuert hatte.
Reisach war fortan bestrebt, die Familienehre wiederherzustellen. Ein 1822
bekanntgegebener Heiratsplan kam jedoch nicht zur Durchführung, ebenso
scheiterten seine Bemühungen um eine Professur, zuletzt für Kirchenrecht
und Kirchengeschichte in Landshut. Durch einen Onkel auf die Möglichkeit
einer geistlichen Laufbahn hingewiesen, studierte Reisach Theologie und
bezog im Herbst 1824 das Collegium Germanicum in Rom. 1828 in Rom zum
Priester geweiht, wurde er wenig später zum Doktor der Theologie promo-
viert, 1830 unter Präfekt Cappellari – dem späteren Papst Gregor XVI. – Pro-
fessor für Kirchenrecht am Propagandakolleg. Unter ihm avancierte Reisach
zum kurialen Deutschlandspezialisten, war seit 1831 als Konsultor in der Kon-
gregation für die außerordentlichen Angelegenheiten tätig und an der Verur-
teilung verschiedener Reformschriften aus Süddeutschland und der Schweiz
beteiligt, agierte überdies auch als Konsultor im Hermesstreit. Bereits 1835
sollte Reisach Bischof von Eichstätt werden, lehnte das Angebot des bayeri-
schen Königs jedoch unter Hinweis auf seine wichtige Stellung in Rom ab.
1836 nahm er die erneute Nomination an. Reisach vertrat schon in Rom einen
dezidierten »Antirationalismus«, geriet als Bischof später in den Einfluß der
»Seherin« Louise Beck und der durch die Redemptoristen von Altötting aus-
geübten »höheren Leitung«. – Zu ihm Zeis, Reisach; Garhammer, Seminar-
idee.

Aufgabe angeboten hätte, stand nicht mehr zur Verfügung; er war gerade frisch zum Bischof von Eichstätt ernannt worden und soeben dabei, in Rom seine Zelte abzubrechen.

Bei der Auswahl der Relatoren könnte man – im Hinblick auf die Indexreform Benedikts – möglicherweise streng fachlich-sachliche Aspekte vermuten. Möglich ist aber auch, daß der zelantische Giustiniani Heines Schriften keinen – für seine Auffassung – zu »gemäßigten« Konsultoren übergeben wollte. So war etwa die »Liberalität« des gelehrten – und dennoch mit Giustiniani befreundeten – Mezzofanti über die römische Kurie hinaus weit bekannt. Eine Nichtverurteilung der Schriften Heines war nach dem (offiziell) eindeutigen Beschluß der – größtenteils *protestantischen* – deutschen Bundesstaaten jedoch kaum vorstellbar; das Ergebnis des Indizierungsprozesses dürfte somit quasi bereits im voraus festgestanden haben.

Die Gutachten der drei Relatoren wurden kurz vor der Sitzung in Geheimdrucken für die Konsultoren vervielfältigt[300]. Am Montag, den 12. September 1836, fand traditionsgemäß im Dominikanerkonvent von Santa Maria sopra Minerva die *Konsultorenversammlung* statt, in der außer den drei Büchern Heines weitere acht Schriften besprochen und diskutiert wurden[301]. Neben dem Sekretär der Kongregation sowie dem Magister Sacri Palatii, Domenico Buttaoni OP (1775–1859)[302], waren folgende sieben Konsultoren anwesend: Giuseppe Mezzofanti, Luigi M. Rezzi (1785–1857)[303], Graziosi, Palma, Domenico Maria

300 Die Exemplare des Sekretärs im Indexarchiv IIa 112 fol. 195–198, 248–251, 256–258. – Abgedr. in der Dokumentation des vorliegenden Bandes (Nr. 1–3). – Eine Analyse der Gutachten bei Lepper, vgl. unten.
301 Indexarchiv IIa 112 fol. 188. – Abgedr. In der Dokumentation des vorliegenden Bandes (Nr. 4).
302 Buttaoni hatte Verwandte im kirchlichen Dienst: Ein Domenico Buttaoni (1757–1822) war seit 1806 Bischof von Fabriano, Prälat Alexander Buttaoni (+1826) seit 1823 Auditor der Päpste Pius VII. und Leo XII. gewesen. Domenico Buttaoni d. J. war von 1809 bis 1826 Vizepräfekt der Bibliotheca Casanatensis, wurde 1822 Konsultor der Indexkongregation und 1826 Socius des Magister Sacri Palatii, dem er 1832 nachfolgte. Als solcher war er zugleich qua Amt Konsultor des Heiligen Offiz, ständiger Assistent der Indexkongregation und Präsident des theologischen Kollegs der Sapienza. – Zu ihm Sammlung Schwedt, Limburg.
303 Trat 1803 ins Noviziat der Jesuiten ein, wurde Dozent in verschiedenen Ordenskollegien in Sizilien, kam 1814 nach Rom und wurde noch im selben Jahr Konsultor des Index, 1816 Konsultor der Ritenkongregation. 1820 wurde er aus dem Orden entlassen und dozierte als Professor für Rhetorik und Kir-

Giuseppe Lo Jacono (1786–1860)[304], Gavino Secchi-Murro (1794–1868)[305], Giuseppe da Nemi[306]. Bighi, der das Gutachten über Heines *De la France* verfaßt hatte, fehlte. Während sich sieben der Konsultoren bei einem anderen zur Beratung anstehenden Werk, dem *Cours d'étude*[307], gegen die öffentliche Indizierung aussprachen, war man sich bei allen anderen Büchern einschließlich der Schriften Heinrich Heines einig, sie auf den Index der verbotenen Bücher setzen zu lassen[308]. Das einhellige Urteil lautete »prohibeatur«.

Mit diesem Vorschlag ging der Sekretär in die *Kardinalsplenaria*, die Versammlung der Kardinäle und somit die eigentliche Kongregation, die am 22. September im Apostolischen Palast auf dem Quirinal stattfand. Von den zwölf Kardinälen, die neben dem Präfekten und dem Magister Sacri Palatii der Kongregation angehörten, nahm an dieser Sitzung nur knapp mehr als die

chengeschichte an der Sapienza, bis er 1821 den Posten eines Bibliothekars der Bibliotheca Barberiniana erhielt. 1835 bis 1855 war er in gleicher Eigenschaft an der Bibliotheca Corsiniana tätig, 1848 Parlamentsabgeordneter in Rom. – Zu ihm Sammlung Schwedt, Limburg.

304 Im Alter von 44 Jahren trat Lo Jacono in den Orden der Theatiner ein, wurde Lektor der Theologie in Rom und schon im Jahr darauf Generalprokurator des Ordens in Rom sowie Esaminatore del Clero romano. 1832 trat er die Nachfolge von Cirino als Konsultor der Indexkongregation an, wurde 1837 Esaminatore dei Vescovi in Sagra Teologia und 1842 Generaloberer der Theatiner. 1844 erhielt Lo Jacono den Doktortitel durch päpstliches Breve und avancierte zum Bischof von Agrigent. – Zu ihm Sammlung Schwedt, Limburg.

305 Studierte bereits als Mitglied des Servitenordens in Rom, lehrte später in Bologna und war von 1826–1830 Prior und Studienregent in S. Fiorenzo in Perugia. 1830 kam er als Regent des Collegio Enrico di Gand nach Rom und wurde 1832 als Konsultor der Indexkongregation berufen. Es folgte die Berufung zum Konsultor weiterer Kongregationen. 1835 bis 1841 war Secchi-Murro Generalprokurator des Ordens in Rom und Examinator des römischen Klerus, 1845 wurde er Examinator der Bischöfe in Theologie, 1853 Confessarius des Apostolischen Palastes. – Zu ihm Sammlung Schwedt, Limburg.

306 Giuseppe da Nemi war Franziskaner und stammte wohl aus dem Ort Nemi südlich von Rom. Er konnte nicht näher nachgewiesen werden. Da er in den *Notizie per l'anno* nach 1840 nicht mehr als Konsultor auftaucht, legt sich die Vermutung nahe, daß er 1840 verstorben ist. – Freundliche Auskunft durch Herrn Archivdirektor Dr. Herman H. Schwedt, Limburg.

307 Étienne Bonnot de Condillac, Cours d'étude pour l'instruction du Prince de Parme …, Parme 1775. – Das Werk wurde dennoch am 22. September 1836 indiziert. – Vgl. Hilgers, Index 46.

308 Vielleicht wird von daher auch das Fehlen des erfahrenen Bighi bei der Sitzung verständlich.

Hälfte, nämlich Emmanuele De Gregorio (1758–1839)[309], Giovanni Francesco Falzacappa (1767–1840)[310], Ludovico Ferdinando Micara[311], Sala, Giacomo Luigi Brignole (1797–1853)[312], Giuseppe Della Porta Rodiani (1773–1841)[313] und Paolo Polidori (1778–1847)[314] teil. Die Kardinäle Bartolomeo Pacca (1756–1844)[315], Carlo Oppizzoni (1769–1855)[316], Giuseppe Maria Velzi (1767–1836)[317] und Bernetti fehlten[318]. Luigi Bottiglia (1742–1836)[319] war inzwischen verstorben. Die Kardinäle stimmten dem Vorschlag der Konsultoren zu. Das Urteil, das dem Papst schließlich vorgetragen wurde, lautete: »Verfasser dieser drei in

309 Stammte aus einem Patriziergeschlecht Messinas und wurde auf der Reise König Carlos III. von Bourbon nach Spanien vor Neapel auf einem Schiff geboren. Der Neffe des Kardinals Giovanni De Gregorio (+ 1791) wurde bereits in jugendlichem Alter zum Kurienprälaten gemacht und war von 1782 ab Referendar der päpstlichen Signatur. 1798 sollte er Gegenpapst werden, flüchtete aber zu Pius VI. nach Siena. 1801 wurde er Sekretär der Konzilskongregation, 1802 für wenige Monate Apostolischer Pronuntius in Florenz. 1810 Apostolischer Delegat für Rom und im Mai desselben Jahres für 40 Tage nach Paris beordert, 1811 gefangengesetzt und bis 1813 in Frankreich festgehalten. 1816 zum Kardinal ernannt und mit verschiedenen Aufgaben betraut, 1818 Mitglied der Indexkongregation, 1820 auch des Heiligen Offiz und Präfekt der Konzilskongregation, 1824 Mitglied der Studienkongregation, 1834 Sekretär der Breven. – Zu ihm Sammlung Schwedt, Limburg.
310 Der in verschiedenen kurialen Ämtern tätige Falzacappa wurde 1808 durch die Franzosen aus Rom vertrieben, 1811 nach Korsika deportiert, von wo er 1812 zurückkehrte. 1816 Sekretär der Konzilskongregation, 1819 Titular-Erzbischof von Athen, 1823 Kardinal und Erzbischof von Ancona. 1825 wurde Falzacappa Mitglied der Indexkongregation, der Ritenkongregation, der Konzilskongregation, der Konsistorialkongregation und 1829 Präfekt der Signatur. Seit 1830 Bischof von Albano, 1839 von Porto, S. Rufina und Civitavecchia, 1840 Mitglied des Heiligen Offiz. – Zu ihm Sammlung Schwedt, Limburg.
311 Mit 19 Jahren trat Micara in den Kapuzinerorden ein, mußte 1798 nach Neapel fliehen und wurde 1802 Lehrer am Seminar von Sezze, von wo er aber bereits 1804 wieder vertrieben wurde. 1810 kehrte er in seine Geburtsstadt Frascati zurück, wurde im darauffolgenden Jahr jedoch nach Civitavecchia deportiert und nach Corneto verbannt. Ab 1815 war er als Prediger in Bologna, Florenz und Genua tätig, wurde Lektor in Albano und Konsultor der Indulgenkongregation. 1818 wurde Micara zum Mitglied der Accademia di Religione cattolica ernannt und Provinzial, 1819 Generalpostulator, 1824 Generaloberer seines Ordens in Rom. 1826 erhielt er das Kardinalat und wurde im darauffolgenden Jahr Mitglied der Indexkongregation. 1837 Bischof von Frascati, 1843 Präfekt der Ritenkongregation, 1844 der Zeremonien- und Konsistorialkongregation. 1844 bis zu seinem Tod war Micara zugleich Bischof von Ostia und Velletri, Dekan des Kardinalskollegs und Apostolischer Legat von Velletri. – Zu ihm Sammlung Schwedt, Limburg.

den Jahren 1833-34-35 in Paris gedruckten Werke ist Herr Heinrich Heine, ein preußischer Untertan, der vom Deutschen Bund als Anführer der neuen, *Das Junge Deutschland* genannten Sekte geächtet wird. Die Werke dieses über eine große Vorstellungskraft und eine äußerst lebhafte Phantasie verfügenden Schriftstellers sind trotz der Anmut des Stils von so unklarer und verworrener Machart, daß es fast unmöglich ist, eine verständliche Zusammenfassung zu geben. Alle sind sie jedoch die würdige Ausgeburt eines Autors, der als Anführer einer verabscheuenswürdigen Sekte gefeiert wird, alle strotzen vor religionsfeindli-

312 Der sehr wohlhabende Kardinal war Enkel des letzten Dogen von Genua, hatte in Rom die Rechte studiert und 1825 zum Doktor iur. utr. promoviert worden. Zunächst Referendar der Signatur wurde er 1826 Vizelegat von Forli, dann von Ferrara, 1830 Titularbischof von Nazianz und Nuntius in Florenz. 1833 Tesoriere Generale der Camera Apostolica in Rom, 1834 Kardinal und Mitglied der Indexkongregation. 1847 Bischof von Sabina und 1848 Mitglied der Vorbereitungskommission der Immaculata-Dogmas, wurde Brignole 1849 Präfekt der Indexkongregation. – Zu ihm Sammlung Schwedt, Limburg.
313 Aus vornehmer Familie, die zahlreiche kirchliche Würdenträger stellte, Kanoniker der Vatikansbasilika und tätig im römischen Vikariat. 1821 wurde Della Porta Rodiani Konsultor des Heiligen Offiz, im folgenden Jahr Titular-Erzbischof von Damaskus, 1823 Titularpatriarch von Konstantinopel und Pro-Vicario Generale von Rom sowie Esaminatore dei Vescovi in S. Canoni, 1833 Auditor der Apostolischen Kammer, 1835 erhielt er den Kardinalshut. 1836 wurde Della Porta Rodiani Mitglied der Indexkongregation und 1839 Mitglied des Heiligen Offiz. – Zu ihm Sammlung Schwedt, Limburg.
314 Aus einer Patrizierfamilie in Jesi und Loreto. Zwei ältere Brüder waren ebenfalls Kleriker, Arcangelo (1773–1843) seit 1834 Bischof von Foligno und Luigi Eustachio (+1847) Schriftsteller und Bibliothekar in Mailand. Paolo Polidori wurde 1800 zum Priester geweiht, 1803 Generalvikar des Bischofs von Viterbo, 1806 Generalvikar von Kardinal Antonelli in Ostia und Velletri. 1808 in Rom inhaftiert und nach Mailand deportiert, lebte er bis 1814 bei seiner Familie in Loreto. 1814 wurde Polidori abermals Generalvikar, diesmal für Kardinal Mattei in Ostia und Velletri. 1818 begann seine Tätigkeit für die Kurie: zunächst bis 1820 als Relator der Indexkongregation und Qualifikator des Heiligen Offiz bis 1828. Pius VII. ernannte ihn zum Segretario delle Lettere latine. 1820 wurde Polidori Konsultor der Indexkongregation und Mitglied der Accademia di Religione Cattolica, 1824 Konsultor der Kongregation für die außerordentlichen Angelegenheiten und Sekretär der Konsistorialkongregation, 1829 Konsultor des Heiligen Offiz. 1831 machte ihn Gregor XVI., der Polidori besonders schätzte, sofort nach seiner Wahl für wenige Tage zum interimistischen Staatssekretär. Von 1831 bis 1834 war Polidori Sekretär der Konzilskongregation, 1834 wurde er Kardinal und in der Folge Mitglied von elf Kongregationen, u. a. 1836 der Indexkongregation und des Heiligen Offiz, 1844 Titular-Erzbischof von Tarsus. – Zu ihm Sammlung Schwedt, Limburg.

chen und gottlosen Grundsätzen und in allen wird das Christentum verspottet, die katholische Religion diskreditiert. In allen triumphiert der Deismus, in allen findet man Stellen, die gegen die guten Sitten verstoßen. Schließlich trachten alle danach, die Regierungen in Verruf zu bringen und die Völker zur Revolution aufzustacheln und diese als Anbruch der allgemeinen Befreiung auszugeben. Die Heilige Kongregation hat befunden, daß alle drei das Verbot unbedingt verdienen, denn alle drei Werke sind voller Irrtümer, Gotteslästerungen, Unanständigkeiten und Grundsätze, die den Umsturz der sozialen Ordnung beabsichtigen«[320].

Die *Approbation des Papstes* erfolgte am 3. Oktober, das Dekret, von Präfekt und Sekretär der Kongregation unterzeichnet, ging

315 1785 Titular-Erzbischof, 1785 bis 1794 Nuntius in Köln, 1795 bis 1801 in Lissabon. 1801 Kardinal, 1806 Kardinalstaatssekretär, 1830 Kardinalbischof von Ostia und Velletri. Als Kardinalstaatssekretär war Pacca einer der schärfsten Widerständler gegen Napoleon und wurde mit Pius VII. für drei Jahre in San Carlo inhaftiert. Danach stand Pacca an der Spitze der Zelanti, die sich einer Reform im Kirchenstaat widersetzten. – Zu ihm Blisch, Pacca.
316 Studien und Priesterweihe in Bologna, 1802 zum Erzbischof von Bologna erwählt und 1804 ernannt. – Zu ihm Camillis, Oppizzoni.
317 Um 1783 in Rom (Sopra Minerva) Eintritt in den Dominikanerorden, Studien in Rom, Perugia, Viterbo und Lucca. 1789 Priesterweihe, anschließend Lektor der Theologie. 1805 Prior in Sopra Minerva, 1810 Magister der Theologie und Seminarrektor in Como. Wegen Ordensauflösung Weltpriester. 1821 in Florenz Wiedereintritt in den Orden, 1822 Generalprokurator des Ordens in Rom, 1823 bis 1828 Generalvikar des Ordens in Rom, 1823/24 wiederholt Aufenthalte in Süditalien (Neapel, Palermo). In der Kurie wirkte Velzi seit 1822 als Konsultor der Indexkongregation und war zugleich Professor für Dogmatik an der Sapienza. 1824 wurde er auch Konsultor im Heiligen Offizium, 1826 Magister Sacri Palatii, 1832 Kardinal, Bischof von Montefiascone und Mitglied des Heiligen Offiziums, der Indexkongregation, der Kongregation für die Bischöfe. Seit 1827 Mitglied der Accademia di Religione cattolica. – Zu ihm Sammlung Schwedt, Limburg.
318 Vgl. Notizie per l'anno 1836.
319 Nach dem Rechtsstudium schlug Bottiglia die geistliche Laufbahn ein und wurde um 1800 päpstlicher Gouverneur in Todi. 1828 Doyen in der Apostolischen Kammer, 1834 Titular-Erzbischof von Perge und Kardinalspriester. Präfekt der Signatur und Mitglied der Indexkongregation, der Indulgenkongregation und des Buon governo. Er starb am 14. September 1836. – Zu ihm Jardin, Bottiglia.
320 Es folgt die Vorstellung weiterer Werke, deren Indizierung beschlossen wurde. – Relazione alla Santità di Nostro Signore della Congregazione. Indexkongregation IIa 112 fol. 130–187; hier 180 rv. – Abgedr. in der Dokumentation des vorliegenden Bandes (Nr. 5).

zum Plakatdruck an die Druckerei[321]. Am 7. Oktober wurden die Plakate an den römischen Plätzen und an den üblichen Kirchentüren angeschlagen, Handzettel an die päpstlichen Nuntiaturen in Wien, München, Luzern und Paris sowie an die päpstlichen Bevollmächtigten in den Gebieten des Kirchenstaats geschickt.

## 3. Das »kirchliche« Nachhutgefecht

### a) Die Wahrnehmung des »Jungen Deutschland« im katholischen Raum

Die Indizierung Heinrich Heines verführt dazu, auf die Bedeutung einzugehen, die dem Pariser Schriftsteller im katholischen Raum beigemessen wurde. Die Frage ist, in welcher Weise Heine respektive das »Junge Deutschland« in der katholischen Öffentlichkeit wahrgenommen wurde bzw. ob und wie sich diese Wahrnehmung aufgrund seiner Indizierung veränderte. Hierzu wurden mehrere katholische Zeitschriften konsultiert. Der Befund ist überraschend: Heine rückte kaum ins Blickfeld der »strengkirchlich« ausgerichteten Presse; nicht einmal die Tatsache seiner Indizierung wurde in den einschlägigen Blättern öffentlich bekanntgemacht[322]. Ob man Heine und seine Schriften tatsächlich nicht wahrnahm, schlichtweg deren Erscheinen nicht für mitteilenswert hielt oder gar für nicht ratsam, um keine »schlafenden Hunde« zu wecken – *eine* mögliche Spielart von »Vorzensur« –, muß dahingestellt bleiben. Letzteres ist insofern nicht unwahrscheinlich, als die deutschen Katholiken in der ersten Hälfte des 19. Jahrhunderts mit den von Heine gebrauchten Prosaformen nicht vertraut waren oder sie »als ein defizites

---

321 Ein Exemplar im Indexarchiv IIa 112 fol. 178. – Abgedr. in der Dokumentation des vorliegenden Bandes (Nr. 6). – Die im selben Dekret verurteilten Werke bei Hilgers, Index 461.

322 Eine Ausnahme bildet der *Allgemeine Religions- und Kirchenfreund*, der in seiner Beilage kommentarlos das Verbot vom 22. September (fälschlicherweise als »Decret der Inquisition« bezeichnet) anzeigte. Von den insgesamt 13 indizierten Schriften wurden neben denen Heines folgende genannt: Souvenirs, impressions, pensées et paysages, pendant un voyage en Orient (1832 et 1833); Notes d'un Voyageur, par M. Alphonse de Lamartine; Joclyn, Episode, Journal trouvé chez un Curé de Village, par Alphonse de Lamartine; Epistole di Francesco Petrarca, recate in Italiano da Ferdinando Ranalli. – Bemerker 1836 November 15, Nr. 44, 631.

Genre«, »als ein tendenziös, gelegentlich revolutionär gehandhabtes Instrument des Frühliberalismus mit ausgesprochen antikatholischer Haltung«[323] ablehnten.

Grundsätzlich durfte sich die Presse nach dem Bundestagsverbot von 1835 nicht mehr mit der Literatur des »Jungen Deutschland« befassen. Die Werke Heines für die katholischen Zeitungen waren nach ihrer Indizierung ohnehin tabu. Auch zuvor hatten die »katholischen« Blätter von Heine kaum Notiz genommen. Es gibt aber einige bedeutsame Ausnahmen.

Vom 4. Dezember 1835 an – also gerade zur »rechten Zeit« – erschien in der (ultramontan-)katholischen Zeitschrift *Sion*[324] eine Artikelserie »Ueber die verderbliche Richtung der neuern deutschen Literatur«. Sie griff vor allem Karl Gutzkow heftig an. Der Verfasser nahm den literarischen Streit zwischen Gutzkow und Menzel als Symptom für die sittlichen und religiösen Zustände in Deutschland: »Er zeigt uns klar den Abgrund, an dem wir stehen, die tiefe sittliche Erniedrigung, in der unzählige unserer Zeitgenossen darniederliegen, die unbeschreibliche Versunkenheit, zu welcher wir bereits gelangt sind und die das Zeichen ist der nahen Auflösung aller Bande der Gesellschaft, wenn da eine Rückkehr zur Religion zu spät seyn sollte. Einen sehr großen Antheil an dieser Entsittlichung Deutschlands hat, wie in allen andern Ländern, die neue Literatur. Nachdem diese größtentheils so irreligiös und unsittlich geworden, daß sie viele tausend Herzen vergiftet und unzählige Köpfe verwirrt, ist es wohl Pflicht einer religiösen Zeitschrift, auf diese schleichende Pest oft hinzuweisen, damit Jene, die davon ergriffen worden, wo möglich noch zur rechten Einsicht gelangen und einer Lektüre entsagen, welche die Seele tödtet, Andere aber, die noch unberührt geblieben, sich warnen lassen und nicht nach den Giftbüchern greifen, durch welche so Viele schon Religion und Tugend verloren.« Um diese allgemeine Verurteilung der neueren Literatur – als deren bestes Beispiel Gutzkows *Wally* betrachtet wurde – zu

323 Frühwald, Literatur 13.
324 Sion. Eine Stimme in der Kirche für unsere Zeit 1835 Dezember 4, Nr. 145, 1153–1157; 1835 Dezember 6, Nr. 146, 1161–1165; 1835 Dezember 9, Nr. 147, 1169–1174; 1835 Dezember 23, Nr. 153, 1217–1221; 1835 Dezember 25, Nr. 154/155, 1224–1237; 1835 Dezember 30, Nr. 156, 1237–1248. – Zur Zeitschrift vgl. Pesch, Presse 156–158, 204 f., 243–246.
325 Menzel wurde gerne als Gewährsmann gewählt, weil »das Urtheil eines Protestanten um so willkommener ist, als hier von protestantischer Literatur

untermauern, zitierte die Zeitschrift lange Passagen gegen das »Junge Deutschland« aus Menzels Literaturzeitung[325].

Am 9. Dezember ging der Verfasser der Artikelreihe auch auf Ludolf Wienbarg und die geplante *Deutsche Revue* ein. Er entschuldigte sich für die weitschweifigen Zitate mit dem Hinweis, daß die Kritik bislang nicht einem einzelnen Buch gegolten habe, »sondern der Richtung der ganzen Literatur und eines großen Theiles der literarischen Jugend«. »Wir mußten den Eckel [sic!] überwinden, der uns bey dem traurigen Berichte von so tiefem Schmutze öfter anwandelte, um in das unselige Treiben dieser Zeit tiefer einzudringen.« Angekündigt wurde auch der nahe bevorstehende Bundestagsbeschluß gegen solche »und ähnliche Werke, so wie überhaupt gegen die Tendenz eines Vereines von jungen Schriftstellern, der sich unter dem Namen ›das Junge Deutschland‹ ankündigte«[326]. Fälschlicherweise wurde die löbliche Initiative dazu der bayerischen Regierung zugesprochen[327]. Wie Menzel führte der Verfasser die jungdeutsche Literatur letztlich auf die Französische Revolution von 1789 und die »Trennung des Christenthums von der Wissenschaft« zurück. Als Wegbereiter wurden neben Zeitungen und »Taschenbüchern« auch die Werke Goethes und die neueren Romane betrachtet, vor allem die historischen: »Sind sie auch nicht immer unsittlich, so bieten sie ihren Verfassern, meistens Feinden der Kirche, doch die erwünschte Gelegenheit dar, die Geschichte zu entstellen und zu mißbrauchen, wie es eben nothwendig ist, um die katholische Religion und Kirche, diese Säule und Grundfeste der Wahrheit, auf alle Weise zu schmähen. Denn es ist meistens fanatischer Haß gegen sie, der die Romanschreiber beynahe ausschließend beseelt«[328]. Resümierend stellt die Zeitschrift fest: »So war die Literatur bereits gestaltet, zumeist schon unchristlich und unsittlich geworden, als Gutzkow auf den schon gebahnten Weg trat und nur kecker, schamloser aussprach, was seine Vorgänger alle selbst schon, wenngleich weniger offen, gewagt. Er

die Rede ist, wir also, gänzlich partheylos, den Protestanten gegen den Protestanten reden lassen können«. Sion 1835 Dezember 4, Nr. 145, 1154.
326 Sion 1835 Dezember 9, Nr. 147, 1173.
327 Unter Umständen stand dahinter der Versuch, das gegenüber einem Bundestagsverbot sehr zurückhaltende Bayern zur Zustimmung zu bewegen. Immerhin wurde die in Augsburg erscheinende Sion vor allem in Bayern fleißig gelesen.
328 Sion 1835 Dezember 30, Nr. 156, 1247.

hat in jugendlicher Unbesonnenheit gerade herausgesagt, was er will; er war gleichsam ehrlich genug, das Christentum mit offener Stirne anzugreifen, während seine Vorgänger es mehr oder weniger heimlich untergraben. Er hat ferner, Dank sey es seiner Unbesonnenheit, ein Wort von einem ›jungen Deutschland‹ fallen lassen, und dieses Wort hat die Mächte an das ›junge Frankreich‹ und das ›junge Italien‹, also an geheime politische Verbindungen erinnert. Hätte er dieses nicht gethan, man wäre ihm schwerlich überall so fest entgegengetreten, wie es nun in ganz Deutschland geschieht. Man kann ihn nicht verdammen, ohne seine Vorgänger, die ganze Literatur mit ihm zu verdammen; man kann seine Schriften nicht verbieten, ohne eine Inconsequenz zu begehen, wenn man die Kotzebue und Clauren und ihre schamlosen Gesellen in allen Leihbibliotheken, Lesezirkeln und Familien ihr Wesen treiben läßt, so lange es erlaubt ist, diese Giftwaaren zu kaufen und damit unzählige Seelen zu morden. Mit Hilfe dieser Schandliteratur ist es der Hölle bey der herrschenden Lesewuth bereits gelungen, eine Revolution in den Sitten herbeyzuführen, nach welcher die politische nicht lange auf sich wird warten lassen. Wir haben es mit Schaudern gesehen und viele katholische Zeitschriften haben ihre Stimme dagegen erhoben, da es noch Zeit war, dem Strom Einhalt zu thun, wir werden auch ferner dagegen sprechen mit der Kraft tief ergriffener Herzen, die trauern über den Untergang altdeutscher Sitte und Treue, die weinen über den tiefen Verfall eines früher so gottesfürchtigen Volkes: und sollte unsere Stimme auch verhallen, wie die des Rufenden in der Wüste, so haben wir doch gethan, was Religion und Vaterlandsliebe uns geboten«[329].

Neben dieser Artikelserie in der *Sion* beschäftigte sich der *Allgemeine Religions- und Kirchenfreund* wiederholt mit dem »Jungen Deutschland«, allerdings nur in Form von Kurznachrichten, die er in seiner Beilage, dem *Bemerker*, einrückte. So wurde am 24. Dezember 1835 erfreut das preußische (!) Verbot der Schriften von Gutzkow und Wienbarg sowie der Löwenthalschen Verlagserzeugnisse angezeigt[330], am 25. Januar 1836 folgte ein

329 Ebd. 1247 f.
330 Bemerker 1835 Dezember 24, Nr. 46, 640. – Aus Berlin berichtete er, das preußische Verbot gegen Mundt, Laube, Wienbarg und Gutzkow sei das beherrschende Tagesgespräch. – Ebd. 641.

Abdruck des Bundestagsverbots[331], nachdem man in der Ausgabe vom 1. Januar bereits die Gelegenheit wahrgenommen hatte, auf Verbindungen zwischen den Saint-Simonisten, Prosper Enfantin und dem »Jungen Deutschland« aufmerksam zu machen[332]. Am 2. Februar wurde von der Verurteilung Gutzkows zu zehn Wochen Haftstrafe und vom Freispruch der Löwenthalschen Buchhandlung berichtet und zugleich der Wunsch nach einem kirchlichen Vorgehen geäußert[333]. Im März folgte der Abdruck des Briefes Heinrich Heines vom 28. Januar 1836 an die Bundesversammlung, der als »ein historisches, die neue gefährliche literärische Schule sehr bezeichnendes Actenstück« deklariert wurde[334]. In zwei Beiträgen wandte sich die Zeitschrift auch pointiert gegen Menzel, um die »suffisante Bemerkung« mehrerer literarischer Blätter zu widerlegen, »als habe er [Menzel] die katholische Kirche in einen ihr nicht gebührenden Nimbus gehüllt«. In der Folge wurde zu zeigen versucht, daß Menzel lediglich einem »rationalistischen« Christentum huldige und seine Opposition gegen »die berüchtigte Clique des jungen Deutschlands« keineswegs im »Eifer für das historische, positive Christenthum« wurzle, wie es die katholische Kirche vertrete[335].

Der *Allgemeine Religions- und Kirchenfreund* übernahm auch die in der Öffentlichkeit stark antijüdisch gefärbte Polemik gegen das »Junge Deutschland«. In dem einzigen längeren Beitrag anläßlich der Festnahme Gutzkows machte der *Bemerker* Front gegen

331 Bemerker 1836 Januar 25, Nr. 4, 60 f.
332 »Mehrere St. Simonisten, die sich lange in Aegypten aufhielten, sind nun Muselmänner geworden. Der berüchtigte s. g. Pater Enfantin soll diese Apostasie gebilligt haben, und man glaubt, daß er dem Beispiele seiner Brüder bald folgen wird. In diesem Augenblicke macht er Jagd auf Hyänen! – Wie? ist das s. g. ›junge Deutschland‹, Gutzkow und seine Leute, nicht sehr verwandt mit den Gesellen des St. Simonismus?« – Bemerker 1836 Januar 1, Nr. 1, 16. – Auch Prosper Enfantin fand sich später mit zwei seiner Schriften (Parole du père à la cour d'assises und Science de l'homme) auf dem Index wieder. – Vgl. Hilgers, Index 461, 466.
333 »Ist keine Kirchenbehörde auf der Erde, welche sich der Grundwahrheit des Christenthums annimmt? Den Erlöser der Menschen vertheidigt? Die alte Schlange sitzt auf dem Gipfel des Lebensbaumes und zischt und freuet sich höhnisch ob ihres Sieges.« – Bemerker 1836 Februar 2, Nr. 5, 77.
334 Bemerker 1836 März 8, Nr. 9, 138 f.
335 Allgemeiner Religions- und Kirchenfreund 1836 November 1, Nr. 88, 1401–1404; 1836 November 4, Nr. 89, 1405–1415, hier 1401 f.

»eine jüdische Propaganda, die auf den Umsturz des Christenthums sinnet, und, bei beständigen mündlichen Lobeserhebungen des in der europäischen Geschichte einzig dastehenden Hauses R...[336], in einer Reihe von gefährlichen Producten (die größtentheils bei Hoffmann und Campe zu Hamburg und bei Löwenthal in Mannheim erschienen sind), nur zu sehr sich verrathen hat«. Schon vor zehn Jahren habe man »auf die Zunahme der jüdischen Schriftsteller und ihre gefährliche noch versteckte Tendenz und Sprache aufmerksam gemacht. [...] Wer kennt die jüdischen Autoren Börne und Heine nicht? Wer hat nicht von Saphir und dann von Oettinger und von Andern gehört? Nun ist der junge christlich-jüdische Christus-Lästerer Gutzkow herausgeplatzt, nachdem er auch einen jüdischen Verleger, Löwenthal, in der christlichen Stadt Mannheim gefunden. Die Secte des s. g. ›jungen Deutschlands‹ besteht fast nur aus ... Juden«[337]. Als der These einer jüdischen Verschwörung widersprochen wurde, konterte der *Bemerker*: »Man meldet übrigens, daß Gutzkow, Mundt, Laube, Wienbarg, keine Juden seyen! Aber weß Glaubens sind sie denn?«[338]. Später folgte kommentarlos ein Biogramm Heines, mit nachdrücklicher Erwähnung der jüdischen Herkunft und Konversion zum Protestantismus[339]. Seine »excentrischen Ideen« und seine »aufrührerische unsittliche Schriftstellerei« hätten den Schriftsteller ins »Babylon an der Seine« getrieben, wo Heine privatisiere, während »seine Büchelchen im kleinsten Formate die deutsche Jugend vergiften mußten!«

Diese explizite Behandlung Heines gehört jedoch in der katholisch-theologischen Presse zu den Ausnahmen. Oft wurde er gar nicht erwähnt. Statt dessen wurde vor allem Gutzkow scharf attackiert.

Dieser revanchierte sich alsbald für die »katholischen« Blumen. 1835 hatte sich Joseph Görres mit der Veröffentlichung seines *Athanasius* in die Mischehenfrage und den preußischen Kirchenkonflikt eingeschaltet und ein unglaubliches Echo ausgelöst. Gutzkow ließ sich die Gelegenheit nicht entgehen und konterte 1838 mit seiner Flugschrift *Die rothe Mütze und die Kapu-*

336 Bankhaus Rothschild.
337 Bemerker 1836 Januar 12, Nr. 2, 21 f.
338 Bemerker 1836 Februar 2, Nr. 5, 77.
339 Bemerker 1836 April 8, Nr. 13, 195 f.

ze[340]. Darin warf er Görres vor, sich »gegen den Tag wie gegen die Pest« zu sperren, sich an abgelebte Formen zu hängen und den politischen Konflikt zwischen Staat und Kirche auf religiöse Kategorien zu reduzieren. Auch knüpfte Gutzkow an die Biographie Görres' an und versuchte – »a la Menzel«, wie der *Allgemeine Religions- und Kirchenfreund* ironisch vermerkte[341] –, dessen »Inconsequenz und Unstetheit« nachzuzeichnen. Görres reagierte und überschüttete das »Junge Deutschland« und vor allem Gutzkow mit Schimpf und Spott[342]. In Jarcke besaß Görres eine sichere Stütze[343]. In die Auseinandersetzungen schalteten sich auch katholische Organe mit zahlreichen Artikeln ein. Besonders rührig erwiesen sich die gemeinsam mit anderen durch Görres und Jarcke herausgegebenen *Historisch-Politischen Blätter*. Sie nahmen zwischen 1838 und 1841 in mehreren Beiträgen auf Gutzkow und das »Junge Deutschland« Bezug.

Ein erster Beitrag unter dem Titel »Zeitläufte«[344] vom Januar 1838 sah sich durch die anonyme Broschüre *Die römisch-historische Propaganda, ihre Parthei, Umtriebe und Fortschritte in Deutschland*[345] herausgefordert. Diese Schrift versuchte, den Fall des »Jungen Deutschland« mit dem preußischen Kirchenkonflikt (»Kölner Ereignis«, Mischehenstreit) zu parallelisieren. Das »Junge Deutschland« wurde entlastet und Menzel als Urheber des Streites angeklagt. Ebenso entlastete die Schrift den preußischen Staat und klagte die katholische Propaganda als Hauptverursacher des Kirchenkampfes an. Die *Historisch-Politischen Blätter* erwiderten darauf: »Hier wird dem »jungen Deutschlande« in einer wahrhaft komischen, von großer Verlegenheit zeugenden Weise, Weihrauch gestreut, und kniend Abbitte wegen aller Schmach und Unehre gethan, die man früher, von den

340 Hamburg 1838. Die Schrift wurde am 1. April 1838 von der Berliner Zensur verboten. – Vgl. Allgemeiner Religions- und Kirchenfreund und Kirchenkorrespondent 1839 Januar 15, Nr. 5, 74.
341 Ebd.
342 Vgl. Osinski, Katholizismus 145–151.
343 Der »Athanasius« wurde von der österreichischen Zensur in allen vier Auflagen unbeanstandet erlaubt, während alle Gegenschriften, vor allem aber die Gutzkows, »Damnatur« erhielten (die Zensurhofstelle hatte auf »Erga schedam« plädiert). – Vgl. Marx, Zensur Metternichs 233.
344 HPBl 1 (1838), 121–139. Der Verfasser konnte nicht eruiert werden. – Vgl. Albrecht/Weber, Mitarbeiter 15.
345 Vom Verfasser der Schrift: Der Erzbischof in Köln, seine Principien und Opposition, Leipzig 1838.

bösen Finsterlingen bethört, ihm zuzufügen sich habe hinreissen lassen.« Am Ende der Broschüre hatte es geheißen: »Menzel's Wage sank und sein Literaturblatt ward zur öden Steppe. Als freundliche Oasen traten die kritischen Bestrebungen der jüngsten Zeit, die er dictatorisch vernichten wollte, hervor. Gutzkow, Gans, Kühne, Laube, Marggraff, Mundt, Wienbarg u.s.w. sind die Namen, deren Mehrzahl er unter der Gesamtfirma: Junges Deutschland, gleichsam in der Geburt zu erwürgen strebte. – Aber die seidene Schnur zerriß, und die Geretteten athmen freier und tiefer.« Und der Verfasser in den *Historisch-Politischen Blättern* fügte hinzu: »Diese seidene Schnur wird dann einer andern Parthei mit weit verderblicherer Tendenz, nämlich der ›römisch-hierarchischen Parthei‹ umgelegt, und diese zu erwürgen, ist das Geschäft dieses literarischen Polizei-Sergeanten«[346].

Ein zweiter Beitrag erschien als Verteidigung der *Historisch-Politischen Blätter* unter der Überschrift »Eine Prophezeihung des jungen Deutschlands«[347]. Denn der *Telegraph für Deutschland*[348] hatte einen Artikel über die *Historisch-Politischen Blätter* veröffentlicht und davon gesprochen, daß Görres und seine Anhänger versuchten, im Kirchenstreit Preußen dadurch zu diskreditieren, daß sie es als Bundesgenossen des »Jungen Deutschland« hinstellten. Der *Telegraph* folgerte: »Diesen Dummköpfen wäre nichts lieber, als wenn das ›junge Deutschland‹ eine Rotte von Menschen wäre, die nur deshalb Unsinn triebe, damit jene gegen sie schreiben können. Seitdem das ›junge Deutschland‹ nicht mehr die Weiber emancipiren, die Güter vertheilen, Gott im Himmel abschaffen will, ist den Tugendhelden kein Stiel oder Styl recht; alle ihre schönen Widerlegungsschriften sind in den Wind gerathen. Das ›junge Deutschland‹ will sich nicht bequemen, auf dem Kopf zu stehen, mit den Händen zu laufen, mit den Beinen zu essen, es will sich gar nicht anschicken, mit den Kegeln nach den Kugeln zu schieben, drei mal drei für zehn auszugeben, mit bloßem Kopf über die Marktplätze zu laufen, überhaupt gar nichts Dummes, Gotteslästerliches, Unsittliches und Niederträchtiges zu begehen [...]. An einem schönen Morgen,

346 HPBl 1 (1838), 136–138
347 HPBl 2 (1838), 140–152. Als Verfasser konnte Guido Görres eruiert werden. – Vgl. Albrecht/Weber, Mitarbeiter 15.
348 An ihm war u. a. Gutzkow als Redakteur führend beteiligt. – Vgl. Adler, Geheimberichte 145.

wenn die Lerche jubelt und der Morgenthau recht in die Sonne blinkt, wird es plötzlich heißen: Die Münchner historisch-politischen Blätter sind eingegangen! Sie werden thun als müßten sie den Umständen weichen, während sie nur aus Mangel an Theilnahme sterben werden. Von dem goldenen Vließ, das sie versprochen, wird nichts übrig bleiben, als ein wenig Wolle, die der Wind als Altweibersommer an die gelben, verwelkenden Blätter des Herbstes spielen wird. Sie werden die Zeit, wo die Astern blühen, nicht überdauern«[349]. Guido Görres (1805–1852) konterte in den *Historisch-Politischen Blättern*: »Wenn übrigens das junge Deutschland nicht mehr auf den Händen laufen und mit den Beinen essen will, so wird es sich gewiß selbst am besten dabei befinden. Wenn es ferner Gott im Himmel nicht mehr abschaffen will, so wird derselbe sich sicherlich bei ihm höflichst bedanken, und wenn es überhaupt weiter gar nichts Dummes, Gotteslästerliches, Unsittliches und Niederträchtiges zu begehen gedenkt, so sind das alles sehr löbliche Vorsätze, zu denen wir ihm Glück wünschen. Wird es dabei beharren, so haben wir einige Hoffnung, daß es sich vielleicht auch noch einmal mit den historisch-politischen Blättern aussöhnen wird. Es war vielleicht wohl gar schon eine Ahnung dieser künftigen Freundschaft, die den Verfasser bewog uns am Schlusse seines Artikels einen so schönen Sterbetag zu prophezeihen [...]. Bei diesen frommen und gewiß recht aufrichtigen Wünschen thut uns die kritische Bemerkung leid, daß im alten Deutschland die Lerche nicht zu jubeln pflegt, wenn die Astern blühen, so daß wir also bei unserm Tode dieses Vergnügens entbehren müßten. Allein das wird wohl, wie so manches Andere, im jungen Deutschland auch anders seyn«[350].

1841 schließlich zogen die *Historisch-Politischen Blätter* in einem Artikel »Ueber den Geist der Zerstörung und Erhaltung in unserer Zeit«[351] einen ersten Schlußstrich unter die Vorgänge der zurückliegenden Jahre. Der Autor erinnerte an das »junge Frankreich«, das »junge Italien« und das »junge Deutschland,

---

349 Zit. nach HPBl 2 (1838), 148.
350 Ebd. 151. – Im gleichen Band der Historisch-Politischen Blätter wurde auch »Der Delphin« von Theodor Mund kommentiert. – Vgl. HPBl 2 (1838), 436–440.
351 HPBl 7 (1841), 1–19. Der Autor konnte nicht eruiert werden. – Albrecht/Weber, Mitarbeiter 20.

unter Führung des jungen Israels«, an »Revolution und Destruc-
tion«, an »Barbarei« und »socialen Vandalismus«, an die revo-
lutionären Vorgänge in Spanien und Portugal: »Blicken wir nun
um uns her; welche Miene zeigt am Schlusse des verhängnisvol-
len Jahres 1840 dieß junge Europa?« Im Hinblick auf Deutsch-
land wird ein Zerfall der revolutionären Front konstatiert: »Das
junge Deutschland endlich und seine jüdischen Anführer hatten,
wie bekannt, lustig mit allen Instrumenten aufzuspielen ange-
fangen; sie hatten unter Pauken und Trompeten alle Gleichge-
sinnten zu dem großen Hexentanz eingeladen; die Emancipation
des Fleisches, die Restitution des Teufels in seine Rechte, sollte
gefeiert werden; sie wollten mit den glühenden Sohlen das arme,
alte Deutschland so kahl und nackt tanzen, wie den Gipfel des
Blocksberges, und mitten auf der öden Haide sollte sich ein him-
melhoher Scheiterhaufen erheben, darin dachten sie die ganze
Hinterlassenschaft der Vergangenheit: ihren Glauben, ihr Recht
und ihre Erinnerungen, ihre Geschichte sammt allen Geschicht-
schreibern und allen Geschichtsquellen und Urkunden der ewi-
gen Vernichtung und Vergessenheit preiszugeben. Es fiel aber
bekanntlich nasse, kalte Witterung ein; es kamen schlechte Curs-
notirungen an den großen Börsenplätzen; das junge Israel liebte
so wenig, als das alte, Wechsel auf insolvente Zahler und salvir-
te sich, das junge Deutschland wurde schweigsamer und nach-
denklicher; die Instrumente verstummten, die Hexenmeister
drückten sich, jeder so still er konnte, nach Hause, keiner woll-
te etwas von dem großen Hexentanz wissen oder die Unkosten
zahlen.«

Näher ging der Autor des Beitrags auf die »Israelitischen Ban-
nerführer« ein und spielte auf ein mitabgedrucktes sarkastisches
Sonett auf das »Junge Deutschland« an: »Unsere jungen belle-
tristischen Schweine haben zwar durch die Fluthen, die sie zu
ersäufen drohten, eine Furth gefunden, allein der Muthwill und
die Ausgelassenheit der Jugend ist unserm alternden ›jungen
Deutschland‹ bereits vergangen.« »Nur mit gedämpfter Stimme«
lasse sich hie und da »einer aus dem neubabylonischen Exil« –
gemeint ist Paris – »in der Augsburger Allgemeinen Zeitung ver-
nehmen, wo er als Wirthshausschild seinen doppelten, in einan-
der geschlungenen Triangel« heraushänge. »Seit ihm aber der
Debit im Großen eingestellt ist, beschränkt sich das speculative
Genie auf kleine Railleriewaare, auf die petite malice und die
petite morale, die er in homöopathischen Dosen in gar nied-

lichen, kleinen, eleganten Parfümflacons, wie sie sich für die Toilettentische der Damen passen, mit lächelnder Miene und beringtem Finger herumbietet. Sein radicaler, negativer Zerstörungsgeist kann sich nur durch kleine Nadelstiche befriedigen.«

Auch Gutzkow, dieser jedoch namentlich, wurde noch einmal hergenommen. Eine besondere Pointe der Kritik lag darin, daß Gutzkow nun mit seinen eigenen Waffen geschlagen wurde. Hatte er sich seinerzeit über Brüche in der Biographie Görres' ausgelassen, so warf man ihm selbst jetzt vor, sich vom einst verbotenen Revolutionär zum preußischen Speichellecker, zum »soliden Hofbühnendichter« gemausert zu haben. Gleichzeitig wandten sich die *Historisch-Politischen Blätter* jedoch gegen jeden voreiligen Rückzug. Der »Kampf« gehe überall weiter, »weil die zerstörenden Principien der Revolution zwar für den Augenblick von der Oberfläche in die Tiefe zurückgedrängt« seien, aber »nur mit einer gründlichen Aenderung der Ueberzeugung ihre verderbliche Kraft« verlören. Vor allem Österreich wurde aufgefordert, sich nicht von Deutschland abzusondern, sondern im Bund eifrig gegen die Revolution zu wirken, da es unmöglich sei, »durch einen Gränzcordon sich vor den bösen Einflüssen des Zeitgeistes zu wahren, die ihm mit der Luft von den stammverwandten deutschen Ländern herüberwehen«. Kein Wunder, wenn angesichts solcher Sätze der Kirche vorgeworfen wurde, »es bestehe ein schwarzer Bund der Kirche und des Staates zur Unterdrückung der Volksfreiheit und des Volksglückes«[352].

*b) Eine zweite Indizierung: Die »Neuen Gedichte« (1845)*

Wurde Gutzkow in Deutschland von katholischer Seite auch heftig attackiert, so bestand er dies (kirchenrechtlich) unbeschadet – in Rom endete er auf keiner Indexliste. Dagegen kam es 1845 zu einer zweiten Indizierung Heinrich Heines, und wieder kam die Anzeige aus Wien. Dieses Mal ging es um die im Vorjahr erschienenen *Neuen Gedichte*. Im Unterschied zu 1836 verlief 1845 jedoch alles in »normalen« Bahnen. Der nunmehrige Wie-

---

352 So zitiert in einem Artikel unter der Überschrift »Gegner der katholischen Kirche« im Allgemeinen Religions- und Kirchenfreund 1841 März 5, Nr. 19, 110–112, hier 111.

ner Nuntius Ludovico Altieri (1805–1867)[353] war offenbar durch die Indizierung Heines im Jahr 1836 so sensibilisiert, daß er die *Neuen Gedichte* selbst in Rom anzeigte. Am 15. November 1844 richtete er ein direktes Schreiben an den Präfekten der Indexkongregation. Dort hatte nach dem Tod Giustinianis seit einem Jahr der gelehrte Kardinal Angelo Mai (1782–1854) das »Steuer« übernommen. Mai war als Palimpsestforscher und glücklicher Finder antiker Handschriften berühmt geworden[354].

Offenbar nahm Altieri seine Aufgabe sehr ernst, denn er schickte im November 1844 zum wiederholten Male Bücher nach Rom[355]. In seinem Begleitbrief schrieb er: »Diejenigen Werke, die in Roman- oder Gedichtform erscheinen, verursachen größeren Schaden, weil sie mit größerer Begierde gesucht und gelesen werden. Dazu gehören ›Der Proselyt‹ genannte Roman (dessen letzter Band noch nicht erschienen ist), die in Versform geschriebenen Geschichten über Savonarola[356] und

353 1826 nach Paris gesandt, von Gregor XVI. zum 1. Geheimkämmerer, Mundschenk und schließlich Sekretär der Studienkongregation ernannt. Ab 17. Juli 1836 Nuntius in Wien und Titular-Erzbischof von Ephesus. 1840 heimlich zum Kardinal *in petto* ernannt. Ein außerordentlich geschickter Vermittler zwischen Gregor XVI. und Metternich. Nachdem er 1845 öffentlich zum Kardinal ernannt worden war, kehrte er nach Rom zurück. 1848 eröffnete er im Namen des Papstes das gewählte römische Parlament. Nach der Flucht aus Rom und der Rückkehr wurde Altieri 1849 Mitglied der mit der Umorganisation des Kirchenstaates beauftragten Kardinalskommission. Er versuchte, die Maßnahmen gegen die römischen Revolutionäre abzuschwächen. In den 50er Jahren Präfekt der Indexkongregation. 1857 wurde er zum Camerlengo ernannt und erhielt unter anderem das suburbikarische Bistum Albano, wo er 1867 starb. – Zu ihm Richard, Altieri. – Zu den Nuntien in Wien vgl. De Marchi, Nunziature 46 f.
354 Von 1799 bis 1819 Mitglied des Jesuitenordens, 1808 Priesterweihe. Nach umfangreichen paläographischen Studien wurde Mai 1813 Scriptor an der Ambrosiana, 1819 bis 1838 Präfekt der Vaticana, 1833 Präfekt der Propagandakongregation, 1838 Kardinal. Er entdeckte Hunderte von unedierten Schriften von Klassikern und Kirchenvätern. – Zu ihm Fatouros, Mai.
355 Während Ostini an der Denunziation von Büchern und Theologen im allgemeinen kein größeres Interesse zeigte (um so schwerer wiegt die Anklage gegen das »Junge Deutschland«!), denunzierte Altieri eifrig. – Zur Rolle der Nuntiaturen und der unterschiedlichen Handhabung vgl. die Bemerkungen bei Schwedt, Urteil 36, Anm. 21.
356 Opere inedite di Fra Girolamo Savonarola, vel alio titulo: Libri cinque dell'Italia, 2 vol. – Sie wurden 1835 anonym von Niccolò Tommasèo, einem Freund Rosminis, herausgegeben und 1837 indiziert. – Vgl. Reusch, Index II 1135.

die ›Albigenser[357]‹ sowie die ›Neuen Gedichte‹ des berühmt-berüchtigten Heine (›il famoso Heine‹). Besonders in letzterem finden sich widerwärtige Gottlosigkeiten«[358].

Trotz dieser klaren Worte des Nuntius dauerte es acht Monate, bis Heines neue Publikation in der Indexkongregation beraten wurde. Zum Relator wurde der Jesuit Augustinus De la Croix (1791–1873)[359] bestimmt, obwohl sich aufgrund ihrer deutschen Sprachkenntnis auch der aus Graubünden stammende Konsultor Johann Florian Decurtins (1804–1873)[360] und der Südtiroler Albuin Maria Patscheider (1804–1881)[361] angeboten hätten[362]. De la Croix brachte die zur Beurteilung der deutschsprachigen

357 Nicolaus Lenau, Die Albigenser (vgl. oben). – Das Werk wurde am 30. September 1845 indiziert. – Vgl. Hilgers, Index 463.

358 15. November 1844 Nuntius Wien an Präfekt der Indexkongregation. Indexarchiv IIa 114 fol. 646 f. – Abgedr. in der Dokumentation des vorliegenden Bandes (Nr. 7).

359 1829 Ökonom des Collegium Germanicum in Rom, 1844 dessen Rektor. – Zu ihm Sammlung Schwedt, Limburg. – Persönliche Erinnerungen an De la Croix im Germanicum bei Franz Hettinger, Aus Welt und Kirche. Bilder und Skizzen, Bd. 1: Rom und Italien, Freiburg i. Br. ⁶1911, 76–80. – Im Zusammenhang mit der Mainzer Bischofswahl von 1849/50 erstellte u. a. Augustin Theiner ein Indexgutachten zu Leopold Schmid. In einem Brief an Reisach bestellt er diesem auch Grüße von »P. Lacroix«. Rivinius identifizierte diesen fälschlicherweise als Xavier Lacroix de Ravignan SJ (1795–1858) und verbreitete sich über Theiners Jesuitengegnerschaft. – Vgl. Rivinius, Vorgänge, hier 296.

360 Nach Studien am Jesuitenkolleg in Sitten sowie am Propagandakolleg in Rom erhielt Decurtins 1827 die Priesterweihe. Zunächst Aushilfsseelsorger und Kaplan bei der Schweizer Garde in Rom wurde er 1832 an der Sapienza zum Dr. theol. promoviert und 1834 Agent für die Graubündner Stände beim Heiligen Stuhl. 1836 auch Dr. iur. utr. Seit 1842 Konsultor der Indexkongregation, 1861 Dompropst in Chur sowie Apostolischer Protonotar. – Zu ihm Sammlung Schwedt, Limburg.

361 Nach Studien am bischöflichen Priesterseminar in Brixen 1824 Eintritt bei den Serviten in Innsbruck, dort auch zum Dr. theol. promoviert und zum Priester geweiht. 1836–1841 Provinzial der Südtiroler Ordensprovinz, 1841–1847 Generalprokurator des Ordens in Rom. Seit 1842 Konsultor der Indexkongregation, 1847 Konsultor der Kongregation für die außerordentlichen Angelegenheiten, 1853 Konsultor der Vorbereitungskommission des Mariendogmas. Von 1847 bis 1853 und 1868 bis 1881 war Patscheider auch Confessarius des Apostolischen Palastes. – Zu ihm Sammlung Schwedt, Limburg.

362 Der poetisch veranlagte Konsultor Giovanni Battista Rosani – er schrieb verschiedene Hymnen, Oden, Carmina und Gedichte – besaß hingegen keine ausreichenden Deutschkenntnisse; auch kam es bei der Begutachtung der Neuen Gedichte Heines nicht auf dessen schriftstellerische Befähigung, sondern auf die Inhalte an.

Gedichte Heines nötige Sprachkenntnis mit. In Belgien geboren, hatte er in Deutschland studiert und in den Jahren 1820 und 1821 als Missionar in den »Nordischen Missionen« in Hamburg gelebt. Vielleicht gab dies den Ausschlag dafür, daß er als Gutachter Patscheider und Decurtins vorgezogen wurde. Seit April 1838 wirkte De la Croix als Konsultor für die Indexkongregation, wo er unter anderem für mehrere deutsche Werke Voten schrieb. Obwohl gerade im religiösen Bereich von maßvollem Urteil und gegenüber allem »Überspannten« distanziert, nahm De la Croix allem Neuen gegenüber eine reservierte Haltung ein: »Alles Überstürzen, alles Gewaltsame war ihm vom Übel; wiederholt warnte er vor den vielen neuen Andachten, die man namentlich von Frankreich her einzuführen suchte; er betonte, daß man das erprobte Alte pflegen, nicht aber nach Weiberart immer nach Neuem trachten solle [...]. Dabei war sein unerschütterlicher Grundsatz: Das Gute wächst im Stillen und ohne Geräusch«[363].

Während Heines Schriften 1836 äußerst intensiv begutachtet und analysiert worden waren, nimmt sich das von De la Croix vorgelegte Gutachten von 1845[364] – sofern es überhaupt als solches bezeichnet werden kann – äußerst »mager« aus. De la Croix behandelte die *Neuen Gedichte* als Appendix zu einem umfangreicheren Gutachten, das er über die Schrift *Rom und die Humanität*[365] für dieselbe Sitzung anzufertigen hatte. Woran dies lag, ob an der deutschen Sprache der Gedichte, ob an der ohnehin bestehenden staatlichen Ächtung Heines in den deutschen Staaten, ob an der bereits früher erfolgten Indizierung des Autors, ist nicht eindeutig auszumachen. Vielleicht verstand De la Croix eine erneute Indizierung Heines lediglich im Sinne eines stringenten Handelns der eigenen Behörde. Im Urteil von De la Croix reichten jedenfalls zwei vermeintlich gotteslästerliche Gedichte im dritten Teil aus[366], um das ganze Werk indizieren zu lassen.

363 Hettinger, Welt 77.
364 o. D. Indexarchiv IIa 114 fol. 642 f. – Abgedr. in der Dokumentation des vorliegenden Bandes (Nr. 8).
365 E. Matthäi, Rom und die Humanität oder der gegenwärtige Kampf in Schlesien, Leipzig 1844. – Das Werk wurde zusammen mit den Schriften Heines am 22. September 1836 indiziert. – Vgl. Hilgers, Index 461.
366 Gemeint ist eine Stelle aus Heine, Deutschland. Ein Wintermärchen, HS IV, 605.

Die Konsultorenversammlung fand am Donnerstag, den 24. Juli 1845, im Konvent von Santa Maria sopra Minerva statt. An ihr nahmen neben Sekretär Degola und dem Magister Sacri Palatii die Konsultoren Giovanni Battista Rosani (1787–1862)[367], Bighi, Decurtins, Secchi-Murro, De la Croix, Patscheider, Francesco M. Cirino (1813–1892)[368], Juan Genis (+ 1856)[369], Benigno da Vallebuona (+ 1860)[370], Giacinto M. Giuseppe De Ferrari

367 Studium und Eintritt in den Piaristenorden, 1808–1820 Lektor für Rhetorik in Ragusa (Dalmatien). 1820–1825 Professor für Humaniora im Collegio Nazareno in Rom, 1825–1836 Professor für Eloquenz. Mitglied verschiedener Akademien, 1830–1836 Generalprokurator des Piaristenordens in Rom, 1836–1842 Generaloberer, 1842–1844 Generalvikar des Ordens. Seit 1838 Konsultor und Hymnograph der Ritenkongregation, 1843 Konsultor der Indexkongregation und Mitglied des Collegio filosofico der Sapienza, Promotion zum Dr. theol. durch päpstliches Breve. 1844 Titularbischof von Eritrea und Präsident der Pont. Accademia di Religione Cattolica. 1848 Konsultor des Heiligen Offiz und 1851 Konsultor der Vorbereitungskommission des Mariendogmas. – Zu ihm Sammlung Schwedt, Limburg.

368 Aus vornehmer sizilianischer Familie stammend, war Cirino zunächst für die Militärlaufbahn vorgesehen. Zwei seiner Brüder wurden bedeutende Juristen, ein weiterer Bruder, Giovanni Cirino (1805–1896), 1869 Weihbischof und Generalvikar von Palermo. Francesco Cirino studierte – noch als Laie – Literatur und Philosophie, trat 1830 in den Theatinerorden ein, legte 1832 seine feierliche Profeß ab und promovierte zum Dr. theol. 1842 wurde er Konsultor der Indexkongregation, 1853 der Ritenkongregation. Im selben Jahr auch Mitglied der Accademia di Religione Cattolica und 1859 deren Sekretär. Auch im Orden nahm er verschiedene Ämter wahr: Seit 1853 Generalprokurator, von 1859 bis 1886 Generaloberer. 1860 lehnte Cirino die Ernennung zum Bischof von Agrigent ab und lebte von 1870 an zurückgezogen in Frascati. – Zu ihm Sammlung Schwedt, Limburg.

369 Aus Catalonien stammend, trat Genis in den Dominikanerorden ein, wurde Dozent für Philosophie und Theologie sowie Provinzial des Ordens in Barcelona und Professor (Rektor) der Universität Orihuela (Spanien). 1835 wanderte er wegen Klosteraufhebungen in Spanien nach Rom aus und wurde Regens des Ordenskollegs Bologna sowie Theologus der Bibliotheca Casanatensis in Rom. 1838 Generalkommissar für den spanischen Ordenszweig und später Regens am Ordenskolleg S. Tommaso (Minerva) in Rom. Für die Kurie wurde er 1841 Konsultor der Indexkongregation und 1846 Qualifikator des Heiligen Offiz. – Zu ihm Sammlung Schwedt, Limburg.

370 Aus Vallebona bei Bordighera (Ligurien) stammend, trat er nach der Revolution bei den Reformierten Konventualen von Cimiez ein und wurde als Prediger in vielen Städten Italiens bekannt. 1838 kam er als Generaldefinitor des Ordens nach Rom und protegierte bei der Ordensleitung den von Lambruschini verklagten Franziskaner P. Giulio da Bergamo, den späteren Bischof Arrigoni. 1843 wurde er Mitglied der Accademia di Religione Cattolica sowie Konsultor der Indexkongregation und der Propagandakongregation. – Zu ihm Sammlung Schwedt, Limburg.

(1804–1874)[371] und Gioacchino Meli (+1849)[372] teil. Alle besprochenen Bücher, auch Heines *Neue Gedichte,* wurden der Indizierung für würdig erklärt[373]. Dem schloß sich die Kardinalsplenaria an, die am 1. August im Apostolischen Palast zusammentrat und an der neben Sekretär und Präfekt die Kardinäle Pietro Ostini[374], Polidori, Ambrogio Bianchi (1771–1856)[375], Antonio Francesco Orioli (1778–1852)[376], Mezzofanti und Carlo-Gennaro-Edoardo Acton (1803–1847)[377] teilnahmen. In dem Bericht,

371 Als Sohn wohlhabender Geschäftsleute trat De Ferrari 1821 in La Quercia (Viterbo) in den Dominikanerorden ein. 1837 wurde er zum Priester geweiht, im darauffolgenden Jahr Bibliothecarius Casanatensis in Rom sowie Dozent für Theologie in Viterbo, Civitavecchia und Rom (Minerva), 1840 Mitglied der Accademia di Religione Cattolica. 1847 zum Generalvisitator für die Ordensprovinz Sizilien ernannt. Für die Kurie übernahm er vielfältige Aufgaben: 1843 wurde er Konsultor der Indexkongregation, 1850 Konsultor einer Spezialkongregation zur Revision der Provinzialkonzilien, 1851 Kommissar des Heiligen Offiz. 1870 wurde er als Kommissar entbunden, wurde jedoch – obwohl er aufgrund seiner Lähmung an den Rollstuhl gefesselt war – Konsultor des Heiligen Offiz. De Ferrari war auch Konsultor der Vorbereitungskommissionen für das Mariendogma, für den Syllabus und das Vatikanische Konzil. Als Vertreter eines konsequenten Thomismus war er scharfer Gegner des Mariendogmas von 1854 und der Jesuiten. – Zu ihm Sammlung Schwedt, Limburg.
372 Aus dem Orden der Minderen Regularkleriker, für die er von 1838 bis 1840 Generalprokurator, von 1840 bis 1846 Generalsuperior in Rom war. Seit 1843 Konsultor der Indexkongregation. – Zu ihm Sammlung Schwedt, Limburg.
373 Indexarchiv IIa 114 fol. 637. – Abgedr. in der Dokumentation des vorliegenden Bandes (Nr. 9).
374 Zu ihm vgl. oben.
375 1787 Eintritt in den Kamaldulenserorden, nach den Studien (zum Teil in Rom) Lektor für Philosophie und Theologie u. a. im Seminar von Fabriano. Nach 1810 lebte Bianchi in der Abtei S. Gregorio (Rom), war von 1821 bis 1824 Abt von San Biagio di Fabriano, 1824 bis 1828 von Fonte Avellana und von 1828 bis 1839 von San Gregorio. 1828 wurde Bianchi auch für kuriale Aufgaben herangezogen: seit Dezember 1828 als Konsultor der Kongregation für die außerordentlichen Angelegenheiten, seit 1831 als Konsultor des Heiligen Offiz. 1832 wurde er Examinator für die Bischöfe in der Theologie, 1833 Konsultor der Congregatio super disciplina regulari. Von 1833 bis 1835 war Bianchi Vikar des Generalabtes Kardinal Zurla, von 1835 bis 1856 Generalabt, seit 1838 Mitglied des Collegio teologico der Sapienza. Im Juli 1839 erhielt er den Kardinalshut und wurde zugleich Mitglied in der Indexkongregation, der Konzilskongregation, der Ritenkongregation und der Kongregation für die Bischöfe. Im November folgte die Mitgliedschaft im Heiligen Offizium und im Mai 1841 in der Kongregation für die Außerordentlichen Angelegenheiten, seit Juli 1840 war Bianchi Präfekt der Congregatio super disciplina regulari. – Zu ihm Sammlung Schwedt, Limburg.

der dem Papst vorgelegt wurde, hieß es über Heines *Neue Gedich-*
*te:* »Seine Eminenz, Herr Kardinal Altieri, der oben genanntes
Buch aus Wien übersandte, schrieb, daß es ›ekelerregende Gott-
losigkeiten enthält‹. In der Tat ist im dritten Teil ein ›Gesang über
die Schöpfung‹ zu lesen, in dem Gott, seine Allmacht, lächerlich
gemacht wird ... und in Kapitel 13 auf Seite 338 liest man
schreckliche Lästerungen über den zur Rettung des Menschen-
geschlechtes am Kreuz gestorbenen Christus. Der erste und der
zweite Teil enthalten Liebesdichtungen, die nicht direkt obszön
sind, ˙aber bei der Jugend unzüchtige Leidenschaften erregen

376 1793 Ablegung der Ordensprofeß bei den Konventualen und Theologie-
studium an Ordenskollegien in Bologna und Parma, seit 1804 am Collegio
S. Bonaventura in Rom. 1806 Lektor des Kirchenrechts am Collegio, 1807
Regens des Ordenskollegs in Città di Castello, 1808 wieder Lektor des Kir-
chenrechts am Collegio S. Bonaventura. Von 1809 bis 1812 begleitete er den
nach Frankreich (Fort Montmédy/Verdun) exilierten Ordensgeneral Giuseppe
M. de Bonis und war anschließend Hauslehrer der Familie Litta-Modigiani in
Mailand. 1817 kehrte Orioli als Lektor für Kirchenrecht ans Collegio S. Bona-
ventura nach Rom zurück und versah von 1818 bis 1832 auch das Amt des
Regens. 1819 wurde Orioli Mitglied, 1823 Sekretär der Accademia di Religio-
ne Cattolica, 1820 Konsultor der Indexkongregation und 1828 Esaminator der
Bischöfe in Theologie. 1832 Generalvikar der Konventualen, 1833 Bischof von
Orvieto und 1838 Kardinal. Als solcher war Orioli Mitglied in verschiedenen
Kongregationen, 1841 rückte er auch in das Heilige Offizium ein, 1842 in die
Indexkongregation. 1848 arbeitete Orioli in der Spezialkommission für die
Verfassungsreform mit und war Prostaatssekretär und Präsident des Minister-
rates. Im November 1848 mußte er nach Gaeta fliehen, wo er Mitglied der
Kommission für das Immaculata-Dogma wurde. – Zu ihm Sammlung
Schwedt, Limburg.
377 Stammte aus der katholischen Familie der Barone Acton, die wegen ihrer
Anhängerschaft an die Stuarts immer auf der Flucht waren und von denen
sich ein Zweig im 18. Jahrhundert in Neapel niederließ. Der Vater war Primo
Ministro König Ferdinand IV. Carlo studierte ab 1811 in verschiedenen angli-
kanischen Colleges in England, von 1819 bis 1823 in Cambridge und ab 1823
in Rom (Pont. Accademia dei Nobili Ecclesiastici). Von 1828 bis 1830 war
Acton Sekretär von Nuntius Lambruschini in Paris, bis 1831 päpstlicher Vize-
legat in Bologna und anschließend in der Kurie tätig (März 1830 Referendar
in der Signatur, Auditor der Apostolischen Kammer, Sekretär der Congregatio
super disciplina regulari. 1839 der Kongregation für die außerordentlichen
Angelegenheiten und der Ritenkongregation, Mitglied der Accademia di Reli-
gione Cattolica. 1840 Konsultor des Heiligen Offiz, 1842 Kardinal und zugleich
Mitglied der Indexkongregation, Präfekt der Congregatio super disciplina
regulari. Als Kardinal war Acton 1845 Übersetzer und einziger Zeuge der
Begegnung zwischen Gregor XVI. und Zar Nikolaus I. Ab 1840 erzielte er wich-
tige Erfolge für die Restaurierung der katholischen Hierarchie in England. – Zu
ihm Sammlung Schwedt, Limburg.

könnten«[378]. Damit hatte man fast wörtlich die Kurzzensur des Relators übernommen. Eine Woche später wurde das Dekret ausgefertigt, am 11. August unterschrieben, in die Druckerei gegeben und anschließend öffentlich bekanntgemacht[379].

## V. Resümee

1. In der hier vorgelegten Rekonstruktion des Indizierungsverfahrens gegen Heinrich Heine im Jahr 1836 konnte die enge Verflechtung von staatlichen und kirchlichen Interessen eruiert und damit einmal mehr der große Einfluß Metternichs auf die Politik Gregors XVI. belegt werden. Während für Metternich beim Kölner Mischehenstreit, dem Hermesianismus und beim Deutschkatholizismus religiöse Angelegenheiten politischen Charakter erhielten, war im Fall Heines gerade das Umgekehrte der Fall: Die politische Angelegenheit wurde mit der Überstellung des Bundestagsbeschlusses nach Rom und der darauf erfolgten Indizierung zur religiösen »Affäre«. Ebenfalls konnte gezeigt werden, daß auch Rom – zumindest im Vormärz – vornehmlich politische Interessen hatte. Kardinalstaatssekretär Lambruschini reagierte zunächst politisch, mit (besorgtem) Blick auf den (ohnehin gefährdeten) Kirchenstaat. Erst von dieser politischen Motivation her versteht man die »theologische«, lehramtliche Reaktion.

2. Das außergewöhnliche Interesse der römischen Kurie an Heine zeigte sich 1836 in der Verurteilung von gleich drei seiner Schriften. In Rom versuchte man bei der Auswahl der Relatoren, Heine von allen »Seiten«, d. h. aus den unterschiedlichen theologischen Disziplinen, zu beleuchten. Selbstredend waren die Gutachten so gut wie ihre Verfasser; diese brachten ein spezifisch geformtes Vorverständnis mit. Eine Würdigung der Schriften Heines konnte ebensowenig

---

378 Indexarchiv IIa 114 fol. 632–34. – Abgedr. in der Dokumentation des vorliegenden Bandes (Nr. 10).
379 Dekret in Plakatform gedruckt. Ein Exemplar im Indexarchiv IIa 112 fol. 630. – Abgedr. in der Dokumentation des vorliegenden Bandes (Nr. 11). – Die in demselben Dekret verurteilten Werke bei Hilgers, Index 463.

erwartet werden wie eine intensivere Beschäftigung mit seiner Religions- und Kirchenkritik.

3. Ein Vergleich zwischen dem ersten Indizierungsverfahren von 1836 und dem zweiten von 1845 läßt interessante Unterschiede erkennen. Der politische Einfluß Metternichs fehlte 1845 völlig; diesmal handelte der Wiener Nuntius aus eigenem Antrieb. Für eine apolitische Indizierung 1845 spricht, daß sich der Nuntius nicht an den Kardinalstaatssekretär (also die politische Instanz), sondern direkt an den Präfekten der Indexkongregation wandte, sowie die religiöse und moralische Begründung im Gutachten von De la Croix.

4. Deutlich wurde, daß bei dem Verfahren von 1836 nicht allein die Initiative Metternichs zur Indizierung führte, denn immerhin blieben die anderen jungdeutschen Schriftsteller von der römischen Indexkongregation unbehelligt. Eine wesentliche Rolle spielte vor allem der Umstand, daß Heines Schriften in französischer Sprache veröffentlicht worden waren. Nur deshalb kam es zur Indizierung, deshalb beschäftigte man sich so intensiv mit ihnen. Die zweite Indizierung der deutschsprachigen *Neuen Gedichte* war eher routinemäßig durchgeführt, eigentlich völlig marginal, und kam nur deshalb zustande, weil der Nuntius denunzierte und mit De la Croix ein deutschsprachiger Konsultor in der Indexkongregation saß.

5. Ein Vergleich von staatlicher und kirchlicher Zensur schließlich weist auf enorme Unterschiede in der jeweiligen Praxis hin. Während beim Staat die Vorgänge eher undurchsichtig waren, die Geheimdiplomatie eine große Rolle spielte, die Gegner des Bundestagsverbots überrumpelt und die zuständige Kommission ausgeschaltet wurde, bestand in Rom durch die klare Verfahrensordnung »Sollicita ac provida«, die auch eingehalten wurde, eine große Transparenz des Verfahrens. Heine erhielt – bei aller Voreingenommenheit der Auftraggeber, Gutachter und Beschließenden – einen zumindest formal fairen Prozeß. Damit ging die kirchliche Zensur weitaus verantwortungsvoller mit Heines Schriften um, als die deutschen Bundesstaaten es mit ihrem Beschluß vom 10. Dezember 1835 getan hatten.

# Das »politische« Indexverfahren 1835/36

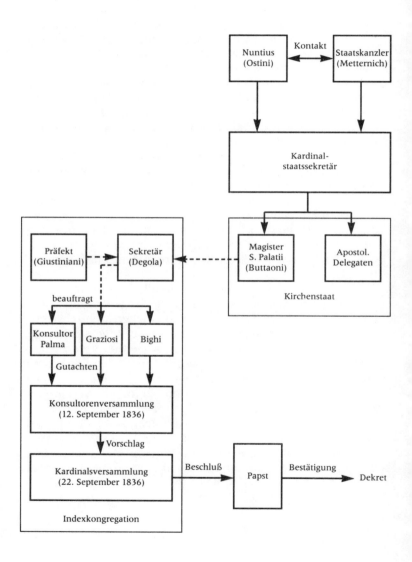

# Das »reguläre« Indexverfahren 1844/45

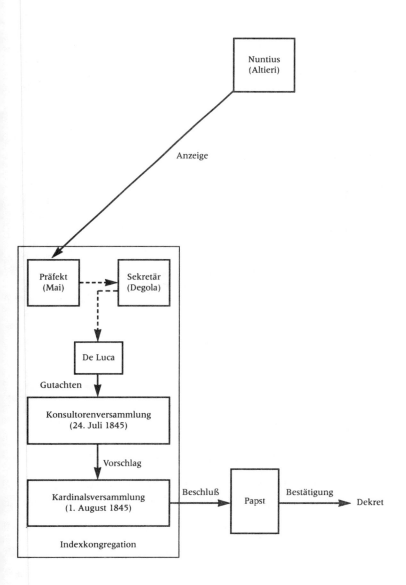

# B. Dokumentation der Indexverfahren

Im folgenden werden die Prozeßakten der Heine-Indizierungen von 1836 und 1845 aus dem Archiv der Indexkongregation ediert. Die Dokumente tragen die fortlaufenden Nummern 1 bis 11. Alle Dokumente liegen in Pergament gebunden vor. Die Anmerkungen in den Originaltexten beziehen sich auf Editorisches, während kommentierende Anmerkungen in der deutschen Übersetzung zu finden sind.

Die Edition der Texte folgt dem Grundsatz der buchstabengetreuen Wiedergabe. So wurden auch unterschiedliche Schreibweisen eines Wortes (z. B. »Alemagna« neben »Allemagna« oder »Sagra« neben »Sacra«) beibehalten. Jedoch wurden Orthographiefehler stillschweigend korrigiert, Abkürzungen dort, wo dies angebracht schien, aufgelöst und die hinzugefügten Buchstaben durch [ ] kenntlich gemacht; dadurch kam es, beispielsweise durch den Wegfall der zur Kennzeichnung nichtgeschriebener Buchstaben verwendeten Tilde, zu geringfügigen Veränderungen der Kurzformen.

Die Ziffern in runden Klammern bezeichnen die Seitenzählung des Originals. Zitate aus Heines Werken sind – in Abweichung vom Original – kursiv gesetzt, die im Original hervorgehobenen Wörter bzw. Passagen hingegen fettgedruckt.

## I. Geheimgutachten zum Indexverfahren von 1836

### 1. *Palma zu: Heinrich Heine, De l'Allemagne*

*Verfaßt von Giovanni Battista Palma, Konsultor der Indexkongregation*
*Druck [Rom] o. D. [August 1836]*
*Archiv der Glaubenskongregation: Archiv der Indexkongregation II$^a$–112: Rev[erendus] P[ater] Degola Secr[etarius]. Acta Congr[egationis] An[ni] 1836–1838 30 Julii*
*fol. 256-258*[1]

---

1 Am Rand handschriftlich mit Tinte: »Prohibeatur«.

Eminentissimi e Reverendissimi Signori

Il R[everendissi]mo P[adre] Segretario della Congregazione dell'Indice mi ha fatto il grande onore di commettermi la revisione di due tomi delle opere di Henri Heine, cioè il 5. ed il 6., e sono iscritti **De l'Allemagne.**

Io credo che l'intenzione del P[adre] R[everendissi]mo sia stata non già di conoscere se detti libri contengono cattiva dottrina, e vi sia ragione di condannarli, ma bensì di sapere a qual segno siano perversi, e se vi sia modo di classificarne la pravità. Nè penso che egli abbia voluto che si dimostri con un ragionato discorso esservi motivo di proscriverne la lezione. Basta sapere che non si può prendere a vilipendio il nome di Dio, e di Cristo, che non si può detrarre della Chiesa Cattolica, e di tutte le cose Sagre, che non è lecito prorompere in enfatici encomi dei primi nemici della Religione, e del costume appunto perchè tali, che non si può eccitare i popoli alla rivoluzione, o proporla come l'epoca della comune redenzione per conoscere subito se l'Allemagna di Heine debba essere proscritta.

Mi limiterò adunque a far notare alcuni tratti dell'opera, i quali mostreranno quale sia lo spirito della medesima, e quale sia il complesso delle massime che in essa si trovano non solo sparse ma vivamente ancora decantate. L'opera è ripiena di vivezza e di Spirito, e lo stile Francese in cui certo originariamente è scritta non sembra che possa essere più energico. Ma ciò è appunto un nuovo titolo perchè l'opera sia più pericolosa, e seducente.

La lettera di dedica a **Prosper Enfantin** esprime l'oggetto dell'opera, cioè di dimostrare *la marche des idées en Allemagne dans ces derniers temps, et les rapports qui rattachent le mouvement intellectuel de ce pays à la synthèse de la doctrine.* In questi pochi termini l'autore si apre la strada al più grande eloggio e di Lutero, e della Riforma, a diffondere il panteismo, il razionalismo, e l'incredulità totale. La prefazione è tutta in discredito della Religione Cattolica: Nella prima parte dopo che il Cristianesimo è stato posto in lunga derisione, si viene agli Encomi di Lutero: pag. 46.

(2) *Il se trouvait un homme, qui, j'en suis sûr, ne songeait pas à lui, mais aux intérêts divins qu'il allait défendre. Cet homme était Martin Luther, ce pauvre moine, que la providence avait choisi pour briser cette grande puissance de Rome, contre laquelle les plus vaillants Empereurs, et les philosophes les plus hardis étaient venus échouer. Mais la providence sait très bien sur quelles épaules elle dépose ses fardeaux.* Si raccontano i disordini in quell'epoca avvenuti, si narrano come dovuti i disprezzi che Lutero commise verso la S. Sede, ed a lui, ed alla riforma operata da lui si attribuiscono i progressi che la filosofia, e le arti han potuto fare in Allemagna.

Percorrendo quindi l'epoca del movimento religioso in Germania, molte cose si dicono del tempo in cui abandonata la influenza di Roma, prevalse colà il Panteismo (pag. 104). *L'Allemagne est à présent la terre fertile du panthéisme: cette religion est celle de nos plus grands penseurs, de nos meilleurs artistes, et le déisme comme je le raconterai plus tard, y est détruit en theorie. On ne le dit pas, mais chacun le sait. Le panthéisme est le secret public de l'Allemagne. Dans le fait, nous sommes trop grandis pour le déisme. Nous sommes libres et ne voulons point de despote tonnant; nous sommes majeurs et n'avons plus besoin de soins paternels, nous ne sommes pas non plus les œuvres d'un grand mécanicien: le déisme est une religion bonne pour des esclaves, pour des enfants, pour des Genevois, pour des horlogers.*

In fatti passando poi al deismo il Sig. Heine per omettere le altre cose che ne dice, alla pag. 141 fa menzione della **Critique de la Raison Pure** di Emmanuele Kant, che comparve nel 1781 in Koenigsberg. Con questo libro, dice egli, cominciò in Allemagna una rivoluzione intellettuale, che appresta la più curiosa analogìa colla rivoluzione politica di Francia, e non deve sembrare meno importante a chi sa giustamente riflettere: Si sviluppa, ei soggiunge, con fasi eguali, ed esiste tra le due rivoluzioni il parallelismo il più rimarchevole. La medesima rottura risguardo al passato nell'uno e l'altro lato del Reno.

*On refuse tout respect à la tradition: en France tout droit, en Allemagne toute pensée est mis en accusation et forcé de se justifier. Ici tombe la royauté, clef de voûte du vieil édifice social; là-bas le déisme, clef de l'ancien régime intellectuel. Cette catastrophe, ce 21 janvier du déisme, nous en parlerons dans la troisième partie. Un effroi respectueux, une mystérieuse piété ne nous permettent pas d'écrire aujourd'hui d'avantage.* E per mostrare come il Sig. Heine scherzi, e si faccia beffe in affare gravissimo, e per indicare al tempo

(3) istesso dall'epilogo che egli ne fa, qual sia tutto il tessuto dei suoi discorsi risguardo a Dio, non può non essere utile il riportare il passo seguente: *Notre cœur est plein d'un frémissement de compassion … car c'est le vieux Jehovah lui-même qui se prépare à la mort. Nous l'avons si bien connu, depuis son berceau en Egypte où il fut élevé parmi les veaux et les crocodiles divins, les oignons, les ibis, et les chats sacrés … Nous l'avons vu dire adieu à ces compagnons d'enfance, aux obélisques et aux sphinx du Nil, puis en Palestine devenir un petit Dieu-roi chez un pauvre peuple de pasteurs … Nous le vîmes plus tard en contact avec la civilisation assyro-babylonienne; il renonça alors à ses passions par trop humaines, s'abstint de vomir la colère et la vengeance, du moins ne tonna-t-il plus pour la moindre vétille … Nous le vîmes émigrer à Rome, la capitale, où il abjura toute espèce de préjugés nationaux, et proclama l'égalité céleste de tous les peuples;*

*il fit, avec ces belles phrases, de l'opposition contre le vieux Jupiter, et intri-*
*gua tant qu'il arriva au pouvoir, et du haut du Capitole gouverna la ville et*
*le monde URBEM ET ORBEM ... Nous l'avons vu s'épurer, se spiritualiser*
*encore davantage, devenir paternel, miséricordieux, bienfaiteur du genre*
*humain, philanthrope... Rien n'a pu le sauver! ... N'entendez-vous pas*
*résonner la clochette? A genoux ... On porte les sacrements à un Dieu qui se*
*meurt.*

Dopo quest'empia irrisione l'autore impiega potrei dire tutta la
terza parte dell'opera a mostrare che Dio non esiste, o a concludere
che il mondo tutto è Dio. Solamente per rispetto alla opinione popo-
lare sembra che l'autore voglia concedere qualche volta che se Dio
teoricamente non esiste, sia opportuno però non negarlo pratica-
mente. Farebbe d'uopo trascrivere tutta questa terza parte in prova
di tale asserzione. Basterà il seguente passo pag. 163 che è come l'as-
sunto che egli si propone di provare: *Dieu est, selon Kant, un noumène.*
*Par suite de son argumentation, cet être idéal et transcendantal, qu'on avait*
*jusqu'alors nommé Dieu, n'est qu'une supposition. C'est le résultat d'une*
*illusion naturelle. Oui, Kant démontre comment nous ne pouvons rien savoir*
*sur ce noumène, sur Dieu, et comme toute preuve raisonnable de son existence*
*est impossibile [sic]. Les paroles de Dante, LASCIATE OGNI SPERANZA,*
*nous les inscrivons sur cette partie de la Critique de la raison pure.*

Poste le cose finora accennate, non vi è bisogno di trattenersi
a provare che il Sig. Heine niun rispetto dimostra quando parla di
Cristo, non cura i di lui miracoli, la di lui dottri-

(4) na. Percorrendosi poi tanto il primo quanto il secondo tomo,
è necessario convincersi che egli pone la più grande diligenza a non
farsi sfuggire qualunque pretesto per detrarre principalmente della
Religione cattolica delle cose più sante che in essa si venerano, dei
Sacerdoti, del Sommo Pontefice. Il seguente luogo pag. 129 farà
vedere a qual punto giunga l'empietà, e l'insulto quando il Signor
Heine parla di Cristo, e del Sommo Pontefice. *Le pauvre rabbin de*
*Nazareth, sur la tête mourante duquel le Romain païen attacha l'écriteau*
*ironique Roi des Juifs, ce même roi dérisoire des Juifs, couronné d'épines,*
*revêtu d'une pourpre insultante, devint à la fin le dieu des Romains, et il leur*
*fallut s'agenouiller devant lui: Comme jadis la Rome païenne, Rome chré-*
*tienne a été vaincue, elle est même devenue tributaire. Si tu veux, cher lecteur,*
*te rendre, dans les premiers jours du trimestre, rue Laffitte, Nº 15, tu verras*
*s'arrêter devant le portail élevé une lourde voiture de laquelle descend*
*un gros homme. Celui-ci monte un escalier qui conduit chez un ... jeune*
*homme blond ... qui a en effet tout l'argent du monde dans sa poche, car il*
*s'appelle M. James Rothschild, et le gros homme est Monsigneur l'envoyé de*
*Sa Sainteté le Pape, et il apporte comme son représentant les intérêts de*
*l'emprunt romain, le tribut de Rome.* Sarebbe una cosa troppo lunga il

citare tutti i luoghi, in cui l'autore forma della Religione e delle cose sante, l'oggetto del suo sarcasmo, e derisione.

Ho indicato di sopra che in quest'opera il Sig. Heine eccita alla rivoluzione, e la rappresenta come l'epoca di una nuova redenzione. Dalla pagina 234 alla pag. 240 t. I, si fa un quadro della più terribile rivoluzione che accaderà in Germania: *Le tonnerre ... viendra, et quand vous entendrez un craquement comme jamais craquement ne s'est fait encore entendre dans l'histoire du monde, sachez que le tonnerre Allemand aura enfin touché le but. A ce bruit, les aigles tomberont morts du haut des airs, et les lions dans les déserts les plus reculés de l'Afrique baisseront la queue et se glisseront dans leurs antres royaux. On exécutera en Allemagne un drame auprès duquel la révolution française ne sera qu'une innocente idylle.* Della medesima cosa e con minaccie terribili particolarmente contro i Sacerdoti di buone massime parla nuovamente con sommo calore pag. 198 e seg. t. 2 oltre gli altri luoghi, ove della rivoluzione discorre come del mezzo aspettato per la liberazione, e per la nuova vita dell'Allemagna.

Più che sufficiente mi sembra che sia tutto ciò che ho notato per dimostrare la pravita di quest'opera: Essa si raccoglie dal-

(5) l'averla letta tutta interamente, perchè una vera connessione nel ragionamento, e nel filo del discorso non vi si trova: Il secondo tomo per esempio sembra una storia letteraria particolarmente dei recenti scrittori Tedeschi, ma nel dare il saggio delle loro opere lo spirito stesso risulta sempre di cui mi pare di aver recato una convincente dimostrazione.

Sarei pertanto intimamente persuaso, che l'opera meriti di essere proibita, ma di buon grado sottometto il mio parere al giudizio sapientissimo della Sagra Congregazione.

**Umilissimo Devotissimo Obbligatissimo Servo**

Gio[vanni] Batt[ista] Palma.

*Übersetzung*

Eminenzen, hochwürdigste Herren

Der hochwürdige Pater Sekretär der Index-Kongregation[2] hat mir die große Ehre zuteil werden lassen, mich mit der Überprüfung zweier Bände der Werkausgabe[3] von Heinrich Heine zu beauftragen. Es handelt sich um den 5. und 6. Band mit dem Titel **De l'Allemagne**[4].

2 Tommaso Antonio Degola OP.
3 Œuvres de Henri Heine, ed. p. Eugène Renduel, Paris 1833–1835, Bd. I–VI.

Ich glaube, daß die Absicht des hochwürdigsten Pater nicht etwa darin bestand, zu erfahren, ob die genannten Bücher eine falsche Lehre enthalten und Anlaß geben, sie zu verdammen, sondern darin, zu erfahren, wie verderbt sie sind und ob es möglich ist, ihre Bosheit zu bewerten. Ich glaube, es war ihm auch nicht daran gelegen, daß in einer eingehenden Darlegung bewiesen würde, daß ein Verbot der Lektüre gerechtfertigt ist. Man braucht nur zu wissen, daß man den Namen Gottes und den Namen Christi nicht verächtlich machen, daß man die Katholische Kirche und alle Heiligen Dinge nicht schmähen darf und daß es nicht erlaubt ist, die gefährlichsten Gegner der Kirche und des guten Anstands gerade als solche begeistert zu loben, daß man die Völker nicht zur Revolution aufreizen oder diese als den Anbruch einer allgemeinen Befreiung propagieren darf, um sofort zu erkennen, daß »De l'Allemagne« proskribiert werden muß.

Daher werde ich mich darauf beschränken, auf einige Züge des Werks aufmerksam zu machen, die zeigen, von welchem Geist es erfüllt ist und von welcher Art die Grundsätze sind, die es nicht etwa nur hie und da verstreut enthält, sondern die es energisch anpreist.

Das Werk ist überaus lebendig und geistreich geschrieben, und der Französische Stil, in dem es wahrscheinlich ursprünglich verfaßt ist, könnte gar nicht energischer sein: – Aber gerade dies ist ein weiterer Grund, der es noch gefährlicher und verführerisch macht.

Der Widmungsbrief an **Prosper Enfantin**[5] bringt bereits den Zweck des Werks zum Ausdruck: Es soll nämlich *den Gang der Ideen in Deutschland in jüngster Zeit und die Beziehungen* darstellen, *welche die geistige Bewegung dieses Landes an die gemeinsame Lehre knüpfen*[6]. Mit diesen wenigen Worten setzt der Autor dazu an, Luther und die Reformation aufs höchste zu rühmen und den Pantheismus, den Rationalismus und den reinen Unglauben zu verbreiten. Die Vorre-

4 So der Titel der französischen Buchausgabe von *Zur Geschichte der Religion und Philosophie in Deutschland,* der *Romantischen Schule* und der *Elementargeister* (die beiden letzten Schriften bilden Bd. VI). Palma beschränkt sich bei der Darstellung seiner Untersuchung auf Bd.V, also *Zur Geschichte der Religion und Philosophie in Deutschland.*
5 Prosper Enfantin (1798–1864), Kopf der Pariser Saint-Simonisten, hatte Heine um eine Darstellung des religiösen und philosophischen Denkens in Deutschland gebeten. Heines Widmung an Enfantin ist nur in der ersten Auflage enthalten. – Vgl. HS III, 909 ff.
6 Die Gutachter geben bei ihren Zitaten aus der französischen Heine-Ausgabe die Seitenzahl an. Wir folgen dem Wortlaut der deutschsprachigen Heine-Fassung nach der Münchner Ausgabe: Heinrich Heine, Sämtliche Schriften, herausgegeben von Klaus Briegleb, München 1975–85. Die Widmung an Enfantin in HS III, 913.

de ist ganz darauf abgestellt, die Katholische Religion in Verruf zu bringen. Im ersten Teil stößt man sogleich, nachdem das Christentum rundum zum Gespött gemacht worden ist, auf die Lobreden für Luther: S. 46.

(2) *Doch ein Mann war dort, von dem ich überzeugt bin, daß er nicht an sich dachte, sondern nur an die göttlichen Interessen, die er vertreten sollte. Dieser Mann war Martin Luther, der arme Mönch, den die Vorsehung auserwählt, jene römische Weltmacht zu brechen, wogegen schon die stärksten Kaiser und kühnsten Weisen vergeblich angekämpft. Aber die Vorsehung weiß sehr gut, auf welche Schultern sie ihre Lasten legt …*[7]. Berichtet wird von den Unruhen, die in jener Zeit auftraten; man erfährt, wie begründet die Verachtung war, die Luther dem Heiligen Stuhl entgegenbrachte; und ihm sowohl als auch der Reformation, die er in Gang gesetzt hat, werden die Fortschritte zugeschrieben, die die Philosophie und die schönen Künste seither in Deutschland machen konnten.

In der Folge wird den Etappen der religiösen Bewegung in Deutschland nachgegangen und dabei vieles über die Zeit berichtet, in der dort, weil Rom keinen Einfluß mehr hatte, der Pantheismus vorherrschte (S.104): *Denn Deutschland ist der gedeihlichste Boden des Pantheismus; dieser ist die Religion unserer größten Denker, unserer besten Künstler, und der Deismus, wie ich späterhin erzählen werde, ist dort längst in der Theorie gestürzt. […] Man sagt es nicht, aber jeder weiß es; der Pantheismus ist das öffentliche Geheimnis in Deutschland. In der Tat, wir sind dem Deismus entwachsen. Wir sind frei, und wir wollen keines donnernden Tyrannen. Wir sind mündig und bedürfen keiner väterlichen Fürsorge. Auch sind wir keine Machwerke eines großen Mechanikus. Der Deismus ist eine Religion für Knechte, für Kinder, für Genfer, für Uhrmacher*[8].

Sobald sich Herr Heine dem Deismus zuwendet – ich übergehe, was ich ihm sonst noch nachsagt –, spricht er auf S. 141 die **Kritik der reinen Vernunft** von Immanuel Kant an, die 1781 in Königsberg erschien. Mit diesem Buch, so sagt er, begann in Deutschland eine intellektuelle Revolution, die eine der frappierendsten Entsprechungen zur politischen Revolution in Frankreich darstellt, und wer richtig zu urteilen versteht, dem werde sie nicht weniger bedeutsam als diese erscheinen. Und er fügt hinzu, daß sie sich in gleichen Phasen entwickelt und daß zwischen beiden Revolutionen die augenfälligste Parallele besteht. Es handle sich jenseits und diesseits des Rheins um denselben Bruch mit der Vergangenheit: … *der Tradition*

7 Heine, Zur Geschichte der Religion und Philosophie in Deutschland, HS III, 537.
8 Ebd. 571.

*wird alle Ehrfurcht aufgekündigt; wie hier in Frankreich jedes Recht, so muß dort in Deutschland jeder Gedanke sich justifizieren, und wie hier das Königtum, der Schlußstein der alten sozialen Ordnung, so stürzt dort der Deismus, der Schlußstein des geistigen alten Regimes.*

*Von dieser Katastrophe, von dem 21. Januar[9] des Deismus, sprechen wir im folgenden Stücke. Ein eigentümliches Grauen, eine geheimnisvolle Pietät erlaubt uns heute nicht, weiter zu schreiben[10].*

Um zu zeigen, wie Herr Heine scherzt und die ernstesten Angelegenheiten verspottet, und um

(3) zugleich die Art seiner Aussagen über Gott an dem Nachruf zu zeigen, den er ihm hält, kann es nicht unnütz sein, die folgende Stelle anzuführen: *Unsere Brust ist voll von entsetzlichem Mitleid – es ist der alte Jehova selber, der sich zum Tode bereitet. Wir haben ihn so gut gekannt, von seiner Wiege an, in Ägypten, als er unter göttlichen Kälbern, Krokodilen, heiligen Zwiebeln, Ibissen und Katzen erzogen wurde – Wir haben ihn gesehen, wie er diesen Gespielen seiner Kindheit und den Obelisken und Sphinxen seines heimatlichen Niltals Ade sagte und in Palästina, bei einem armen Hirtenvölkchen, ein kleiner Gott-König wurde [...][11] – Wir sahen ihn späterhin, wie er mit der assyrisch-babylonischen Zivilisation in Berührung kam, und seine allzumenschlichen Leidenschaften ablegte, nicht mehr mit lauter Zorn und Rache spie, wenigstens nicht mehr wegen jeder Lumperei gleich donnerte [...] Wir sahen ihn auswandern nach Rom, der Hauptstadt, wo er aller Nationalvorurteile entsagte, und die himmlische Gleichheit aller Völker proklamierte, und mit solchen schönen Phrasen gegen den alten Jupiter Opposition bildete, und so lange intrigierte bis er zur Herrschaft gelangte und vom Kapitole herab die Stadt und die Welt, urbem et orbem, regierte – Wir sahen, wie er sich noch mehr vergeistigte, wie er sanftselig wimmerte, wie er liebevoller Vater wurde, ein allgemeiner Menschenfreund, ein Weltbeglücker, ein Philanthrop – Es konnte ihm alles nichts helfen. –*

*Hört Ihr das Glöckchen klingeln? Kniet nieder – Man bringt die Sakramente einem sterbenden Gott[12].*

Nach dieser gottlosen Verspottung verwendet der Verfasser, so kann man sagen, den ganzen dritten Teil seiner Schrift dazu, nachzuweisen, daß Gott nicht existiert, bzw. zu folgern, daß die gesamte Welt Gott ist. Nur mit Bezug auf die Meinung des Volks scheint der Autor gelegentlich einzuräumen, daß es nützlich sein könnte, Gott, obgleich er für die theoretische Einsicht nicht existiert, in der Praxis

---

9 Am 21. Januar 1793 wurde Ludwig XVI. hingerichtet.
10 Heine, Zur Geschichte der Religion und Philosophie, HS III, 590.
11 Auslassung: »... und in einem eigenen Tempelpalast wohnte –«.
12 Heine, Zur Geschichte der Religion und Philosophie, HS III, 590 f.

nicht zu verneinen. Zum Beleg für diese Behauptung könnte man den ganzen dritten Teil abschreiben. Die folgende Passage, S. 163, wird indessen ausreichen; sie faßt alles zusammen, was er sich zu beweisen vornimmt: *Gott ist, nach Kant, ein Noumen. Infolge seiner Argumentation ist jenes transzendentale Idealwesen, welches wir bisher Gott genannt, nichts anders als eine Erdichtung. Er ist durch eine natürliche Illusion entstanden. Ja, Kant zeigt, wie wir von jenem Noumen, von Gott, gar nichts wissen können, und wie sogar jede künftige Beweisführung seiner Existenz unmöglich sei. Die Danteschen Worte: »Laßt die Hoffnung zurück!« schreiben wir über diese Abteilung der »Kritik der reinen Vernunft«*[13].

Nach dem bisher Gesagten ist es nicht nötig, sich mit dem Beweis aufzuhalten, daß Herr Heine keinerlei Ehrfurcht bezeigt, wenn er von Christus spricht. Er kümmert sich weder um dessen Wundertaten noch um seine Lehre.

(4) Wenn man zudem den ersten und ebenso den zweiten Band durchgeht, kann man gar nicht verkennen, daß er keine Mühe scheut und sich keinen Vorwand entgehen läßt, um die katholische Religion, die heiligsten Dinge, die in ihr verehrt werden, die Priester und den Höchsten Bischof zu verleumden. Die folgende Stelle, S. 129, soll zeigen, wie weit die Gottlosigkeit und Schmähsucht gehen, wenn Herr Heine über Christus und den Papst spricht: *Der arme Rabbi von Nazareth, über dessen sterbendes Haupt der heidnische Römer die hämischen Worte schrieb:* **König der Juden**, *– eben dieser dornengekrönte, mit dem ironischen Purpur behängte Spottkönig der Juden wurde am Ende der Gott der Römer, und sie mußten vor ihm niederknien! Wie das heidnische Rom wurde auch das christliche Rom besiegt, und dieses wurde sogar tributär. Wenn du, teurer Leser, dich in den ersten Tagen des Trimesters nach der Straße Lafitte verfügen willst, und zwar nach dem Hotel Numero fünfzehn, so siehst du dort vor einem hohen Portal eine schwerfällige Kutsche, aus welcher ein dicker Mann hervorsteigt. Dieser begibt sich die Treppe hinauf [...]*[14] *wo ein blonder junger Mensch sitzt, [...]*[15] *er hat alles Geld dieser Welt in seiner Tasche; und er heißt Monsieur James de Rothschild, und der dicke Mann ist Monsieur Grimaldi, Abgesandter Seiner Heiligkeit des Papstes, und er bringt in dessen Namen die Zinsen der römischen Anleihe, den Tribut von Rom*[16].

---

13 Ebd. 601.
14 Auslassung: »... nach einem kleinen Zimmer,«.
15 Auslassung: »... der dennoch älter ist als er wohl aussieht, und in dessen vornehmer grandseigneurlicher Nonchalance dennoch etwas so Solides liegt, etwas so Positives, etwas so Absolutes, als habe er alles Geld dieser Welt in seiner Tasche. Und wirklich ...«.
16 Heine, Zur Geschichte der Religion und Philosophie in Deutschland, HS III, 584.

Es wäre zu langwierig, sämtliche Stellen anzuführen, in denen der Verfasser die Religion und heiligen Dinge zum Gegenstand seines Sarkasmus und seiner Spottlust macht.

Ich habe oben darauf hingewiesen, daß Herr Heine in diesem Werk zur Revolution aufreizt und sie darstellt als die Epoche einer neuen Erlösung. Von der Seite 234 bis zur Seite 240 des ersten Bandes wird ein Bild von der furchtbarsten aller Revolutionen gegeben, die sich in Deutschland ereignen soll: *Der [...][17] Donner [...][18] kommen wird er, und wenn Ihr es einst krachen hört, wie es noch niemals in der Weltgeschichte gekracht hat, so wißt: der deutsche Donner hat endlich sein Ziel erreicht. Bei diesem Geräusche werden die Adler aus der Luft tot niederfallen, und die Löwen in der fernsten Wüste Afrikas werden die Schwänze einkneifen, und sich in ihren königlichen Höhlen verkriechen. Es wird ein Stück aufgeführt werden in Deutschland, wogegen die französische Revolution nur wie eine harmlose Idylle erscheinen möchte[19].*

Von demselben Thema, diesmal mit den schrecklichsten Drohungen besonders gegen die Priester mit festen Glaubensgrundsätzen, spricht Heine mit dem größten Eifer auf den Seiten 198 folgende des zweiten Bandes; abgesehen von den anderen Stellen, wo er die Revolution als den ersehnten Hebel für die Befreiung und ein neues Leben in Deutschland bezeichnet.

All das, was ich angeführt habe, scheint mir mehr als hinreichend, um die Bosheit des Werks zu beweisen: Man begreift sie erst,

(5) wenn man es ganz gelesen hat; denn einen wirklichen Zusammenhang gibt es in der Erörterung und im Verlauf der Darstellung nicht. Der zweite Band[20] z. B. gleicht einer Literaturgeschichte insbesondere über die neuesten deutschen Schriftsteller, aber beim Versuch, den Gehalt ihrer Werke wiederzugeben, kommt immer nur der eine Geist zum Vorschein, der nämlich, den ich glaube, überzeugend aufgezeigt zu haben.

Deswegen bin ich im Innersten überzeugt, daß das Werk verdient, verboten zu werden. Aber ich ordne meine Meinung gerne dem einsichtsvollen Urteil der Heiligen Kongregation unter.

**Ihr sehr ergebener, untertänigster und zu Dank verpflichteter Diener**

Gio[vanni] Batt[ista] Palma.

---

17 Auslassung: »deutsche«.
18 Auslassung: »... ist freilich auch ein Deutscher und ist nicht sehr gelenkig, und kommt etwas langsam herangerollt; aber ...«.
19 Heine, Zur Geschichte der Religion und Philosophie in Deutschland, HS III, 639 f.
20 Gemeint ist der Band VI der begutachteten Ausgabe, »Die Romantische Schule« – Vgl. Anm. 3.

## 2. Graziosi zu: Heinrich Heine, Reisebilder. Tableaux de Voyage

*Verfaßt von Giuseppe Maria Graziosi, Konsultor der Indexkongregation*
*Druck [Rom] o. D. [August 1836]*
*Archiv der Glaubenskongregation: Archiv der Indexkongregation II[a]–112:*
*Rev[erendus] P[ater] Degola Secr[etarius]. Acta Congr[egationis] An[ni]*
*1836–1838 30 Julii*
*fol. 248 bis 251*[21]

Eminentissimi e Reverendissimi Signori

In adempimento della onorevole commissione datami la prima volta dal Reverendissimo P[adre] Segretario della Sagra Congregazione dell'Indice ho preso ad esame due tomi in 8. delle Opere del Sig. Enrico Heine Capo della proscritta Società della Giovine Alemagna, cioè il 2° e 3° formanti l'Opera che ha per titolo **Reisebilder Tableaux de Voyage**, stampata in Parigi nel 1834, ed ora ne umilio alle Em[inen]ze Vostre Reverendissime il mio debole sentimento.

E dapprima non posso negare all'Autore la lode di feconda imaginazione, di fantasia vivacissima, e di genio poetico, quantunque guasto dallo stile e gusto romantico, che infetta la più parte degli scritti di nostra età. Confessar debbo altresì che non iniziato per grazia di Dio negli astrusi misteri delle odierne segrete società, non ho potuto intendere la forza di certe allusioni e di certo linguaggio simbolico e figurato di che fà uso in varii tratti dell'Opera. Da quel però che egli scrive fuori di enigma ben può raccogliersi lo scopo delle allusioni dei simboli e delle figure.

Il primo tomo contiene il viaggio d'Italia, ed è diviso in tre parti. La prima parte il **Viaggio da Monaco a Genova**, la seconda i **Bagni di Lucca**, la terza **la Città di Lucca**. Quattro opuscoli formano il secondo tomo cioè I. l'Inghilterra ove descrive lo stato di quell'Isola nel 1828. II. Le Montagne dell'Hartz, ossia viaggio per quei Monti in Germania da lui fatto nel 1824. III. Il Tamburo Legrand ossia Idee, eccitategli come ei dice dal Tamburo suonato da un famoso Tamburino Francese, Legrand. IV. Schnabelewopski, o frammento di Storia romanesca di un Polacco nato in Schnabelewops, villaggio tre leghe lontano da Gnesna.

Il complesso di ogniuna di tali operette è così vago e intralciato che non potrebbe darsene un sunto regolare. Tutte però sono degno parto di un Autore di setta detestabile, sono tutte

(2) ridondanti di massime irreligiose ed empie, in tutte trovansi dei tratti che offendono il buon costume, tutte finalmente tendono

---

a screditare i governi, e ad eccitare alla rivoluzione. Darò alcune prove di queste asserzioni poichè crescerebbe di troppo questo scritto se volessi tutte qui riferirle.

Per incominciar dunque dalle massime irreligiose ed empie alla pag. 67 del I° tomo, ove parla della Cattedrale di Trento, dopo aver volto in ridicolo la divozione delle Femmine, che trovò in quella Chiesa, loda l'aura fresca che vi soffiava, e il lume magico che passava dai vetri colorati, e dipinti, fa il paragone colle Chiese dei Protestanti ove il lume si slancia insolentemente pei vetri *razionali senza imagini*, e conclude: *Si dica quel che si voglia, il Cattolicesimo è una buona religione per lo stato. Si è bene steso sui banchi di queste vecchie Cattedrali, vi si gusta una pietà fresca, un santo dolce far niente* ec. e poi mette in ridicolo e imagini, e il Tribunale di Penitenza, che ei chiama *stabilimento a legno bruno per uso della coscienza* frammischiandovi una licenziosa descrizione della mano di una Donna che si confessava, da lui furtivamente baciata. Alla pag. 132 descrivendo il Duomo di Milano fa parlare una Statua di Santo, fa predirgli la fine del Cristianesimo, e la futura destinazione del Duomo ad altro oggetto. Alla pag. 149 nell'osservare una antica Chiesa di Domenicani nel passare da Marengo a Genova compassiona gli Architetti che fabbricarono simili Chiese, nella ferma credenza della eternità della Religione Cattolica, e che sarebbe assai dispiacente per essi, se si risvegliassero, e conoscessero essere altro il pensare di oggi dì. Alla pag. 240 dopo aver messo in ridicolo un Marchese Cattolico che fà la sua preghiera innanzi l'Imagine della *prima Donna col Bambino Gesù* interroga un Domestico se anche egli fosse Cattolico, e gli fà rispondere, che la Religione Cattolica è buona per *un Barone del bel Mondo* che può passeggiare tutto il giorno senza far nulla. Simili tratti ingiuriosi contro la Religione Cattolica alla pag. 309–16 ove descrive la processione da lui veduta in Lucca e pone in ridicolo Frati, Monachi, Preti, l'Arcivescovo, la divozione dei Fedeli, e la Religione. Alla pag. 318 ove rappresenta gli Iddii del Gentilesimo in festa e banchetto sù in Cielo, quando a un tratto, entrò tutto ansante *un Giudeo pallido, grondante sangue con una corona di Spine in testa e portante sulle spalle una gran croce di legno, e gittò questa croce sulla splendida tavola del banchetto. I vasi d'oro tremarono, gli Dii si diedero addosso*[22], *impallidirono, e svanirono finalmente in vapore*. D'allora l'Olimpo si cangiò in uno Ospedale di Iddii scorticati, arrostiti, feriti. A una *religione di gioia* successe una *reli-*

(3) *gione di consolazioni, una sanguinosa e lamentevole religione di giustiziati*. Era essa forse necessaria alla umanità ammalata e abbatutta.

22 Im französischen Original: »se turent«. Wie es zu der Abweichung kommt, ist unklar.

Chi vede patire Iddio, soffre più volentieri le sue pene. Gli antichi Dei gagliardi, che non conoscevano dolore, non sapevano ciò che prova un povero uomo tormentato. Non furono essi giammai amati di cuore. Per essere così amato, bisogna essere sofferente. La pietà è l'ultima consacrazione dell'amore, forse l'amore stesso. *Di tutti gli Iddii che abbiano giammai vissuto, il Cristo è per questa ragione il Dio che sia stato amato di più, soprattutto dalle Femmine*. Chi potrebbe poi numerare le altre orrende bestemmie che qua e là trovansi sparse in tutto il tomo e contro la Vergine Addolorata che ei chiama Venus dolorosa, e contro S. Giuseppe che vien paragonato all'Asino sul quale ei conducea la Vergine e il suo figliuolo in Egitto, e contro Cristo, che ei chiama Dio non legittimo quasi abbia detronizzato il suo Padre, sebbene Dio amabile perchè ha dato in testa alla aristocrazia, ha predicato la libertà ed eguaglianza, e l'indifferentismo ancora in materia di religione, finalmente contro il Sacerdozio Cristiano, che ei vuole originato dall'Egitto patria *del Coccodrillo e del Sacerdozio*, di quel *Sacerdozio che fù il primo ad ingannare l'umanità*.

Nè pochi sono i tratti qua e là sparsi nel primo tomo licenziosi e immorali, che mi asterrò dal riportare perchè temerei di offendere l'onestà. Mi contenterò solamente accennarne i principali. Licenziosa è certo la descrizione delle donne di Trento che ei fà alla pag. 75, licenziosa è la descrizione che ei fà delle donne che vide alla piazza delle erbe in Verona pag. 104.105. Impudico è il tratto romanzesco che si referisce alla pag. 219 e si prosiegue fino alla pag. 224. Licenziosa ed empia insieme la descrizione dell'amore alla pag. 225 e seg. ove con scandalosa applicazione della divina storia della creazione paragona la sua Francesca al Creatore, e sè al primo uomo.

Finalmente lo scopo principale dell'opera chiaramente si conosce essere di dare ai popoli eccitamento alla rivoluzione. Così quando pag. 36 e seg. dopo aver ingiuriato i Gesuiti, e la Nobiltà, racconta le oscenità, e i disonesti tentativi verso una giovane locandiera di un Sacerdote, e di un Nobile, i quali poichè la giovane potè sottrarsi si misero a trattar con serietà sulla rigorosa misura da adottarsi, per dissipare la grande congiura contro l'altare ed il trono. Così quando alla pag. 42 compiange i Tirolesi che niuna ricompensa ebbero per i servigi resi al loro Sovrano. Così quando innalzando alle stelle la Musica Ros[s]iniana, dà pag. 86 a quelle melodie un senso esoterico, col quale *la povera Italia schia-*

(4) *va* esprime i suoi sentimenti, che le è vietato esprimere con parole. Tai sono l'odio contro la dominazione straniera, l'entusiasmo per la libertà, la rabbia per la sua impotenza, l'afflizione per la memoria della passata magnificenza ec. Così infine quando alla pag. 238 e segg. ei predice la futura emancipazione dai Sovrani e la

democrazia, mercè gli sforzi della politica che ei chiama intellettuale, contro la politica materiale di stato, e invita i popoli alla guerra e alle stragi per la liberazione dell'umanità.

Nè diverso è lo spirito che regna nei quattro opuscoli che trovansi nel secondo tomo. Le amare invettive contro il Ministro Wellington in Inghilterra, le lodi della libertà, e il predicarla come la religione del tempo nel primo di detti opuscoli ben lo dimostrano. Lo dimostrano nel suo viaggio ai Monti Hartz le scandalose ed empie quartine da lui recitate, ove in una bestemmia i dogmi di nostra Santa religione, e da quel della S[antissi]ma Trinità ne trae argumento ad eccitare i popoli alla rivolta pag. 150. Lo dimostra tutto l'opuscolo del Tamburo Le-Grand, tamburo significativo al suono del quale concepiva egli le idee di libertà, di distruzione dell'Aristocrazia, di sollevazione dei popoli. Lo dimostra finalmente il passionato amore del suo Schnabelewopski alla libertà, e eguaglianza, e alla felicità del genere umano, e la descrizione dei mali sofferti dai popoli di Alemagna dei quali se a suo dire la decima parte si fosse sofferta dai Francesi, avrebbe menato in quel regno [a] trenta sei rivoluzioni, e sarebbe costata a trenta sei Re la corona e la testa.

Il sin quì detto, e il molto di più di errori, bestemmie, oscenità, e massime di liberalismo, di che tutti gli scritti del nostro Heine respirano, basta, penso, a provare, che meritono le di lui opere, essere poste nell'Indice dei libri proibiti. Aggiungasi, che sembrano sì per i vezzi dello stile, sì per gli slanci di poetica fantasìa, sì per le false asserzioni con gran franchezza, e arte colorite dell'aspetto di verità, molto atte a corrompere gli incauti, o mal disposti leggitori; motivo tanto più forte a proibirne la lettura.

Se non avrò adempito esattamente alla commissione affidatami, spero che alla pochezza mia piuttosto che a negligenza o mala volontà vorranno le Eminenze Vostre Reverendissime attribuirlo, mentre alla vostra decisione ben volontieri sottometto il mio sentimento.

Giuseppe Maria Graziosi Consultore.

*Übersetzung*

Eminenzen, hochwürdigste Herren

Um dem ehrenvollen Auftrag nachzukommen, den mir zum ersten Mal der Hochwürdigste Pater Sekretär der Heiligen Index-Kongregation erteilt hat, habe ich zwei Bände in Oktav der Werke von Herrn Heinrich Heine, Anführer der verbotenen Gruppe des Jungen Deutschland, untersucht; nämlich den zweiten und den dritten Band. Die Bände enthalten eine Schrift mit dem Titel **Reise-bilder Tableaux de Voyage**, die 1834 in Paris gedruckt worden ist. Und nun unterbreite ich mein schwaches Urteil ergebenst Euren Verehrungswürdigsten Eminenzen.

Zunächst: Ich kann dem Autor das Lob einer fruchtbaren Einbildungskraft, sehr lebhafter Phantasie und des poetischen Genies nicht versagen, wie sehr er auch vom Stil und Geschmack der Romantik verdorben ist, die den größten Teil der Schriften unserer Zeit verseuchen. Zugleich muß ich gestehen, daß ich Gott sei Dank in die abstrusen Geheimnisse der heutigen Geheimgesellschaften nicht eingeweiht bin und daß ich daher für die suggestive Wirkung gewisser Anspielungen sowie der symbolischen und chiffrierten Sprache, die der Verfasser in verschiedenen Passagen des Werks gebraucht, nicht empfänglich bin. Man kann aber aus dem, was er ohne Verrätselung schreibt, den Zweck der Anspielungen, Symbole und Bilder ganz gut erraten.

Der erste Band enthält die Italienreise und ist in drei Teile gegliedert. Der erste Teil enthält die **Reise von München nach Genua**, der zweite **Die Bäder von Lucca**, der dritte **Die Stadt Lucca**. Vier kleinere Schriften bilden den zweiten Band, nämlich I. England, wo der Zustand dieser Insel im Jahr 1828 beschrieben wird; II. Das Harzgebirge, oder die Reise durch diese Berge in Deutschland, die der Verfasser im Jahr 1824 unternommen hat; III. Der Trommler Le Grand oder Ideen, die, wie er sagt, hervorgerufen wurden vom Trommelspiel eines berühmten französischen Trommlers namens Le Grand; IV. Schnabelewopski oder Fragment der abenteuerlichen Geschichte eines Polen, geboren im Dorf Schnabelewops, drei Meilen entfernt von Gnesen.

Die Machart jedes dieser Werkchen ist so undeutlich und verworren, daß man von ihnen keine vernünftige Zusammenfassung geben kann. Alle aber sind die würdige Ausgeburt eines Autors, der einer verabscheuenswürdigen Sekte angehört, alle sind

(2) voller irreligiöser und gottloser Grundsätze, in allen finden sich Stellen, die die guten Sitten verletzen; schließlich sind alle darauf angelegt, die Regierungen zu verleumden und zur Revolution aufzustacheln. Ich werde für diese Behauptungen nur einige Beweise beibringen; denn wollte ich alle anführen, so würde diese Schrift zu sehr anschwellen.

Um daher mit den irreligiösen und gottlosen Grundsätzen zu beginnen: so lobt der Verfasser auf der Seite 67 des ersten Bandes, wo er vom Dom in Trient spricht und nachdem er die Andacht von Frauen, die er in diesem Gotteshaus vorfand, verspottet hat, den kühlen Luftzug und das zauberhafte Licht, das durch die bunten und bemalten Fenster fiel. Er macht einen Vergleich mit den Kirchen der Protestanten, in die *das Licht so frech durch die unbemalten Vernunft-scheiben* eindringt. Und er schließt: *Man mag sagen, was man will, der Katholizismus ist eine gute Sommerreligion. Es läßt sich gut liegen auf den Bänken dieser alten Dome, man genießt dort die kühle Andacht, ein heiliges Dolce far niente*[23] usw. Und dann zieht er Bilder ins Lächerliche und ebenso den Beichtstuhl, den er als *Häuschen aus braunem Holz für die Notdurft des Gewissens* bezeichnet, und mischt eine liederliche Beschreibung einer beichtenden Frau mit ein, deren Hand er verstohlen geküßt habe. Auf der Seite 132, wo er den Dom von Mailand beschreibt[24], läßt er die Statue eines Heiligen sprechen, die ihm das Ende des Christentums und die künftige Bestimmung des Doms zu einem anderen Zweck voraussagt. Auf der Seite 149 bedauert er beim Anblick einer alten Dominikanerkirche[25] auf der Fahrt von Marengo nach Genua die Architekten, die solche Kirchen im festen Glauben an die Ewigkeit der Katholischen Religion bauten, weil es für sie sehr betrüblich wäre, wenn sie noch einmal zum Leben erwachten und erkennen müßten, wie anders heutigen Tags darüber gedacht werde. Nachdem er auf Seite 240 einen katholischen Baron lächerlich gemacht hat, der vor dem Bild unserer Höchsten Frau mit dem Jesuskind sein Gebet verrichtet[26], fragt er einen Dienstboten, ob auch er ein Katholik sei, und läßt ihn antworten, daß die Katholische Religion gut sei für einen Edelmann der großen Welt, der den ganzen Tag spazieren gehen könne, ohne zu arbeiten. Ähnliche Stellen, die die Katholische Religion beleidigen, gibt auf den Seiten 309 bis 316, wo er eine Prozession beschreibt, die er in Lucca gesehen hat[27], und die Mönche, die Priester, den Erzbischof, die Andacht der Gläubigen und die Religion verhöhnt. Auf der Seite 318 stellt er die Götter des Heidentums bei einem Festbankett oben im Himmel dar (und fährt fort): *Da plötzlich keuchte heran ein bleicher, bluttriefender Jude, mit einer Dornenkrone auf dem Haupte, und mit einem großen Holzkreuz auf der Schulter, und er warf das Kreuz auf den hohen Göttertisch, daß die goldnen Pokale zitterten, und die Götter verstummten und erblichen, und immer bleicher wurden, bis sie endlich ganz in Nebel zer-*

---

23 Graziosi zitiert nicht den französischen Originaltext, sondern überträgt ihn ins Italienische. – Vgl. zu dieser Stelle Heine, Reisebilder III, Reise von München nach Genua, Kapitel XV, HS II, 346.
24 Vgl. ebd., Kapitel XXVIII, HS II, 372 ff.
25 Vgl. ebd., Kapitel XXXII, HS II, 383 f. – Heine spricht von einem Franziskanerkloster.
26 Vgl. Heine, Reisebilder III, Die Bäder von Lucca, Kapitel IX, HS II, 426–440.
27 Vgl. Heine, Reisebilder IV, Die Stadt Lucca, Kapitel V, HS II, 487–492.

*rannen*[28]. Seitdem habe sich der Olymp in ein Lazarett für geschundene, verletzte und gebratene Götter verwandelt. Auf eine *Religion der Freude*[29] folgte eine Religion des

(3) ... *Trost[es]; es war eine trübselige, blutrünstige Delinquentenreligion*[30]. Sie sei vielleicht notwendig gewesen für die erkrankte und niedergeschlagene Menschheit. Wer Gott leiden sieht, ertrage seine eigenen Schmerzen bereitwillig. Die antiken Götter seien kräftig gewesen, hätten den Schmerz nicht gekannt und deswegen nicht gewußt, was ein armer gequälter Mensch erduldet. Und sie seien niemals von Herzen geliebt worden. Um so geliebt zu werden, müsse man leidend sein. *Das Mitleid ist die letzte Weihe der Liebe, vielleicht die Liebe selbst. Von allen Göttern, die jemals gelebt haben, ist daher Christus derjenige Gott, der am meisten geliebt worden. Besonders von den Frauen*[31].

Wer könnte außerdem die schrecklichen Lästerungen aufzählen, die sich da und dort über den gesamten Band verstreut finden, sowohl gegen die schmerzensreiche Jungfrau, die er eine Venus dolorosa[32] nennt, als auch gegen den Heiligen Joseph, der mit dem Esel verglichen wird, auf dem er die Jungfrau und ihren kleinen Sohn durch Ägypten führte, und gegen Christus[33], den er den illegitimen Gott nennt, als habe er seinen Vater entthront, aber auch den liebenswerten Gott, weil er die Aristokratie überwunden und die Freiheit, Gleichheit und überdies die Gleichgültigkeit in Religionsfragen gepredigt habe, und schließlich gegen die Christliche Geistlichkeit, von der er behauptet, daß sie aus Ägypten stamme, dem *Vaterland der Krokodile und des Priestertums*[34], eines *Priestertums, das als erstes die Menschheit betrogen hat*.

Zahlreich sind auch die über den ersten Band verstreuten liederlichen und unmoralischen Stellen, die ich nicht alle anführen werde, weil ich sonst befürchten müßte, den Anstand zu verletzen. Ich begnüge mich damit, auf die wichtigsten hinzuweisen. Unanständig ist gewiß die Beschreibung der Frauen von Trient[35], die er auf der Seite 75 gibt, liederlich ist die Schilderung der Frauen, die er

---

28 Vgl. Heine, Reisebilder IV, Die Stadt Lucca, Kapitel VI, HS II, 492.
29 Im Original: »Die Religion gewährte keine Freude mehr, sondern Trost; ...« (wie Anm. 30).
30 Heine, Reisebilder IV, Die Stadt Lucca, Kapitel VI, HS II, 492 f.
31 Vgl. ebd., 493.
32 Vgl. ebd.
33 Vgl. ebd., Kapitel VII, HS II, 499 f.
34 Vgl. ebd., Kapitel XIII, HS II, 515, die zweite Satzhälfte ist frei übersetzt.
35 Vgl. Heine, Reisebilder III, Reise von München nach Genua, Kapitel XVII, HS II, 348 ff.

auf der Piazza delle erbe in Verona[36] gesehen hat, auf den Seiten 104 und 105. Schamlos ist die romanhafte Stelle, die er auf der Seite 219 gibt und die sich bis zur Seite 224 hinzieht. Lasterhaft und gottlos zugleich ist die Beschreibung der Liebe auf den Seiten 225 folgende, worin er mit skandalöser Verwendung der göttlichen Schöpfungsgeschichte[37] seine Francesca mit dem Schöpfer und sich selbst mit dem ersten Menschen vergleicht.

Schließlich ist der hauptsächliche Zweck des Werks deutlich erkennbar der, die Völker zur Revolution aufzuwiegeln. So erzählt er, nachdem er auf den Seiten 36 folgende die Jesuiten und den Adel verhöhnt hat[38], von den Zoten und unehrenhaften Annäherungsversuchen eines Geistlichen und eines Adligen an eine junge Wirtin und berichtet, daß die beiden, weil die junge Frau sich ihrem Antrag entzog, allen Ernstes begannen, rigorose Maßnahmen zu erörtern, die anzuwenden seien, um die große Verschwörung gegen Altar und Thron zu vereiteln. So, wenn er auf der Seite 42 die Tiroler bedauert[39], die nicht die geringste Entschädigung für die Dienste erhielten, die sie ihrem Staatsoberhaupt geleistet haben. So, wenn er auf der Seite 86 die Musik von Rossini in den Himmel hebt und seinen Melodien eine geheime Bedeutung zuschreibt, in der das *arme geknechtete Italien*[40]

(4) seine Gefühle ausdrücke, die es in Worten nicht aussprechen dürfe: nämlich den Haß gegen die Fremdherrschaft, die Begeisterung für die Freiheit, den Zorn über die eigene Ohnmacht, die Trauer in Erinnerung an die einstige Größe usw. Und so endlich, wenn er auf der Seite 238 folgende die künftige Befreiung von den Herrschern und die Demokratie voraussagt, herbeigeführt von den oppositionellen Bestrebungen einer Politik, die er als geistige bezeichnet, gegen die Interessenpolitik des Staats, und wenn er die Völker zum Krieg und zu Mordaktionen für die Befreiung der Menschheit auffordert[41].

Nicht anders ist der Geist, der aus den vier kleinen Schriften spricht, die sich im zweiten Band befinden. Das zeigen die scharfen Angriffe auf den englischen Minister Wellington, die Lobsprüche auf die Freiheit und deren Propaganda als die zeitgemäße Religion in der ersten der genannten Schriften. Das zeigen die skandalösen und

---

36 Vgl. ebd., Kapitel XXIII, HS II, 361 f.
37 Vgl. Heine, Reisebilder III, Die Bäder von Lucca, Kapitel VII, HS II, 420 ff.
38 Vgl. Heine, Reisebilder III, Reise von München nach Genua, Kapitel IX, HS II, 333 ff.
39 Vgl. ebd., Kapitel X, HS II, 335 f.
40 Vgl. ebd., Kapitel XIX, HS II, 352 f.
41 Vgl. ebd., Kapitel XXIX, HS II, 375 ff.

gottlosen Strophen, die er in seiner »Harzreise«[42] vorträgt und in denen er die Dogmen unserer Heiligen Religion verflucht, zugleich aber das der Heiligen Trinität benutzt, um die Völker zum Aufstand aufzurufen (Seite 150). Das zeigt die gesamte Schrift über den Tambour Le Grand[43], aus dessen bedeutungsvollem Spiel er die Ideen der Freiheit, der Vernichtung der Aristokratie und der Erhebung der Völker empfangen habe. Das zeigt schließlich die leidenschaftliche Liebe seines Schnabelewopski[44] für die Freiheit, die Gleichheit und das Glück des Menschengeschlechts; und ebenso die Beschreibung der Übel, welche die Völker Deutschlands erduldeten und von denen es heißt, daß, wenn den Franzosen auch nur der zehnte Teil davon auferlegt würde, das sechsunddreißig Revolutionen hervorgerufen und sechsunddreißig Königen die Krone und den Kopf gekostet hätte.

Das bisher Gesagte und die es noch übersteigenden Irrtümer, Lästerungen, Obszönitäten und Prinzipien des Liberalismus, von denen alle Schriften unseres Heine leben, genügen meiner Ansicht nach als Beweis, daß seine Werke es verdienen, auf den Index der verbotenen Bücher gesetzt zu werden. Man muß hinzufügen, daß sie – wegen der Anmut des Stils, wegen des Schwungs der poetischen Phantasie, wegen der lügenhaften, aber sehr kühn und kunstvoll mit dem Anschein der Wahrheit versehenen Behauptungen – sehr geeignet erscheinen, unvorsichtige oder schlecht gesinnte Leser zu verführen – ein um so stärkerer Beweggrund, die Lektüre zu verbieten.

Wenn ich den mir gegebenen Auftrag nicht sorgfältig genug ausgeführt haben sollte, so hoffe ich, daß Eure verehrungswürdigsten Eminenzen das eher auf mein Unvermögen als auf Nachlässigkeit oder schlechte Absicht zurückführen werden. Meine Beurteilungen aber unterstelle ich bereitwillig Eurer Entscheidung.

Giuseppe Maria Graziosi, Konsultor.

---

42 Graziosi bezieht sich auf die »Berg-Idylle«, insbesondere auf Heines Übertragung des trinitären Modells auf einen innerweltlichen Entwicklungsverlauf im Teil II. – Vgl. Heine, Reisebilder I, Die Harzreise, HS II, 132 f.
43 Heine, Reisebilder II, Ideen. Das Buch Le Grand, HS II, 245–308.
44 Aus den Memoiren des Herrn von Schnabelewopski, HS I, 503–556.

### 3. Bighi zu: Heinrich Heine, De la France

*Verfaßt von Pio Canonico Bighi, Konsultor der Indexkongregation*
*Druck [Rom] o. D.*
*Archiv der Glaubenskongregation: Archiv der Indexkongregation II^a–112:*
*Rev[erendus] P[ater] Degola Secr[etarius]. Acta Congr[egationis] An[ni]*
*1836–1838 30 Julii.*
*fol. 195–198*[45]

Eminentissimi Padri

L'opera sulla quale debbo dare rapporto all'E[minenze] V[ostre] R[everendissi]me è intitolata »De la France par Henri Heine« stampata in Parigi nel 1833. Il nome dell'Autore è troppo famoso venendo tradotto dai pubblici fogli come capo della Setta intitolata »La giovane Alemagna«. L'opera, che nella sostanza non è se non un complesso di articoli già stampati dopo la rivoluzione di Luglio in quella Francia, che all'Autore forse serve di luogo di asilo ed insieme di trama e di congiura, corrisponde tutta quanta al nome dell'Autore medesimo. Se prestiamo fede agli stessi pubblici fogli egli è figlio di un Giudeo passato al Protestantismo, che ritiene tutto l'odio contro il Cristianesimo e specialmente contro il Cattolicismo, e la cui sola Religione è il preparare, fomentare e promuovere la generale rivoluzione; e tale appunto egli si mostra in quest'Opera, che si può dire a tutta ragione un tessuto di massime empie, antireligiose, e rivoluzionarie.

La biografia di Errigo Heine ce la somministra l'Editore di questo stesso libro il quale così ne dice (pag. IV) *Heine, ainsi qu'il nous l'apprend dans le **Tambour-le-grand**, est né au bord du Rhin, et il y a grandi au bruit des triomphes de nos armées; ses sentiments s'y sont développés dans le contact avec la vivacité de la vie pratique[?] des Français, avec ce noble et généreux prosélytisme qui a été le caractère distinctif et nécessaire de toutes nos entreprises depuis la révolution. C'était une éducation faite exprès pour une âme comme la sienne ... ce qui ne l'empêcha pas d'accepter bon gré mal gré pour règle de sa vie ce dévouement absolu et désintéressé au bien de l'humanité. En 1814 il lui fallut devenir Prussien ... Faire partie d'une colonie Prussienne après avoir rêvé sa part d'apostolat dans la propagation de cet évan-*

*(2) gile d'émancipation, que la France portait par le Monde, c'était peut-être tomber de haut: Heine se résigna, mais il est probable qu'il en garda rancune. Il fréquenta les universités, y devint Docteur, fit naturellement partie*

---

45 Am Rand handschriftlich: »Prohibeatur«.

*de la **Burschenschaft**, et, commençant dès lors sa mission, y ridiculisa le teutomanie, la sensiblerie, la fausse nationalité, qui ne tournait en définitive qu'au profit des petits despotes de l'Allemagne, et refusa d'y boire à la mémoire du mystique Sand et de son crime extravagant. Il fut l'un des créateurs du parti qui devait demander à la France le secret des améliorations réalisables et des progrès possibles. Ses premiers comme ses derniers écrits n'ont été, sous une incroyable variété de formes, que le développement de cette pensée ...*

Da questo stesso tratto chiaro apparisce che la prefazione dell' Editore intitolata »**Avertissement**« corrisponde nella malizia e nell'empietà alla Prefazione dell'Autore medesimo ed agli articoli, che formano la sostanza dell'Opera. Tuttavia ne riporterò alcuni altri tratti, e questi saranno piucchè sufficienti a dimostrare la verità della mia asserzione.

Nell'avvertimento dell'Editore vengono riportati molti passi dell' Autore presi da vari articoli da lui già pubblicati in altra Opera frà i quali il seguente, che dall'Editore medesimo viene chiamato una profezia, perchè scritto avanti la rivoluzione di Luglio (pag. XI). *Si je retrouve jamais le temps pour d'oisives recherches, je prouverai radicalement et assez ennuyeusement que ce n'est pas l'Inde, mais l'Egypte qui a produit cet esprit de caste qui, depuis deux mille ans, a su se déguiser sous les costumes de tous les Pays, et toujours prendre le langage de chaque siècle pour tromper chaque siècle; qui, peut-être mort aujourd'hui, simule encore l'apparence de la vie, marche parmi nous avec des yeux envieux et malfaisants, empoisonne de ses exhalaisons cadavéreuses la brillante fraîcheur de notre vie, et suce, vampire de moyen âge, le sang et la chaleur du cœur des peuples; mais aussi ces prêtres qui le savent encore mieux, et cette caste privilégiée et héréditaire de guerriers qui surpassent encore les crocodiles en soif de meurtre et en gloutonnerie.*

*Deux hommes profonds, Allemands de nation, ont découvert les talismans le plus bienfaisants contre la pire de toutes les plaies d'Egypte, et au moyen de la magie noire (la poudre et l'imprimerie) ont brisé la puissance de cette hiérarchie spirituelle et temporelle qui s'était formée de l'alliance de la prêtrise et de la caste des guerriers, c'est-à-dire de l'Eglise Catholique et de la noblesse féodale, et qui asservit toute l'Europe temporellement et spirituellement. La presse de l'imprimerie écrasa l'édifi-*

*(3) ce des dogmes où le grand-prêtre de Rome emprisonnait les esprits, et le nord de l'Europe respira de nouveau librement, délivré de ce clergé qui s'était, il est vrai, écarté de la forme héréditaire de la tribu égyptienne, mais pouvait rester d'autant plus fidèle au système des prêtres égyptiens qu'il se perpétuait d'une manière plus certaine, non par reproduction naturelle, mais artificiellement, en corporation de célibataires et par un recrutement à la manière des mamelouks.*

Si continua a parlare nell'istesso tenore sì dall'Autore citato dall'Editore, sì ancora dall'Editore medesimo. Per non annoiare inutilmente l'E[minenze] V[ostre] mi limito a trascrivere un altro passo soltanto da questa prima Prefazione o avvertimento. *Oui,* (così parla Henri Heine in un altro passo riprodotto dall'Editore pag. XXIV) *je renouvelle la déclaration par laquelle j'ai commencé ces feuilles. La liberté est une Religion nouvelle, la Religion de notre temps. Si le Christ n'en est pas le Dieu, il en est au moins un prêtre sublime, et son nom illumine d'un éclat bienheureux le cœur des disciples. Les Français sont le peuple élu de la nouvelle religion, c'est dans leur langue qu'en ont été formulés les premiers évangiles et les premiers dogmes. Paris est la nouvelle Jerusalem, et le Rhin est le Jourdain qui sépare du pays des Philistins la terre consacrée de la liberté.*

Siegue la prefazione dell'Autore ed in questa egli dà conto del motivo per cui si è indotto a pubblicare riuniti in un sol volume una serie d'articoli e di bollettini quotidiani ch'egli aveva scritti per la gazzetta universale di Augsbourg *selon les exigences du moment, au milieu de circonstances orageuses de toute sorte, dans un but facile à deviner et sous le bon-plaisir de restrictions qu'on dévinera mieux encore.* Il motivo per cui egli dice essersi indotto a pubblicarli sotto il suo nome è per prevenire ogni mutilazione capricciosa o alterazione arbitraria.

Quale sia stato lo scopo che egli dice facile a indovinarsi, della pubblicazione delli menzionati articoli, lo spiega e fa conoscere più chiaramente in questa stessa Prefazione. La sua missione come egli dice, ed io aggiungerò diabolica, è di preparare, disporre, e procurare in tutti modi la rigenerazione del genere umano o sia della rivoluzione generale antireligiosa e antisociale. Quindi egli passa in rivista le principali Nazioni di Europa, e sopra tutto i Governi di Germania, e da per tutto manifesta il suo odio contro l'attuale ordine di cose e specialmente contro il Clero Cattolico, e contro la nobiltà. Predice ciò che accadrà ai Principi vale a dire la stragge e la morte o almeno l'esiglio, e sebbe-

(4) ne protesti di essere egli Monarchista per inclinazione, e per convinzione (sempre però a suo modo ed a modo dei novelli rigeneratori dell'umanità e dei difensori dei pretesi diritti dell'uomo) predice altresì che la Francia e la Germania andranno a divenire delle grandi Republiche la *cui religione sarà la libertà,* e i mezzi di stabilirsi saranno il terrorismo e il massacro. Io non riporto alcun tratto particolare di questa Prefazione, perchè tutta intiera è scritta con questo spirito e le massime ne vengono stabilite ad ogni pagina. Basta fissare l'occhio su qualunque di queste per rimanerne convinto. Solo credo di dover notare, che ciò che una volta da questi stessi Scrittori si diceva e si annunziava sotto simboli e figure, e si pro-

curava di tener celato con un misterioso velo; ora apertamente si dichiara e si annunzia; e si dà ormai per inevitabile, quello che una volta si tramava nel secreto di conventicole tenebrose.

Passo a riportare alcuni tratti degli articoli menzionati; onde, come è di mio dovere, porre sotto gli occhi dell'E[minenze] V[ostre] la condotta dell'intiero libro.

Alla pag. 82.83 *Paris n'est pas la capitale de la France seule, mais bien de tout le monde civilisé ... Quand on considère la réunion d'hommes distingués ou célèbres qu'on y trouve, Paris nous apparait comme un Panthéon des vivants. On crée ici un nouvel art, une nouvelle religion, une nouvelle vie, c'est ici* etc.

Alla pag. 130 si dice che Luigi Filippo non doveva abbandonare la libertà del resto del Mondo **à ses bourreaux.** *Oui!* (così seguita l'Autore) *il fallait que Louis-Philippe se mit à la tête de la liberté européenne, qu'il en identifiât les intérêts avec les siens propres, qu'il s'incarnât dans la liberté et comme un des ses prédécessurs, qui disait fièrement: L'état, c'est moi! qu'il s'écriât avec plus de confiance encore: La liberté, c'est moi! Il ne l'a pas fait. Attendons-en les suites. Elles ne peuvent manquer* etc.

Alla pag. 164 parlando l'Autore del Colera-morbus deride, e calunnia M. de Quélen Arcivescovo di Parigi nell'esercizio del suo zelo e della sua carità pastorale, e poi soggiunge *On a préféré laisser mourir du choléra pur et simple, sans exhortations sur la damnation éternelle et sur l'enfer, sans confession et sans viatique, les pécheurs endurcis dans la révolution. Quoiqu'on prétende que le catholicisme est une religion fort convenable pour des temps aussi malheureux que le temps actuel, les Français ne veulent cependant plus s'en arranger, dans la crainte d'être obligés de conserver, dans des jours meilleurs, cette religion d'épidémie.* Quindi soggiunge che molti preti **déguisés** circolano in mezzo al popolo, e sostengono che un

(5) rosario benedetto è un preservativo contro il colera; che li sansimoniani contano fra i vantaggi della loro religione, che niun sansimoniano può morire della malattia regnante; che li buonapartisti assicurano, che appena sentono i sintomi del colera basta che fissino gli occhi verso la colonna della piazza **Vendôme** per guarire. *Ainsi* (continua egli a dire) *chacun a sa croyance dans ce moment de calamité. Pour moi, je crois à la flanelle* ... Conchiude poi quest'articolo del colera con queste parole (pag. 170) *Je pleurai amèrement sur cette malheureuse ville, la ville de l'égalité, de l'enthousiasme et du martyre, la ville rédemptrice, qui a déjà tant souffert pour la délivrance temporelle de l'humanité.*

Fanno orrore le bestemmie che proferisce l'Autore contro i dommi sacrosanti della Cristiana Religione nel tempo stesso che ne abusa, e calunnia la stessa Religione alla pag. 218.219. *Là (in Spagna)*

*comme dans certaines provinces de l'ouest de la France et du sud de l'Alle-
magne, les prêtres catholiques bénissent cette sainte-alliance. Les prêtres de
l'église protestante n'épargnent non plus nulle part les efforts pour établir ce
touchant rapport entre le peuple et les hommes du pouvoir, c'est-à-dire entre
la populacce et l'aristocratie, afin que les impies (les libéraux) ne puissent
pas conquérir l'autorité. Ils voient en effet très juste: l'homme qui ose se ser-
vir de sa raison et nier les privilèges de la naissance nobiliaire finit par dou-
ter des doctrines les plus sacrées de la religion et ne croit plus au péché origi-
nel, à Satan, à la rédemption, à l'ascension; il ne s'approche plus de la table
du Seigneur et ne donne aux serviteurs du Seigneur aucun de ces pieux pour
boire, d'où dépend leur subsistance et par conséquent le salut du Monde. Les
aristocrates de leur côté ont reconnu que le christianisme était une religion
fort utile, que celui qui croit au péché héréditaire ne peut nier non plus les
privilèges héréditaires, que l'enfer est une excellente institution pour tenir les
hommes en état de crainte et que quiconque mange son dieu, a de la force
pour digérer beaucoup de choses* etc.etc.

Alle pag. 233.234 *Oui, le plus souvent, on ne doute même pas, car le
doute suppose déjà une croyance. Il n'y a pas d'athées, ici; on n'a pas con-
servé pour le bon Dieu assez de respect pour se donner la peine de le nier. La
vieille religion est radicalement morte, elle est déjà tombée en dissolution, la
majorité des Français ne veut plus entendre parler de ce cadavre et se tient le
mouchoir devant le nez quand il est question du catholicisme. La vieille
morale est également trépassée, ou plutôt elle n'est*

(6) *plus qu'un spectre qui dans aucun cas n'apparait pendant la nuit*
etc.etc.

Alla pag. 237 parlando della sommossa accaduta in occasione
dei funerali del generale Lamarque così empiamente si esprime. *Mais
le rassemblement d'une si grande quantité d'hommes en état de combattre,
et désireux d'en venir aux mains, donne tout d'un coup naissance à un
enthousiasme irrésistible; l'esprit saint descendit sur eux prématurément, ils
commencèrent à prophétiser mal à propos, et l'aspect du drapeau rouge doit,
comme un charme magique, avoir égaré leurs sens.* Tali empie allusioni e
similitudini sono frequentissime in questo libro. Continuando poi a
parlare di lo stesso combattimento e del massacro di ribelli fa la
seguente riflessione alla pag. 243.244. *La fin modeste de ces grands
inconnus n'est pas faite pour nous inspirer seulement un sentiment doulou-
reux, mais bien aussi pour rendre le courage à notre âme, comme un témoi-
gnage que des milliers d'hommes, que nous ignorons, sont là prêts à sacrifier
leur vie à la sainte cause de l'humanité. Les despotes de leur côté doivent être
saisis d'une mystérieuse terreur à la pensée qu'une pareille phalange, incon-
nue, dévouée à la mort, les entoure sans cesse, semblable à ces serviteurs
secrets du Tribunal Vehmique. C'est avec raison qu'ils craignent la France,
la terre rouge de la liberté.*

Forma parte di questo libro, oltre gli articoli indicati, una relazione dell'esposizione delle pitture fatte dai principali autori Francesi intitolata **Salon del 1831**. In questa manifesta altresì il suo spirito rivoluzionario e antireligioso; anzi procura d'insinuare a bella posta dove può le sue perverse ed empie massime. Anche di questa relazione ne riporterò alcuni passi. Alla pag. 296 dove descrive il dipinto di Orazio Vernet il cui soggetto è Giuditta che uccide Oloferne, dopo una serie di spropositi che deturpano il racconto della Sacra Storia, così conchiude *Ses lèvres (di Oloferne) frémissent encore comme si elles donnaient des baisers; et la mort l'envoie ivre de bonheur et certainement de vin, sans intermédiaire de souffrance et de maladie, par le ministère de son plus bel ange, dans la nuit blanche de l'éternel anéantissement. Quelle fin digne d'envie! Oh! quand mon heure viendra, faites-moi, grands Dieux! mourir comme Holopherne!*

Se mancassero altri argomenti, queste poche parole, che pur sono altrettante turpitudini e bestemmie, sarebbero piucchè sufficienti a somministrarci una giusta idea del pensare di questo scellerato in fatto di morale e di fede.

Eccitano vieppiù il fremito dell'indignazione, e dell'orrore i passi che sono per riportare, e che ben volentieri avrei voluto

(7) ommettere come tanti altri ne ho tralasciati, se non avessi creduto di mancare al mio officio. Pag. 325 *Ainsi que me le faisait remarquer un ami, homme d'esprit, Robert (il pittore) a recueilli d'abord en soi les figures que lui offrait la nature, et, de même que les âmes ne perdent pas dans le feu du purgatoire leur individualité, mais seulement les souillures de la terre avant de s'élever au séjour des heureux, ainsi ces figures ont été purifiées dans les flammes brûlantes du génie de l'artiste pour entrer radieuses dans le ciel de l'art, où règnent encore la vie éternelle et l'éternelle beauté, où Vénus et Marie ne perdent jamais leurs adorateurs, où Roméo et Juliette ne meurent jamais, où Hélène* ec.ec.

Pag. 326.327: *Mais Robert appartient à un peuple chez lequel le catholicisme est éteint. Car, pour le dire en passant, l'expression de la charte que le catholicisme est la religion de la majorité du peuple n'est qu'une galanterie française envers Notre-Dame de Paris, laquelle répond à cette politesse en parant sa tête des trois couleurs de la liberté, double hypocrisie contre laquelle la foule brutale protestait d'une manière tant soit peu informel, quand récemment elle démolissait les églises et donnait aux images des saints des leçons de natation dans la Seine. Robert est Français et comme la plupart de ses compatriotes obéit à son insu à une doctrine encore voilée qui ne veut pas entendre parler d'un combat de l'esprit contre la matière, qui n'interdit pas à l'homme les jouissances certaines d'ici-bas et lui promet en même temps des joies célestes dans l'azur de l'infini; qui veut au contraire béatifier l'homme de cette vie terrestre et regarde le monde sensible come aussi sacré que le monde spirituel, car **Dieu est tout ce qui est** ec. ec.*

Dopo il fin quì esposto (che pure non è che una minima parte di quanto si contiene d'èmpio e di nefando in questo libro) sembra che non possa cadere dubbio sul merito della proibizione. Sottopongo peraltro colla dovuta sommissione questo mio scritto all'alto giudizio di questa S. Congregazione.

Pio Canonico Bighi Consultore

*Übersetzung*

Eminenzen,

das Werk, über das ich Euren Eminenzen Bericht erstatten soll, trägt den Titel »De la France par Henri Heine« und wurde 1833 in Paris gedruckt[46]. Der Name des Autors ist leider sehr bekannt, denn er steht in den öffentlichen Blättern für den Anführer einer Sekte, die da das »Junge Deutschland« heißt. Das Werk, das im Grunde nichts weiter als eine Zusammenstellung von Artikeln ist, die nach der Julirevolution bereits in Frankreich gedruckt worden sind – in dem Land, das der Autor vermutlich nicht nur als Asylstätte gewählt hat, sondern das er auch als Ort des Komplotts und der Verschwörung benutzt –, entspricht ganz dem Leumund des Autors selbst. Wenn wir den genannten Blättern trauen dürfen, ist er der Sohn eines zum Protestantismus übergetretenen Juden; davon hat er den Haß gegen das Christentum und insbesondere gegen den Katholizismus zurückbehalten, und seine ganze Religion besteht darin, die allgemeine Revolution vorzubereiten, zu schüren und voranzutreiben. Und so zeigt er sich tatsächlich in diesem Werk, das man mit vollem Recht als ein Gewebe von gottlosen, antireligiösen und revolutionären Grundsätzen bezeichnen kann.

Der Herausgeber des Buchs unterbreitet uns die Lebensgeschichte von Heinrich Heine mit folgenden Worten (Seite IV): *Heine ist, wie er uns im **Tambour-le-grand** zu verstehen gibt, am Ufer des Rheins geboren*

46 Unter diesem Titel machte Heine seine vom Januar bis September 1832 in der Augsburger *Allgemeinen Zeitung* erschienenen Korrespondenzartikel der französischsprachigen Öffentlichkeit zugänglich. Diese Übersetzung der *Französischen Zustände* (so der Titel der deutschsprachigen Buchausgabe) ist um die kritischen Äußerungen zu Louis Philippe entschärft. Die Rolle des politischen, literatur- und ideengeschichtlichen Mittlers zwischen Frankreich und Deutschland zwecks »Zerstörung der nationalen Vorurteile« bestimmte Heines Schreiben in den ersten Pariser Jahren; *De la France* und *De l'Allemagne* sind als komplementäre Publikationen intendiert.

*und dort, umgeben von den Siegesfanfaren unserer Armeen, aufgewachsen;*
*seine Gedanken haben sich in der Berührung mit dem lebhaften Alltags-*
*leben der Franzosen, mit dem edlen und großzügigen Bekehrungseifer ent-*
*wickelt, der das besondere und notwendige Kennzeichen aller unserer Unter-*
*nehmungen nach der Revolution war. Dies war eine Erziehung, wie geschaf-*
*fen für eine Seele wie die seine [...]. Das hat ihn nicht davon abgehalten, den*
*absoluten und uneigennützigen Einsatz für die Ziele der Menschheit zur*
*Richtschnur seines Lebens zu machen. 1814 mußte er Preuße werden [...].*
*Nunmehr einer Preußischen Provinz anzugehören, nachdem er davon*
*geträumt hatte, an der Verkündung jenes*
*(2) Freiheitsevangeliums teilzunehmen, das Frankreich in die Welt trug,*
*das hieß wirklich, aus der Höhe fallen: Heine fügte sich darein, aber es ist*
*anzunehmen, daß er den Groll darüber bewahrte. Er besuchte Universitä-*
*ten, wurde Doktor und selbstverständlich Mitglied der **Burschenschaft** und*
*verspottete dort, seine Mission schon damals aufnehmend, die Teutomanie,*
*die Sentimentalität, den falschen Nationalismus, von dem letztendlich nur*
*die kleinen Despoten Deutschlands profitierten, und weigerte sich, auf*
*das Andenken des mystischen Sand und seines sinnlosen Verbrechens zu*
*trinken. Er wurde einer der Begründer der Partei, die von Frankreich das*
*Geheimnis realisierbarer Reformen und erreichbarer Fortschritte erfragen*
*mußte. Seine ersten wie seine letzten Schriften sind, in einer unglaublichen*
*Vielfalt von Formen, nichts weiter gewesen als die Entwicklung dieses*
*Denkens [...]*[47].

Aus dieser Stelle geht deutlich hervor, daß die Vorrede des Her-
ausgebers mit dem Titel »**Ankündigung**« an Bosheit und Gottlosig-
keit hinter der Vorrede des Autors und seinen Artikeln, die den Kern
des Werks bilden, nicht zurücksteht. Dennoch will ich noch einige
andere Stellen anführen; sie werden mehr als hinreichen, um die
Wahrheit meiner Behauptung zu beweisen.

In der Ankündigung des Herausgebers wird der Autor mit vielen
Stellen zitiert, die aus verschiedenen, von ihm bereits anderswo ver-
öffentlichten Schriften entnommen sind; darunter die folgende, die
der Herausgeber eine Prophetie nennt, weil sie vor der Julirevolu-
tion geschrieben worden ist (Seite XI): *Wenn mir mal die Zeit der mü-*
*ßigen Untersuchungen wiederkehrt, so werde ich langweiligst gründlich*
*beweisen: daß nicht Indien, sondern Egypten jenes Kastentum hervorge-*
*bracht hat, das, seit zwei Jahrtausenden, in jede Landestracht sich zu ver-*
*mummen, und jede Zeit in ihrer eigenen Sprache zu täuschen wußte, das*
*vielleicht jetzt tot ist, aber, den Schein des Lebens erheuchelnd, noch immer*

---

47 Eugène Renduel, der Verleger der Ausgabe, stellte Heines Préface und dem
Haupttext ein »Avertissement de l'éditeur« voran. – Zur Entstehungsge-
schichte vgl. Heinrich Heine, Säkularausgabe, 17.

*bösaugig und unheilstiftend unter uns wandelt, mit seinem Leichendufte unser blühendes Leben vergiftet, ja, als Vampyr des Mittelalters, den Völkern das Blut und das Licht aus den Herzen saugt [...]*[48], *sondern auch jene Priester, die es noch besser verstehen, und jener privilegierte erbliche Krieger-stand, der in Mordgier und Gefräßigkeit die Krokodile noch übertrifft.*

*Zwei tiefsinnige Männer, deutscher Nation, entdeckten den heilsamsten Gegenzauber wider die schlimmste aller egyptischen Plagen, und durch schwarze Kunst – durch das Pulver und die Buchdruckerei – brachen sie die Gewalt jener geistlichen und weltlichen Hierarchie, die sich aus einer Ver-bündung des Priestertums und der Kriegerkaste, nämlich der sogenannten katholischen Kirche und des Feudaladels, gebildet hatte, und die ganz Euro-pa weltlich und geistlich knechtete. Die Druckerpresse zersprengte*

*(3) das Dogmengebäude, worin der Großpfaffe von Rom die Geister ge-kerkert, und Nordeuropa atmete wieder frei, entlastet von dem nächtlichen Alp jener Klerisei, die zwar in der Form von der egyptischen Standeserb-lichkeit abgewichen war, im Geiste aber dem egyptischen Priestersystem um so getreuer bleiben konnte, da sie sich nicht durch natürliche Fortpflanzung, sondern unnatürlich, durch mameluckenhafte Rekrutierung, als eine Kor-poration von Hagestolzen, noch schroffer darstellte*[49].

So geht es fort in derselben Stimmlage, gleichviel ob der Autor, zitiert vom Herausgeber, oder ob der Herausgeber selbst spricht. Um Eure Eminenzen nicht unnötig zu langweilen, beschränke ich mich darauf, nur einen weiteren Passus dieser ersten Vorrede bzw. Ankündigung mitzuteilen: *Ja* (so Heinrich Heine an einer anderen Stelle, die der Herausgeber auf der Seite XXIV wiedergibt), *ich wie-derhole die Worte, womit ich diese Blätter eröffnet: die Freiheit ist eine neue Religion, die Religion unserer Zeit. Wenn Christus auch nicht der Gott die-ser Religion ist, so ist er doch ein hoher Priester derselben, und sein Name strahlt beseligend in die Herzen der Jünger. Die Franzosen sind das auserle-sene Volk der neuen Religion, in ihrer Sprache sind die ersten Evangelien und Dogmen verzeichnet. Paris ist das neue Jerusalem, und der Rhein ist der Jordan, der das geweihte Land der Freiheit trennt von dem Lande der Phi-lister*[50].

Es folgt die Vorrede des Verfassers, und darin gibt er Auskunft über das Motiv, das ihn veranlaßt hat, eine Reihe von Artikeln und Tagesberichten, in einem Band vereinigt, neu herauszugeben, die er für die Allgemeine Zeitung von Augsburg geschrieben hat – *nach dem*

---

48 Auslassung: »aus den Herzen saugt. Dem Schlamme des Nil-Tals entstiegen nicht bloß die Krokodile, die so gut weinen können, sondern ...« (wie Anm. 49).
49 Heine, Reisebilder IV, Englische Fragmente XI, Die Befreiung, HS II, 594 f.
50 Ebd. 601.

*Begehr des Augenblicks, in stürmischen Verhältnissen aller Art, zu leicht
erratbaren Zwecken, unter noch leichter erratbaren Beschränkungen* ...[51].
Was ihn nach seiner Angabe dazu bewogen hat, sie unter seinem
Namen zu veröffentlichen, ist die Absicht, willkürlichen Verstümmelungen oder Veränderungen vorzubeugen.

Was der, wie er sagt, leicht zu erratende Zweck der Neuveröffentlichung der angesprochenen Artikel war, erklärt er deutlicher
in ebendieser Vorrede. Seine Mission, wie er sie nennt – ich kann
sie nur als ein teuflisches Vorhaben bezeichnen –, besteht darin, mit
allen Mitteln die Erneuerung des Menschengeschlechts oder, genauer gesagt, die gegen die Religion und soziale Ordnung gerichtete
Revolution vorzubereiten, zu planen und herbeizuführen. Daher
mustert er die wichtigsten Nationen von Europa und vor allem die
deutschen Regierungen, und bei jeder Gelegenheit zeigt er seinen
Haß auf die bestehende Ordnung, vor allem aber auf den Katholischen Klerus und auf den Adel. Er sagt voraus, was den Fürsten
widerfahren wird, nämlich Vernichtung, Tod oder bestenfalls die
Exilierung, und obwohl

(4) er behauptet, aus Neigung und Überzeugung Monarchist zu
sein (freilich immer auf seine Manier und im Sinne der unreifen
Erneuerer der Menschheit oder der Verteidiger der sog. Menschenrechte), verkündet er, daß Frankreich und Deutschland im Begriff
seien, große Republiken zu werden, deren *Religion die Freiheit sein
wird*, und daß die Mittel, sie zu errichten, der Terrorismus und
die Schlächterei sein werden. Ich will keinen besonderen Passus
aus dieser Vorrede anführen, weil sie vollständig in diesem Geist
geschrieben ist und weil dessen Grundsätze auf jeder Seite bekräftigt werden. Es genügt, auf irgendeine von ihnen den Blick zu richten, um sich davon zu überzeugen. Auf eines nur glaube ich aufmerksam machen zu müssen, daß nämlich das, was diese Schriftsteller einst in Symbolen und Bildern ausdrückten und ankündigten
und unter einem geheimnisvollen Schleier verborgen zu halten
suchten, nun offen erklärt und proklamiert wird. Man gibt jetzt für
unausweichlich aus, was man früher insgeheim in finsteren Konventikeln plante.

Ich werde nun einige Stellen aus den erwähnten Artikeln wiedergeben und auf diese Weise, wie es meine Aufgabe ist, Euren Eminenzen die Ausrichtung des Buches insgesamt vor Augen führen.

51 Heine, Französische Zustände, Vorrede von 1832, HS III, 91.

Auf den Seiten 82 und 83 [heißt es]: *Paris ist nicht bloß die Haupt-stadt von Frankreich, sondern der ganzen zivilisierten Welt [...]*[52]. *Betrach-tet man den Verein von berühmten oder ausgezeichneten Männern, die hier zusammentreffen, so hält man Paris für ein Pantheon der Lebenden. Eine neue Kunst, eine neue Religion, ein neues Leben wird hier geschaffen ...*[53].

Auf der Seite 130 heißt es, daß Louis Philippe die Freiheit der übrigen Welt nicht **ihren Henkern** hätte ausliefern dürfen. *Ja*, so fährt der Autor fort, *Ludwig Philipp mußte an die Spitze der europäischen Freiheit treten, die Interessen derselben mit seinen eigenen verschmelzen, sich selbst und die Freiheit identifizieren, und wie einer seiner Vorgänger ein kühnes »L'Etat c'est moi!« aussprach, so mußte er mit noch größerem Selbst-bewußtsein ausrufen: »La Liberté c'est moi!« Er hat es nicht getan.*

*Wir wollen nun die Folgen abwarten. Sie sind unausbleiblich ...*[54].

Auf der Seite 164, wo er von der Cholera spricht, verhöhnt der Verfasser Herrn von Quélen, den Erzbischof von Paris, wegen der Ausübung seiner Hirtenfürsorge, und fügt hinzu: *... man wollte die verstockten Revolutionssünder lieber ohne Mahnung an ewige Verdammnis und Höllenqual, ohne Beicht und Ölung, an der bloßen Cholera sterben las-sen. Obgleich man behauptet, daß der Katholizismus eine passende Religion sei für so unglückliche Zeiten, wie die jetzigen, so wollen doch die Franzosen sich nicht mehr dazu bequemen, aus Furcht, sie würden diese Krankheits-religion alsdann auch in glücklichen Tagen behalten müssen*[55]. Er fügt hinzu, daß viele Priester **verkleidet** im Volk herumgehen und be-haupten, daß ein

(5) geweihter Rosenkranz ein Schutzmittel gegen die Cholera sei; daß die Saint-Simonisten es zu den Vorzügen ihrer Religion rech-nen, daß kein Saint-Simonist an der herrschenden Krankheit ster-ben könne; daß die Bonapartisten behaupten, daß man, sobald man die Anzeichen der Cholera verspüre, nur die Augen auf die Ven-dômesäule zu richten brauche, das reiche aus, um zu gesunden. *So*, fährt er fort, *hat jeder seinen Glauben in dieser Zeit der Not. Was mich betrifft, ich glaube an Flanell*[56]. Dann schließt er diesen Artikel über die Cholera mit den folgenden Worten (Seite 170): *... ich weinte bitterlich über die unglückliche Stadt, die Stadt der Freiheit, der Begeisterung und des*

---

52 Auslassung: »... und ist ein Sammelplatz ihrer geistigen Notabilitäten. Ver-sammelt ist hier alles was groß ist durch Liebe oder Haß, durch Fühlen oder Denken, durch Wissen oder Können, durch Glück oder Unglück, durch Zu-kunft oder Vergangenheit.« (wie Anm. 50).
53 Heine, Französische Zustände, Artikel III, HS III, 133 f.
54 Ebd., Artikel V, HS III, 159.
55 Ebd., Artikel VI, HS III, 177.
56 Ebd., 178.

*Martyrtums, die Heilandstadt, die für die weltliche Erlösung der Menschheit schon so viel gelitten*[57]!

Die Lästerungen sind erschreckend, die der Autor gegen die heiligen Dogmen der Christlichen Religion vorbringt, zugleich aber mißbraucht er sie. Er beleidigt auch diese Religion selbst auf den Seiten 218 und 219: *Hier [in Spanien], wie auch in einigen Provinzen von Westfrankreich und Süddeutschland, segnet die katholische Priesterschaft diese heilige Allianz. Auch die Priester der protestantischen Kirche sind überall bemüht, das schöne Verhältnis zwischen dem Volk und den Machthabern (d. h. zwischen dem Pöbel und der Aristokratie) zu befördern, damit die Gottlosen (die Liberalen) nicht die Obergewalt gewinnen. Denn sie urteilen sehr richtig: wer sich frevelhaft seiner Vernunft bedient und die Vorrechte der adeligen Geburt leugnet, der zweifelt am Ende auch an den heiligsten Lehren der Religion und glaubt nicht mehr an Erbsünde, an den Satan, an die Erlösung, an die Himmelfahrt, er geht nicht mehr nach dem Tisch des Herrn, und gibt auch dann den Dienern des Herrn keine Abendmahlstrinkgelder oder sonstige Gebühr, wovon ihre Subsistenz und also das Heil der Welt abhängt. Die Aristokraten aber haben ihrerseits eingesehen, daß das Christentum eine sehr nützliche Religion ist, daß derjenige, der an die Erbsünde glaubt, auch die Erbprivilegien nicht leugnen wird, daß die Hölle eine sehr gute Anstalt ist, die Menschen in Furcht zu halten, und daß jemand, der seinen Gott frißt, sehr viel vertragen kann*[58].

Auf den Seiten 233 und 234: *Ja, in den meisten Fällen zweifelt man nicht einmal; denn der Zweifel selbst setzt ja einen Glauben voraus. Es gibt hier keine Atheisten; man hat für den lieben Gott nicht einmal so viel Achtung übrig, daß man sich die Mühe gäbe, ihn zu leugnen. Die alte Religion ist gründlich tot, sie ist bereits in Verwesung übergegangen, die* **Mehrheit der Franzosen** *will von diesem Leichnam nichts mehr wissen und hält das Schnupftuch vor der Nase, wenn vom Katholizismus die Rede ist. Die alte Moral ist ebenfalls tot, oder vielmehr sie ist*

*(6) nur noch ein Gespenst, das nicht einmal des Nachts erscheint [...]*[59].

Auf der Seite 237 spricht er von dem Aufruhr, der bei der Totenfeier des Generals Lamarque[60] entstand, und drückt sich dabei ganz gottlos aus: *[Jener Lamarquesche Leichenzug sollte nur eine große Heerschau der Opposition sein.] Aber die Versammlung so vieler streitbarer und streitsüchtiger Menschen geriet plötzlich in unwiderstehlichen Enthusiasmus, der heilige Geist kam über sie zur unrechten Zeit, sie fingen an zur*

---

57 Ebd., 180.
58 Ebd., Artikel IX, HS III, 206.
59 Ebd., 214.
60 Das Begräbnis des regimekritischen Generals Maximilian Lamarque (1770–1832) geriet zu einer Massendemonstration.

*unrechten Zeit zu weissagen, und der Anblick der roten Fahne soll, wie ein Zauber, die Sinne verwirrt haben*[61]. Solch gottlose Anspielungen und Vergleiche gibt es überaus häufig in dem Buch. Wenn er nun fortfährt, diesen Kampf und das Massaker an den Aufständischen zu schildern, stellt er auf den Seiten 243/244 folgende Überlegung an: *Der bescheidene Tod dieser großen Unbekannten vermag nicht bloß uns eine wehmütige Rührung einzuflößen, sondern er ermutigt auch unsere Seele, als Zeugnis, daß viele tausend Menschen, die wir gar nicht kennen, bereit stehen für die heilige Sache der Menschheit ihr Leben zu opfern. Die Despoten aber müssen von heimlichem Grauen erfaßt werden, bei dem Gedanken, daß eine solche, unbekannte Schar von Todessüchtigen sie immer umringt gleich den vermummten Dienern einer heiligen Feme. Mit Recht fürchten sie Frankreich, die rote Erde der Freiheit*[62].

Das Buch enthält, außer den genannten Artikeln, den Bericht über eine Ausstellung von Bildern der berühmtesten französischen Maler; er trägt die Überschrift **Salon von 1831**[63]. Darin zeigt [Heine] ebenfalls seine revolutionäre und antireligiöse Gesinnung; ja, er bemüht sich eifrig bei jeder sich bietenden Gelegenheit, seine perversen und gottlosen Ansichten einzuflüstern. Auch von diesem Bericht will ich einige Stellen anführen. Auf der Seite 296 beschreibt er ein Gemälde von Horace Vernet[64], das Judith darstellt, wie sie den Holofernes tötet[65], und schließt nach einer Reihe von Dummheiten, die die biblische Geschichte verunstalten, folgendermaßen: ... *seine Lippen [die von Holofernes] bewegen sich noch, als wenn sie küßten; [...]*[66] *und trunken von Glück und gewiß auch von Wein, ohne Zwischenspiel von Qual und Krankheit, sendet ihn der Tod, durch seinen schönsten Engel, in die weiße Nacht der ewigen Vernichtung. Welch ein beneidenswertes Ende! Wenn ich einst sterben soll, ihr Götter, laßt mich sterben wie Holofernes*[67]!

Auch wenn weitere Belege fehlten, so würden diese wenigen Worte, die nichts anders sind als Unflätigkeiten und Lästerungen, genügen, um eine Vorstellung davon zu geben, wie dieser verruchte Mensch über Moral und Glauben denkt.

Die Stellen, die ich noch anführe, lassen einen vor Ekel und Schrecken schaudern; und gerne hätte ich sie

---

61 Heine, Französische Zustände, HS III, 216.
62 Ebd., 220.
63 Der Band enthielt die *Französischen Maler, Aus den Memoiren des Herrn von Schnabelewopski* sowie eine Zusammenstellung von Gedichten.
64 Französischer Maler und Grafiker (1789–1863).
65 Vgl. das alttestamentliche Buch Judith (hier Jdt 13,1–10).
66 Auslassung: »er lag noch eben im Schoße des Glücks, oder vielleicht lag auch das Glück in seinem Schoße;« (wie Anm. 65).
67 Heine, Französische Maler, Horace Vernet, HS III, 37.

(7) übergangen, wie ich es mit so vielen anderen getan habe, wenn ich nicht geglaubt hätte, damit meine Pflicht zu versäumen. Seite 325: ... *wie ein geistreicher Freund bemerkte, Robert [der Maler]*[68] *hat die Gestalten, die ihm die Natur geliefert, erst in sein Gemüt aufgenommen, und wie die Seelen im Fegefeuer, die dort nicht ihre Individualität, sondern ihre irdischen Schlacken einbüßen, ehe sie selig hinaufsteigen in den Himmel, so wurden jene Gestalten in der glühenden Flammentiefe des Künstlergemütes so feurig gereinigt und geläutert, daß sie verklärt emporstiegen in den Himmel der Kunst, wo ebenfalls ewiges Leben und ewige Schönheit herrscht, wo Venus und Maria niemals ihre Anbeter verlieren, wo Romeo und Julie nimmer sterben, wo Helena [ewig jung bleibt ...]*[69].

Seiten 326/327: *Robert gehört aber einem Volke an, worin der Katholizismus erloschen ist. Denn, beiläufig gesagt, der Ausdruck der Charte, daß der Katholizismus die Religion der Mehrheit des Volkes sei, ist nur eine französische Galanterie gegen Notre Dame de Paris, die ihrerseits wieder mit gleicher Höflichkeit die drei Farben der Freiheit auf dem Haupte trägt, eine Doppelheuchelei, wogegen die rohe Menge etwas unförmlich protestierte, als sie jüngst die Kirchen demolierte und die Heiligenbilder in der Seine schwimmen lehrte. Robert ist ein Franzose, und er, wie die meisten seiner Landsleute, huldigt unbewußt einer noch verhüllten Doktrin, die von einem Kampfe des Geistes mit der Materie nichts wissen will, die dem Menschen nicht die sichern irdischen Genüsse verbietet und dagegen desto mehr himmlische Freuden ins Blaue hinein verspricht, die den Menschen vielmehr schon auf dieser Erde beseligen möchte, und die sinnliche Welt ebenso heilig achtet wie die geistige; denn »Gott ist alles, was da ist*[70]*«.*[71]

Nach dem, was ich bis hierher herausgestellt habe (und was nur ein geringer Teil von dem ist, was dies Buch an Gottlosem und Ruchlosem enthält), scheint mir kein Zweifel möglich, daß es verboten werden muß. Mit der gebotenen Demut unterwerfe ich aber diese meine Abhandlung dem hohen Urteil der Heiligen Kongregation.

Pio Canonico Bighi, Konsultor.

---

68 Leopold Robert (1794–1835), französischer Maler.
69 Heine, Französische Maler, Robert, HS III, 55.
70 Heine schätzte den Satz (eine Übertragung von Prosper Enfantins »Dieu est tout ce qui est«) sehr: Er taucht in *Zur Geschichte der Religion und Philosophie in Deutschland* auf (HS III, 565 f.) und beschließt das VII. Gedicht des Seraphine-Zyklus: »Und Gott ist alles was da ist; / Er ist in unseren Küssen« (HS IV, 325). Er ist die pantheistische Zauberformel, die Umkehrung des fünfzehnten Lehrsatzes im ersten Teil von Spinozas *Ethik:* »Alles, was ist, ist in Gott, und nichts kann ohne Gott sein, noch begriffen werden.« – Zit. nach der Ausgabe von Friedrich Bülow, Stuttgart 1976, 14.
71 Heine, Französische Maler, Robert, HS III, 56

## II. Dokumente zum Indexverfahren von 1836

*4. Beschlußfassung der Konsultorenversammlung, zugleich Sitzungsvorlage für die Kardinalsplenaria*

*Druck [Rom].*
*Archiv der Glaubenskongregation: Archiv der Indexkongregation II^a–112:*
*Rev[erendus] P[ater] Degola Secr[etarius]. Acta Congr[egationis] An[ni]*
*1836–1838 30 Julii.*
*fol. 188*

Feria II. Die 12 Septembris 1836.

In Congregatione praeparatoria Indicis habita in Conventu S. Mariae super Minervam in Superiori Cubiculo P[atris] Secretarii ejusmodi Congregationibus habendis addicto cui Congregationi interfuerunt ex D[ominis] Consultoribus, R[everendissi]mus P[ater] Buttaoni Magister S[acri] P[alatii] Apostolici, Ill[ustrissi]mi et R[everendissi]mi Domini Archiepiscopus Traversi, Mezzofanti, Ill[ustrissi]mi Domini Rezzi, Graziosi, Palma, R[everendi] P[atri] Lo Jacono, Secci-Murro, da Nemi, et Secretarius ad normam Constitutionis Bened[icti] XIV. **Sollicita et Provida**, examinata fuerunt undecim contrascripta Opera cum respectivis Censuris a singulis D[ominis] Consultoribus antea expensa, omnesque D[omini] Consultores censuerunt proscribenda quae sub N[umeris] I. II. III. IV. V. VI. IX. X. et XI. [...]

[II. = Heine, De la France. Referent: Bighi. Handschriftliche Hinzufügung: »prohibetur«.]

[IX. = Heine, Reisebilder. Referent: Graziosi. Handschriftliche Hinzufügung: »prohibetur«.]

[XI. = Heine, De l'Allemagne. Referent: Palma. Handschriftliche Hinzufügung: »prohibetur«.]

*Übersetzung*

Montag, 12. September 1836.

Bei der vorbereitenden Sitzung der Indexkongregation, die im Konvent S. Maria sopra Minerva im dafür bestimmten Obergemach des Pater Sekretär gehalten wurde und bei der von den Herren Konsultoren der Hochwürdigste Pater Buttaoni, Magister Sacri Palatii Apostolici, die hochverehrten und hochwürdigsten Herren Erzbischof Traversi und Mezzofanti, die hochverehrten Herren Rezzi,

Graziosi, Palma, die hochwürdigen Patres La Jacono, Secci-Murro und da Nemi sowie der Sekretär nach der Vorschrift der Konstitution Benedikts XIV. **Sollicita et Provida** anwesend waren, wurden die elf angeklagten Werke mit ihren jeweiligen Beurteilungen, die von den einzelnen Herren Konsultoren zuvor erwogen wurden, geprüft, und alle Herren Konsultoren waren der Ansicht, daß die unter den Nummern I., II., III., IV., V., IX., und XI. genannten Werke zu verurteilen seien [...].

[II. = Heine, De la France. Referent: Bighi. Handschriftliche Hinzufügung: »prohibetur«.]

[IX. = Heine, Reisebilder. Referent: Graziosi. Handschriftliche Hinzufügung: »prohibetur«.]

[XI. = Heine, De l'Allemagne. Referent: Palma. Handschriftliche Hinzufügung: »prohibetur«.]


## 5. Relation über die Sitzung der Kongregation an den Papst

*Handschriftlich [Rom, 22. September 1836].*
*Archiv der Glaubenskongregation: Archiv der Indexkongregation II^a–112:*
*Rev[erendus] P[ater] Degoia Secr[etarius]. Acta Congr[egationis] An[ni]*
*1836–1838 30 Julii.*
*fol. 180–187, hier 180r–180v*

Relazione alla Santità di Nostro Signore della Congregazione dell'Indice tenuta la mattina del dì 22. Settembre 1836 nel Palazzo Apostolico al Quirinale, alla quale intervennero gli E[minentissi]mi Giustiniani Prefetto, De Gregorio, Falzacappa, Micara, Sala, Brignole, Della Porta, e Polidori. [...]

1. **De la France.** Vol. 1
2. **Reisebilder. Tableaux de Voyage.** Vol. 2
3. **De l'Allemagne.** Vol. 2

Autore di queste tre Opere stampate in Parigi negli anni 1833-34-35 è il Sig^e. Enrico Heine, suddito Prussiano, proscritto dalla Germania qual Capo della nuova setta intitolata »**La Giovane Allemagna**«. Scrittore di feconda imaginazione e di fantasia vivacissima presenta nelle sue Opere con tutti i vezzi dello stile un complesso sì vago ed intralciato che quasi si rende impossibile il darne un sunto regolare. Tutte però sono degno parto di un autore acclamato Capo di setta detestabile; tutte ridondano di massime irreligiose ed empie; in tutte è messo in derisione il Cristianesimo, in discredito la Religione Cattolica; in tutte trionfa il Deismo; in tutte trovansi dei tratti che offendono il buon costume; tutte finalmente tendono a screditare i

Governi, ad eccitare i popoli alla rivoluzione, e proporla come l'epoca della comune redenzione. La S. Cong[regazio]ne le ha giudicate tutte e tre meritevolissime di proibizione come opere tutte e tre ridondanti di errori, bestemmie, oscenità, e massime tendenti allo sconvolgimento dell'ordine sociale.

[Es folgt die Vorstellung weiterer Werke, deren Indizierung beschlossen wird. Insgesamt 11 Causen.]

*Übersetzung*

Bericht an die Seine Heiligkeit über die Indexkongregation am Morgen des 22. Septembers 1836 im Apostolischen Palast am Quirinal, an der die Eminenzen Präfekt Giustiniani, De Gregorio, Falzacappa, Micara, Sala, Brignole, Della Porta und Polidori teilnahmen.

1. **De la France. Bd. 1**
2. **Reisebilder. Tableaux de Voyage. Bd. 2**
3. **De l'Allemagne. Bd. 2**

Verfasser dieser drei in den Jahren 1833-34-35 in Paris gedruckten Werke ist Herr Heinrich Heine, ein preußischer Untertan, der vom Deutschen Bund als Anführer der neuen, »**Das Junge Deutschland**« genannten Sekte geächtet wird. Die Werke dieses über eine große Vorstellungskraft und eine äußerst lebhafte Phantasie verfügenden Schriftstellers sind trotz der Anmut des Stils von so unklarer und verworrener Machart, daß es fast unmöglich ist, eine verständliche Zusammenfassung zu geben. Alle sind sie jedoch die würdige Ausgeburt eines Autors, der als Anführer einer verabscheuenswürdigen Sekte gefeiert wird; alle strotzen vor religionsfeindlichen und gottlosen Grundsätzen; und in allen wird das Christentum verspottet, die katholische Religion diskreditiert; in allen triumphiert der Deismus; in allen findet man Stellen, die gegen die guten Sitten verstoßen; schließlich trachten alle danach, die Regierungen in Verruf zu bringen und die Völker zur Revolution aufzustacheln und diese als Anbruch der allgemeinen Befreiung auszugeben. Die H. Kongregation hat befunden, daß alle drei das Verbot unbedingt verdienen, denn alle drei Werke sind voller Irrtümer, Gotteslästerungen, Unanständigkeiten und Grundsätze, die den Umsturz der sozialen Ordnung beabsichtigen.

[Es folgt die Vorstellung weiterer Werke, deren Indizierung beschlossen wird. Insgesamt 11 Causen.]

## 6. Dekret vom 22. September 1836

*Druck in Plakatform [Rom], ausgefertigt am 3. Oktober 1836.*
*Archiv der Glaubenskongregation: Archiv der Indexkongregation II^a–112:*
*Rev[erendus] P[ater] Degola Secr[etarius]. Acta Congr[egationis] An[ni]*
*1836–1838 30 Julii.*
*fol. 178*

Decretum
Feria V. die 22 Septembris 1836
Sacra Congregatio Eminentissimorum, ac Reverendissimorum S[anctae] Romanae Ecclesiae Cardinalium a SANCTISSIMO DOMINO NOSTRO GREGORIO PAPA XVI. Sanctaque Sede Apostolica Indici Librorum pravae Doctrinae, eorumdemque proscriptioni, expurgationi, ac permissioni in Universa Christiana Republica praepositorum, et delegatorum, habita in Palatio Apostolico Quirinali, damnavit, et damnat, proscripsit, proscribitque, vel alias damnata, atque proscripta in Indicem Librorum prohibitorum referri mandavit, et mandat Opera, quae sequuntur:
**De la France par Henri Heine.** Decr[etum] 22 Septembris 1836.
**Œuvres de Henri Heine: Reisebilder Tableaux de Voyage.** Decr[etum] eod[em].
**Œuvres de Henri Heine: De l'Allemagne.** Decr[etum] eod[em].
[Es folgen zehn weitere Titel]
Itaque nemo cujuscumque gradus, et conditionis praedicta Opera damnata, atque proscripta, quocumque loco, et quocumque idiomate, aut in posteram edere, aut edita legere, vel retinere audeat, sed Locorum Ordinariis, aut haereticae pravitatis Inquisitoribus ea tradere teneatur, sub poenis in Indice Librorum vetitorum indictis.
Quibus SANCTISSIMO DOMINO NOSTRO GREGORIO PAPAE XVI, per me infrascriptum Secretarium relatis, SANCTITAS SUA Decretum probavit, et promulgari praecepit. In quorum fidem etc.
Datum Romae die 3 Octobris 1836.
J[acobus] Card[inalis] Justinianus Praefectus.
Fr. Thomas Antoninus Degola Ord[inis] Praed[icatorum] Sac[rae] Congr[egationis] Secretarius.

*Übersetzung*

Dekret
Donnerstag, 22. September 1836
Die Heilige Kongregation der Eminenzen und hochwürdigsten Kardinäle der heiligen Römischen Kirche, die von UNSEREM HEI-

LIGSTEN HERRN PAPST GREGOR XVI. und dem Heiligen Apostolischen Stuhl mit dem Index der Bücher mit verkehrter Lehre und ihrem Verbot, ihrer Purgierung und [der Erteilung von ausnahmsweiser Lese-] Erlaubnis im ganzen christlichen Gemeinwesen betraut sind, und ihrer Vertreter, die im Apostolischen Palast auf dem Quirinal abgehalten wurde, hat verurteilt und verurteilt, hat geächtet und ächtet und hat folgende – eventuell auch anderweitig verurteilte und geächtete – Werke in den Index der verbotenen Bücher aufgenommen und nimmt sie auf:

**De la France par Henri Heine.** Dekret vom 22. September 1836.
**Œuvres de Henri Heine: Reisebilder Tableaux de Voyage.** Durch dasselbe Dekret.
**Œuvres de Henri Heine: De l'Allemagne.** Durch dasselbe Dekret.

[Es folgen zehn weitere Titel]

Deshalb wage es niemand, gleich welchen Ranges und Standes, die genannten verurteilten und geächteten Werke an gleich welchem Ort und in gleich welcher Sprache entweder hinfort herauszugeben oder die bereits herausgegebenen zu lesen oder aufzubewahren, sondern er ist gehalten, unter Androhung der im Index der verbotenen Bücher genannten Strafen, sie den Ortsordinarien oder den Inquisitoren gegen die häretische Verkehrtheit zu übergeben.

Nachdem dies UNSEREM HEILIGSTEN HERRN PAPST GREGOR XVI. durch mich, den unterzeichneten Sekretär, berichtet worden war, hat IHRE HEILIGKEIT das Dekret gebilligt und seine Promulgation angeordnet. Dies beglaubige ich etc.

Gegeben zu Rom, dem 3. Oktober 1836

J[akob] Kard[inal] Giustiniani, Präfekt
Fr. Thomas Antoninus Degola Ord[inis] Praed[icatorum],
Sekretär der Heiligen Kongregation

## III. Gutachten und Dokumente zum Indexverfahren von 1845

7. *Handschriftlicher Bericht des Wiener Nuntius Ostini an Kardinal Mai, Präfekt der Indexkongregation*

*Wien, 15. November 1844.*
*Archiv der Glaubenskongregation: Archiv der Indexkongregation II*$^a$–114:*
*Rev[erendus] P[ater] Degola Secr[etarius]. Acta Congr[egationis] An[ni]*
*1842–1845.*
*fol. 646–647*

E[minentissi]mo Sig. Card[inale] Angelo Mai
Pref[etto] della S[agra] Congreg[azione] dell'Indice

Eminenza Reverendissima
In conformità degli ordini ricevuti da V[ost]ra Em[inen]za R[everendissi]ma, ho l'onore di trasmetterle qui unite alcune delle più note opere, di recente pubblicate in Germania, le quali mi furono denunziate come meritevoli di essere sottoposte alla censura di codesta S. Congregazione, essendo più o meno dirette contro la nostra Santa Religione e la Cattolica Chiesa.

Quelle che compariscono sotto forma di romanzi, o di poesie, producono maggior danno, poichè vengono ricercate e lette con più d'avidità. Tali sono il Romanzo intitolato »Il Proselito« (di cui ancora non uscì a luce l'ultimo volume), le storie in versi del Savonarola, e degli »Albigesi«; e le »Nuove Poesie« del troppo famoso Heine. Quest'ultima produzione sopratutto contiene delle empietà stomachevoli.
[…]
Vienna, 15. Novembre 1844

Umilissimo Devotissimo Obbligatissimo Serv[itore]
Arcivesc[ov]o di Efeso, Nunzio Ap[ostolic]o

Seine Eminenz Herr Kardinal Angelo Mai
Präfekt der Heiligen Indexkongregation

Verehrteste Eminenz, nach den Weisungen, die ich von Eurer Eminenz erhalten habe, habe ich die Ehre, Euch beiliegend einige der bekanntesten, kürzlich in Deutschland veröffentlichten Werke zu übermitteln, die mir angezeigt wurden als solche, die der Zensur der Heiligen Kongregation unterworfen werden sollten, da sie unsere Heilige Religion und die Katholische Kirche mehr oder weniger angreifen.

Diejenigen Werke, die in Roman- oder Gedichtform erscheinen, verursachen größeren Schaden, weil sie mit größerer Begierde gesucht und gelesen werden. Dazu gehören der »Der Proselyt« genannte Roman (dessen letzter Band noch nicht erschienen ist), die in Versform geschriebenen Geschichten über Savonarola und die »Albigenser« sowie die »Neuen Gedichte« des allzu bekannten Heine. Besonders in letzterem Erzeugnis finden sich widerwärtige Gottlosigkeiten.

[...]

Wien, 15. November 1844
Euer demütigster, ergebenster, zu größtem Dank
verpflichteter Diener
Erzbischof von Ephesos, Apostolischer Nuntius

## 8. Gutachten über Heinrich Heine, Neue Gedichte

*Druck [Rom] o. D.*
*Archiv der Glaubenskongregation: Archiv der Indexkongregation II^a–114:*
*Rev[erendus] P[ater] Degola Secr[etarius]. Acta Congr[egationis] An[ni]*
*1842–1845.*
*fol. 642v–643r*[72]

[Nach einem längeren Gutachten von Augustinus de la Croix SJ zu Matthäi, »Rom und die Humanität«, folgt ein kürzeres über Heine, »Neue Gedichte«:]
   [...]

---

72 Am Rand handschriftlich: »Prohibeatur«.

(2) Nuove Poesie di H. Heine

Quest'operetta è divisa in varie parti. La prima: **Nuova primavera**, contiene 44 componimenti, più o meno tutti di amoreggiamenti, i quali sebbene non molto lascivi od apertamente osceni, sono però di lor natura atti ad eccitare le passioni disoneste, specialmente nella gioventù.

La seconda parte »(Poesie) Varie«: tratta ugualmente della stessa materia.

La terza: **Il Cavaliere Tannhäuser** è un componimento assai lascivo. In esso si mette a burla la penitenza, e si fà dire a Papa Urbano che per un lussurioso non v'è speranza di conversione.

Pag. 129. **Canzone sulla Creazione**. Si mette in ridicolo Iddio, la sua onnipotenza ec. ec.

Pag. 277. **Germania**: Capo I. Sembra una parafrasi del Cap. II. della Sapienza … *Coronemus nos rosis … nemo nostrum exsors sit luxuriae nostrae* etc. etc.

Pag. 337. Capo XIII. contiene delle bestemmie le più orrende contro Gesù Cristo morto in croce per la salvezza dell'uman genere. Questo sol passo, secondo il mio giudizio, è più che sufficiente perchè tutta l'opera sia riprovata; sottomettendo però il mio parere alla saviezza delle E[minenze] V[ostre] R[everendissime], delle quali baciando la Sagra porpora ho l'onore di protestarmi

E[minentissi]mi Princìpi

Ubb[idientissi]mo Dev[otissi]mo Servitore
Agostino De la Croix della C[omunità] di G[esù]
Consultore.


*Übersetzung*

(2) Neue Gedichte von H. Heine

Dieses kleine Werk besteht aus verschiedenen Teilen. Der erste, **Neuer Frühling**, enthält 44 Gedichte, die praktisch alle von Liebeleien handeln, und, obwohl nicht sehr lasziv oder direkt obszön, doch solcher Natur sind, daß sie unzüchtige Leidenschaften, besonders bei der Jugend, hervorrufen könnten.

Der zweite Teil, »Verschiedene (Gedichte)«, behandelt das gleiche Thema.

Der dritte, **Der Ritter Tannhäuser**, ist ein recht laszives Werk. Darin macht er die Beichte lächerlich und läßt Papst Urban sagen, daß es für einen unzüchtigen Menschen keine Hoffnung auf Umkehr gibt.

Seite 129. **Schöpfungslied[er]**. Gott, seine Allmacht etc. etc. werden verspottet.

Seite 277. **Deutschland[. Ein Wintermärchen]**: Caput I scheint eine Paraphrase von Kap. II der **Weisheit** zu sein ... *Coronemus nos rosis ... nemo nostrum exsors sit luxuriae nostrae* etc. etc.

Seite 337. Kapitel XIII enthält die schrecklichsten Lästerungen über Jesus Christus, der zum Heil des Menschengeschlechts am Kreuz gestorben ist. Allein dieser Abschnitt ist meiner Ansicht nach mehr als ausreichend, um das ganze Werk abzulehnen. Ich unterwerfe aber meine Meinung der Weisheit Eurer Eminenzen, deren heiliges Purpurgewand küssend ich beteuern darf, daß ich, hochwürdigste Fürsten,

Euer demütigster, ergebenster Diener

Gutachter August De la Croix von der Gesellschaft Jesu bin.

*9. Beschlußfassung der Konsultorenversammlung, zugleich Sitzungsvorlage für die Kardinalsplenaria*

*Druck [Rom].*
*Archiv der Glaubenskongregation: Archiv der Indexkongregation II^a–112: Rev[erendus] P[ater] Degola Secr[etarius]. Acta Congr[egationis] An[ni] 1836–1838 30 Julii.*
*fol. 637*

E[minentissi]me et R[everendissi]me Domine
Sacra Indicis Congregatio habebitur in Palatio Apostolico Quirinali Feria VI. die 8 Augusti 1845 hora 14. Nisi fuerit Consistorium, alias [etc.]
[Unter III. Heine, Neue Gedichte. Referent: P. Augustinus De la Croix.]

Feria V. die 24 Julii 1845
In Congregatione praeparatoria Indicis habita in Conventu S. Mariae super Minervam in superiori cubiculo P[atris] Secretarii ejusmodi Congregationis habendis addicto cui Congregationi interfuerunt ex D[ominis] Consultoribus, R[everendissi]mus P[ater] Magister S[acri] Palatii Apostolici, Ill[ustrissi]mi et R[everendissi]mi Domini Rosani, Bighi, Curtins, R[everendi] P[atres] Secci-Murro, De la Croix, Patscheider, Cirino, Genis, Vallebona, De Ferrari, Meli, et P[ater] Secretarius, ad normam Constitutionis Bened[icti] XIV. Sol-

licita et **Provida**, examinata fuerunt contrascripta Opera cum respectivis censuris a singulis D[ominis] Consultoribus antea Expensa, omnesque D[omini] Consultores censuerunt ea esse proscribenda nisi aliter E[minentissimi]mis P[atris] Indicis Congregationi praepositis, et S[anctissimo] D[omino] N[ostro] P[apae] Gregorio XVI videretur.

*Übersetzung*

Eminenz, Hochwürdigster Herr,

die Heilige Indexkongregation wird im Apostolischen Palast auf dem Quirinal am Freitag, dem 8. August 1845, zur 14. Stunde [um 20 Uhr] gehalten werden, außer es findet ein Konsistorium statt, andernfalls [...]

[Unter III.: Heine, Neue Gedichte. Referent: P. Augustinus De la Croix.]

Donnerstag, 24. Juli 1845

Bei der vorbereitenden Sitzung der Indexkongregation, die im Konvent S. Maria sopra Minerva im dafür bestimmten Obergemach des Pater Sekretär gehalten wurde und bei der von den Herren Konsultoren der Hochwürdigste Pater Magister Sacri Palatii Apostolici, die hochverehrten und Hochwürdigsten Herren Rosani, Bighi, Curtins, die Hochwürdigen Patres Secci-Murro, De la Croix, Patscheider, Cirino, Genis, Vallebona, De Ferrari und Meli sowie der Pater Sekretär nach der Vorschrift der Konstitution Benedikts XIV. **Sollicita et Provida** anwesend waren, wurden die angeklagten Werke mit ihren jeweiligen Beurteilungen, die von den einzelnen Herren Konsultoren zuvor erwogen wurden, geprüft, und alle Herren Konsultoren waren der Ansicht, daß die Werke zu verurteilen seien, wenn es nicht den der Indexkongregation vorstehenden Eminenzen und unserem Heiligsten Herrn Papst Gregor XVI. anders besser erscheinen sollte.

## 10. Relation über die Sitzung der Kongregation an den Papst

*Handschriftlich [Rom, 1. August 1845].*
*Archiv der Glaubenskongregation: Archiv der Indexkongregation II^a–114:*
*Rev[erendus] P[ater] Degola Secr[etarius]. Acta Congr[egationis] An[ni]*
*1842–1845.*
*fol. 632-634*

Udienza 1. Agosto 1845
Relazione alla Santità di N[ost]ro Signore
   Papa Gregorio XVI. della Congregazione Generale dell'Indice
tenuta nel Palazzo Apost. al Quirinale, alla quale intervennero gli
sequenti E[minentissi]mi S[ignori] Cardinali.
   Mai Prefetto – Ostini – Polidori – Bianchi – Orioli – Mezzofanti –
Acton.
   Vi fu tenuto proposito delle sequenti cinque opere, e tutte furo-
no giudicate meritevoli di censura e proibizione.
   [es folgen unter Nummer 1: Der Evangelische Katholizismus,
Aarau 1844; 2: Rom und die Humanität = Roma et Humanitas …
auctore E. Matthäi, Leipzig 1844; 4: Jesus Drama, auctore Sigis-
mondo Wiese, Berlin 1844; 5: La Commedia di Dante … , Londra
1842]
   3. Neue Gedichte von H. Heine
   L'E[minentissi]mo Sig. Cardinale Altieri trasmettendo da Vienna
il sud[dett]o Libro scriveva che *contiene empietà stomachevoli.* Infatti
nella parte terza si legge una **Canzone sulla creazione** nella quale è
messo a ridicolo Iddio, la sua omnipotenza … & nel Capitolo 13 a
pag. 338 si leggono orrende bestemmie contro G[esù] C[risto] morto
in croce per la salvezza del genere umano. La prima e la 2^da parte
contengono componimenti amor[os]i non apertamente osceni, tali
però da eccitare disoneste passioni nella Gioventù.

*Übersetzung*

Sitzung vom 1. August 1845
   Bericht an Seine Heiligkeit Papst Gregor XVI. über die Allgemei-
ne Indexkongregation im Apostolischen Palast am Quirinal, an der
folgende hochwürdigste Herren Kardinäle teilnahmen: Präfekt Mai
– Ostini – Polidori – Bianchi – Orioli – Mezzofanti – Acton.
   Dort wurden die folgenden fünf Werke besprochen, und alle
wurden der Zensur und des Verbotes für würdig befunden.
   [es folgen unter Nummer 1: Der Evangelische Katholizismus,

Aarau 1844; 2: Rom und die Humanität = Roma et Humanitas ...
auctore E. Matthäi, Leipzig 1844; 4: Jesus Drama, auctore Sigis-
mondo Wiese, Berlin 1844; 5: La Commedia di Dante ..., Londra
1842]
3. Neue Gedichte von H. Heine
Der hochwürdigste Herr Kardinal Altieri, der das oben genannte
Buch aus Wien überbrachte, schrieb, daß es *ekelerregende Gottlosig-
keiten enthält*. In der Tat ist im dritten Teil ein **Lied über die Schöp-
fung** zu lesen, in dem Gott, seine Allmacht, lächerlich gemacht wird
... und in Kapitel 13 auf Seite 338 liest man schreckliche Lästerun-
gen über den zur Rettung des Menschengeschlechtes am Kreuz
gestorbenen Christus. Der erste und der zweite Teil enthalten Lie-
besdichtungen, die nicht direkt obszön sind, aber bei der Jugend
unzüchtige Leidenschaften hervorrufen könnten.

## 11. Dekret vom 8. August 1845

*Druck in Plakatform [Rom], ausgefertigt am 11. August 1845.*
*Archiv der Glaubenskongregation: Archiv der Indexkongregation II^a–114:*
*Rev[erendus] P[ater] Degola Secr[etarius]. Acta Congr[egationis] An[ni]*
*1842–1845.*
*fol. 630*

Decretum
Feria VI. die 8. Augusti 1845.

Sacra Congregatio eminentissimorum ac reverendissimorum
Sanctae romanae Ecclesiae Cardinalium a SANCTISSIMO DOMINO
NOSTRO GREGORIO PAPA XVI. sanctaque Sede apostolica Indici
Librorum pravae Doctrinae, eorumdemque proscriptioni, expurga-
tioni, ac permissioni in universa christiana Republica praepositorum
et delegatorum, habita in Palatio apostolico quirinali, damnavit et
damnat, proscripsit proscribitque, vel alias damnata atque proscrip-
ta in Indicem librorum prohibitorum referri mandavit et mandat
Opera, quae sequuntur:

[...]
**Neue Gedichte von H. Heine – latine – Nova Carmina.**
[...]

Itaque nemo cuiuscumque gradus et conditionis praedicta Opera
damnata atque proscripta, quocumque loco, et quocumque idioma-

te, aut in posterum edere, aut edita legere, vel retinere audeat, sed locorum Ordinariis, aut haereticae pravitatis Inquisitoribus ea tradere teneatur, sub poenis in Indice librorum vetitorum indictis.

Quibus SANCTISSIMO DOMINO NOSTRO GREGORIO PAPAE XVI. per me infrascriptum Secretarium relatis, SANCTITAS SUA Decretum probavit, et promulgari praecepit. In quorum fidem etc.

Datum Romae die 11. Augusti 1845.

A. CARD[INALIS] MAIUS PRAEFECTUS.
Fr. Thomas Antoninus Degola Ord[inis] Praed[icatorum],
Sac[crae] Congr[egationis] Secretarius.


*Übersetzung*

Dekret
Freitag, 8. August 1845. Die Heilige Kongregation der Eminenzen und hochwürdigsten Kardinäle der heiligen Römischen Kirche, die von UNSEREM HEILIGSTEN HERRN PAPST GREGOR XVI. und dem Heiligen Apostolischen Stuhl mit dem Index der Bücher mit verkehrter Lehre und ihrem Verbot, ihrer Purgierung und [der Erteilung von ausnahmsweiser Lese-] Erlaubnis im ganzen christlichen Gemeinwesen betraut sind, und ihrer Vertreter, die im Apostolischen Palast auf dem Quirinal abgehalten wurde, hat verurteilt und verurteilt, hat geächtet und ächtet und hat folgende – eventuell auch anderweitig verurteilte und geächtete – Werke in den Index der verbotenen Bücher aufgenommen und nimmt sie auf:

[...]
**Neue Gedichte von H. Heine – lateinisch: Nova Carmina.**
[...]

Deshalb wage es niemand, gleich welchen Ranges und Standes, die genannten verurteilten und geächteten Werke an gleich welchem Ort und in gleich welcher Sprache entweder hinfort herauszugeben oder die bereits Herausgegebenen zu lesen oder aufzubewahren, sondern er ist gehalten, unter Androhung der im Index der verbotenen Bücher genannten Strafen, sie den Ortsordinarien oder den Inquisitoren gegen die häretische Verkehrtheit zu übergeben.

Nachdem dies UNSEREM HEILIGSTEN HERRN PAPST GREGOR XVI. durch mich, den unterzeichneten Sekretär, berichtet worden war, hat IHRE HEILIGKEIT das Dekret gebilligt und seine Promulgation angeordnet. Dies beglaubige ich etc.

Gegeben zu Rom, dem 8. August 1845

A. KARD[INAL] MAI, PRÄFEKT
Fr. Thomas Antoninus Degola Ord[inis] Praed[icatorum],
Sekretär der Heiligen Kongregation

# C. Analyse der Gutachten

*Gisbert Lepper*

> »... das ist eben unser Triumph,
> wir haben unsere Gegner zum Sprechen gebracht
> und sie müssen uns Rede stehn«[1].

Darin hat Heine sich getäuscht. Zumindest die Kirchenmänner seiner Zeit waren durchaus nicht gesonnen, sich vor der Öffentlichkeit auf Angriffe und Herausforderungen einzulassen. Statt dessen benutzten sie ihre Macht, um kirchenfeindliche Schriften zu unterdrücken. Am allerwenigsten kann man von Dokumenten, die der Vorbereitung der Indizierung dienten, erwarten, daß darin frei gesprochen worden wäre. Sie waren Auftragsarbeiten und Verschlußsachen in einem Geheimverfahren. Das setzt dem folgenden Versuch, sie ideologiekritisch zu untersuchen, Grenzen.

Die geistlichen Herren halten zu den Schriften, die sie begutachten, Distanz. Sie interpretieren nicht, sondern wählen ein Verfahren der Demonstration. Daher die zahlreichen Zitate und verdeckten Zitate, die den Großteil ihrer Gutachten ausmachen. Sie spießen Stellen auf, die ihnen besonders anstößig erscheinen. Was sie selbst hinzufügen, sind knappe Informationen über den Inhalt der Schriften und katalogartige Kommentare. Es ist ihnen also nicht darum zu tun, Heines Gedankengang wiederzugeben und seine »Ideen« zu kritisieren oder zu widerlegen. Deren Verwerflichkeit steht für sie von vornherein fest. Sie eröffnen ein Sündenregister: Blasphemie, Verhöhnung der Moral, Aufwiegelung zur Revolution. Der Zweck ist zu denunzieren.

Das geht aus der Eröffnung des Gutachtens von Palma hervor, in der er sich seine Aufgabe zurechtlegt. Er setzt als bekannt voraus, daß das Buch »De l'Allemagne«, das er zu besprechen

---

1 Heine, Zur Geschichte der Religion und Philosophie in Deutschland, HS III, 578.

hat, eine verderbliche Lehre enthält und zu verdammen ist. Es könne sich nur darum handeln, den Grad seiner »pravità«[2] festzustellen und also zu prüfen, wie gefährlich es ist. Dazu, erklärt er, braucht es keine gründliche, auf Widerlegung abzielende Abhandlung: »Ich beschränke mich daher darauf, einige Stellen des Werks wiederzugeben ...«

Und ebenso verfahren seine Kollegen.

Daß es sich um ein Registrierverfahren handelt, und nicht darum, dem Gegner Argumente entgegenzuhalten, wird bei Graziosi am deutlichsten. Er ist mit den »Reisebildern« befaßt und kennzeichnet sie als das Erzeugnis einer Schriftstellerei, für die ihm das Verständnis fehlt. Sie seien verworren und unzusammenhängend geschrieben, so daß sie keinen vernünftigen Sinn ergeben. Außerdem bediene der Autor sich einer Sprache in Anspielungen, Symbolen und Bildern, die nur dem etwas besagten, der in die »abstrusen Mysterien der heutigen Geheimgesellschaften« eingeweiht ist. Graziosi »bekennt«, daß er es nicht ist. »Gott sei Dank«, fügt er hinzu. Darin mischt sich die Distinktion des Klerikers oder Gläubigen mit der traditionellen des Gelehrten. Mit den »Reisebildern« qualifiziert er den »größten Teil« der modernen Literatur ab, die »in romantischem Stil« geschrieben ist. Er verweist sie in eine andere Welt, die Region des Zeitgeschmacks, der intellektuellen Moden. Für ihn ist sie unter dem Niveau vernünftiger Auseinandersetzung. Das ist eine Abgrenzung von der literarischen Öffentlichkeit, zugleich aber ein Rückzug, Ausdruck eines genierten Desinteresses. Für gefährlich hält Graziosi nur, daß die geheimen »Sekten« mit ihren Schriften Einfluß gewinnen könnten. Und dem will er mit seinem Gutachten entgegenwirken.

Natürlich besagt sein ›Bekenntnis‹ nicht, daß er sich für inkompetent hielte, über Heine zu urteilen. Er ist es auch nicht.

Es gibt, allgemein gesprochen, keinen Grund, zu glauben, daß die Konsultoren ihren Gegner Heine verkennen. Sie ignorieren seine subtile Strategie, das Feld der Religion seinerseits zu besetzen, aus Christus z. B. einen Propheten der »neuen Religion«, der Freiheitslehre zu machen. Sie konnten darin, aus ihrer religiösen Perspektive, nichts weiter sehen als den Gipfel der Blasphemie. Sie bewerten Heines Schriften nach einer Liste von

---

2 Ein gravitätisches Wort mit dem Doppelsinn der Verwerflichkeit und Tücke.

Tabus. Palma faßt sie in einem seiner lapidaren Einleitungssätze so ziemlich vollständig zusammen: Um sich davon zu überzeugen, daß Heines »De l'Allemagne« auf den Index gehört, reiche es aus zu wissen, daß

1. »man den Namen Gottes und Christi nicht verächtlich machen«,
2. »man die Katholische Kirche und alle Heiligen Dinge nicht schmähen darf«,
3. »es nicht erlaubt ist, die Gegner der Religion und der Moral als solche zu loben«,
4. »man die Völker nicht zu Revolution aufreizen oder diese als den Anbruch der allgemeinen Erlösung propagieren darf«.

Graziosi folgt dieser Einteilung: Er sucht nach Belegstellen für »massime irreligiose ed empie«, für die Verletzung des »buon costume« und für die Absicht, die Regierungen in Verruf zu bringen und die Völker zur Revolution aufzurufen. Bighi, der es mit der Buchausgabe der Heineschen Korrespondenzberichte »De la France« zu tun hat, rückt die Emanzipationslehre der oppositionellen Schriftsteller als eine neue »Religion« in den Vordergrund und hebt hervor, daß Heines Angriffe auf die Kirche, die Aristokratie und die Moral dasselbe Ziel hätten: die »rivoluzione generale antireligiosa e antisociale«. Er verteidigt demnach implizit die Kirchenlehre, die »Moral und den Glauben« als die ideologischen Stützen der bestehenden sozialen Ordnung.

Ihrem Auftrag gemäß treten die Konsultoren für ihre Kirche und deren Machtstellung ein. Da sie sich mit Heines Angriffen nicht kritisch auseinandersetzen, bleibt ihre eigene ideologische Position schattenhaft. Für sie reicht es aus, die Wertbegriffe und Prinzipien nur zu benennen, die für den katholischen Christen sakrosankt sind. Das sind zunächst Gott, Christus, allgemein die Heiligen Personen, die Heiligen Dogmen und der Glaube. Dann folgen die Katholische Kirche als Institution, die Geistlichkeit, der Ritus und die Heiligen Dinge; dabei sind die Protestantischen Kirchen im Namen der Christenheit oft mitgemeint[3]. Ferner die auf Religion gegründete Moral, die gewöhnlich nur kurz angesprochen ist. Und schließlich die weltliche Herrschaftsordnung: die Legitimität der Fürsten und Regierungen sowie die Aristokratie.

---

3 Das geschieht vermutlich mit Rücksicht auf die konfessionelle Zusammensetzung des Deutschen Bundes.

Der Verzicht auf Argumente erklärt sich aus der Glaubensge-
wißheit der Konsultoren. Sie sind im Dienst der Kirche tätig;
daraus resultiert ihre Überzeugung, als Werkzeug Gottes zu han-
deln, und dessen Allmacht verbürgt ihre überlegene Position. Es
ist, theologisch gesprochen, die Position innerhalb der Wahrheit.
Sie verbietet ihnen, mit Heine in einen ebenbürtigen Disput ein-
zutreten.

Institutionell ist diese Urteilsposition durch die Kirche defi-
niert und garantiert. Die Kirche beansprucht seit alters die Kom-
petenz für das gelehrte Wissen, Erziehung und Ausbildung. Die
bürgerliche Öffentlichkeit stellt diese kulturelle Hegemonie in
Frage. Trotz der Machteinbuße, die die Kirche infolge der Ver-
staatlichung des Schulwesens, durch die Französische Revolu-
tion und die konstitutionellen Garantien der Privatsphäre, der
Versammlungs- und Pressefreiheit erleidet, zieht sich der Kampf
darum bis zum Ende des 19. Jahrhunderts hin.

Vermutlich hat der katholische Klerus, bei allen taktischen
Rückzügen, nie wirklich resigniert und den Anspruch der Privat-
leute auf Gewissensfreiheit und Selbstaufklärung niemals aner-
kannt. Praktisch zeigt sich das im Festhalten an der Zensur. Wäh-
rend der Restaurationszeit hielt er wahrscheinlich die bürgerliche
Publizistik insgesamt noch immer für eine vorübergehende
Erscheinung. Erst Jahrzehnte später war die Kirche dazu bereit,
sich in der Öffentlichkeit, etwa durch die Bildung katholischer
Parteien, Vereine und Zeitungen, vertreten zu lassen. Bis dahin
deckte sie ihre Reservation mit der ideologischen Abwertung des
publizistisch vermittelten Wissens und der öffentlich debattierten
Zeitfragen. Für Anmaßung mußte sie die An- und Übergriffe aus
dieser Sphäre in ihre eigenen Angelegenheiten halten.

Daher die Ächtung Heines als »ruchlos«, als eines nichts-
würdigen, von Schmähsucht und Eigendünkel besessenen Men-
schen.

## I. De l'Allemagne

Giovanni Battista PALMA hebt zu Anfang seines Gutachtens
über die Schrift »De l'Allemagne« aus dem kurzen Widmungs-
brief an Prosper Enfantin diejenigen Stichworte hervor, die auf
die Festigung der Öffentlichkeit und auf die Entfernung des Zeit-

geschichtsbewußtseins von der Kirche verweisen: den »Fortschritt der Ideen in Deutschland« und die »intellektuelle Bewegung dieses Lands« mit ihrem Beitrag zu der gemeinsamen »doctrine«, womit sicherlich die Freiheitslehre gemeint ist. Damit benennt Palma das Thema des Buchs: die Veränderung der »Religion und Philosophie in Deutschland« seit der Kirchenspaltung. Danach gibt er die Richtung an, die Heine in diese Ideengeschichte hinein interpretiert, und zwar als Tendenz der Schrift selbst: den Pantheismus, den Rationalismus und die Emanzipation vom religiösen Glauben. Er behauptet mit Recht, daß sich das Buch vor allem gegen die katholische Religion richtet. Denn es glorifiziert Luther, zunächst ganz ähnlich wie die protestantischen Theologen selbst, als den Befreier von Rom. Das macht Palma mit dem ersten Zitat deutlich:

»Doch ein Mann war dort, von dem ich überzeugt bin, daß er nicht an sich dachte, sondern nur an die göttlichen Interessen, die er vertreten sollte. Dieser Mann war Martin Luther, der arme Mönch, den die Vorsehung auserwählt, jene römische Weltmacht zu brechen, wogegen schon die stärksten Kaiser und die kühnsten Weisen vergeblich angekämpft.«

Ich halte das Zitat für zweckmäßig ausgesucht. Es zeigt, welchen Kultus Heine mit dem Reformator treibt und daß er sich dabei einer religiösen Sprache bedient. Daß Luther selbstlos gehandelt, daß er »göttliche Interessen« vertreten habe und von der »Vorsehung« dazu auserwählt worden sei, die ›Macht der katholischen Kirche zu brechen‹, ist in der Tat für deren Anhänger eine starke Herausforderung. Es ist verständlich, daß Palma die weiteren Zuschreibungen, die Luther zum Bahnbrecher der »Vernunft«, zum Begründer der neueren deutschen Philosophie und zum Schöpfer der poetischen Nationalsprache erheben, nur in dem Satz andeutet, Luther und der Reformation seien nach Ansicht Heines die »Fortschritte« zu danken, »die die Philosophie und Künste seither in Deutschland gemacht haben«. Deutlicher spricht er den Nationalismus, der die Schrift durchzieht, nicht an. Der mußte ihn auch nicht interessieren.

Mehr verwundert, daß er einen Widerspruch übergeht, in dem Heine sich bewegt, wenn er die Lehre der Lutheraner als eine neue »evangelische« Religion beschreibt. Denn auf der einen Seite behauptet er von ihr, sie habe die »Idee des Christentums«, den »Spiritualismus«, die »Vernichtung der Sinnlichkeit« im Unterschied zu den Zugeständnissen, die die römische

Kirche dem »Fleisch« mache, auf die Spitze getrieben[4]. Auf der anderen Seite sagt er ihr nach, sie habe die Bedürftigkeit der Menschen anerkannt, die »Ansprüche der Materie nicht bloß berücksichtigt, sondern auch legitimiert« und etwa mit der Beseitigung des Zölibats zu einer von den »Mönchslastern« abstechenden »Reinheit der Sitten« beigetragen[5]. Und da er alles auf die Nationaleigentümlichkeit der Deutschen baut, läßt er von Luther, dem »deutscheste(n) Mann«[6], die »Denkfreiheit« und den Rationalismus ausgehen und von den reformierten Fürsten, getreu der nationalen Legende, die religiöse Toleranz[7]. Kein Wort von der Verfolgungssucht der protestantischen Orthodoxie.

Von der Darstellung der »philosophischen Revolution«, die Heine zufolge aus der »religiösen« entspringt, greift Palma zunächst die These auf, der »Pantheismus« sei gegenwärtig die Geheimlehre der deutschen Philosophen, ein verschwiegener Konsens, der den Deismus untergraben habe:

»Denn Deutschland ist der gedeihlichste Boden des Pantheismus; dieser ist die Religion unserer größten Denker, unserer besten Künstler, und der Deismus (...) ist dort längst in der Theorie gestürzt. (...) Man sagt es nicht, aber jeder weiß es; der Pantheismus ist das öffentliche Geheimnis in Deutschland.«

Das Zitat verkürzt und verfehlt Heines Intention. Palma stellt mit ihm den Pantheismus als eine Zeiterscheinung dar, die er auf den schwindenden Einfluß der katholischen Kirche zurückführt. Für Heine ist er mehr, nämlich das Geheimnis, der Grundzug der deutschen Geistesgeschichte. Für pantheistisch hält er bereits die Mythologie der nordeuropäischen Völker, deren Animismus und Geisterlehre er als »Naturdienst« bezeichnet. Dann unterlegt er ihn den deutschen Mystikern und macht ihn zur Tendenz allen Philosophierens in deutscher Sprache. »In keiner anderen Sprache hätte die Natur ihr geheimstes Wort offenbaren können, wie in unserer lieben deutschen Muttersprache«[8]. So überbrückt er den Rationalismus, um bei der idealistischen Philosophie, bei Schelling und Hegel zu landen. Diese Konstruktion sieht dem Nationalerziehungsprojekt Fichtes sehr ähnlich. Sie hat aber

4 Heine, Zur Geschichte der Religion und Philosophie in Deutschland, HS III, 531 f.
5 Ebd. 541.
6 Ebd. 538.
7 Ebd. 541 f.
8 Ebd. 573.

noch ein weiteres Motiv. Dem Sensualismus, sagt Heine, ströme in Deutschland der Pantheismus zu, und zwar im Unterschied zum Materialismus der Franzosen. Da er nun den Sensualismus als ein mit dem Spiritualismus konkurrierendes »soziales System« bezeichnet, als eine auf Verbesserung des irdischen Lebens ausgerichtete »Welteinrichtung«[9], um die sich beide Nationen bemühen, so ist klar, daß er auf eine doppelte Abgrenzung hinaus will. Zum einen vom Christentum und philosophischen Deismus, dem Glauben an einen außergeschichtlichen Gott. Zum anderen von der französischen Aufklärung, vom »Materalismus« der Franzosen und ihrer »politischen« Revolution. Die Franzosen seien Praktiker, bei ihnen reiche der Bruch mit der religiösen Tradition aus, um das ançien régime zu stürzen. »Anders ist es in Deutschland ... Es ist dort gar keine allgemeine Revolution möglich, solange ihre Prinzipien nicht aus einer volkstümlicheren, religiöseren und deutscheren Philosophie deduziert und durch die Gewalt derselben herrschend geworden«[10]. Heine will hinaus auf eine Revolution »aus einer tieferen Quelle, aus einer religiösen Synthese. (...) Der Pantheismus ist die verborgene Religion Deutschlands«[11]. – Palma wird am Ende diesen religiös ausstaffierten Nationalismus mit einem Zitat belegen, doch außerhalb dieses Begründungszusammenhangs, nur als Beispiel für Heines Umsturz-Propaganda.

Er mißt, wie gesagt, dem Pantheismus in Heines Darstellung nur untergeordnete Bedeutung bei, so als diene er lediglich dazu, zu Kant hinüberzuführen. Damit verkehrt er die strategische Funktion, die den beiden Komplexen zukommt. Dazu mag ihn die Exposition der »Kritik der reinen Vernunft« am Ende des zweiten Teils verleitet haben; und gewiß auch ihre Einbettung. Denn Heine führt Kants Erkenntniskritik ein als eine revolutionäre Tat, als eine Zäsur im philosophischen Denken, die der Französischen Revolution ebenbürtig sei, und fügt einen poetischen Nachruf auf den Gott des Alten Testaments hinzu, den Kant angeblich zu Tode philosophiert habe. Palma gibt den Vergleich in Heines Worten wieder; zunächst zitiert er sie verdeckt, dann nach dem Stichwort des Traditionsbruchs kenntlich als Heines Rede:

9 Ebd. 555 ff., 569.
10 Ebd. 558.
11 Ebd. 571.

»... der Tradition wird alle Ehrfurcht aufgekündigt; wie hier in Frankreich jedes Recht, so muß [steht][12] dort in Deutschland jeder Gedanke [unter Anklage und ist gezwungen,] sich [zu] justifizieren, und wie hier das Königtum, der Schlußstein der alten sozialen Ordnung, so stürzt dort der Deismus, der Schlußstein des geistigen alten Regimes.

Von dieser Katastrophe, von dem 21. Januar des Deismus, sprechen wir im folgenden Stücke.«

Palma zitiert die poetische Ausgestaltung der Parallele zur Hinrichtung des französischen Königs in aller Breite. Der Kommentarsatz zeigt, daß er mit ihr zu dem zentralen Beweisstück der Anklage vorgestoßen zu sein glaubt: Diese Stelle enthülle die Denkart und Niedertracht des Autors. – Der Nachruf auf Gott ist für Palma ohne Zweifel eine Provokation. Er beginnt und endet mit dem Ausdruck blasphemischer Anteilnahme und Trauer über das Hinscheiden Jehovas. Dazwischen gibt er einen Abriß über das Leben des Verstorbenen in Ägypten, von seinen rohen Anfängen, seinen Erfolgen und seiner schrittweisen Spiritualisierung, die ihn aber nicht habe retten können.

Im Anschluß an diesen Nekrolog interpretiert Palma den ganzen dritten Teil als den Versuch, die Existenz Gottes zu widerlegen oder aber ihn mit der Welt gleichzusetzen. Dieser Hinweis auf den Pantheismus, um den es Heine wirklich zu tun ist und den er als den Grundgedanken der nachkantischen deutschen Philosophie und Lieddichtung herausstellt, geht indessen unter. Denn Palma präsentiert als Quintessenz des gesamten Teils ein Zitat, in dem nur der Ausgangspunkt der von Heine konstruierten Philosophie- und Kunstrevolution benannt wird. Die Sätze resümieren die Kantische Kritik der metaphysischen Spekulation:

»Gott ist, nach Kant, ein Noumen. Infolge seiner Argumentation ist jenes transzendentale Idealwesen, welches wir bisher Gott genannt, nichts anderes als eine Erdichtung. Er ist durch eine natürliche Illusion entstanden. Ja, Kant zeigt, wie wir von jenem Noumen, von Gott, gar nichts wissen können, und wie sogar jede künftige Beweisführung seiner Existenz unmöglich sei.«

Daß das nicht Heines letztes Wort zum Thema ist, ist Palma entgangen. Jedenfalls hat er es unterschlagen, denn mit diesem

12 In den eckigen Klammern steht der Wortlaut der französischen Fassung.

Zitat bricht er seinen Überblick nicht nur über Heines Gottes-vorstellung, sondern auch über das Buch insgesamt ab. Anders ist auch die Unterstellung nicht zu verstehen, daß Heine es mit Rücksicht auf die Meinung des Volks für opportun gehalten habe, den Glauben an Gott nicht öffentlich anzugreifen. Viel-leicht hat ihn Heines ironische Erklärung für Kants »Resurrek-tion«[13] Gottes in der »Kritik der praktischen Vernunft«, daß der Philosoph nämlich aus Sorge um die Gemütsruhe seines Haus-dieners Lampe auf Gott wieder zurückgekommen sei, zu dieser Annahme verleitet. Sie ist jedoch falsch, wie der weiteren Dar-stellung zu entnehmen ist.

Statt aber von einer Verfälschung des Textes zu reden, ist es sicherlich angemessener, sich vor Augen zu halten, daß das Wei-tere den Konsultor nicht interessieren mußte. Warum hätte er zur Kenntnis nehmen sollen, daß Heine die philosophischen Systeme, die er bespricht, nur historisch behandelt, daß er nicht nach ihrer Wahrheit, sondern nach ihrer »sozialen Bedeutung« fragt; daß er also den Deismus als eine Lehre angreifen kann, die die Ständeordnung legitimiert, und gleichzeitig Fichtes Trans-zendentalphilosophie, weil sie Gott in der »moralischen Ord-nung« aufhebt, denn er hält diese Ordnung weder für die der »Welt« noch für »lebendig«, wie Fichte behauptet[14], sondern für ein Zwangssystem, das der Willensfreiheit das Glück der Men-schen aufopfert. Daß Heine also Fichte entgegnen konnte: »Wir, die wir an einen wirklichen Gott glauben, ... werden widerwär-tig berührt von den grellen Worten, mit denen Fichte unseren Gott für ein bloßes Hirngespinst erklärt...«[15]. – In diesem Bekenntnis sah Palma, den Epilog auf Jehova im Ohr, wohl nur Scharlatanerie. Die Totenrede galt aber nur dem Gott des Alten Testaments, nicht der Gottesvorstellung von Spinoza.

Nachdem er die Dante-Worte »Lasciate ogni speranza« zitiert hat, die Heine aus der Vernunftkritik Kants folgert, die Hoffnung nämlich auf eine Erlösung im Jenseits, hält Palma die Anklage der Gottesleugnung für erwiesen. Das ist für ihn die Hauptsache. Von nun an verfährt er summarisch, um die Restposten der

13 Heine, Zur Geschichte der Religion und Philosophie in Deutschland, HS III, 605.
14 Ebd. 621.
15 Ebd.

Tabuliste zu erledigen. An Interna, die noch ausstehen, nennt er »Christus, ... die katholische Religion, die heiligen Dinge, die Priester und de(n) Papst«. Palma versichert, er habe die beiden Bände durchgesehen und sich überzeugen können, daß sich Heine keinen Vorwand habe entgehen lassen, »um sie verächtlich zu machen«. Tatsächlich aber greift er mit der Belegstelle, die er anführt, wieder auf den ersten Band zurück. Sie betrifft Christus und die Kurie. Daß sie besonders anstößig wäre, kann man nicht sagen. Gewiß, sie behandelt den Erlöser als historische Person und erzählt, daß die Römer, die ihn einst als König der Juden verhöhnt haben, bald darauf vor ihm als vor ihrem Gott das Knie beugten. Es gibt blasphemischere Stellen, die Christus nicht nur ins irdische Leben seiner Zeit einschließen, sondern auch zum Vorkämpfer der demokratischen Revolution machen. Von der Kurie wird in unbestimmter Analogie nur behauptet, wie ehedem das heidnische Rom so sei inzwischen das christliche seinerseits besiegt, weil dem Hause Rothschild »tributpflichtig«[16].

Palma nennt aus dem zweiten Band nur eine Stelle mit Angabe der Seite (198 f.), die wütende Drohungen gegen die Geistlichkeit enthalte; zwar ist dort von »noirs fripons« die Rede, gemeint aber sind romantische Schriftsteller wie Kerner[17], von denen es heißt, daß sie alles daransetzten, den alten Hexen- und Aberglauben wiederzubeleben, und denen prophezeit wird, daß sie selbst von den Geistern, die sie da anriefen, in Stücke zerrissen würden.

Am Ende beschuldigt Palma Heine, zur Revolution aufzureizen. Dazu zitiert er den Schluß des dritten Teils, und zwar die Stelle, die im Bild eines Gewitters die künftige deutsche Revolution als das ungeheuerlichste Ereignis der Weltgeschichte ausmalt. Sie besagt für sich wenig, und möglicherweise zitiert Palma sie nur, weil er ihrem poetischen Reiz erlegen ist. Er versäumt es, wie gesagt, die Ankündigung dieses historischen Unwetters auf den »Blitz« der deutschen Philosophie und insbesondere der

---

16 Ebd. 584.
17 Justinus Kerner (1786–1862): Gemeinsam mit Ludwig Uhland Begründer der sog. schwäbischen Dichterschule, mit der Heine sich in seinem »Schwabenspiegel« polemisch auseinandersetzt. Lyriker mit einer Vorliebe für die Sagenstoffe seiner Heimat. Verfasser einer Vielzahl von Abhandlungen, in denen er sich mit der »Existenz von Geistern« und Fällen von Geisterseherei beschäftigt.

Schellingschen Naturphilosophie zurückzubeziehen, von der Heine behauptet, daß sie die »Kräfte des altgermanischen Pantheismus« mobilisiere und daß »in ih(r) jene Kampfeslust erwacht, die wir bei den alten Deutschen finden«[18]; der Donner, sprich »Thor mit dem Riesenhammer«, werde nicht nur die gotischen Dome zerschlagen, sondern, wenn sie nicht zu Hause blieben, auch den Staat der Franzosen. Heine verliert an dieser Stelle die Völkerverständigung und die gemeinsame Sache, zu der er sich in der Widmung an Enfantin bekannt hat, vollständig aus den Augen. Er spricht im rüdesten Ton von »wir« und »ihr« und erinnert an den Befreiungskrieg:

»Wir könnten Euch leicht mißverstehen und Euch, in unserer unhöflichen Art, etwas barsch zur Ruhe verweisen; denn wenn wir früherhin, in unserem servil verdrossenen Zustande, Euch manchmal überwältigen konnten, so vermöchten wir es noch weit eher im Übermute des Freiheitsrauschs. Ihr wißt ja selber, was man in einem solchen Zustande vermag, – und Ihr seid nicht mehr in einem solchen Zustande. Nehmt Euch in acht!«[19].

Ich hätte mir an Palmas Stelle diese nationalistische Größenanwandlung nicht entgehen lassen.

Das Buch hat also durchaus einen Duktus: nämlich die Darstellung des Pantheismus im Geistesleben der Deutschen im Gegensatz zum christlichen Spiritualismus und zum französischen Rationalismus. Um diesen Leitfaden sind die Einzelmotive, Aphorismen, Reflexionen und Parabeln, so beziehungslos sie aneinandergereiht sein mögen, geordnet.

Das ist Palma entgangen. Denn er schließt mit der Bemerkung, daß er zwar glaube, die »pravità« des Werks hinreichend nachgewiesen zu haben, sie sei allerdings vollständig nicht wiederzugeben, denn Heine bringe seine Einfälle in keinen vernünftigen Zusammenhang. Er urteilt nach dem traditionellen Maßstab des Akademikers, daß es sich um keine seriöse Schrift handelt. Dieser Einschätzung steht das Kompliment, das er Heine zu Anfang wegen der geistreichen Schreibweise macht, nicht entgegen.

---

18 Heine, Zur Geschichte der Religion und Philosophie in Deutschland, HS III, 639.
19 Ebd. 640.

## II. Reisebilder Tableaux de Voyage

Giuseppe Maria GRAZIOSI teilt diese Bewertung. Einerseits lobt er an den »Reisebildern« den Einfallsreichtum, die lebhafte Phantasie, ja er spricht von dem »poetischen Genie« des Autors. Andererseits erklärt er, diese Erzählungen seien so verworren abgefaßt, daß sich ihre Aussage nicht zusammenfassend darstellen lasse. Seine Aufgabe war freilich einfacher, denn er hatte es mit einem Genre zu tun, für das es keine Regeln gab. Dennoch war es nicht nur gelehrte Distinktion, die ihn von diesen literarischen Reiseberichten abrücken ließ. Der Vorwurf, daß sie verdeckt geschrieben seien, daß Heine mit Anspielungen, Bildern und unausgeführten Gleichnissen Rätsel produziere, trifft die ironische Distanz des Ich-Erzählers, den dandyhaften Habitus, mit dem er sich nach dem Muster Sternes[20] selbst ins Spiel bringt und die Zustände, die er beobachtet, virtualisiert.

Es ist freilich eine grobe Vereinfachung, wenn Graziosi diese Haltung dem Verfasser als arrogante Attitüde zuschreibt und gleich den Steckbrief dazu liefert, der ihm, von Wien kommend, anscheinend mit dem Gutachter-Auftrag zugegangen ist[21]: Heine sei der Anführer der verbotenen Geheimgesellschaft des »Jungen Deutschland«, und das erkläre beides, seine literarische Geheimniskrämerei und die verschlüsselte Botschaft. Graziosi bringt die Formel auf, die die Kongregation dann in der Begründung ihrer Entscheidung, Heine Schriften zu indizieren, übernimmt: Sie seien die Mißgeburt eines Schriftstellers, der einer »verabscheuenswürdigen Sekte« angehört.

Graziosi beschäftigt sich überwiegend mit dem ersten Band, den »Reisebildern« aus Italien. Er macht es sich zur Aufgabe, sie nach Maximen und Stellen abzusuchen, die sich gegen die Re-

20 Lawrence Sterne (1713–1768). – Autor des Reiseberichts »Sentimental journey through France and Italy«, worin er sich, anders als die Verfasser von »Kavaliers-« und »Bildungsreisen«, als ironischer Beobachter darstellt.
21 Daß es tatsächlich so war, daß die Konsultoren also außer den zu begutachtenden Bänden der Heine-Ausgabe weitere Instruktionen oder Dokumente erhielten, ist eine Vermutung. Sie stützt sich auf die Annahme, daß eine Parenthese im Gutachten von Bighi dem Bericht des österreichischen Bundestagspräsidenten Münch-Bellinghausen über den von ihm initiierten Verbotsbeschluß gegen das »Junge Deutschland« entlehnt ist. Vgl. dazu die Fußnote 30. – Im Archiv des Sekretärs der Index-Kongregation gibt es für den unterstellten Vorgang keinen Anhaltspunkt.

ligion, gegen die Moral und gegen die Regierungen richten. Hauptsächlich zeichnet er die geschilderten Situationen nach und zitiert dazu Sätze, die er für besonders anstößig und beweiskräftig hält, als einziger von den Konsultoren übrigens in italienischer Übersetzung. Sein eigener Kommentar beschränkt sich auf knappe Bemerkungen.

Er beginnt mit der bekannten Szene im Dom von Trient, den der Reisende aufsucht, um der Sommerhitze zu entfliehen. Die Betrachtungen, die er dort anstellt, sind es, die Graziosi herausfordern, weil sie die Ehrfurcht vor dem Gotteshaus vermissen lassen. Heine verspotte die Andacht der betenden Frauen. Graziosi verweist auf die Gegenüberstellung der schmucklosen Helligkeit in protestantischen Kirchen und des magischen Dämmerlichts, das dank der katholischen Sakralkunst die Trientiner Kathedrale erfüllt, und belegt mit dem anschließenden Zitat, daß mit dem Kirchengebäude auch der Kultus, ja der Katholizimus insgesamt als eine Ausprägung der löblichen Lebensart der Italiener dargestellt wird:

»Man mag sagen, was man will, der Katholizismus ist eine gute Sommerreligion. Es läßt sich gut liegen auf den Bänken dieser alten Dome, man genießt dort die kühle Andacht, ein heiliges Dolce far niente.«

Der Reisende hebt also an der katholischen Religion den Aspekt des Genusses, des Behagens hervor. Sich selbst stellt er damit ganz außerhalb ihres Einflußbereichs. Vor diesem fremden Blick löst sich der Wahrheitsanspruch der Kirche auf. Die Andacht der Frauen erscheint exotisch, als ein lokaler Brauch der Eingeborenen. Graziosi bemerkt dazu nichts weiter, als daß der Autor den Gottesdienst verhöhne. Verwunderlich ist, daß er das Zitat an der Stelle abbricht, wo der Text schlüpfrig wird. Er übergeht die Statuen der Madonna, die, »weiblich gesinnt«, sich nachsichtig zeige gegen erotische Träumereien, die sie einflößen könnten, und führt noch den in der Tat ordinären Vergleich der Beichtstühle mit einem Abort an. Auch hier beläßt er es dezent bei dem Hinweis, ohne kommentierende Bemerkung.

Die beiden übrigen Stellen, die er aus der »Reise von München nach Genua« unter der Rubrik »irreligiöser und gottloser Grundsätze« anführt, knüpfen ebenfalls an Kirchenbauten an. In beiden geht es um den Kontrast zwischen deren Monumentalität und der Vergänglichkeit des Glaubens, aus dem sie erbaut worden sind und für den sie zeugen. Die eine ist in Graziosis Wiedergabe gut verständlich: die Rede ist von den Baumeistern, die ihr Werk »im festen Glauben an die Ewigkeit der Katholischen Religion« und im Vertrauen darauf, daß spätere Generationen es vollenden würden, begannen und die, wenn sie heute noch einmal zum Leben erwachten, erkennen müßten, daß, wie es bei Heine heißt, »die Zeit des Weiterbauens aufgehört hat und daß ihr ganzes Leben nutzlos war und dumm«[22]. Auffällig ist nur, daß Graziosi den Ort und Anlaß dieser Betrachtung, ein im Apennin gelegenes Franziskanerkloster, mit einer Dominikanerkirche verwechselt. Daß er an der anderen Stelle, der nächtlichen Szene vor dem Mailänder Dom, den Bezug auf Napoleon nicht erwähnt, verändert ihren Sinn. Graziosi gibt nur an, daß Heine das Standbild eines Heiligen vom Ende des Christentums und von der künftigen Verwendung des Doms habe sprechen lassen. Es ist aber eine Heiligenstatue aus der Zeit der französischen Besatzung, und sie denkt darüber nach, welche Absichten Napoleon, dem sie ihre Existenz verdankt, verfolgt haben mag, als er die Fertigstellung des Doms in Auftrag gab. Der Text dehnt diese Frage aus auf die Ziele und Nachwirkungen der kaiserlichen Politik, die er dann am Ausgang der Schlacht von Marengo erörtert.

Während es in diesem Fall zweifelhaft bleibt, ob Graziosi die Verkürzung nicht doch bedacht hat, gibt die nächste und einzige Stelle, die er aus den »Bädern von Lucca« als Beispiel für die Verhöhnung der Religion herausgreift, Rätsel auf. Anscheinend hielt er diesen zweiten Teil der »Italienreise« mehr für obszön als für kirchenfeindlich. Jedenfalls führt er daraus nichts weiter an als die Erklärung eines ›Bedienten‹ zu den häuslichen Andachtsübungen seines Herrn, eines ›katholischen Marchese‹: daß nämlich die katholische Religion nur für adlige Herren gut sei, weil sie sonst nichts zu tun hätten. Nun ist aber die Marienverehrung des ›Marchese‹ eine Maskerade bzw. die Ferienlaune eines verhinderten Liebhabers; hinter dem Signor Christophoro di Gumpelino steckt der jüdische Bankier Gumbel, der sich für die Zeit seines Aufenthalts in Italien dem Gastland anpaßt, zur katholischen Religion konvertiert und sich einen Adelstitel zulegt. Kenntlich bleibt er an der Nase. In der Konstruktion dieser Figur, der Verwandlung eines Geldmenschen mosaischen

22 Heine, Reisebilder III, Reise von München nach Genua, Kapitel XXXII, HS II, 383.

Glaubens, der für einen Sommer seine Geschäfte und seine Konfession mit der Schürzenjägerei, dem Madonnenkult und der Bildung vertauscht, besteht die Satire dieses »Reisebilds«. Primär trifft sie übrigens die Hamburger Juden, und allenfalls in zweiter Linie den Adel und Katholizismus; denn auch in dem hochlivrierten und kulturbeflissenen Diener »Hyazinth« verbirgt sich ein Hamburger Israelit, der Lotterieeinnehmer Hirsch. Was immer Heine mit der Erfindung der Szene in Gumbels Ferienvilla beabsichtigt haben mag, sie ist keinesfalls die lästerliche Originärfiktion, für die Graziosi sie ausgibt, sondern das fragwürdige Porträt eines jüdischen Tartuffe. Daß in dieser Karikatur und mit dem Raisonieren des ehrlichen Hirsch über den Nutzen der Religionen die Heilige Jungfrau und der katholische Glauben angreifbar wären, ist eine irrige Annahme. Gewiß hat Heine daran auch nicht gedacht.

Das letzte der italienischen »Reisebilder«, »Die Stadt Lucca«, hat Graziosi eingehender ausgewertet. Der Text greift die katholische Kirche tatsächlich härter an, weil er sich wieder den Zuständen in Italien zuwendet. Graziosi nennt zunächst die Beschreibung einer nächtlichen Prozession in Lucca, die die katholischen Orden, die Geistlichkeit und die Andacht der Gläubigen verspotte; er erklärt aber nicht, was ihn daran empört. Vermutlich war es die Darstellung des Umzugs der von Kerzenträgern und Soldaten begleiteten Mönche, Priester und Würdenträger als ein düsteres Schauspiel und, weil die Laien davon ausgeschlossen waren, als ein von Leben umgebenes »Totenfest«[23]. Das müßte nicht erwähnt werden, wenn Heine der Schilderung der Prozession nicht ein phantastisches Nachbild hätte folgen lassen, das von Graziosi besonders herausgestellt wird. Beide, das rituelle Eingedenken an den »Schindungstag irgendeines geduldigen Martyrers« drunten und der Auftritt Christi droben vor der Göttertafel der Olympier, sind durch formelhafte – die ideologische Macht der Kirche umschreibende – Sätze miteinander verknüpft: »das Leben ist eine Krankheit, die ganze Welt ein Lazarett«[24]. Graziosi gibt die allegorische Szene, in der der blutende Heiland den Festtag der heidnischen Götter beendet, mit einem Zitat wieder und referiert ungewöhnlich breit die Betrachtungen, die Heine über diese als weltgeschicht-

23 Heine, Reisebilder IV, Die Stadt Lucca, Kapitel V, HS II, 488.
24 Ebd. 491.

lichen Umbruch begriffene Intervention anstellt. Auch hier urteilt er nicht, erfaßt aber präzise den Sinn: die Ablösung einer aristokratischen Religion, die die Qual und den Tod nicht kennt, durch eine Religion des Leidens und der Liebe, die die Gläubigen über ihr irdisches Elend hinwegtröstet. Graziosi bemerkt dazu nur, das sei eine grauenvolle Lästerung.

Was er unter dieser Rubrik sonst noch anführt, dient dazu, die Anklageliste zu vervollständigen. Es zeugt von aufmerksamer Lektüre. Zur Darstellung Christi zieht er drei auseinander liegende Stellen zusammen, wobei er zwar vom Wortsinn abweicht, aber genau trifft, was Heines Absicht ist: die Person und Lehre des Erlösers in Gegensatz zu bringen zur Geistlichkeit, zur Aristokratie, zur »Bekehrungssucht« und zu jeder Form von »Staatsreligion«[25].

Dem Nachweis von Stellen, die gegen die Moral verstoßen, widmet Graziosi lediglich einen Absatz. Er nennt die Schilderung der jungen Mädchen von Trient, die dem Reisenden wegen der Anmut ihrer Bewegungen und Gestalt als »Göttin(nen)« erscheinen; nur seien sie leider durch armseligen Kattun entstellt. Er nennt die Beschreibung der Veroneser Frauen, die bereits herablassender als »reizend« und »schmutzig« bezeichnet werden. Und er führt die Passage aus den »Bädern von Lucca« an, die von der Begegnung mit der Tänzerin Francesca und der Bezauberung des Reisenden erzählt. Stets hält er sich dezent zurück, um »das Schamgefühl nicht zu verletzen«. Und nur am Ende, wo der Reisende seine Verliebtheit mit dem Satz begreiflich zu machen versucht: »Zu Mute ist einem dabei, als sei die Welt erst heute geschaffen worden, und man sei der erste Mensch«[26], läßt Graziosi durchblicken, daß er die Stelle auch gelesen hat, und bezeichnet sie als eine liederliche und gottlose Anwendung der Schöpfungsgeschichte.

Ausführlicher geht er im dritten Teil des Gutachtens auf die politische Tendenz der »Reisebilder« ein. Wider Erwarten erklärt er nun, der Aufruf zum Umsturz sei der eigentliche Zweck der Schrift. Die Verteidigung der Kirche aber bleibt ihm auch hier angelegen. Das ist wohl der Grund, warum er als erstes Beispiel für den Angriff auf die bestehende Ordnung eine Episode aus der »Reise von München nach Genua« anführt, die ein anderer

25 Ebd., Kapitel VII und XIV, 498 und 516 ff.
26 Heine, Reisebilder III, Die Bäder von Lucca, Kapitel VII, HS II, 421.

überschlagen hätte. Der Schauplatz ist ein Gasthof in Brixen, wo der Reisende einen Prälaten und einen Edelmann bei Annäherungsversuchen an die Wirtin beobachtet. Die junge Frau weist sie dadurch in Schranken, daß sie sie fortan mit einem Kind auf dem Arm bedient. Die Herren, so heißt es im Text, wechselten das Thema, lamentierten über die Verschwörung gegen Thron und Altar und berieten geeignete Maßnahmen, sie zu unterbinden. Anders Graziosi. Er verknüpft die Gesprächswendung mit der erlittenen Abfuhr, unterstellt demnach als Pointe, die beiden würden als Relikte der Feudalordnung und als so verblendet hingestellt, daß sie in der Abwehr der Frau nichts anders sehen als das Umsichgreifen der besagten Verschwörung. – Danach führt er als Beweis, daß Heine die Unzufriedenheit mit den bestehenden Verhältnissen schüre, die Bemerkungen über den »Servilismus« der Tiroler an, die sich mit Redensarten darüber trösteten, daß ihnen die Freiheitsrechte, die sie für den Aufstand gegen Napoleon erhalten sollten, von ihrem kaiserlichen Herrn vorenthalten wurden, und schließlich die Interpretation der Opernmusik von Rossini als einer Geheimsprache, in der die Italiener ihr Freiheitsverlangen und ihren Haß gegen die Fremdherrschaft zum Ausdruck bringen.

Graziosi beendet seine Besprechung des ersten Bandes mit der gedrängten Wiedergabe einer Betrachtung, die an den morgendlichen Aufenthalt auf dem Schlachtfeld bei Marengo und Napoleons Eroberungspolitik anschließt. Es handelt sich um die gewagte Prognose, daß die Periode, in der Fürsten ihre Untertanen in Kriege schicken konnten, indem sie ihre »Privatzwecke« als Nationalinteresse ausgaben, zu Ende gehe. Die Völker seien über die »törichten Nationalvorurteile« hinaus und für ein höheres Ziel, nämlich die Emanzipation von der Aristokratie, offen. Die »materielle Staatenpolitik« sei abgelöst durch »eine geistige Parteipolitik«[27]. Graziosi nimmt das Stichwort »Emanzipation« auf: Heine predige die Befreiung von den Souveränen. Er kritisiert diese Zukunftsperspektive nicht, sondern begnügt sich damit, sie abschätzig zu charakterisieren, und zwar als »Demokratie«. Was er sich entgehen läßt oder übergeht, ist die herausfordernde Epochenabgrenzung zwischen der die Gegenwart bewegenden »Freiheitsreligion« und dem alten

27 Heine, Reisebilder III, Reise von München nach Genua, Kapitel XXIX, HS II, 376.

Glauben, den Heine als ein »hohle(s) ausgestorbene(s) Seelengespenst«[28] bezeichnet.

Verwunderlich ist noch eine weitere Auslassung: Graziosi würdigt die heftigen Invektiven gegen die »Staatsreligion« am Ende des ersten Bandes keines Wortes.

Auf den zweiten Band, der die »Englische(n) Fragmente«, die »Harzreise«, das »Buch Le Grand« und die »Memoiren des Herrn von Schnabelewopski« enthält, geht Graziosi nur in einem Absatz ein. Er kennzeichnet diese Schriften als Manifeste einer Freiheits-Propaganda, die den Sturz der Könige und die »Zerstörung der Aristokratie« bezwecke. Nur aus der »Harzreise« führt er mit Angabe der Seite eine Stelle an, die er als doppelten Angriff auf die »Heilige Religion« und den Fürstenstaat bewertet. Gemeint ist das mittlere der »Bergidyll«-Gedichte mit der Imitation der Gretchenfrage. Der Wanderer verbindet in der Antwort an die Tochter des Bergmannes, der ihn beherbergt, die Personen der Trinität mit seiner Lebensgeschichte: Gott-Vater steht für den Glauben seiner Kindheit; der Heranwachsende verehrt in Christus die »Liebe«, und am Ende präsentiert er sich als »Ritter von dem Heiligen Geist«, der die Menschen von der Knechtschaft befreit habe. Graziosi brandmarkt diese allegorische Vermischung der Heils- mit der Profangeschichte als schändliches Sakrileg.

## III. De la France

Pio Canonico BIGHI, nach der Anrede zu urteilen der Ranghöchste unter den Konsultoren, ist zugleich derjenige, der seine Aufgabe am elegantesten, d. h. mit dem geringsten Aufwand an eigenen Sätzen löst. An seinem Gutachten über »De la France« bliebe nur die Auswahl und die Zusammenstellung der Zitate zu untersuchen, wenn er nicht hinter dem Buch stets auf die Person des Autors abzielte. Er schreibt gegen Heine ein Pamphlet.

So beginnt er denn mit dem Ruf des Verfassers als Anführer des »Jungen Deutschland« und seiner Lebensgeschichte. Er fixiert Heine als einen Juden, der zum Protestantismus übergetreten ist, und verbindet damit eine Aussage, die er der französi-

---

28 Ebd. 378.

schen Presse entnommen haben will und zugleich, ungeachtet des immanenten Widersinns, als analytisches Urteil präsentiert: Heine habe trotz seiner Konversion den Haß gegen das Christentum und besonders gegen den Katholizismus bewahrt. Man soll wohl verstehen, bei den Juden richte die Taufe nichts aus. Dann erweitert Bighi das Urteil: Heine bekenne sich zur allgemeinen Revolution. Da habe man den Mann, und danach sei die Schrift, nämlich voller »gottloser, antireligiöser und revolutionärer Ansichten«.

Lange hält sich Bighi bei dem Werdegang Heines auf. Die biographischen Daten entnimmt er der Vorrede des Herausgebers Renduel, oder vielmehr er zitiert ausführlich daraus. Er teilt der Kongregation also mit, daß der Rheinländer Heine als französischer Staatsbürger zur Welt kam, daß er unter dem Eindruck der französischen Armee und Lebensart aufgewachsen und für die Sache der »Menschheit« gewonnen worden sei. 1814 habe er dann Preuße werden müssen, und das sei für jemanden wie ihn, der davon träumte, das französische »Freiheitsevangelium« weiterzutragen, ein harter Schlag gewesen. Doch sei er der ihm hochherzig verabfolgten »Erziehung« treu geblieben, sei Burschenschafter gewesen, aber kein bornierter Nationalist, und habe sich dann der Partei angeschlossen, die von Frankreich in das Geheimnis fortschrittlicher Politik eingeweiht worden sei.

Man kann sich vorstellen, welche Schadenfreude es Bighi bereitet hat, diese Sätze zu zitieren. Das sind die rechten Brüder, die mit solcher Arroganz über einander reden. Bighi selbst fügt nur hinzu, an »Boshaftigkeit« und »Gottlosigkeit« stehe keiner hinter dem anderen zurück. Als Beweis führt er zwei Stellen aus Heines »Englischen Fragmenten« an, die er in Renduels Vorrede zitiert findet. Beide attackieren den Adel und den Klerus. Sie führen deren »Kastengeist« und Interessenbündnis auf die Hierarchie im alten Ägypten zurück. Die erste Stelle erklärt sie für Parasiten und schreibt ihnen in einem grotesken Bild den Blutdurst von Vampiren und Krokodilen zu. Die andere lobt die Erfindung des Schießpulvers und des Buchdrucks als wirksamer Heilmittel gegen diese »ägyptischen Plagen«; hier setzt die Metaphernkonstruktion das »Dogmengebäude, worin der Großpfaffe von Rom die Geister gekerkert«[29] habe, den Burgen der Feudalherren gleich.

29 Heine, Reisebilder IV, Englische Fragmente XI, Die Befreiung, HS II, 595.

Ein weiteres Mal läßt Bighi Heine mit einer programmatischen Äußerung zu Wort kommen, die bestätigt, was der Herausgeber behauptet; und damit schließt er seine biographische Einführung ab: »Ja, ich wiederhole die Worte, womit ich diese Blätter eröffnet: die Freiheit ist eine neue Religion, die Religion unserer Zeit. Wenn Christus auch nicht der Gott dieser Religion ist, so ist er doch ein hoher Priester derselben, und sein Name strahlt beseligend in die Herzen der Jünger. Die Franzosen sind das auserlesene Volk der neuen Religion, in ihrer Sprache sind die ersten Evangelien und Dogmen verzeichnet, Paris ist das neue Jerusalem, und der Rhein ist der Jordan, der das geweihte Land der Freiheit trennt von dem Lande der Philister.«

Bighi verliert dazu kein Wort. Wichtig war ihm ohne Zweifel der Satz, die Freiheit sei die »Religion unserer Zeit«; denn darauf kommt er im Folgenden wiederholt zurück. Merkwürdig ist, daß er zu der Kühnheit schweigt, mit der Heine Christus für den neuen Glauben vereinnahmt.

Nun erst wendet er sich dem Text zu, den er eigentlich zu begutachten hat. Er erläutert, daß er es mit der Buchausgabe von Artikeln zu tun hat, die Heine für die Augsburger »Allgemeine Zeitung« geschrieben hat, und kennzeichnet sie als politische Zeitberichte. Ihren Zweck sieht er in der Beförderung einer umfassenden »antireligiösen und antisozialen Revolution«. Das ist eine erstaunliche Formulierung. Sie ist die Negativversion eines Begriffs, der damals noch keineswegs geläufig war. Allerdings verbindet Bighi mit dem Ausdruck eher die Vorstellung der politischen Revolution gegen das alte Regime. Das ist den weiteren Sätzen zu entnehmen, in denen er das, was er Heines »teuflische Mission« nennt, bzw. den Antrieb, aus dem das Buch entstanden sei, näher bestimmt. Es sei nämlich eingegeben vom »Haß auf die bestehende Ordnung und besonders auf den Katholischen Klerus sowie auf den Adel« und befürworte den Terror gegen die Fürsten. Zeitnäher und informierter als seine Kollegen zeigt er sich auch darin, daß er den Begriff der »Menschenrechte« aufnimmt.

In Heine sieht er den Repräsentanten der modernen, den Zeitfragen zugewandten Schriftsteller, die er in der Nachfolge Napoleons als ›Ideologen‹ kennzeichnet, als Leute, die sich ohne Kenntnis der Praxis mit doktrinären Prinzipien in die Politik einmischen. Dazu macht er einen kleinen Exkurs, worin er ihr selbstsicheres Auftreten von der verdeckten Wirksamkeit der

Aufklärer unterscheidet. Heute, so merkt er an, tarnten sich die Schriftsteller nicht mehr und stellten ihre Freiheitslehre, die vordem in geheimen Zusammenkünften verbreitet worden sei, inzwischen offen und als objektive Tendenz der Gegenwartskonflikte heraus. Diese Aussage zur Konsolidierung der politischen Öffentlichkeit weicht von der ansonsten referierenden Darstellung ab; sie fällt als eigenes Urteil über das Zeitgeschehen auch thematisch aus dem Rahmen. Hingegen ist sie im Gedankengang zwei Passagen aus einem diplomatischen Geheimschreiben sehr ähnlich, das der Bundestagspräsident Münch-Bellinghausen am 12. Dezember 1835 der Wiener Staatskanzlei zugesandt hat und in dem er Metternich mitteilt, wie er seinen Verbotsantrag gegen die Jungdeutschen begründet hat. Meines Erachtens hat Bighi diesen Bericht gekannt; ja es ist nicht auszuschließen, daß der Text den Gutachtern ausgehändigt worden ist[30].

Aus den Heineschen Korrespondenzberichten stellt Bighi Belege zusammen, die die Propaganda der unberufenen ›Menschheitserneuerer‹ beleuchten sollen. Es geht ihm aber nicht im mindesten darum, den Inhalt der Artikel wiederzugeben. Er will den »Geist« kenntlich machen, der aus ihnen spricht. Darum sucht er seine Belege auch in großen Sprüngen zusammen.

30 Ein verläßliches Indiz ist ein solcher Eindruck von gedanklicher und stilistischer Übereinstimmung nicht. Ich will versuchen, ihn etwas dingfest zu machen: Der Bericht wirft den Schriften von Heine, Gutzkow und Wienbarg vor, sie träten »alle Sitte, Scham und Ehrbarkeit absichtlich mit Füßen« und seien »*versteckt oder offen*« voller »Schmähungen gegen die Religion«; das sei aber nicht »neu« und noch kein Verbotsgrund. »Neu dagegen ... ist das Hinüberziehen dieser Materien auf das belletristische Gebiet, wo das, was *früher* höchstens einem engeren Kreis wissenschaftlicher Leser bekannt war, *jetzt* vor das Forum jener unermeßlichen Menge gebracht wird, die ... zur Unterhaltung liest; neu ist daran die halb witzige, halb *poetische Einkleidung* (...).« »Diese Produkte haben ... Adepten und Apostel der *neuen Religion* erweckt, welche (...) sich auch *offen vor aller Welt* als Missionare des neuen Glaubens bekennen und eingestehen, daß sie *planmäßig* für dessen Verbreitung zu wirken suchen würden.« – Zum Wortlaut und Nachweis, vgl. Kapitel A. III.3.c dieses Bandes. – Bighi übernimmt die rhetorische Opposition, verschiebt das Motiv der »Einkleidung« und verdichtet den Gedankengang: »Auf eines nur glaube ich aufmerksam machen zu müssen, daß (nämlich) das, was diese Schriftsteller einst unter Symbolen und Bildern (verdeckt) sagten und verkündeten und mit einem geheimnisvollen Schleier verhüllt zu halten suchten, jetzt offen dargelegt und verkündet wird; und daß man jetzt für unvermeidlich ausgibt, was man früher insgeheim in dunklen Konventikeln plante.«

Er beginnt mit Sätzen, die Paris als Zentrum der »zivilisierten Welt« preisen; sie entsprechen der Stelle, die er zuvor aus den »Englischen Fragmenten« zitiert hat, und diese Redundanz ist offenbar berechnet:

»Betrachtet an den Verein von berühmten oder ausgezeichneten Männern, die hier zusammentreffen, so hält man Paris für ein Pantheon der Lebenden. Eine neue Kunst, eine neue Religion, ein neues Leben wird hier geschaffen ...«

Bighi unterstreicht die vorletzten Worte, zeigt also mit dem Finger darauf, daß Heine Paris als Kapitale der modernen Welt Rom gegenüberstellt.

Als Beispiel für die Versuche der Schriftsteller, in die Politik einzugreifen, führt Bighi die Stelle an, in der Heine Louis Philippe des Verrats an der Sache der Freiheit beschuldigt. Die Stelle spielt auf das Legitimationsproblem des Bürger-Königs an. Sie erinnert daran, daß dessen »Regierung durch das Prinzip der Volkssouveränität entstanden ist«, daß der König »dem Volk und den Pflastersteinen des Julius seine Krone verdankte«[31]. Bighi spießt zunächst den Satz auf, der die Fürsten der Heiligen Allianz, vor denen die Juli-Monarchie zu Kreuze krieche, »Henker der Freiheit« nennt; danach verweist er darauf, daß Heine es wage, dem französischen König mit der Empörung des mißtrauisch gewordenen Volks zu drohen.

Aus dem langen Bericht über die Cholera-Epidemie gibt Bighi einen Auszug, der erkennen läßt, daß Heine die Seuche zugleich als soziales Ereignis interpretiert, indem er nämlich die Konflikte beschreibt, die sich an ihr entzündeten, und die Bemühungen der konkurrierenden Parteien deutlich macht, sie ideologisch für sich zu besetzen. Dabei gestattet Bighi sich einige Verkürzungen, die den Sinn verdunkeln. – Es ist richtig, daß Heine den Erzbischof von Paris verspottet; nicht aber deswegen, weil dieser seinen Dienst als Seelsorger für die Sterbenden vernachlässigt hätte. Vielmehr würdigt er den Mut und Eifer, mit dem Herr von Quélen seinem Hirtenamt nachgekommen ist. Nein, gemeint ist ein kleines Geschäft. Denn der Prälat bot der Regierung an, auf einer seiner Besitzungen ein Hospital einzurichten, wenn sie die Kosten für die Renovierung übernähme; die Regierung ging auf den Handel nicht ein. Die von Bighi zitierten Sätze beziehen sich auf diese Entscheidung, anders sind sie gar nicht verständlich:

---

31 Heine, Französische Zustände, Artikel I, HS III, 109 f.

»... man wollte die verstockten Revolutionssünder lieber ohne Mahnung an ewige Verdammnis und Höllenqual, ohne Beichte und Ölung, an der bloßen Cholera sterben lassen. Obgleich man behauptet, daß der Katholizismus eine passende Religion sei für so unglückliche Zeiten, wie die jetzigen, so wollen doch die Franzosen sich nicht mehr dazu bequemen, aus Furcht, sie würden diese Krankheitsreligion alsdann auch in glücklichen Tagen behalten müssen.«

Diese ironische Unterstellung geht natürlich weit über den Anlaß hinaus. Sie richtet sich gegen die Religion des Erzbischofs, nicht gegen seine Person. Höchstens spielt sie auf Bußpredigten an, worin er behauptet haben soll, daß die Cholera die Strafe Gottes für die Juli-Revolution sei.

Bighi referiert dann die folgende Passage, in der sich Heine über die Verlautbarungen verschiedener Parteien zur Cholera mokiert. Es geht, in der Atmosphäre von Gewalt, Angst und religiösen Tröstungen, die über der Stadt liegt, um eine Propaganda, die hilflos auf Amulette zurückgreift. An diesen Scherzen mußte Bighi nicht Anstoß nehmen. Offenbar hat ihn aber gereizt, daß Heine diesen politischen Wundertätern Priester gleichstellt, die geweihte Rosenkränze feilgeboten hätten, und daß er behauptet, sie seien »verkleidet« aufgetreten. Am Ende zitiert er eine Äußerung, mit der Heine sich von dieser Art Infektion abgrenzt: »So hat jeder seinen Glauben in dieser Zeit der Not. Was mich betrifft, ich glaube an Flanell«[32]. Gemeint ist hygienische Kleidung. Bighi notiert das als Anmaßung.

Schließlich führt er noch den letzten Satz des Berichts über die Cholera an. Es ist zugleich der Ausklang einer Szene auf dem Friedhof Père-la-Chaise, worin Heine seine Empfindung beim Blick von der Anhöhe auf das »kranke Paris« beschreibt:

»... ich weinte bitterlich über die unglückliche Stadt, die Stadt der Freiheit, der Begeisterung und des Martyrtums, die Heilandstadt, die für die weltliche Erlösung der Menschheit schon so viel gelitten.«

Es ist das dritte Mal, daß Bighi Heine mit einem leidenschaftlichen Bekenntnis zur Metropole der Revolution zitiert. Er hat sich keine entgehen lassen.

Seine Erregung über die blasphemischen Metaphern zeigt sich in der Ankündigung der Auszüge, die er aus dem neunten

32 Ebd., Artikel VI, 178.

und letzten der Heineschen Artikel macht. Er schreibt, es seien schreckliche Lästerungen gegen die Dogmen der Christlichen Religion, die er nun noch anführen müsse. Und er fügt hinzu, die Dogmen würden zugleich »mißbraucht«. Dieser Zusatz ist in den Gutachten der einzige Hinweis auf die Kehrseite der Heineschen Religionskritik, daß sie sich nämlich der Sprache der Bibel bedient und religiöse Vorstellungen aufnimmt, um sie in den ideologischen Horizont der Freiheitslehre zu überführen.

Dieses Doppelverfahren, das in der Umdeutung Christi als eines Propheten der Gleichheit und Freiheit gipfelt, ist aber für den neunten Artikel durchaus nicht charakteristisch. Er ist vielmehr gekennzeichnet durch Heines prognostische Deutung der »lärmenden Tagesrätsel«[33]. Denn er beschäftigt sich mit der Frage der zukünftigen Regierungsform, bemüht sich um die Analyse der politischen Kräfteverhältnisse in Frankreich und Deutschland und untersucht zu diesem Zweck, vermischt mit nationalpsychologischen Betrachtungen, symptomatische Ereignisse, Aktionen und Debatten. Von der Religion ist nur am Rande die Rede.

Das erste Zitat, das Bighi anführt, ist dem Eingang entnommen, worin Heine zunächst von einem Kurswechsel der englischen Adelspartei im Streit um das Wahlrecht berichtet und dann Versuche der Aristokratie in anderen Ländern konstatiert, die besitzlose Unterklasse gegen die Liberalen aufzuwiegeln. Die zitierte Stelle ist eine Abschweifung, die sich allgemein, ohne Bezug auf die Zeitgeschichte, über die soziale Funktion der christlichen Religion verbreitet. Heine behauptet, daß katholische Geistliche und ebenso protestantische Pfarrer eifrig mitwirkten an der demagogischen Kampagne der aristokratischen Partei, daß sie keine Mühe scheuten, »das schöne Verhältnis zwischen dem Volk und den Machthabern (d. h. zwischen dem Pöbel und der Aristokratie) zu befördern, damit die Gottlosen (die Liberalen) nicht die Obergewalt gewinnen. Denn sie urteilen sehr richtig: wer sich frevelhaft seiner Vernunft bedient und die Vorrechte der adeligen Geburt leugnet, der zweifelt am Ende auch an den heiligsten Lehren der Religion und glaubt nicht mehr an Erbsünde, an den Satan, an die Erlösung, an die Himmelfahrt, er geht nicht mehr nach dem Tisch des Herrn, und gibt auch dann den Dienern des Herrn keine Abendmahlstrink-

33 Ebd. 164.

gelder oder sonstige Gebühr, wovon ihre Subsistenz und also das Heil der Welt abhängt. Die Aristokraten aber haben ihrerseits eingesehen, daß das Christentum eine sehr nützliche Religion ist, daß derjenige, der an die Erbsünde glaubt, auch die Erbprivilegien nicht leugnen wird, daß die Hölle eine sehr gute Anstalt ist, die Menschen in Furcht zu halten, und daß jemand, der seinen Gott frißt, sehr viel vertragen kann.«

Die Stelle geht etwas schwelgerisch mit den christlichen Glaubensartikeln um. Und es ist verständlich, daß Bighi darüber aufgebracht war. Nur ist sie, wie gesagt, eine Abschweifung, die von der Zeitgeschichtsdarstellung abführt.

Von der nächsten Passage, die Bighi zitiert, gilt das nicht. Sie behauptet den Abfall der Franzosen von der »alten Religion« und von der aus der Ständegesellschaft ererbten »alten Moral«. Heine deutet diese ideologische Ablösung als das letzte und beweiskräftigste in einer Reihe von Symptomen, die sämtlich darauf schließen ließen, daß das französische Volk keine Autorität mehr respektiere und daher »unwillkürlich« auf den »Republikanismus« zusteuere. Bighi blendet diesen thematischen Zusammenhang, der der Stelle ihren argumentativen Sinn zuweist, aus.

Das letzte Zitat, das Bighi aus den Korrespondenzartikeln anführt, ist ohne diesen Kontext gänzlich unbegreiflich. Es sind Sätze aus dem Bericht über den gescheiterten Aufstand der Republikaner am 5. und 6. Juni 1832. Heine rätselt darin über das Motiv der Aufständischen und bemüht sich darum, ihren Mißerfolg zu erklären. Denn ihr Scheitern schien die von ihm aus den Tagesereignissen erschlossene republikanische Tendenz zu widerlegen. Es heißt zunächst, der Aufstand sei offenbar nicht vorbereitet gewesen, sei ohne ersichtlichen Grund von der Menge ausgegangen, die zur Totenfeier des Generals Lamarque zusammengekommen war. Nun folgt der erste der zitierten Sätze: »Aber die Versammlung so vieler streitbarer und streitsüchtiger Menschen geriet plötzlich in unwiderstehlichen Enthusiasmus, der Heilige Geist kam über sie zur unrechten Zeit, sie fingen an zur unrechten Zeit zu weissagen, und der Anblick der roten Fahne soll, wie ein Zauber, die Sinne verwirrt haben.« Bighi ignoriert die Frage, was die Trauernden zu dem anscheinend aussichtslosen Umsturzversuch bewogen haben könnte; an dem Interesse des Zeitdiagnostikers nimmt er keinen Anteil. Er sieht in der Stelle nur ein weiteres Beispiel für Heines Manie,

»gottlose Anspielungen« und Vergleiche mit der biblischen Geschichte zu konstruieren. Solche Gleichnisbildung ist für ihn schlechthin unangemessen und nicht etwa in dem eingeschränkten Sinne, ob sie zur Erklärung des Aufstands etwas beiträgt. Er spricht übrigens nicht abfällig von den »Rebellen« und nennt ihre Tötung sogar ein »Massaker«. Ebensowenig scheint er an den Sätzen, die er abschließend zitiert, Heines Parteinahme für die unbekannten Toten, die für ihre Überzeugung gestorben seien, zu beanstanden, sondern nur die Behauptung, sie hätten sich für die »heilige Sache der Menschheit geopfert«, und die Verwegenheit, am Todesmut der Aufständischen den Königen die Gefahr des Tyrannenmords vor Augen zu führen. Zu dem Revolutionsversuch selbst verhält sich Bighi ganz indifferent.

Am Ende seines Gutachtens geht Bighi auf Heines Besprechung der Pariser Gemäldeausstellung des Jahres 1831 ein, die im ersten Band der französischen Ausgabe den tagespolitischen Korrespondenzberichten beigefügt war. Er stellt sie vor als Mittel der revolutionären und antireligiösen Propadanda; Heine benutze die Bilder, um seine »perversen« und »gottlosen« Ansichten zu insinuieren. Nach den drei Stellen zu urteilen, die er zitiert, meint »pervers« vielerlei: hauptsächlich, wie bereits zuvor, den Mißbrauch religiöser Vorstellungen; dann die Abweichung vom prätendierten Zweck kunstkritischer Betrachtungen; schließlich auch erotische Obsession. Bighi nimmt sich besonders hier die Person des Autors vor; zu den Gemälden äußert er sich nicht.

An der Besprechung des Bildes »Judith und Holofernes« von Horace Vernet, die er zunächst als Ansammlung von Dummheiten abtut, empört ihn die Umdeutung der biblischen Strafaktion in einen Liebestod: »... und trunken von Glück und gewiß auch von Wein, ohne Zwischenspiel von Qual und Krankheit, sendet ihn der Tod, durch seinen schönsten Engel, in die weiße Nacht der ewigen Vernichtung. Welch ein beneidenswertes Ende! Wenn ich einst sterben soll, ihr Götter, laßt mich sterben wie Holofernes!«

Was immer ihn daran aufgebracht haben mag: die Allegorie des erlösenden Tods, die Leugnung des ewigen Lebens, die Unterstellung des Sexualakts, die zweideutige Ausdruck »fin digne d'envie« oder die Einmischung eigener Wünsche – Bighi wettert gegen den Verfasser los: Jedes Wort sei schamlos und eine Lästerung; allein diese Stelle reiche aus, um zu erkennen, wie Heine zur Moral und zum Glauben stehe. Der Ausbruch gipfelt in dem Wort »scellerato«: ein nichtswürdiges Subjekt, das sich über alles hermacht, was anderen heilig ist, Unschuld, Pflicht, Glauben.

Bighi könnte damit, wie er selbst sagt, Schluß machen, überwindet sich aber, »geschüttelt von Ekel und Schrecken«, noch zwei weitere Stellen über den Maler Robert anzuführen. Die nächstfolgende ist im Grunde nicht mehr als ein Loblied idealisierender Kunst. Sie beschreibt die Verwandlung von Natureindrücken in Kunstfiguren der Art, die Robert geschaffen hat, in Analogie zu den bildlichen Vorstellungen der christlichen Lehre von der Läuterung der Seelen der Auserwählten; das Genie des Künstlers wird dem Fegefeuer, seine Tätigkeit dem Geheimnis der Scheidung von Körper und Seele ohne Verlust der Individualität und das Pantheon der Kunstwerke dem christlichen Himmelreich gleichgestellt. Was Bighi daran aufzeigen konnte, ist also wiederum der Mißbrauch eines Dogmas zu profanen Darstellungszwecken.

Die Wahl der dritten und letzten Stelle aus dem »Salon von 1831« ist verständlicher, weil sie sämtliche Angriffspunkte enthält, deretwegen Bighi vorschlägt, das Buch auf den Index zu setzen. Sie spielt an auf die Realitätsferne des Artikels der französischen Verfassung, der den Katholizismus als Staatsreligion festschreibt, und auf eine kirchenfeindliche Aktion in Paris. Und sie gibt eine Erklärung, warum sich die Franzosen vom Christentum abgewandt hätten:

»Robert ist ein Franzose, und er, wie die meisten seiner Landsleute, huldigt unbewußt einer noch verhüllten Doktrin, die von einem Kampfe des Geistes mit der Materie nichts wissen will, die dem Menschen nicht die sichern irdischen Genüsse verbietet und dagegen desto mehr himmlische Freuden ins Blaue hinein verspricht, die den Menschen vielmehr schon auf dieser Erde beseligen möchte, und die sinnliche Welt ebenso heilig achtet wie die geistige; ›denn Gott ist alles, was da ist.‹«

Es kann trotzdem stutzig machen, daß Bighi sein Gutachten mit dem Zitat dieser Sätze abschließt. Denn die »revolutionäre« Tendenz, die er bisher stets als gleichrangig mit der »antireligiösen« behandelt hat, kommt hier doch nur verdeckt zum Ausdruck. Es ist eine der Stellen, die Zeitzeichen deutet und Heines Zukunftserwartung in die Sprache der Religion einkleidet. Man

kann auch weitergehen und sagen, daß sie das Programm einer
»sozialen Revolution« unter der Metaphorik des Glaubens-
kampfes begräbt. Die pantheistische Formel ist eine Streitparole
für Theologen; sie verhüllt und überspielt die »Doktrin«. So wie
Heine sie einsetzt, als bedeutungsschwere Pointe, fungiert sie als
Vorstellungsschranke. Sie ersetzt, sie erspart die politische Theo-
rie.

Der »Salon von 1831« enthält Sätze, die die Revolutionserwar-
tung Heines deutlicher aussprechen. Bighi hat sie überschlagen.


Das Thema, um das diese drei Geistergespräche sich drehen,
ist die soziale Funktion der Kirche und, in zweiter Linie, die der
Schriftsteller. Aus dem Rückblick zu urteilen, sind sich die bei-
den Parteien in der Sache völlig einig. Heine wirft der Kirche vor,
daß sie mit ihrer Lehre das alte Regime, die Monarchie und die
Adelsherrschaft, ideologisch stütze. Die Gutachter bestätigen das
aus ihrer Warte: Die Ständeordnung erscheint ihnen als legitim
und nach Menschenmaß gerecht; die Kirche müsse daher für sie
eintreten. Heine hingegen, überzeugt, daß diese Ordnung über-
lebt und dem Glück der Menschen zuwider sei, beschuldigt die
Geistlichen, daß sie damit das Christentum verfälschten und zur
»Staatsreligion« erniedrigten.

Diese Verteidigung der wahren christlichen Lehre und die
Rede von der Freiheitsdoktrin als einer »neuen Religion« ent-
halten eine Ambivalenz, auf die die Konsultoren mit Verachtung
reagierten. Wenn sie selbst diese Rede übernahmen und die
Schriftsteller als moderne Apostel bezeichneten, so taten sie es
spöttisch. Sie mußten Heines Umdeutung Christi zum ersten
Propheten der kommenden Demokratie und seine Idealisierung
des Dichters als eines Vorkämpfers für die »Gottesrechte des
Menschen«[34] entweder für eine zeitspezifische Geistesverwir-
rung oder für einen anmaßenden Übergriff in ihre Domäne hal-
ten. Diese Auffassung ist ihnen nicht zu bestreiten. Man kann
ihnen auch nicht verdenken, daß sie für Heines Zweifel an
der hochgesteckten dichterischen Mission kein Verständnis auf-
brachten.

34 Heine, Zur Geschichte der Religion und Philosophie in Deutschland, HS III,
570.

Überhaupt wäre es unsinnig, in dieser Streitsache Noten zu verteilen. Man kann aus dem Rückblick nur feststellen, worum der Streit eigentlich ging. Ich meine, um die Ansprüche der bürgerlichen Öffentlichkeit. Die Konsultoren sahen das vielleicht klarer als Heine. Sie erkannten die Gefahr, die von dieser Sphäre für die moralisch-kulturelle Hegemonie der Kirche ausging; unterschätzten sie aber in der Gewißheit, daß die Revolution eine französische Lokalangelegenheit sei und der »alteuropäischen Kontinuität« nichts anhaben könne. Anders Heine: Er war oder gab sich davon überzeugt, daß diese Tradition gebrochen sei und der Kirchenglauben nur noch der Schatten seiner selbst. An diesem Punkt setzte sein zeitdiagnostisches Urteilsvermögen aus. Er wollte nicht wahrhaben, daß die bürgerliche Öffentlichkeit bereits einmal, vor dem Volkshelden und Vaterlandsretter Napoleon nämlich, bankrott gegangen war. Er ließ sich blenden von ihrem ideologischen Abglanz und Zukunftsversprechen: sie erschien ihm verklärt als Morgenröte einer bacchantischen Freiheit und als Marsfeld der erwachenden Völker, die endlich auch ihren Dichtern huldigen.

## D. Heinrich Heine: Religionskritik, Zensur und Selbstzensur

*Wolfgang Schopf*

»Im Anfang war das Wort, und das Wort war bei Gott, und Gott war das Wort«[1].

In dem Ur-Wort steckt das ganze Verhängnis einer Offenbarungsreligion, die an die Heilige Schrift gebunden ist und deren Institutionen die Träger der zeitgenössischen Schriftkultur sind: Es beschwört die Macht des Textes, die Autorität seiner Verwalter – und deutet den Machtverlust der Statthalter Gottes an, falls ihnen die Kontrolle über das Wort abhanden kommen sollte.

Während in Naturreligionen »Gott« zu jeder Zeit und an jedem Ort individuell erlebbar bleiben kann, in Gestalt von Unwettern, der Fruchtbarkeit von Acker und Leib, dem Sternenhimmel, wird er in der Offenbarungsreligion erst im Medium seiner Vermittlung sichtbar. Die obliegt Spezialisten. Der Zugang zu den heiligen Texten ist ein Privileg, gebunden an seltene Kenntnisse und Fähigkeiten, deren Erwerb nur wenigen möglich ist – eben unter der Obhut der Wissenden steht.

Der Priester betreibt also ein doppelgesichtiges Geschäft: Er verschweigt so viel, wie er verkündet, er reglementiert den Zugang zur Heilsbotschaft und knüpft ihn für den Rezipienten an das Befolgen bestimmter Regeln. Das Wort, das Gott war, ist das geschriebene, und die Spezialisten tun alles, damit das so bleibt. Die lateinische Messe des Mittelalters inmitten des linguistischen Durcheinanders der Volkssprachen lebte davon, daß sie niemand verstand: Die Formel »Hoc est corpus ...« wird wegen ihrer Fremdheit zum Hokuspokus, dem Zauber. Und der ist vonnöten. Ist Gott nicht mehr Blitz und Donner, vielmehr Wort, so existiert er in der Vorstellung der Gläubigen als Differenz zwischen Zeichen und Bezeichnetem, wird sichtbar erst in der Auslegung[2].

---

1 Joh 1,1. Alle Bibelstellen zit. nach der Luther-Bibel der Württembergischen Bibelanstalt, Stuttgart 1962.
2 »Auslegung« findet auf zwei Ebenen statt: innerkirchlich in Form des Kommentars zu den heiligen Texten (vgl. Assmann, Kanon 14) und nach außen durch die Predigt und Ansprache gegenüber den Gläubigen.

Die religiöse Schrift ist deshalb der esoterische Text schlechthin.

In diesem Szenario herrscht noch nicht die in der Neuzeit oft beklagte Trennung von Macht und Geist, vielmehr sind beide fast Synonyme. Wem die Autorität über das Wort anheimfällt, hat Gott in seinen Händen und die Nicht-Wissenden gleich mit.

Bekanntlich änderten Gutenberg und Luther diesen Zustand, und Gott und das Wort kamen unter die gemeinen Leute. Die beliebige Vervielfältigung der Schrift, an unbekannten Orten und durch eigenmächtige Köpfe, hatte einen für die Betroffenen überraschenden Effekt: den Verlust des gewohnten Monopols auf die Verbreitung der Wahrheit oder, was sie dafür hielten. Der Reflex folgte prompt: Mit dem »Index librorum prohibitorum« (1559), ein Ergebnis des Konzils von Trient, paßte die römische Kirche ihre Instrumentarien den neuen Verhältnissen an. Zensur herrschte freilich schon vorher, sie ist »so alt wie die Literatur selbst«[3], hatte jedoch noch nie auf solche Herausforderungen zu reagieren gehabt.

Der Versuch, die Kontrolle über das Wort gegen die Mechanismen einer neu entstehenden Öffentlichkeit wenn nötig unter dem Einsatz von Gewalt zu verteidigen, hat mehr als eine Machtneurose zum Motiv. Er ist einer Religion, die auf Schriftkultur fußt, immanent. Zensur, Indizierung und Verbot bestimmen die Schranken des Erlaubten, des Gültigen. Was innerhalb dessen liegt, zählt zum Kanon, dem Fundus der Texte und bildet damit die Grundlage von Religion und auf ihr bauender Gesellschaft. Jede neu entstehende Schrift nimmt Anlauf auf die Hürden des Kanons, sie erstrebt die Aufnahme, will sich mit ihrer öffentlichen Wirkung im Bewußtsein der Rezipienten verewigen, wie es der bestehende Kanon schon getan hat. Deshalb muß er geschützt werden. Daß Gottes Wort vom Himmel kam, ist immer der Beginn des Mythos von dem heiligen Text. Tatsächlich ist dessen Korpus jedoch nicht gegeben, er wurde erkämpft, hat den vorher bestehenden erfolgreich verdrängt und seinen Platz eingenommen. Gerade im Fall einer missionierenden Religion ist die Popularisierung der neuen Heiligen Schrift mit der Negierung der geltenden verbunden. Das Neue Testament ist ein deutliches Beispiel und überliefert selbst die Umstände seiner Verbreitung.

---

3 So Glaser, Unterdrückung, 289. – Zu Geschichte und Praxis von Zensur seit der Antike Speyer, Bücherverbrennung.

In der Apostelgeschichte wird von einem Autodafé erzählt[4], die Bekehrten übergaben ihre alten Schriften den Flammen:

»Viele aber, die da Zauberei getrieben hatten, brachten die Bücher zusammen und verbrannten sie öffentlich (…). So wuchs das Wort durch die Kraft des Herrn und ward mächtig«[5].

Aber auch innerkirchlich war Zensur von Beginn an ein Mittel zur Fundierung der Lehre: Die Bibel ist das Resultat eines Konkurrenzkampfs verschiedener Schriften, die in den Kanon aufgenommenen haben sich gegen die Apokryphen[6] durchgesetzt. Die Zensur findet dabei in Gestalt von Auswahl statt; der Kanon wird die Liste des Erlaubten, die Summe des Ausgeschlossenen ergibt dann immer einen »Index« des Verbotenen[7]. Auch hier liefert die Bibel selbst die Gebrauchsanweisung zum Verfahren. Paulus warnt eindringlich vor religiösen Querdenkern:

»Ich ermahne aber euch, liebe Brüder, daß ihr achtet auf die, die da Zertrennung und Ärgernis anrichten entgegen der Lehre, die ihr gelernt habt, und weichet von ihnen.« Und Jesus selbst ist die Warnung vor den »falschen Propheten« in den Mund gelegt[8].

Der Kanon ist also ein gewordener Korpus, entstanden aus Veränderung und weiterhin veränderbar – ein amorphes Gebilde, fehlt ihm die Flankierung. Wir empfinden Zensur als Willkürakt. Aus der Sicht der Hüter des etablierten Textes ist sie jedoch das Gegenteil: ein gangbarer Weg, den Eigensinn der neuen Schriften zu brechen, den beliebigen Ansturm auf die etablierte Schrift abzuwehren und zu schützen, was besteht.

Das Unterfangen macht also Sinn und ist sogar notwendig, aus der Sicht der Kirche bedeutet Zensur nichts anderes als Bewahrung des Glaubens. Aber selbst eine funktionierende Kontrolle bedeutet für den Kanon nicht zwingend Statik. Die Auslegung erfolgt immer wieder neu und unterliegt den Einflüssen

4 Die Hinweise auf die Bibelstellen dieser Seite verdanke ich Schreer, Bücherzensur.
5 Apg 19, 19 f.
6 Zur Etablierung des biblischen Kanons vgl. Assmann, Kanon 11 f. – Ebenso Schreer, Bücherzensur 16.
7 Auf die Wechselwirkung von Zensur hinsichtlich der Formulierung eines Kanons des Erlaubten und Verbotenen verweist Biermann, Konstruktion 213.
8 Röm 16,17; Mt 7,15.

der veränderten Gegenwart – nur findet die Veränderung innerhalb des bestehenden Dogmengebäudes statt.

Die Zensur macht ihren außerkirchlichen Opfern ein Kompliment: Sie ist die Anerkennung der Gefährlichkeit von Literatur, aus dem Bewußtsein der eigenen Macht heraus, die auf dem etablierten Text ruht – die Einschätzung ist realistisch und bestimmt den Umgang mit neu erscheinenden Schriften: »... die Gewißheit, daß Literatur ›gefährlich‹ oder ›schädlich‹ sein kann, ist ein fester Bestandteil des sozialen Wissens von Schriftkulturen«[9]. Deshalb kann das Selbstbewußtsein der Autoren durch Verbote und Unterdrückung auch gesteigert werden: »Die Zensoren der katholischen Kirche wissen Voltaire zufolge nur allzu gut, daß ›Bücher die Welt regieren‹ und haben deswegen den freien Zugang zur Heiligen Schrift verhindert«[10].

Auf die Gutenbergbibel folgte die Probe der innerweltlichen Wirksamkeit der neuen Mittel: die Reformation, das erste historische Ereignis, in dem Flugblätter und vervielfältigte Pamphlete eine strategische Rolle spielten. Die Reformation ist in Heines Geschichtsinterpretation der Ausgangspunkt unvollendeter deutscher Revolutionen. Bei aller Zweifelhaftigkeit rückwärtiger Kausalketten: Tatsächlich bewegten die bewegten Lettern auch die Geister, und der individuelle Diskurs zwischen dem Gläubigen und seinem Gott ist an die Verfügbarkeit von Gottes Wort gebunden. Die gedruckte Bibel in deutscher Sprache ist der Anfang vom Ende des »Hokuspokus« – und der Beginn der Rationalisierung Gottes, weshalb die Bibelübersetzungen auch einen Ehrenplatz auf dem Index erhielten.

Die neue literarische Öffentlichkeit entstand natürlich nicht als plötzlicher Einschnitt, sondern in einem komplexen Prozeß. Gleiches gilt für die zweite »Zäsur«, nach der die Wirkung des Wortes eine andere war: die Aufklärung. Mit der Kritik jedweder Autorität, der weltlichen, der geistlichen und schließlich der des eigenen Verstandes, ist nicht zwingend die Negation des hinterfragten Gegenstands[11] verbunden. Darauf wäre aus der Perspektive der Staatskirche relativ leicht zu reagieren gewesen. Das

9 Biermann, Konstruktion 213.
10 Brockmeier/Kaiser, Zensur 1.
11 Schreer beispielsweise sieht nach Buchdruck und Reformation die Verdrängung Gottes durch die Aufklärung als die zentrale Bedrohung der kirchlichen Autorität – Schreer, Bücherzensur 17. Ich halte die selbständige »Neubestimmung« Gottes durch die Philosophie für die gravierendere Leistung.

Objekt der Kritik wird jedoch einer Legitimitätsprüfung unterzogen – und darauf meist mit einer neuen, anderen Legitimität versehen. Die »Kritik« führt also am Ende zur Neuschöpfung – von Theoremen, Staatsvorstellungen und Religionen. Für den alten Glauben liegt darin das Perfide der Aufklärung: Die Sanktionierung gängiger Religionsdelikte bis hin zur Leugnung der Existenz Gottes lag in der Zuständigkeit der Kirche; sie verfügte über einen Katalog von Ahndungsmöglichkeiten, von der Vernichtung des Ungläubigen bis zur rettenden Bekehrung. Die Aufklärungsphilosophie aber hat Gott neu erfunden. Seit der »Theodizee« von Leibniz (1710) ist die rationalistische Begründung des Glaubens eingeführt, und damit der Glaube als solcher beerdigt. Die Philosophie hat Gott den Priestern entführt, das Medium erfahrbarer Gottesgewißheit ist nicht mehr Spiritualität und kirchlicher Ritus. An beider Platz tritt die Tätigkeit des kognitiven Apparats, eine diesseitige Erscheinung, deren Hauptcharakteristikum zudem die latente Unbeherrschbarkeit ist. Allerdings haben bei der Versöhnung von Vernunft und Glauben beide Seiten die wichtigsten Federn gelassen: Sie erfolgte in Form wechselseitiger Durchdringung. Die Rationalisierung Gottes zog den Rückschlag des Glaubens auf die Vernunft nach sich; im Glauben an die Vernunft hat diese sich selbst einen Streich gespielt[12]. Trotzdem – der geistlichen Autoritäten Ende ist die Installation der Autorität des Geistes als letzter Wahrheitsinstanz.

Heine hat sich an den Religionen abgearbeitet. Das betrieb er in der Dekade vor der Indizierung so kontinuierlich und intensiv, daß die Dauer bis zur Verurteilung infolge der politischen Intrige Metternichs fast verwundert. »Mit Gott für König und Vaterland« war die Integrationsformel der »Befreiungskriege«, Rom einer der Grundpfeiler der europäischen Restauration, und damit die Religionskritik eine notwendige Komponente zeitgenössischer Gesellschaftskritik. Insofern hat es Heine den vatikanischen Gutachtern leichtgemacht. Es ist wenig theologischer Sachverstand vonnöten, um Heines Prädisposition als rotes Tuch für Rom zu erkennen. Trotzdem ist es spannend zu überprüfen, was tatsächlich hinter Heines Aussagen in den indizierten Texten steht, die den Gutachtern so plakative Verurteilungen wie »Blasphemie«, »Lästerung« und »Anstiftung zur Revolution«

---

12 Dazu noch immer der heilige Text: Horkheimer/Adorno, Dialektik.

entlockten. Denn sie haben mit ihrem Verdikt den Gegner Heine nicht nur getroffen. Vor einer Auseinandersetzung mit der wichtigsten Implikation von Heines Religionskritik haben sie sich gehütet: der Neubesetzung des heilsgeschichtlichen Personals, der Symbole und Mythen – für die Kirche der wundeste Punkt[13]. Das Mißverstehen hat zwei Gründe. Der erste liegt im Ignorieren von Heines »eigentlicher Religion«, seinem Alternativangebot gegenüber Rom. Das Motiv der Gutachter, diesen Bereich tunlichst zu umgehen, resultiert aus der damit anerkannten Macht des neuen Wortes:

Es ist die Angst vor dem fremden Gott.

Insofern wollten sie Heine nicht verstehen und hatten aus ihrer Position heraus recht damit. Die andere Frage ist, ob sie ihn überhaupt verstehen konnten. Giuseppe Maria Graziosi spricht in seinem Gutachten von »gewissen Anspielungen sowie der symbolischen und chiffrierten Sprache« des Heineschen Textes, für die er nicht empfänglich, die er nicht vollständig zu enträtseln in der Lage sei. Auch damit hat er recht. Literatur, geschrieben im Bewußtsein, der Zensor werde der erste Leser sein, vermittelt ihren Inhalt notwendig in subversiver Form:

»Der Hund, dem man einen Maulkorb anlegte, bellt mit dem Hintern. – Das Denken auf Umweg äußert sich noch mißduftiger, durch Perfidie des Ausdrucks«, so Heine in einem Aphorismus aus dem Nachlaß[14].

Jeder Autor wandelt dabei auf dem schmalen Grad zwischen trickreicher Tarnung seiner Gedanken und vorauseilender Verstümmelung des Textes bis zur Unkenntlichkeit. Aber er kann auch eine neue Sprache entwickeln, die mehr ist als technische Maskerade. Selbstzensur bedeutet in der plattesten Form Unterlassung – im Fall Heine jedoch die Entwicklung einer Poetologie des unausgesprochenen Wortes, wobei der äußere Zwang des Verbots nicht zum Verstummen, sondern zu einer spezifischen Schreibweise führt, die nicht in Widerspruch zu dem inneren Gedanken steht.

Die Fragen sind also: Was steckt bei Heine hinter den für die römischen Theologen offensichtlichen Positionen, und was hin-

---

13 Zu dem Zensur- und Kanonisierungsmotiv, den »Fehlgebrauch der Symbole« zu unterbinden, vgl. Gladigow, Mythenzensur.
14 Heine, Aufzeichnungen, HS VI/I, 650.

ter dem Verborgenen, was hinter den Provokationen, auf die sie sich aus den genannten Gründen nicht einlassen, was im »esoterischen« Heine? Um Heines Chiffren entziffern zu können, muß man seine Reaktionen auf die Zensur mitbedenken. Zu denen gehören die bewußt eingesetzten Umgehungen, Neuformulierungen und Finten – und die internalisierte Reaktion: ein anderes Schreiben.

## I. Der getroffene und verkannte Gegner – Heines Religionskritik

»Es gibt aber eine fromme Dialektik, lieber Leser, die dir aufs bündigste beweisen wird, daß ein Gegner des Kirchtums einer solchen Staatsreligion auch ein Feind der Religion und des Staats sei, ein Feind Gottes und des Königs, oder, wie die gewöhnliche Formel lautet: ein Feind des Throns und des Altars. Ich aber sage dir, das ist eine Lüge, ich ehre die innere Heiligkeit jeder Religion und unterwerfe mich den Interessen des Staates. Wenn ich auch dem Anthropomorphismus nicht sonderlich huldige, so glaube ich doch an die Herrlichkeit Gottes (...). Ich hasse nicht den Thron, sondern nur das windige Adelsgeziefer, das sich in die Ritzen der alten Throne eingenistet (...). Ich hasse nicht den Altar, sondern ich hasse die Schlangen, die unter dem Gerülle der alten Altäre lauern; die argklugen Schlangen, die unschuldig wie Blumen zu lächeln wissen, während sie heimlich ihr Gift spritzen in den Kelch des Lebens ...«[15]

Die Sätze Heines folgen auf eine im Gutachten von Graziosi zitierte Passage und sind aus einem einfachen Grund übergangen worden: Eine Differenzierung zwischen Staatskirche, dem institutionalisierten Christentum, und einer unabhängigen »inneren Heiligkeit« kann der römische Klerus nicht akzeptieren; die Unterscheidung stellt Roms Autorität in den eigenen Belangen in Frage. Hinter Heines Trennung von Religion und Kirche, einem Machtapparat, der maßgeblich an der Festigung weltlicher Herrschaft beteiligt ist, steckt der ungeheure Vorwurf des Verrats an der eigenen Sache, der Entfremdung der Kirche von den Grundlagen des von ihr vertretenen Glaubens – und der

15 Heine, Reisebilder IV, Die Stadt Lucca, HS II, 516.

Anspruch des Religionskritikers, einen Läuterungsprozeß der Kirche voranzutreiben.

Allein das selbstverständlich geäußerte Axiom einer Differenz von Glauben und Kirche zeigt, was für eine protestantische Angelegenheit die Aufklärung war. Religion und Religionskritik zusammenzudenken, resultiert aus der Infragestellung aller Autoritäten. Daß die Auseinandersetzung mit Religion eben nicht zur Abwendung von Gott führen muß, wurde schon angesprochen und ist, entgegen den Äußerungen der päpstlichen Gutachter, gerade bei Heine deutlich[16]. Seine großen religionskritischen Vorgänger sind Voltaire und Lessing[17]. Was Heine von Voltaire trennt, ist dessen Selbstverortung, die Annahme, auf dem Gipfel der Entwicklung zu stehen; Heine hat eine solche Gewißheit verloren. Um so näher stand er Lessing. Der »Repräsentant eines säkularisierten Kulturchristentums«[18] war für Heine »in der ganzen Literaturgeschichte derjenige Schriftsteller«, den er »am meisten lieb(t)e«[19]. Dafür hat er zwei Gründe. Zum ersten sieht Heine in Lessing den zweiten Luther[20]. So wie der Reformator Gott dem Volk zurückgegeben und das Wort Gottes von den »römischen Fälschungen« befreit habe[21], sei es Lessings Verdienst, die »Befreiung von diesem tyrannischen Buchstaben«, vom »starren Wortdienst« der Lutheraner betrieben zu haben[22]. Die Befreiung des Wortes ist eine Bedingung der literarischen Religionskritik. Lessing lieferte mit »Nathan der Weise« das Meisterstück der Synthese von Kunst- und Religionsfreiheit[23], ein weiteres Heinesches Axiom.

Der zweite Grund von Heines Verehrung liegt im Charakter der Religionskritik Lessings: »der, wenn er mit seiner Pole-

---

16 Schlingensiepen weist darauf hin, daß Heines »Aussagen ihre Kraft« vielmehr »nur aus einem unmittelbaren Gottesverhältnis« beziehen konnten, Schlingensiepen, Heine 16.
17 Vgl. Goessmann/Kruse, Heine 175 f.
18 So der von Goessmann verliehene Titel, vgl. Goessmann, Kulturchristentum 142.
19 Heine, Die Romantische Schule, HS III, 372.
20 Heine, Zur Geschichte der Religion und Philosophie in Deutschland, HS III, 585.
21 Ebd. 545.
22 Ebd. 589.
23 Zu der Verbindung von Religionskritik und Dichtung vgl. Goessmann, Kulturchristentum 143.

mik das Alte zerstörend bekämpfte, auch zu gleicher Zeit selber etwas Neues und Besseres schuf«[24]. Heine meint damit eine wichtige Quelle seiner religions- und geschichtsphilosophischen Perspektive: die Vorstellung eines Dritten Testamentes, eines neuen diesseitigen Evangeliums, das die ersten beiden nicht negiert, vielmehr aus ihnen erwachse. Das Modell spricht Lessing in den Paragraphen 85–90 seiner »Erziehung des Menschengeschlechts« an, und nicht nur Heine verdankt Lessing diese Idee – aber dazu im nächsten Abschnitt mehr.

In seinem geistesgeschichtlichen Modell markiert Heine also zwei wichtige Stufen für seine Religionskritik: die Reformation als Rückführung von Gottes Wort zu sich selbst und seine wirkliche Verkündung, und dann die Emanzipation des Geistes von dem Diktat des Wortes.

Freilich gibt es auch den persönlichen Hintergrund. Als Napoleon die Regentschaft über Heines Geburtsstadt Düsseldorf übernahm, beobachtete der junge Heine eine Truppenabnahme durch den Kaiser, die er in »Ideen. Das Buch Le Grand« rückblickend verklärt – Heine erinnert aber auch ganz nüchtern daran, daß dem Besatzer Deutschlands der Code Civil, die Aufhebung der Lehn- und Frondienste und die Gesetze zur Emanzipation der Juden hinterherritten.

Nach einer fruchtlosen Lehre studierte Heine Jura – und wurde Mitglied der Bonner Burschenschaft »Allemannia«. Der national-pathetische Duktus von Gedichten aus dieser Zeit wirkt ebenso befremdlich wie das biographische Faktum, wenn man nur den »erwachsenen« Heine vor Augen hat. Der burschenschaftliche Antisemitismus machte Heines Corpskarriere bald ein Ende: Nach dem Burschentag von 1820 wurde die Mitgliedschaft von jüdischen Studenten für unakzeptabel erklärt. Der Ausschluß folgte, und für Heine die Erfahrung, daß die schlagkräftigste Opposition zum Restaurationsregime teilweise »altdeutscher« war als die bekämpften Dynastien.

In den folgenden Jahren lebte Heine in Berlin, und mit zwei Beobachtungen ist er sehr beschäftigt: den Auseinandersetzungen um die jüdische Emanzipation und der ungelösten »großen Suppenfrage«[25]. In den »Briefen aus Berlin« fragt Heine seinen Gefährten in der Droschke: »Haben Sie die Idee eines Mittag-

24 Heine, Die Romantische Schule, HS III, 372.
25 Heine, William Ratcliff, Vorrede von 1851, HS I, 340.

essens begriffen, mein Lieber? Wer diese begriffen hat, der begreift auch das ganze Treiben der Menschen«[26]. Beide Kamalitäten, nationalistischen Chauvinismus und wachsenden Pauperismus, erfährt Heine im Kontext von Religion – die katholische Kirche steht für das europäische ancien régime, und ein guter Teil des antisemitischen Denkens in Deutschland sprießt aus dem »religiösen« Antijudaismus.

Durch die erfahrene Ablehnung als Jude wurde Heine jedenfalls zur Auseinandersetzung mit der Religion seiner Eltern fast gezwungen – wozu er während seiner Kindheit wenig Anlaß hatte[27]. Bezeichnenderweise folgte auf seine Mitarbeit im Berliner »Verein für Cultur und Wissenschaft der Juden« (ab 1822) 1825 die protestantische Taufe[28] – nach dem berühmten Bonmot aus dem Nachlaß, das jedoch nicht in Zusammenhang mit dem eigenen Übertritt entstand, das »Entreebillett zur europäischen Kultur«. Der Staatsdienst blieb ihm aber weiterhin verschlossen, Judenfeindlichkeit war längst rassistisch unterlegt, und die »vorgetäuschte Taufe« als Heimtücke gegenüber der Christenheit ein antisemitisches Stereotyp[29].

Auf zwei Dekaden der Religionskritik folgte die »Rückkehr« des verlorenen Sohns, so eine landläufige Interpretation. Heines Diskurs mit einem persönlichen Gott wird dabei meist als das umkehrende Finale seiner religiösen Biographie dargestellt: Sei-

---

26 Heine, Briefe aus Berlin, HS II, 19.
27 Die Liberalität des Düsseldorfer Elternhauses und die Situation des historischen Bruchs der Emanzipationsmöglichkeit haben zu sehr erstaunlichen Interpretationen geführt. Zu den hartnäckigsten Irrläufern der Heine-Philologie gehört Hans Mayers, entgegen der besten Absicht, völlig danebengegangene Einschätzung: »So wird Heine zum einzigartigen Fall des Menschen ganz ohne Tradition, zunächst auch fast ohne Ressentiment. Er ist am Beginn seiner Laufbahn gleichsam Kaspar Hauser ...« (Mayer, Ausnahme 8 f.). Der Satz taucht im Zusammenhang mit Heines Religionskritik einmal mehr unreflektiert auf bei: Goergen, Spatz. Kein Kind eines »aufgeklärten« Elternhauses, dem eine halbwegs gute Schulbildung zuteil wurde, kann »frei von Traditionen« sein. Das Bild entstammt vielmehr dem ins kollektive Unbewußtsein übergegangenen Stereotyp des entwurzelten Juden, also einem alten antisemitischen Klischee.
28 Zu den Motiven der verschiedenen Schritte in Heines religiösem Werdegang vgl. die Zusammenfassung von Goessmann, Konversionen.
29 Auf den Effekt der Taufe, von den Christen weiterhin als Jude betrachtet zu werden, und von den Juden als »Abtrünninger«, weist hin: Kuschel, Heine, in: ders., Gott 42 ff.

ne Religiosität sei eine Folge der Leiden in der »Matrazengruft«
von 1848 bis zum Tod 1856. Das Motiv der Heimkehr stammt
von Heine selbst:

»Ja, ich bin zurückgekehrt zu Gott, wie der verlorene Sohn,
nachdem ich lange Zeit bei den Hegelianern die Schweine gehü-
tet«[30].

Er beschreibt seinen wiedergefundenen Gott und die mißli-
che Lage, in der er sich an ihn wendet: den kriechenden körper-
lichen Verfall, unter elenden Schmerzen, die einsame Hilflosig-
keit – und Gott als Adressaten seiner Klagen[31]. Den »Gott der
Pantheisten« kann er dabei »nicht gebrauchen«:

»Wenn man nun einen Gott begehrt, der zu helfen vermag –
und das ist doch die Hauptsache –, so muß man auch seine Per-
sönlichkeit, seine Außerweltlichkeit und seine heiligen Atribute
(...) annehmen«[32].

Diese Einsicht hat eine Pointe. Mitte der 1830er Jahre kann
Heine noch spotten: »Auf dem Totenbette sind so viele Frei-
denker bekehrt worden«[33] – doch nun ist er selbst der »arme
Exgott«. Nur: Eine so umfassende Revision ist seine »Rückkehr«
nicht. In dem neuen Verhältnis zu Gott bleibt die Kirche weiter-
hin außen vor. »... es ist in dieser Beziehung keine Änderung mit
mir vorgegangen«[34], spricht er an die Adresse der Klerikalen. Das
Motiv von Rückkehr und Leiden spielt in Heines Religiosität der
letzten Lebensjahre gewiß eine wichtige Rolle; aber obwohl der
Spötter Heine seine Niederlage akzeptiert, bleibt die Vorstellung
von einem personalen Gott doch eine sehr subjektive Angele-
genheit – und der Ton der gleiche:

»Ach! der Spott Gottes lastet schwer auf mir. Der große Autor
des Weltalls, der Aristophanes des Himmels, wollte dem kleinen
irdischen, sogenannten deutschen Aristophanes recht grell dar-
stellen, wie die winzigen Sarkasmen desselben nur armselige
Spöttereien gewesen im Vergleich mit den seinigen, und wie
kläglich ich ihm nachstehen muß im Humor, in der kolossalen
Spaßmacherei.

Ja, die Lauge der Verhöhnung, die der Meister über mich her-

30 Heine, Romanzero, Nachwort, HS VI/I, 182.
31 Heine, Geständnisse, HS VI/I, 476.
32 Heine, Romanzero, HS VI/I, 183.
33 Heine, Zur Geschichte der Religion und Philosophie in Deutschland, HS III,
634.
34 Heine, Geständnisse, HS VI/I, 482.

abgeußt, ist entsetzlich, und schauerlich grausam ist sein Spaß. Demütig bekenne ich seine Überlegenheit, und ich beuge mich vor ihm im Staube. Aber wenn es mir auch an solcher höchsten Schöpfungskraft fehlt, so blitzt doch in meinem Geiste die ewige Vernunft, und ich darf sogar den Spaß Gottes vor ihr Forum ziehen und einer ehrfurchtsvollen Kritik unterwerfen.«[35]

Heines »theologische Revision« darf nicht nur im Kontext seiner individuellen Situation gesehen werden. In den folgenden Abschnitten wird auf das »revolutionäre« Element in Heines Christusbild und die soziale Komponente des Trostes in der Religion hingewiesen. Heines wiedererwachte Religiosität steht nicht in Widerspruch zu den politischen Motiven seiner Religionskritik[36].

Heine besteht auf dem letzten Wort, auch zu seinem eigenen Sterben. Der Dialog mit Gott bleibt so individuell gefärbt wie dessen Bild, von der Warte des freien Subjekts aus – was der Religiosität ihren regressiven Charakter nimmt[37].

Eine weitere Relativierung der »Rückkehr« liegt im Wesen des angeblich Verlassenen: Heine hat sich nicht von einem orthodoxen Judentum entfernt und ist mit der Taufe zu keiner »traditionellen Kirche« übergetreten, brauchte also auch nicht nach Canossa zu gehen[38]. Nimmt man Goessmanns Überlegung auf, Heine habe »die Zukunft eines säkularisierten Christentums für seine Person ernst genommen«, wird der Kern von Heines Beziehung zu Religion sichtbar: Es ist ein aktives Verhältnis, die neue Religion der Zukunft will er mitgestalten.

Um dieser Aufgabe nachzukommen, zimmert Heine an einem veränderten Dichterbild und setzt dabei auch Religion und Literatur in eine neue Beziehung. Die literarische Religionskritik erfolgt nicht nur aktiv, durch die Artikulation in Dichtung – sie rezipiert die heiligen Schriften auch auf neue Weise: als Literatur. Das macht uns die Einschätzung der an dem differenzierten Umgang mit Religion beteiligten Autoren in religiösen Fragen nicht leichter. Versatzstücke aus diversen Heilsgeschichten tau-

---

35 Ebd. 499.
36 Deshalb spricht Hermand von der »sozialen Botschaft der Geständnisse« – Hermand, Botschaft 313.
37 Lübbe sagt dazu: »In der Quintessenz heißt das: Heines neue Frömmigkeit setzt Religionsfreiheit voraus und nimmt sie in Anspruch.« – Lübbe, Heine 208.
38 Ausgeführt ist der Gedanke bei Goessmann, Kulturchristentum 154 ff.

chen plötzlich als Metaphern und Bilder in literarischen Texten auf, sind aus ihrem Kontext gezogen und üben einen literarischen Frondienst: In der Allusion werden sie zu schriftstellerischem Material, müssen aber mit ihrem Wiedererkennungseffekt herhalten und sind dabei nicht bloß zur Staffage degradiert. Heine arbeitet ausgiebig mit dieser Technik und bedient sich dabei nicht nur der Religion. Mythologie, Kunst-, Philosophie- und Sozialgeschichte sind ihm ein Steinbruch, aus dem er seine Stücke für das Mosaik des eigenen Textes entnimmt. Besonders im Fall Religion ist der freihändige Umgang an zwei Bedingungen geknüpft: Kenntnis[39] und gleichzeitig Distanz[40]. Hinter dem verwirrenden Spiel, unterschiedlichste Motive zu nutzen, um die eigene Position in ursprünglich anders besetzten Bildern zu artikulieren, steht Autonomie – nicht der Kunst, doch des Künstlers, wenn es um die Gestaltung geht. Heine sieht die »selbstbewußte Freiheit des Geistes« als »Selbstbewußtsein der Freiheit in der Kunst« durch »die Behandlung, durch die Form offenbart«[41]. Souveränität der Formgebung kann nur bewahrt werden, wenn der Dichter über seinem »Stoff« steht – allein hierin schon liegt für den Vatikan ein Affront. Spott und Lästerung sind keine sonderlich originären Verfehlungen; was den Gutachtern als despektierliche Überheblichkeit erscheint, ist eine Selbstverständlichkeit von Heines »Neuer Literatur«. Die definiert er als »subjektiv, lyrisch und reflektierend«[42]. Die gesteigerte Subjektivität führt aber nicht aus der realen Welt heraus – sie bildet sie ab, spiegelt sie wider, wenn auch oftmals verzerrt: »das Herz des Dichters (ist) der Mittelpunkt der Welt«[43]. Heines Positionierung, die eng mit seiner Religionskritik zusammenhängt, führt zu einer Neubestimmung der Rolle der Schriftsteller:

[39] Schlingensiepen spürte bei seiner Untersuchung über 400 Bibelstellen in Heines Werk auf. – Schlingensiepen, Heine 27.
[40] Instruktiv zu diesem Komplex: Zepf, Ironie. Zepf erklärt aus dem Ort des Dichters die »Indifferenz« gegenüber dem Material. Eine platte und zudem nicht zu Ende gedachte Interpretation ist die leider noch immer weit verbreitete Verwechslung von Distanz und Beliebigkeit, in bezug auf Heines Behandlung von Religionen zu finden bei Goergen, Spatz 50 ff.
[41] Heine, Lutetia, HS V, 438.
[42] Heine, Zur Geschichte der Religion und Philosophie in Deutschland, HS III, 552.
[43] Heine, Reisebilder III, Die Bäder von Lucca, HS II, 405.

die »keinen Unterschied machen wollen zwischen Leben und Schreiben, die nimmermehr die Politik trennen von Wissenschaft, Kunst und Religion, und die zu gleicher Zeit Künstler, Tribune und Apostel sind.«[44]

## 1. Der getroffene Gegner – Heines Kirchenkritik

»Verspottung«, »Verachtung«, »lächerlich machen« von Kirche, Religion und heilsgeschichtlichem Personal sind die unisono geäußerten Vorwürfe der Gutachter gegen Heine. Sie haben in ihrem Weltbild keine andere Wahl, als zu diesem Urteil zu kommen – wenn das Gute schön und das Schöne wahr sein soll, ist ironische Verzerrung kein erlaubtes Stilmittel der Literatur. Natürlich ist Heines Rede lästerlich, Ironie und Spott, Erzeugung von Komik und Parodie sind Grundtöne in Heines Klaviatur. Nur bringt er sie nicht um ihrer selbst willen zum Erklingen. Heines Ironie ist nicht mit der »romantischen Ironie« im Sinne Schlegels zu verwechseln, sondern ein artistisches Mittel, das nicht von der Wirklichkeit ablenkt, indem sich der Autor im freien Sprachspiel verliert. Wenn Heine Lächerlichkeit[45] erzeugt, züchtet er sprachliche Spaltpilze in dem Bruch zwischen Realität und tradiertem Weltbild, er macht den »Riß durch die Welt« sichtbar. Dabei trennt er zwischen Kritik am Schein und Kritik des Sinngehalts. Über seine entsprechende Erklärung zu Beginn von »Zur Geschichte der Religion und Philosophie in Deutschland« hat Palma freilich hinweggelesen. Zu den blasphemischen Späßen des Kollegen Voltaire sagt Heine, sie haben »im Grunde nichts bewiesen, sondern nur bewirkt«, das Gelächter und »das ganze Dictionnaire philosophischer Pfeile, das er gegen Klerus und Priesterschaft losschoß, verletzte nur den sterblichen Leib des Christentums, nicht dessen inneres Wesen, nicht dessen tieferen Geist, nicht dessen ewige Seele.«[46] Ein weiterer dichterischer Ahnherr, Aristophanes, setzte auf den Spott als Anreiz zur

44 Heine, Die Romantische Schule, HS III, 468.
45 Goessmann sieht »Lächerlichkeit« als hauptsächliche stilistische Wirkungsabsicht, als das »Hauptprinzip« in Heines Religionskritik. – Vgl. Goessmann, Kulturchristentum 138, 168. Dies stilistisch-methodische Moment steht dem Ernst der Kritik jedoch nicht entgegen.
46 Heine, Zur Geschichte der Religion und Philosophie in Deutschland, HS III, 515 f.

Selbstkritik. Diese Wirkung ist auch Heines Absicht: die Differenz zwischen der kirchlichen Praxis und dem inneren Wesen des Christentums sichtbar zu machen – mit dem Fernziel ihrer Überwindung. Der Effekt kann nur erreicht werden, wenn die Ehrfurcht vor dem falschen Bild abgelegt ist – nicht vor dem Abgebildeten selbst. In der Vorrede zum »Atta Troll« beschreibt Heine die Wirkung der ironischen Verzerrung:

»Es gibt Spiegel, welche so verschoben geschliffen sind, daß selbst ein Apollo sich darin als eine Karikatur abspiegeln muß und uns zum Lachen reizt. Wir lachen aber alsdann nur über das Zerrbild, nicht über den Gott.«[47]

Die Pointe der literarischen Religionskritik liegt in ihrer Freiheit im Umgang mit Sprache – und im Erkennen des Trugs in der Sprache der tradierten Bilder. Nur wenn sie deren Autorität zerstört, kann sie sichtbar machen, was hinter ihnen liegt – und aus dem sprachlichen Spiel wird die Darstellung des realen Ernstes: »Mit ihrer Fiktionalität spürt die Literatur (…) Realität auf«, so Goessmanns zutreffende Zusammenfassung[48].

Heine hat die Suppe der Autoritätskritik ausgelöffelt – und stellt sich folglich selbst in Frage. Durch eine selbstironische Finte persifliert Heine seine Rolle: Indem er sich unter die gescheiterten Menschheitsretter reiht, entkräftet er im voraus den Einwand, er löse nur den überkommenen Irrglauben durch einen neuen ab.

Wem die alten Bilder heilig sind, dem bleibt da nur der entsetzte Aufschrei. Der Affront übersteigt sogar seine Intention, und die Gutachter sehen gar nicht mehr hin, was Heine in seinen despektierlichen Bildern transportiert. Die »schreckliche Lästerung« durch das Darstellungsverfahren verstellt ihnen die Sicht auf den Bildhintergrund[49].

Das geschieht auch bei Graziosis Urteil über Heines olympisches Götterszenario: Die alten Größen sitzen beim Bacchanal, als ihnen der »bluttriefende Jude« sein Kreuz so nachhaltig auf den gut gedeckten Tisch wirft, daß ihnen die leiblichen Genüsse für den Rest der Religionsgeschichte im Hals stecken bleiben[50].

---

47 Heine, Atta Troll, Vorrede vom Dezember 1846, HS IV, 495 f.
48 Goessmann, Kulturchristentum 138.
49 Vgl. die Überlegung Schlingensiepens, daß Heines Stil dafür gesorgt haben kann, daß »die Theologen seine Herausforderung nicht erkannt, jedenfalls aber nicht angenommen haben«. – Schlingensiepen, Heine 8.
50 Heine, Reisebilder IV, Die Stadt Lucca, Kapitel VI, HS II, 492.

Heine pointiert in dem Bild den Kontrast von »Sensualismus« und »Spiritualismus«, von »Hellenen-« und »Nazarenertum«. Beide Pole durchziehen als dichotomisches Schema Heines Vorstellung von Geistes- und Kunstgeschichte. Das Modell ist einfach: »Hellenentum« steht für die Einheit von Körper und Idee, die diesseitige Ausprägung des göttlichen Entwurfs, inkarniert in den prächtigen Gottesmenschen der griechischen Mythologie. Als Gegenbild hängt der leidende Gottessohn am Kreuz, aus der Rezeption der Folterszene erwächst eine Religion, deren »schauerlichster Reiz eben in der Wollust des Schmerzes besteht«[51]. Heine umreißt im ersten Buch von »Zur Geschichte der Religion und Philosophie in Deutschland« die Rezeptionsfolgen der neuen Doktrin: Verzauberung des seinem Körper entrückten Geistes – und Verteufelung des Leibes, der Materie. Schönheit und Lust als natürlicher Trieb sind in der katholischen Lehre nur noch als potentielle Verlockungen Satans präsent, so Heines Schluß, und entsprechend negativ besetzt. Die Natur erscheint dabei als Bedrohung, als Sitz der zu bekämpfenden Mächte, die das Christentum zu unterwerfen hat – mit dem Risiko, daß seine Protagonisten doch den Reizen ihrer Umgebung erliegen: »Der wahre Christ spazierte, mit ängstlich verschlossenen Sinnen, wie ein abstraktes Gespenst, in der blühenden Natur umher.«[52] So sieht Heine die christliche Geschichte als wechselseitige Kette von Kasteiung und Repression – als Verrat an den göttlich-natürlichen Anlagen des Menschen, und in der Erfindung der Sünde die Verdammung der »unschuldigen Sinnesfreuden«. Das Ganze habe aber seinen Zweck erfüllt. Die »christkatholische Weltansicht« sei eine »heilsame Reaktion gegen den grauenhaft kolossalen Materialismus«[53] des antiken Rom gewesen, und habe den Menschen über Jahrhunderte gute Dienste geleistet. Heine erkennt die »große Tröstung« als »Wohltat« der christlichen Religion an, auch in den eigenen »göttlichen« Jahren, als er ihrer noch nicht bedurfte. Seine grundlegende Frage ist aber, warum die Menschen nach ihr verlangen müssen, er führt sie zurück auf das innerweltliche Elend. Sein Befund ist eindeutig. Neben den materiellen Gütern ist auch das Leid in der Welt

---

51 Heine, Die Romantische Schule, HS III, 362.
52 Heine, Zur Geschichte der Religion und Philosophie in Deutschland, HS III, 521.
53 Heine, Die Romantische Schule, HS III, 363.

hübsch verteilt, und damit die Abhängigkeit von göttlichem Trost zur Bewältigung des Lebensalltags. Heine sieht die Trostspender auf der Gewinnerseite des Szenarios – deswegen erkennt er in der »großen Tröstung« das ideologische Moment. Der Grund für die Verabreichung des lindernden Balsams einer Religion, »die dem leidenden Menschengeschlecht in den bitteren Kelch einige süße, einschläfernde Tropfen goß, geistiges Opium, einige Tropfen Liebe, Hoffnung und Glauben!«[54], ist eben nicht eine gottgegebene Verdammnis des Menschen, sondern die ganz profane Verteilungsfrage. Damit wird die Tröstung zum Trug und das Versprechen zur Lüge:

»den gegeißelten und verspotteten Menschen das tröstende Kruzifix vorhalten, und ihnen nach dem Tode, dort oben, alle sieben Himmel versprechen.

Vielleicht eben, weil die Großen dieser Erde ihrer Obermacht gewiß sind, und in ihrem Herzen beschlossen haben, sie ewig zu unserem Unglück zu mißbrauchen, sind sie von der Notwendigkeit des Christentums für ihre Völker überzeugt«[55].

Der Übergang ist ohne Brüche: Er führt zu Heines Kritik der Staatsreligion und zu der Gutachter Feststellung, der zu indizierende Autor wolle letzten Endes eine Revolution anzetteln. Natürlich haben sie recht mit dem Urteil – und geben gleichzeitig Heine recht. Der hat die Wirkung der katholischen Religion als präventives Beruhigungsmittel zur Vermeidung von Widerständen gegen soziale Ungerechtigkeit artikuliert – und die römischen Theologen folgen brav der Heineschen Diagnose, wenn sie selbst den Zusammenhang vom Sturz der Dogmen und der weltlichen Ordnung konstatieren. Die Analogie von geistiger Emanzipation und politischem Umsturz ist seit der Französischen Revolution geschichtliches Faktum, und taucht bei Heine nicht nur in den theoretischen Schriften auf[56]:

»Wer sich von seinem Gotte reißt,
Wird endlich auch abtrünnig werden
Von seinen irdischen Behörden.«

54 Heine, Ludwig Börne. Eine Denkschrift, HS IV, 111.
55 Heine, Zur Geschichte der Religion und Philosophie in Deutschland, HS III, 519.
56 Heine, Erinnerung aus Krähwinkels Schreckenstagen, Zeile 10–12, HS VI/I, 230.

läßt Heine den Magistratsvertreter in der »Erinnerung aus Krähwinkels Schreckenstagen« befürchten. In der Konsequenz verbindet er seine Forderung nach der Wiedereinsetzung des Leibes mit dem Postulat einer anderen Güterverteilung und einer neuen politischen Organisation. Den miserablen Zustand, in dem die Menschen leben, sieht er als Krankheit, als Deformation des göttlichen Entwurfs – die Dämonisierung des Fleisches werde so zur eigentlichen Gotteslästerung[57]. Und deshalb kämpft Heine nicht »für die Menschenrechte des Volks, sondern für die Gottesrechte des Menschen«[58]. Die Trennung von Leib und Seele will er als gemacht entlarven, als Werkzeug im Interesse ihrer Profiteure. Der Gegenentwurf lautet:

»Schon hier auf Erden möchte ich, durch die Segnungen freier politischer und industrieller Institutionen, jene Seligkeit etablieren, die, nach der Meinung der Frommen, erst am jüngsten Tage, im Himmel, stattfinden soll.«[59]

In der Schrift über die deutsche Religion und Philosophie skizziert Heine ein dreistufiges Entwicklungsmodell auf diesen Zustand hin: Der letzte, noch ausstehende Schritt nach der religiösen Revolution, der Reformation, und der geistigen, der idealistischen Philosophie, sei die soziale Revolution. Den Gutachtern diesbezüglich ein richtiges Urteil zu bescheinigen, heißt freilich ihrer verkürzten Wahrnehmung der Position Heines zu folgen – der ruft in der Schrift nicht zur Revolution auf, kündigt sie aber an – als zwingende Folge der ungelösten Mißstände und der unerledigten Hausaufgaben in der deutschen Geschichte, nämlich eine bürgerliche Revolution zu veranstalten, mit der Abstrakta wie Verfassungsfragen und die konkrete »Suppenfrage« gleichermaßen zur Zufriedenheit aller gelöst werden. Je länger der Schnitt ausbleibe, um so heftiger werde er einst, das ist die Prophetie. Heine freut sich keineswegs auf diese Revolution, er sieht sich auch nicht unter den Gewinnern, zu sehr gehöre er zu dem, was gewaltsam aus der Geschichte verabschiedet werden wird. Trotzdem möchte er das »Neue Lied« dichten, das Hochzeitskarmen für Europa und die Freiheit, so das Motiv aus dem ersten Kapitel von »Deutschland. Ein Wintermärchen.« Das

57 Heine, Zur Geschichte der Religion und Philosophie in Deutschland, HS III, 569.
58 Ebd. 570.
59 Ebd. 519.

alte war die Intonierung der Lüge und des Betrugs – den hält er
Rom vor:

> »Sie sang vom irdischen Jammertal,
> Von Freuden, die bald zerronnen,
> Vom Jenseits, wo die Seele schwelgt
> Verklärt in ewgen Wonnen.
>
> Sie sang das alte Entsagungslied,
> Das Eiapopeia vom Himmel,
> Womit man einlullt, wenn es greint,
> Das Volk, den großen Lümmel.
>
> Ich kenne die Weise, ich kenne den Text,
> Ich kenn auch die Herren Verfasser;
> Ich weiß, sie tranken heimlich Wein
> Und predigten öffentlich Wasser.«[60]

Im »Wintermärchen« erscheint in lyrischer Form, was Heine
zuvor in der Religionsschrift ausgearbeitet hat. In seiner Revolu-
tionsmetapher des Caput VII zerschlägt er die Gebeine der Heili-
gen Drei Könige, jeder einzelne symbolisiert ein Mitglied der
»Heiligen Allianz« aus den Dynastien Österreichs, Preußens und
Rußlands, die noch einen Vierten im Bunde hatten: den Vatikan.
Wenn die Gutachter befürchten, daß es der alten Kirche mit den
alten Mächten gemeinsam an den Kragen gehe, bestätigen sie
Heines Geschichtsinterpretation.

Heine mache die Religion, die Kirche, Gott, den Papst, die
Heiligen und Figuren aus der Bibel lächerlich, verachte die Hei-
lige Schrift – darin sind sich die Gutachter einig. So einfach ist es
aber nicht. Während Heine die Staatskirche seiner Kritik unter-
zieht, wodurch die Gutachter provoziert werden müssen, läßt er
zwei Dinge aus dem Spiel: die Bibel, sie ist ihm ungeachtet der
ideologischen Funktion von Religion das »heiligste Buch der
Menschheit«[61], und die göttlichen Figuren, Vater und Sohn.
Palma zitiert Heines Kantinterpretation und überträgt die ge-
schilderte Position auf den Referenten – das ist schlicht unseriös.
Zumindest wenn er folgert, Heine befasse sich im dritten Teil des
Buches damit, »nachzuweisen, daß Gott nicht existiert«. Freilich

---

60 Heine, Deutschland. Ein Wintermärchen, Caput I, Str. 6–8, HS IV, 577 f.
61 Heine, Zur Geschichte der Religion und Philosophie in Deutschland, HS III,
515.

folgt Heine in der Schrift nur zu gerne der »Hinrichtung des Deismus«, die er damals durch Kant vollzogen glaubt. Nur geht es ihm nicht um die Existenz Gottes, sondern um Gottesvorstellungen, er bleibt auf der Suche, doch sein Bekenntnis nützt ihm vor dem Auge des Gutachters nichts:

»Der Verfasser dieser Blätter ist sich einer solchen frühen, ursprünglichen Religiosität, aufs freudigste bewußt, und sie hat ihn nie verlassen. Gott war immer der Anfang und das Ende aller meiner Gedanken.«[62]

Wenn von den Gutachtern Kirchen- und Religionskritik gleichgesetzt wird, verstecken sie sich als diesseitige Vertreter des Glaubenssystems hinter dem breiten transzendenten Rücken ihres vermeintlichen Dienstherren – und weichen dem Vorwurf aus, Gott veruntreut zu haben. Das ist der Kern von Heines religionskritischen Don Quixotterien. Die Priester sind die Zielscheibe seiner Angriffe, und Heine begründet es. Bighi zitiert die Stelle aus den »Englischen Fragmenten«, in der Heine die Genese der Priesterkaste beschreibt, die, verbündet mit dem »privilegierten erblichen Kriegerstand«, also dem Adel, den mehrheitlichen Rest der ständischen Gesellschaft aussauge. Heine sieht in der wechselseitigen Verknüpfung von Herrschaftsinteressen den wahren Grund, die »Staatsreligion« zu installieren. Das ist für ihn der Verrat der Kirche an der Religion:

»Die Religion kann nie schlimmer sinken, als wenn sie solchermaßen zur Staatsreligion erhoben wird, es geht dann gleichsam ihre innere Unschuld verloren, und sie wird so öffentlich stolz, wie eine deklarierte Mätresse.«[63]

Mätressen spenden Wonne und Trost – aber bekanntlich aus pekuniären Motiven. Heine vergibt sich nicht die kleine Bosheit, das Bild zu Ende zu schmücken, und baut die Geschäftsmetapher[64] gründlich aus:

»Ist es doch eine bekannte Bemerkung, daß die Pfaffen in der ganzen Welt, Rabbinen, Muftis, Dominikaner, Konsistorialräte, Popen, Bonzen, kurz das ganze diplomatische Corps Gottes, im Gesichte eine gewisse Familienähnlichkeit haben, wie man sie immer findet bei Leuten, die ein und dasselbe Gewerbe treiben.

62 Ebd. 602.
63 Heine, Reisebilder IV, Die Stadt Lucca, Kapitel XIV, HS II, 517.
64 Heines Kritik am Unternehmensaspekt der Staatsreligion und ihrer Korruption hat herausgearbeitet: Puetzfeld, Heine 103 ff.

(...) der Frankfurter christliche Kaufmann sieht dem Frankfurter jüdischen Kaufmanne eben so ähnlich, wie ein faules Ei dem anderen. Die geistlichen Kaufleute, solche die von Religionsgeschäften ihren Unterhalt gewinnen, erlangen daher auch im Gesichte eine Ähnlichkeit.«[65]

Zu Beginn des Kapitels beschreibt Heine einen Mönch, lebend in und für seinen Glauben; »gegen den Mann will ich nicht schreiben«, resümiert er die Beobachtung von dessen Armut und ein wenig stilisierter Lauterkeit. Natürlich setzt Heine den »guten« Diener Gottes in Kontrast zu den Objekten seiner Kritik, unterscheidet aber damit zwischen Individuen und Amtsträgern.

Die Positionen der Gutachter und Heines müssen unversöhnlich bleiben. Beide Seiten werfen sich das gleiche Vergehen vor: Bighi resümiert die »erschreckenden Lästerungen«, die Heine gegen die »heiligen Dogmen der christlichen Religion vorbringt«, und dringt in demselben Satz sehr behutsam zur eigentlichen Auseinandersetzung vor: »... zugleich aber mißbraucht er sie.« Genau so lautet Heines Grußadresse an den Vatikan. Beide, die Zensoren und der Zensierte, umkämpfen in doppelter Weise das gleiche Feld: die Öffentlichkeit, der eine durch Publizistik, die anderen durch den Versuch, sie zu unterbinden. Und sie zanken sich um den gleichen Inhalt: die Besetzung des ideologischen Raums »Religion«. Bighi sieht Heines Werk als ein »Gewebe von gottlosen, antireligiösen und revolutionären Grundsätzen«. Das dritte Attribut nimmt Heine dankend entgegen, das erste und zweite gibt er dem Absender zurück – mit seiner Besetzung der historischen Christusfigur und eben der Verknüpfung von Gottesvorstellung, Religion und Revolution.

## 2. Der verkannte Gegner – Heines Neubesetzung der Religion

»... und träume jede Nacht, ich packe meinen Koffer und reise nach Paris, um frische Luft zu schöpfen, ganz den heiligen Gefühlen meiner neuen Religion mich hinzugeben und vielleicht als Priester derselben die letzten Weihen zu empfangen.«[66]

Eineinhalb Monate, nachdem Heine diese Zeilen an seinen

65 Heine, Reisebilder IV, Die Stadt Lucca, Kapitel IV, HS II, 486.
66 Heine, Brief an Varnhagen von Ense vom 01.04.1831, in: Heines Briefe 127.

Freund Varnhagen geschrieben hatte, traf er in Paris ein. Die »neue Religion« hatte einen Namen: »Saint-Simonismus«, und erfreute sich in Paris wachsender Anhängerschaft. Heine war mit der Doktrin in Rahels Berliner Salon in Berührung gekommen. Doch gibt es für die »neue Religion« eine andere, ältere Quelle. Schon im dritten der »Berliner Briefe« aus dem Juli 1822 unterscheidet Heine zwischen »verketzernder Glaubensbrunst oder frömmelnder Proselytenmacherei« und »echte(r) Christusreligion«[67]. Was hinter der echten Religion steckt, arbeitet Heine in der »Berg-Idylle«, dem zentralen Gedicht der »Harzreise« von 1824 aus. Die Figur des Reisenden befindet sich in einer Bergmannshütte, die Eltern schlafen, und das lyrische Ich führt mit der kleinen Tochter eine nächtliche Unterhaltung. Graziosi gutachtet über die »skandalösen und gottlosen Strophen«: Heine benutze »das Dogma der heiligen Trinität, um die Völker zum Aufstand aufzurufen«. Es ist ein bißchen komplizierter. Auf eine Paraphrase der Gretchen-Frage antwortet die Figur mit der Evokation von Heines Modell einer trinitären Glaubens- und Geschichtsentwicklung[68]:

> »›Auch bezweifl ich, daß du glaubest,
> Was so rechter Glauben heißt,
> Glaubst wohl nicht an Gott den Vater,
> An den Sohn und heilgen Geist?‹
>
> Ach, mein Kindchen, schon als Knabe,
> Als ich saß auf Mutters Schoß,
> Glaubte ich an Gott den Vater,
> Der da waltet gut und groß;
>
> Der die schöne Erd erschaffen,
> Und die schönen Menschen drauf,
> Der den Sonnen, Monden, Sternen,
> Vorgezeichnet ihren Lauf.
>
> Als ich größer wurde, Kindchen,
> Noch viel mehr begriff ich schon,
> Und begriff, und ward vernünftig,
> Und ich glaub auch an den Sohn;

67 Heine, Briefe aus Berlin, HS II, 61.
68 Heine, Die Harzreise, Berg-Idylle II, Str. 5–10, HS II, 132 f. – Zur politischen Komponente von Heines »Urchristentum«, wie sie in der Berg-Idylle artikuliert wird, vgl. Bierwirth, Dichterbilder 96 ff.

An den lieben Sohn, der liebend
Uns die Liebe offenbart,
Und zum Lohne, wie gebräuchlich,
Von dem Volk gekreuzigt ward.

Jetzo, da ich ausgewachsen,
Viel gelesen, viel gereist,
Schwillt mein Herz, und ganz von Herzen
Glaub ich an den heilgen Geist.«

Das dreigliedrige Schema durchzieht das ganze Heinesche Denken. Es ist in dem Bild von der Kette der religiösen, philosophischen und politischen Revolution enthalten, wird auf Personen übertragen: Luther als der erste, Lessing als der zweite Befreier, ein dritter Messias wird erwartet – und soll weltlicher und geistlicher Retter in einem sein. Daß sich Heine zwischen den Zeilen für diese Rolle anbietet, gehört wieder zu seiner Methode der Selbstironisierung durch Überhöhung. Er hat die drei genannten Schritte vollzogen. Norbert Altenhofer[69] weist auf die Parallele von Individual- und Menschheitsentwicklung in dem Gleichnis hin: Heines Weg führt von dem alttestamentarischen Glauben an den Vater über den »vernünftigen« Glauben an den Sohn zur geistigen Emanzipation – an deren Ende die angestrebte innerweltliche Heilserfüllung steht.

Das Motiv stammt aus dem späten 12. Jahrhundert. Joachim von Fiore, kalabresischer Mönch und Ordensgründer, entwikkelte in einem schwindelerregenden Zahlenspiel ein System spiritueller Generationen, aus dem er die »Concordia novi et veteris testamenti« ableitete und das Eintreten in ein »Drittes Zeitalter«, das »Evangelium aeternum« erschloß. Auf das erste Testament und Zeitalter des Vaters, charakterisiert durch das Gesetz, folge das des Sohnes, der Gnade, und schließlich der dritte »Status« des »spiritualis intellectus«, des Heiligen Geistes. Das dritte Zeitalter ist geprägt von der Eröffnung des Sinns der ersten beiden, von Erkenntnis und Kontemplation, einer neuen mönchischen Kirche, die als erneuerte Kraft nach dem Auftreten des Antichrist den Vollzug des Heilsgeschehens innerhalb der Weltgeschichte vorlebe – das ist die Pointe des Konstrukts. In der apokalyptischen Stimmung der ersten Hälfte des 13. Jahrhunderts

69 Altenhofer, Harzreise, ders., Chiffre.

wirkte die Lehre wie ein Treibsatz. In wesentlichen Punkten fehlinterpretiert und verfremdet, diente das Joachimitische Modell als Vorlage für den Konflikt zwischen Friedrich II. und dem Papst: Friedrich, durch Gregor IX. zum Antichrist stilisiert, galt als Zerstörer und Erneuerer der Kirche, als weltlicher Messias. Die Rolle des spirituellen Gegenübers wurde Franziskus zugewiesen, in dieser Übertragung geisterte Joachims Grundgedanke durch die Köpfe der oberitalienischen Häretiker. In den folgenden Jahrhunderten hatte er eine abenteuerliche Rezeption in der Geistesgeschichte – an dieser Stelle genügt der Hinweis, daß sie bis hin zu Lessings »Erziehung des Menschengeschlechts« führte, dem »Verbindungsstück in der Traditionskette«[70].

Die Segnungen des »Heiligen Geistes« beschreibt Heine in der »Berg-Idylle« weiter[71]:

> »Dieser tat die größten Wunder,
> Und viel größre tut er noch;
> Er zerbrach die Zwingherrnburgen,
> Und zerbrach des Knechtes Joch.
>
> Alte Todeswunden heilt er,
> Und erneut das alte Recht:
> Alle Menschen, gleichgeboren,
> Sind ein adliges Geschlecht.«

Damit kleidet Heine die Französische Revolution in ein religiöses Gewand. Die Durchdringung von religiösen und politischen Bildern findet im Verlauf der 1820er Jahre im Saint-Simonismus einen Höhepunkt. Der 1825 verstorbene Claude Henri Comte de Saint-Simon hinterließ mit seiner Schrift »Le Nouveau Christianisme« den Schlüsseltext der Doktrin[72] – eine Mischung aus Frühsozialismus, Erlösungskonzept einer emanzipierten industriellen Gesellschaft und Diesseitsreligion, wonach »die politische Ordnung in ihrer Gesamtheit eine religiöse Einrichtung sein wird.«[73] Mit der Zeitschrift »Globe« sorgten ab 1829/30 die Pari-

---

70 So Altenhofer. – Zu Lessings Verarbeitung des Motivs: Altenhofer, Geschichtsphilosophie.
71 Wie Anm. 68, Strophen 11–12.
72 Eine Übersetzung liegt vor: Saint-Simon, Schriften. Auszüge bei: Delatour, Lehre.
73 Vgl. Delatour, Lehre 222.

ser Saint-Simonisten für die Verbreitung ihrer Ideen[74]. Heine lernte, wie gesagt, die Lehre in Berlin kennen. In Paris angekommen, besuchte er die Sitzungen der Gruppe und blieb mit einigen Mitgliedern über Jahre befreundet. Im Mai 1832 schrieb er an Varnhagen:

»Ich beschäftige mich jetzt viel mit der französischen Revolutionsgeschichte und dem Saint-Simonismus. (...) Habe jedoch im letzten Jahre durch die Anschauung des Parteitreibens und der saint-simonistischen Erscheinungen sehr vieles verstehen gelernt, z. B. den ›Moniteur‹ von 1793 und die Bibel. (...) Was mich betrifft, ich interessiere mich eigentlich nur für die religiösen Ideen, die nur ausgesprochen zu werden brauchen, um früh oder spät ins Leben zu treten.«[75]

Heine findet hier die Idee eines dritten Zeitalters wiederaufgenommen, die Trennung von Sensualismus und Spiritualismus aufgelöst und in eine pantheistische Gottesvorstellung umgesetzt. Vermutlich zur gleichen Zeit schrieb er ein Gedicht, das mit einer Anspielung auf Math. 16, 18 beginnt: »Und ich sage dir auch: Du bist Petrus, und auf diesen Felsen will ich bauen meine Gemeinde, und die Pforten der Hölle sollen sie nicht überwältigen«, und das mit der deutschen Fassung eines Satzes von Prosper Enfantin, dem Kopf der saint-simonistischen Bewegung, endet[76]:

>»Auf diesem Felsen bauen wir
>Die Kirche von dem dritten,
>Dem dritten neuen Testament;
>Das Leid ist ausgelitten.
>
>Vernichtet ist das Zweierlei,
>Das uns solang betöret;
>Die dumme Leiberquälerei
>Hat endlich aufgehöret.
>
>Hörst du den Gott im finstern Meer?
>Mit tausend Stimmen spricht er.

74 Zur Rezeption unter den deutschen Schriftstellern der Zeit vgl. Vortriede, Saint-Simonismus. – Eine Untersuchung der Rezeption durch das »Junge Deutschland« liefert Siebers-Gfaller, Pressestimmen.
75 Heine an August Varnhagen von Ense [Mitte Mai 1832] in: Heines Briefe 136.
76 Heine, Neue Gedichte, Seraphine VII, HS IV, 325.

Und siehst du über unserm Haupt
Die tausend Gotteslichter?

Der heilge Gott der ist im Licht
Wie in den Finsternissen;
Und Gott ist alles was da ist;
Er ist in unsern Küssen.«

Die christliche Heilslehre erscheint hier gänzlich säkularisiert –
was aber nicht mit der Ablehnung des Religiösen verwechselt
werden darf[77]. Der Säkularisationsprozeß wirkt in zwei Rich-
tungen, verlagert den Ort des Religiösen – und verbannt nicht
die Religion. Karl-Josef Kuschel faßt deshalb richtig zusammen,
mit Heine »erreicht der typisch neuzeitliche Prozeß der Säkulari-
sierung des Religiösen und der Sakralisierung des Prophanen
zum Zwecke der politisch-gesellschaftlichen Veränderung einen
frühen Höhepunkt im 19. Jahrhundert«[78].

Was Heine im Saint-Simonismus auch wiederfindet, ist seine
in den »Reisebildern« geäußerte Annahme, die etablierte Prie-
sterschaft vertrete eben nicht das »wahre« Christentum. In »Le
Nouveau Christianisme« tritt die Figur des »Novateur« auf, der
prophezeit:

»Das Christentum wird zur einzigen Weltreligion werden,
Asiaten und Afrikaner werden sich zu ihm bekehren; die Mit-
glieder des europäischen Klerus werden gute Christen werden,
alle Art heute betriebener Ketzerei werden sie aufgeben.«[79]

Natürlich ist es den Gutachtern nicht möglich, diese Position
zu akzeptieren – aber sie hätten sich ernsthafter damit auseinan-
dersetzen sollen. Denn Heines Kritik an der Kirche ist weit da-
von entfernt, »den Namen Christi verächtlich zu machen«, und
gegenüber Christus »schmähsüchtig« zu sein (Palma). Es fällt
vielmehr auf: Bei aller Kritik und den vielen Schlägen unter die
klerikale Gürtellinie läßt Heine die historische Christusfigur
unangetastet. Das geschieht aus zwei Gründen. Der naheliegen-
de ergibt sich aus Heines Trennung von Religion, ihrem »inne-
ren Gehalt« auf der einen, und der Kirche auf der anderen Seite.

---

77 Ein Beispiel für die eindimensionale Auffassung von Säkularisierung liefet
Guttenhöfer, Heine 114.
78 Vgl. Kuschel, Gott 59.
79 Saint-Simon, Le Nouveau Christianisme, zit. nach Siebers-Gfaller, Presse-
stimmen 49.

Jesus ist also von der Kirchenkritik nicht betroffen. Der zweite hängt mit einer Übertragung zusammen: Heine analogisiert die Rolle des Schriftstellers, des offenbarenden Künstlers mit der des Heilandes, der infolge seiner Verkündigung gekreuzigt wird[80].

Zu den diesbezüglich deutlichsten Stellen in Heines Werk gehört das Caput XIII aus »Deutschland. Ein Wintermärchen«[81]. In der Sicht von August de la Croix, dem Verfasser des Kurzgutachtens zur Indizierung der »Neuen Gedichte« im Jahr 1845, sind die Verse freilich nur »schreckliche Lästerungen über Jesus Christus«:

> »Und als der Morgennebel zerrann,
> Da sah ich am Wege ragen,
> Im Frührotschein, das Bild des Manns,
> Der an das Kreuz geschlagen.
>
> Mit Wehmut erfüllt mich jedesmal
> Dein Anblick, mein armer Vetter,
> Der du die Welt erlösen gewollt,
> Du Narr, du Menschheitsretter!
>
> Sie haben dir übel mitgespielt,
> Die Herren vom hohen Rate.
> Wer hieß dich auch reden so rücksichtslos
> Von der Kirche und vom Staate!
>
> Zu deinem Malheur war die Buchdruckerei
> Noch nicht in jenen Tagen
> Erfunden; du hättest geschrieben ein Buch
> Über die Himmelsfragen.
>
> Der Zensor hätte gestrichen darin
> Was etwa anzüglich auf Erden,
> Und liebend bewahrte dich die Zensur
> Vor dem Gekreuzigtwerden.
>
> Ach! hättest du nur einen anderen Text
> Zu deiner Bergpredigt genommen,
> Besaßest ja Geist und Talent genug,
> Und konntest schonen die Frommen!

---

80 Kuschel sieht Heine als »Mitbegründer des Topos der Schonung Jesu bei noch so heftiger Religionskritik«. – Vgl. Kuschel, Gott 54.
81 Heine, Deutschland. Ein Wintermärchen, Caput XIII, Str. 4–10, HS IV, 605 f.

Geldwechsler, Bankiers, hast du sogar
Mit der Peitsche gejagt aus dem Tempel –
Unglücklicher Schwärmer, jetzt hängst du am Kreuz
Als warnendes Exempel!«

Dem »brav(en) Soldaten im Befreiungskriege der Menschheit«[82]
Heine fehlt trotz aller Ironie das erlösende Moment einer Trans-
formation in die Komik. Der »neue Schriftsteller« als Vorbild des
modernen Intellektuellen erfüllt eine tragische Rolle, sehr helle-
nisch, ist allerdings nicht mehr der Götter Spielball, sondern sich
selbst verpflichtet, in selbstzerstörerischer Konsequenz. Das ist
Heines eigene Analyse seines Verhältnisses zu den unterstützten
revolutionären Kräften, vor denen er gewaltige Angst hat, folg-
lich auch vor sich selbst. Hintergrund des zwiespältigen Gefühls
gegenüber der eigenen »Mission«, in den Augen Bighis freilich
das »teuflische Vorhaben, (...) mit allen Mitteln die Erneuerung
der menschlichen Gattung (...) vorzubereiten, zu planen und
herbeizuführen«, ist Heines Wissen, er werde den herbeige-
schriebenen Umsturz nicht überleben – im unwahrscheinlichen
Erfolgsfall seines Wirkens. Seine Befürchtungen beziehen sich
im Ästhetischen auf die romantischen Erblasten, und im Po-
litischen auf den »Bürger« Heine, der mit der Eigentumslehre
Saint-Simons wenig anzufangen weiß, auf seinem (kleinen)
Anteil am Millionenerbe der Hamburger Verwandtschaft be-
harrt, die unterwandernde Macht der Börse im laisser-faire des
Bürgerkönigtums offenlegt – und selbst fleißig spekuliert.

So sehr Heine auch in der Bebilderung der jüdisch-christ-
lichen Kulturgeschichte steckenbleibt, er glaubt an seine Me-
taphern, und gibt ihnen in bezug auf das Zeitgeschehen eine
neue Bedeutung. Insbesondere, wenn es um die Christusgestalt
geht[83].

Die französischen Revolutionen werden als »Krähen des
Gallischen Hahns« metaphorisiert, nicht nur durch Heine. Der
wendet aber den Hintergrund der Metapher auf sich selbst: Der
Schriftsteller will mit seinem Werk der noch immer ausbleiben-
den sozialen Revolution, der Erfüllung seines eigenen Strebens,

---

82 Heine, Reisebilder III, Reise von München nach Genua, Kapitel XXXI,
HS II, 382.
83 Mit der Entdeckung des »revolutionären Zugs der Jesusbotschaft« hat
Heine die zeitgenössische »Schultheologie« überfordert. – Vgl. Schlingensie-
pen, Heine 123.

das Stichwort geben und sagt: »Der gallische Hahn hat jetzt zum zweitenmale gekräht«[84] – dann nimmt er die Vorlage des Bildes ernst, in der es heißt: »... ehe denn der Hahn zweimal kräht, wirst du mich dreimal verleugnen.«[85]

Wenn Heine sein lyrisches Ich des »Wintermärchens« mit dem Kruzifix[86] konfrontiert, glaubt er selbst einer Spiegelung der eigenen Person gegenüberzustehen. So viel Unmut die Analogie auch unter den vatikanischen Gutachtern hervorrufen mag, der scheinbar anmaßende Vergleich fällt auf den Vergleichenden zurück, nicht auf die große Figur – er ist wieder Selbstironie. Die Diskrepanz zwischen der historischen Rolle des christlichen Heilands und des revolutionären Dichters ist, für jeden Leser erkennbar, so groß, daß die Anmaßung keine mehr sein kann und sich in die Persiflage der eigenen Position verkehrt. Zu der gehört bei Heine das Bild des Narren: Er ist bestellt, die Wahrheit auszusprechen, aber immer in Ungewißheit der Folgen dieses Dienstes am Auftraggeber, der die Erfüllung des Amtes oft genug mit tödlichem Unmut quittiert. So erging es Jesus, und ähnliches sieht Heine für seine Dichterfigur voraus. Den deutlichsten Eingriff in die historische Biographie des Messias nimmt Heine mit seinen inhaltlichen Ratschlägen zur Bergpredigt vor, die aber vage bleiben. Die Bergpredigt[87] ist eine Heinesche Metapher für die revolutionäre Rede: Der »Berg« war Sitz der Jacobiner in der Nationalversammlung, und Heine verspottet an Ludwig Börnes Agitation unter den republikanischen Handwerkern aus Deutschland während der gemeinsamen Jahre des Pariser Exils: »daß Börne mit 600 Schneidergesellen auf den Montmartre gestiegen, um ihnen eine Bergpredigt zu halten«[88]. Heines Rat ist zweideutig. Der Verweis auf die Kreuzigung als Folge der »falschen« Predigt kann eine nachträgliche Empfehlung zur Mäßigung sein. Das würde zu der Darstellung des segensreichen Wirkens der Zensur passen, die den Autor vor Worten bewahre, deren Konsequenz ihn selbst vernichtet. Was natürlich schon

84 Heine, Einleitung zu Kahldorf über den Adel, HS II, 655.
85 Mk 14, 30.
86 Schmidt geht in seiner Untersuchung der religionskritischen Sprengkraft, die Heine im Kreuzessymbol sieht, so weit, von Heines »eigener Art Kreuzestheologie« zu sprechen.
87 Auf die politische Freiheit als Konsequenz des Liebesgebotes weist Wirth-Ortmann hin, dies., Jesusbilder.
88 Heine, Ludwig Börne. Eine Denkschrift, HS IV, 73.

wieder Ironie wäre. Deswegen bietet sich eine andere Interpretationsvariante an. Derzufolge wäre die Bergpredigt auf dem halben Wege stehengeblieben, nicht radikal genug gewesen – und habe durch die provozierten Folgen den Redner ans Messer geliefert, bevor der Samen seiner zu verhohlenen Botschaft aufgegangen. Für die Annahme dieser Deutung spricht Heines Beobachtung der fatalen Resultate mißlungener Umwälzungen. So interpretiert er die 1830er Revolution, deretwegen er sich nach Paris aufgemacht hatte: »Eine Revolution ist ein Unglück, aber ein noch größeres Unglück ist eine verunglückte Revolution«[89].

Da Ideen durch die Realität nicht zu falsifizieren sind, hält Heine auch nach der Enttäuschung an seinem Grundgedanken fest – geläutert allerdings durch die Weitsicht, daß beim nächsten, notwendig ausstehenden Versuch die Blutopfer größer sein werden als 1830.

Der Indifferenz, die er seinem »Vetter« am Kreuz vorhält, bleibt Heine auch nach seiner Warnung vor dem Exempel des einstweiligen Scheiterns treu. Im Caput XIII findet sich kein Hinweis auf das Befolgen der eigenen Ratschläge. Obgleich Heine durch die Konfrontation des biblischen Freiheitskämpfers mit seinem elenden Ende das ganze Unterfangen, einschließlich seiner eigenen Person, in Frage stellt, überhöht er sich und das Vorbild durch das Festhalten an der Idee – wider besseres Wissen.

So despektierlich Heines Umgang mit der Christusfigur scheinen mag – inhaltlich senkt er vor Jesus die Feder, und kann nicht anders. Was die Gutachter als Spott empfinden, ist bei Heine die Nachfrage, das Bohren im Bild, dem er selbst verhaftet bleibt.

Die Gutachter scheinen davon etwas zu ahnen und machen deswegen ihren Bogen um den Kern des Konflikts. Wo sie ihm nahekommen, weichen sie ihm gleichzeitig aus. Sie referieren Heines Anspruch, die »Epoche einer neuen Erlösung« einleiten zu wollen (Palma), ein »Freiheitsevangelium« zu verkünden. Dermaßen isoliert dargestellt, sind die Heineschen Affronts nicht sonderlich originell. Vielleicht antworten die Gutachter deswegen mit den plakativen Stereotypien. Der von Heine provozierten Auseinandersetzung, ob die neue Religion die wahre alte sei oder tatsächlich Ketzerei, haben sie sich damit entzogen.

89 Ebd. 78.

## II. Zensur und Selbstzensur

Im vormärzlichen Literaturbetrieb schreiben und veröffentlichen hieß nicht, gegen die Zensur publizieren – sondern mit ihr. »Der Zensor« war kein Deus ex machina, dessen Bannstrahl unverhofft einen ahnungslosen Autor traf, vielmehr eine berechenbare Institution des Literaturgeschäfts – wenn auch eine unliebsame und in ihrem Wirken für die Betroffenen reich an unangenehmen Folgen. Auch war der Deutsche Bund nicht das einzige Territorium, in dem staatliche Instanzen die ̇Kontrolle über die bürgerliche literarische Öffentlichkeit zu behalten versuchten. Im Land der Freiheit, Frankreich, herrschte ebenfalls Zensur – aber eine politische. Es sind also die Kriterien, nach denen Zensurvorgänge zu unterscheiden sind. Und die Legitimierungskriterien der zensierenden Obrigkeit sind auch die der Zensur. Im Verfassungsstaat wird verboten, was die Grundfesten der konstitutionellen Ordnung untergräbt. Die Legitimationsprobleme des restaurativen Staates waren komplexer – und deshalb auch die Zensurnormen. Gründet sich das Staatsverständnis auf ein Bündnis von weltlicher und geistlicher Herrschaft, wie verwässert das Gottesgnadentum durch eine idealiter konstitutionelle Monarchie auch sein mag, so fließen politische, religiöse und damit sittlich-moralische Kriterien ineinander[90]. Wie sehr dieser Mischung auch Heine ausgesetzt war, zeigen die Gutachten – wegen der Mehrgliedrigkeit der Legitimationsschienen beschränkten sich auch die Theologen nicht auf ihr angestammtes Terrain.

Zu den damaligen Zensurnormen gehört der Schutz des Staates, seines Personals und der Aristokratie, der christlichen Glaubenslehre, die Integrität einzelner Personen, und schließlich die Verteidigung der »guten Sitten«[91]. Mit der Eskalation der politischen Konflikte im Deutschen Bund wurde das politische Zensurkriterium aufgewertet, blieb aber eines unter vielen.

Wer unter der Zensur schreibt, muß also mit ihr rechnen und kann auf zweifache Weise reagieren: Entweder er modifiziert

---

90 Zum Unterschied von rein politisch motivierter Zensur und den kombinierten Kriterien in der Restaurationsepoche vgl. den für den ganzen Themenkomplex noch immer sehr hilfreichen Aufsatz von Radlik, Heine.
91 Zum »Normenwandel« (so der Titel) vgl. Siemann.

seine Botschaft so, daß es die Kontrolle passieren kann, getarnt oder verändert durch taktische Bearbeitung des ursprünglichen Textes. Oder er reglementiert sein Denken dergestalt, daß ohnehin nichts Verbotenes mehr zu Papier kommt. Erst dann hat die Zensur ihren Zweck erreicht. Und erst an diesem Punkt ist von vollständiger Selbstzensur zu sprechen: Wenn sie rückstandslos funktioniert und im (selbst)zensierten Text nicht einmal mehr die Auslassungen des unterdrückten Denkens kenntlich sind. »Vollkommen und unsichtbar ist eine Zensur erst dann, wenn jedermann nichts anderes zu sagen hat als das, wozu er objektiv befugt ist«[92]. Von diesem Sieg über die Schriftsteller waren die Zensoren der Restaurationszeit aber weit entfernt. Trotzdem: Selbstzensur war der erzwungene Reflex auf die drohende Deformation des Textes von außen, wobei nicht von vornherein klar ist, ob die Selbstzensur »ein Mittel der Selbsterhaltung oder der Anpassung ist«[93].

Die Grenzen sind gewiß fließend – in der Forschungsliteratur wird die definitorische Schwierigkeit meist mit der Subsumtion jedes korrigierenden Eingriffs des Autors in seinen Text unter das Etikett »Selbstzensur« gelöst. Das erscheint rein technisch richtig, ist doch die Veränderung oder Beschränkung eine Reaktion auf den äußeren Zwang. Zudem ist die Literaturwissenschaft zu Recht parteiisch, das heißt auf der Seite der verstümmelten Schrift. Der interessante Punkt wird dabei aber übersehen: Die Selbstzensur hat die Sprache des »integeren Autors« erst dann wirksam verändert, wenn die Veränderung im Geschriebenen nicht mehr nachzuweisen ist, die Intention des Textes aber die gleiche geblieben und für die »Eingeweihten« erkennbar ist – das ist der spannende Moment, an dem »Zensur ästhetisch produktiv gewendet werden kann.«

Hier lohnt die Unterscheidung: Was machen Autoren und Verleger mit der Zensur, wie reagieren sie äußerlich auf sie – und wie wirkt die Zensur auf das Schreiben, bis in die Motive und Bilder hinein?

92 Bourdieu nach Assmann, Kanon 19 f.
93 Auch das folgende Zitat bei Brockmeier/Kaiser, Zensur 2.

## 1. »Äußerer« Umgang mit der Zensur

Auf den Bundestagsbeschluß gegen das »Junge Deutschland« reagierte Heine mit einer ungewöhnlichen Antwort: Der »Doktor beider Rechte« schrieb im Januar 1836 »An die hohe Bundesversammlung«[94] und erlaubte sich den Spaß, seine Zweifel an der Rechtmäßigkeit des Verbotsverfahrens mit dem Angebot der Kooperation und einem Rekurs auf Luthers Auftreten vor dem Reichstag zu verbinden. Gäbe man ihm unter Zusicherung freien Geleites das Recht freier Rede, würde Heine sich vor dem Bundestag verteidigen. So stellt er aber mit »höchster Verwunderung« fest: »Sie haben mich angeklagt, gerichtet und verurteilt, ohne daß Sie mich weder mündlich noch schriftlich vernommen, ohne daß jemand mit meiner Verteidigung beauftragt worden«. Das verstoße gegen die juristischen Normen. Die Pointe plaziert Heine noch tiefer: Könnte er offen schreiben, so würde jeder sehen, daß die »Schriften nicht aus irreligiöser und immoralischer Laune, sondern aus einer wahrhaft religiösen und moralischen Synthese hervorgegangen sind« – also erst die Zensur gebe dem verstümmelten Text den verwerflichen Anstrich. In den »Erörterungen«[95] heißt es, »Zur Geschichte der Religion und Philosophie in Deutschland« erscheine in der zensierten Fassung nur als »antideistische Streitschrift«, weil die Zensoren die Anmerkungen zur Politik getilgt hätten und dadurch den religionskritischen Aspekt der Schrift als deren Hauptanliegen erscheinen ließen.

In der Rolle des Anklägers, der mit einer Mischung aus verfahrensrechtlicher und moralischer Argumentation die Legitimität staatlichen Handelns in Frage stellt, ist Heine geübt. 1832 sprach er in der Vorrede zu den »Französischen Zuständen« sein großes »J'accuse« und hob damit die Rolle des Intellektuellen als Anwalt in der deutschen Öffentlichkeit aus der Taufe:

»Kraft meiner akademischen Befugnis als Doktor beider Rechte, erkläre ich feierlichst, daß eine solche von ungetreuen Mandatarien ausgefertigte Urkunde null und nichtig ist; kraft meiner Pflicht als Bürger, protestiere ich gegen alle Folgerungen, welche die Bundestagsbeschlüsse vom 28. Juni aus dieser nichtigen Urkunde geschöpft haben; kraft meiner Machtvoll-

---

94 Heine, Schriftstellernöte, HS V, 20 f.
95 Ebd. 22–26.

kommenheit als öffentlicher Sprecher, erhebe ich gegen die Verfertiger dieser Urkunde meine Anklage und klage sie an des gemißbrauchten Volksvertrauens, ich klage sie an der beleidigten Volksmajestät, ich klage sie an des Hochverrats am deutschen Volke, ich klage sie an!«[96]

Bürgerpflicht und Sprecheramt sind Heines neue Kategorien, er setzt sie ein, um in der umkämpften Öffentlichkeit seinen Platz zu besetzen, und knüpft die Legitimität jedes politischen Vorgangs an die Einhaltung der Regeln »Bürgerlicher Öffentlichkeit« – womit der Graben zum Zensursystem unüberwindbar tief ist.

Das hindert Heine nicht daran, durch taktische Manöver mit der Zensur zu leben. Heine und Campe, sein Hamburger Verleger, geben ein doppeltes Beispiel. Sie haben die Zensur in exemplarischer Weise auf sich gezogen – und wo möglich umgangen. Der naheliegende Weg, ein Buch den Augen des Zensors zu entziehen, war das Überschreiten der 20-Bogen-Grenze. Der Zwang, ein bestimmtes Volumen auszufüllen, löste Textkombinationen aus, die ohne ihn nicht entstanden wären. Er war auch Anlaß zur schriftstellerischen Produktion kleiner Zugaben. Heine plaudert im »Schlußwort« der »Englischen Fragmente« über eine »gewisse Bogenzahl« und berichtet: »Es fehlen mir noch einige Oktavseiten und ich will deshalb noch eine Geschichte erzählen«[97]. Mit dem 20-Bogen Band war das Problem eines drohenden Verbots jedoch nicht gelöst, auch nachträglich konnte das Buch inkriminiert werden. Für den Verleger bedeutete die Beschlagnahme einer ganzen Auflage ein großes geschäftliches Risiko. Entsprechend verbreitet war das Interesse, das Buch doch mit Imprimatur drucken zu lassen. Ließ sich der Autor auf die erbetene Mäßigung nicht ein, strich der Verleger oftmals selbst zusammen, was ihm zu gefährlich erschien – oder ersann ausgeklügelte Distributionsfinten. Dafür ist wieder Campe ein prominentes Beispiel[98]: Eine rasche Auslieferung versorgte den Buchhandel allerorts zum gleichen Zeitpunkt mit der heißen Ware, die Auflage war dann größtenteils verkauft, ehe die Behörden einschritten. Eine andere Technik ist die nachträgliche Hinzufügung eines Vorwortes: Als Flugblatt kann

96 Heine, Französische Zustände, Vorrede von 1832, HS III, 99.
97 Heine, Reisebilder IV, Englische Fragmente, HS II, 603.
98 Zu Campes Widerstand gegenüber der Zensur Ziegler, Campe.

es in den vorzensierten Band eingelegt werden – und enthält die im Haupttext verschwiegenen Aussagen. Charakteristisch für Campe waren auch seine guten persönlichen Beziehungen zu den Hamburger Zensoren: Syndikus Sieveking, Kopf der Hamburger Zensurkommission, gab Campe selbst den Rat, durch die 20-Bogen-Regelung seine eigene Behörde zu umgehen[99].

Der Buchhandel kann also Partner des Autors sein, um der Zensur auszuweichen – oder der »verlängerte Arm der Zensur«[100]. In dem Fall findet die Zensur dreigliedrig statt: Der Autor beschränkt sich auf eine Fassung, die ihm für den Verleger oder Redakteur zumutbar erscheint, der Verleger verändert diesen Text mit Blick auf den behördlichen Zensor, um dessen Streichungen abgemildert vorwegzunehmen, und der zensiert am Ende ein drittes Mal, wenn das Versteckspiel nicht aufging. Diese Prozedur führte zu komplizierten Auseinandersetzungen zwischen Heine und Campe. Am Beispiel von »Deutschland. Ein Wintermärchen« wird sichtbar, wie der Verleger seine Befürchtungen in Form von Druck gegenüber dem Autor weitergibt – und immer wieder zu Änderungen des Textes auffordert. Oft ging es um die Tilgung von Reizworten. Im Kapitel VIII des Wintermärchens ändert Heine eine Zeile viermal, bis sie Campes Vorstellungen genügt: Aus »... die Preußen, das magere Volk« wird erst »das magere Preußen Volk«, dann »das magere Kamaschenvolk«, weiter »Die magere Kamaschenritterschaft« und schließlich »Die magere Ritterschaft«[101]. Die »vernünftige« Unterlassung mag eine pragmatische Lösung sein – Heine sieht sich aber gezwungen, einen hohen Preis dafür bezahlen. Der Text zwischen den Zeilen bedarf eines besonders sensiblen Lesers, den hat er nicht immer, weshalb sich Heine zu Erklärungen und Rechtfertigungen gedrängt sieht, die seine »Mäßigungen« erläutern. In der Vorrede zur »Lutetia« resümiert er: »Ein in jeder Hinsicht politischer Schriftsteller muß der Sache wegen, die er verficht, der rohen Notwendigkeit, manche bittere Zugeständnisse machen.« Dazu gehörte die hauseigene Zensur der »Augsburger Allgemeinen Zeitung«, in der Heines Artikel aus Paris oft entstellt erschienen und aus seiner Sicht ein falsches

---

99 Nach Radlik, Heine 482.
100 Vgl. Ziegler, Zensur 144.
101 Zu den Abwandlungen und Streichungen Heines vgl. Böhm, Selbstzensur; Weidl, Arbeitsweise; sowie das Heine-Kapitel in: Reisner, Literatur.

Licht auf den Autor werfen. Er stellt den Zweck aber über den Preis: »ich dachte nur an die gute Ladung, die ich an Bord hatte und in den Hafen der öffentlichen Meinung hineinschmuggeln wollte«[102].

Das unternahm Heine auch mit der Einkleidung seiner Reflexionen in das Deckmäntelchen scheinbar harmloser Genres: Die Bildbeschreibungen der »Französischen Maler« etwa dienten als formaler Rahmen für die Formulierung von Zeitkritik. Auch die »Reisebilder« sind ein deutliches Beispiel des widersprüchlichen Aufeinandertreffens von tarnender Form und brisantem Inhalt. Heine lehnt sich an die Tradition des literarischen Reiseberichts an. Die Reisenovellen der Romantik aber waren vergleichsweise frei von Bezügen zur gesellschaftlichen Wirklichkeit. Schauer- und Spukgeschichten, die den Protagonisten widerfahren, oder die Auflösung konstruierter Konflikte im Idyll einer intakten Natur, wo letztendlich Gott seine lenkenden Hände über die Beteiligten hält, zwangen Heine zur Abwandlung des literaturgeschichtlichen Musters. Heines literarischer Reisender ist ein Medium der Kritik, die Umgebung der realen Reise tritt zurück hinter den Reflexionen der erzählenden Figur. Heine schuf damit eine neue Form, wie er im Vorredeentwurf für die französische Ausgabe beschreibt:

»In dieser Beziehung ward es auch Prototyp einer Denk- und Schreibweise, die bei dem Autor erst einige Jahre später ganz zur Entwicklung kam und alsdann das sogenannte Junge Deutschland ins Leben rief.

Dieser Autor bin ich selbst und ich rede von den Reisebildern, die in der Tat wie ein Gewitter einschlugen in die Zeit der Fäulnis und Trauer.«[103]


## 2. Selbstzensur

Heine hat in der »Schere im Kopf« die verheerendste Form der Beschränkung des Denkens und Schreibens gesehen. Zu den Motiven eines Autors, sich selbst zu knebeln, bietet er verschiedene Deutungen an. Die »Mäßigung« als konspiratives Verfahren wurde schon genannt. Ein anderer Grund ist weniger mit

102 Heine, Lutetia, Vorrede von 1855, HS V, 229 f.
103 Heine, Pariser Vorreden zu den Reisebildern, HS II, 683.

taktischen Zielen verbunden als mit den Nöten des sich selbst zensierenden Schriftstellers[104]:

»Zensur von der schlimmsten Art war die Angst vor dem eigenen Wort.«

Der Satz kann sich auf zwei Konsequenzen des unzensierten Worts beziehen: auf die Angst vor der Bestrafung durch die zensierende Instanz oder auf die vor dem Vergehen selbst, dem Verstoß gegen Normen, der durch die Zensur verhindert werden sollte. In letzterem Fall hätte der Autor diese Normen akzeptiert, die Selbstzensur wäre ein Reflex auf das Erschrecken vor der eigenen Handlung. Anhand eines Satzes aus dem Nachwort zum »Romanzero« kann der Frage, welches der beiden Angstmotive bei Heine gewirkt haben mag, nachgegangen werden. Heine erläutert seine »theologische Revision« und berichtet[105]:

»Gedichte, die nur halbweg Anzüglichkeiten gegen den lieben Gott selbst enthielten, habe ich mit ängstlichem Eifer den Flammen überliefert. Es ist besser, daß die Verse brennen als der Versifex. Ja, wie mit der Kreatur, habe ich auch mit dem Schöpfer Frieden gemacht.«

In dem Bild droht dem »Versifex« an zwei verschiedenen Orten die Verbrennung: in der Hölle oder auf dem Scheiterhaufen, vor Gott oder im Machtbereich der Zensoren. Gegen die Deutung in Richtung der ersten Möglichkeit, Heine habe seine Verse aus »später Scham über den kompromittierenden Inhalt«[106] vernichtet, spricht Heines unverschämter Ton eines freundschaftlichen Verhältnisses zu Gott, da scheint keine strafende Instanz zu drohen. Hingegen weist er an verschiedenen Stellen seines Werks auf den befürchteten Zusammenhang zwischen der Vernichtung der Schrift und der Eliminierung ihres Autors hin. Der Satz aus dem »Almansor« ist die berühmteste[107]:

»Das war ein Vorspiel nur, dort wo man Bücher
Verbrennt, verbrennt man auch am Ende Menschen.«

---

104 Ebd. 682.
105 Heine, Romanzero, Nachwort, HS VI/I, 182.
106 So Speyer, Bücherverbrennung 89. Ohe sieht den Satz als Beleg, daß Heine »einer sakralen Instanz Legitimität der Normbildung« zubillige, wobei »Selbstzensur dann das spannungslösende Mittel« sei. – McCarthey/Ohe, Zensur 194.
107 Heine, Almansor, HS I, 284 f.

Beide Deutungsvarianten sind nicht sonderlich hilfreich, denn Heine ist dem Einflußbereich diesseitiger Häscher entzogen – und, wie gesagt, von Befürchtungen eines unangenehmen Ausgangs des Purgatoriums scheint er auch nicht gepeinigt zu sein.

Trotzdem hat Heine »Angst vor dem eigenen Wort«, nur wird die aus einer anderen Quelle genährt als die der literarischen Zeitgenossen, deren Motive zur Selbstzensur Heine mit diesem Satz beschrieben hat. Es geht ihm nicht um Schuld und Sühne des Schriftstellers gegenüber weltlichen oder kirchlichen Instanzen. Heine ist von seiner kritischen Einschätzung des Verhältnisses von Wort und Tat, von Entwurf und realer Konsequenz geplagt – er betrachtet seine eigenen Aufklärungsbestrebungen mit Skepsis. Daß aus den Worten endlich Taten werden sollen, ist eine politische Standardformel des Vormärz. Heine befürchtet aber, die Tat werde auf den Autor des Wortes zurückschlagen. Das heißt wieder, der »revolutionäre« Dichter Heine hat Angst vor der auch durch seine Schriften angestifteten Revolution. Heine beschreibt den Druck auf den Wortschöpfer, der den Folgen seines Werks ausgeliefert ist[108]:

»Es ist entsetzlich, wenn die Körper, die wir geschaffen haben, von uns eine Seele verlangen. Weit grauenhafter, entsetzlicher, unheimlicher ist es jedoch, wenn wir eine Seele geschaffen und diese von uns ihren Leib verlangt und uns mit diesem Verlangen verfolgt. Der Gedanke, den wir gedacht, ist eine solche Seele, und er läßt uns keine Ruhe, bis wir ihm seinen Leib gegeben, bis wir ihn zur sinnlichen Erscheinung gefördert. Der Gedanke will Tat, das Wort will Fleisch werden ... Die Welt ist die Signatur des Wortes.«

Das ist die Kehrseite von Heines Überhöhung des politischen Dichters: Es gibt keinen Rückzug mehr, schon gar nicht vor den Konsequenzen des eigenen Tuns. Und die erscheinen Heine bedrohlich:

»... ich selber werde dabei zu Schaden kommen! Denn ach! ich gehöre ja selber zu dieser kranken alten Welt« – deren Ende er selbst fordert. Das Wort ist in Heines Konstruktion auslösendes Moment realer Vorgänge. Wer von ihm weiß, hat die Macht über die Geschehnisse, er kann sie durch Verschweigen des Wortes verhindern, mindestens verzögern, oder durch Aussprechen

---

108 Vgl. auch das folgende Zitat: Heine, Zur Geschichte der Religion und Philosophie in Deutschland, HS III, 593.

des Wortes in Gang setzen. Im dritten Teil der »Berg-Idylle« verarbeitet Heine die Fabel vom Zauberwort: Zur rechten Zeit geäußert, kann es Wunder bewirken, zur Unzeit aber löst es die »verunglückte Revolution« aus.

Das Resultat dieser Befürchtungen ist jedoch nicht Verstummen. Heine ist nicht der »Kerkermeister« seiner Gedanken, wie er in »Zur Geschichte der Religion und Philosophie in Deutschland« sagt. Er läßt sie heraus, aber in chiffrierter Form. Die ist keine Verweigerung, kein ästhetischer Rückzug[109], sie fordert zur Entschlüsselung auf. So entsteht ein esoterischer Text, der in seinem Charakter dem eingangs beschriebenen der heiligen Schriften ähnelt – so wie Heines Verhältnis zum Wort auch an das des Priesters erinnert, der ein Geheimnis hütet. Nur ist sich Heine dieses Sachverhalts bewußt. Das Geheimnis-Motiv zieht sich durch sein ganzes Werk. Vielleicht am sichtbarsten wird es im XXXV. Gedicht des Zyklus »Neuer Frühling«[110]:

> »Sorge nie, daß ich verrate
> Meine Liebe vor der Welt,
> Wenn mein Mund ob deiner Schönheit
> Von Metaphern überquellt.
>
> Unter einem Wald von Blumen
> Liegt, in still verborgner Hut,
> Jenes glühende Geheimnis,
> Jene tief geheime Glut.
>
> Sprühn einmal verdächtge Funken
> Aus den Rosen – sorge nie!
> Diese Welt glaubt nicht an Flammen,
> Und sie nimmts für Poesie.«

Genau in dieser Differenz bewegt sich Heines Dichtung. Heine treibt den Gegensatz zwischen Gesagtem und Gemeintem – nichts anderes ist Poesie – auf die Spitze: Er macht ihn selbst zum Thema seines Schreibens. Damit befolgt er sein schriftstellerisches Konzept, den Konflikt zwischen Literatur, die dem politi-

---

109 Als »Ästhetik der Ausklammerung« bezeichnet Kesting ein künstlerisches Handeln, in dem die »ins Ästhetische vordringende Opposition« zu einer Verweigerung der formalen Zugänglichkeit zum Werk führt (sie bezieht sich auf Baudelaire, Poe und Schönberg). – Kesting, Poesie 128.
110 Heine, Neue Gedichte, HS IV, 314 f.

schen Engagement verpflichtet ist, und der Freiheit der Kunst aufzuheben. Ästhetischer Rückzug oder die Agitation der Parteidichtung, Hermetik oder effektvoll einfache Erkennung sind die entgegengesetzten Pole, die Heine in seiner Sprache auflöst.

Ohne den Unterschied wahrzunehmen, der zwischen Selbstzensur als Reaktion auf die äußeren Einflüsse, als pragmatisches Schreiben in einer repressiven Umgebung und dem Stilmittel einer spezifischen Verschlüsselung liegt, bleibt Heines Poetologie des unausgesprochenen Wortes unverständlich.

Darauf sollte durch die Interpretationsansätze zu den Heineschen Versen hingewiesen werden. Hierbei wird aber auch eine ungewollte Nebenwirkung von Heines Schattenspielen deutlich: Er bleibt in seinen Motiven und Chiffren stecken. Heines Freiheit ist eben nicht die Freiheit, sondern eine »neue Religion«. Zwischen ihrem Stifter und der Sache selbst bleibt Distanz, wodurch die Beziehung zum Publikum in noch viel stärkerem Maß geprägt ist. Die künftige Freiheit in Heines Prophetie ist die der anderen. Es ist verlockend, seiner Jesus-Analogie zu folgen und sich daran erinnern zu lassen, daß die Verheißung des ewigen Lebens durch den Tod, das Ende allen Leides in der Qual besiegelt wurde. Heine besetzt Jesus auf zweifache Weise. Die Stilisierung als »demokratischer Gott«, als Messias der Freiheit ist offenkundig[111]. Darüber hinaus ist das Motiv der Opferung ein poetisches Element. Parallel zum Jesus-Bild scheint die alte persische Sage von der Rose und der Nachtigall immer wieder in Heines Gedichten durch. Die Nachtigall versucht mit ihren Klängen die angebetete Rose zu betören, leidet furchtbar an dieser Liebe, stürzt sich schließlich in die Rose – und es entweicht ihr der vollendetste Ton des Gesangs, als der Rose Dorn ihr Herz durchbohrt.

Heine wurde oft vorgeworfen, einen aristokratischen Habitus zu pflegen. Freilich kultivierte er die exklusive Rolle des Opfers. In die einsame Position hat er sich jedoch nicht selbst versetzt. Ihrer kirchlichen oder weltlichen Glaubensgewißheit sehr sichere Zeitgenossen haben Heines Rolle früh festgeschrieben. Es blieb dabei. Das Opfer sollte niemanden erlösen – es erbrachte den literarischen Gewinn einer neuen Wirkungsästhetik.

---

111 Vgl. das Kapitel »Der politische Christus« bei Wirth-Ortmann, Christusbilder 139–150.

# Quellen- und Literaturverzeichnis

## 1. Ungedruckte Quellen

Rom, Archiv der Glaubenskongregation:
Archiv der Indexkongregation
IIᵃ 112
IIᵃ 114.

Rom, Vatikanisches Geheimarchiv (ASV)
Segr. di Stato, Esteri, Rubr. 247 Busta 407
Segr. di Stato, Esteri, Rubr. 260 Busta 534

Wien, Haus-, Hof- und Staatsarchiv (HHStAW)
Bundespräsidialgesandtschaft Frankfurt, Kart. 92
Gesandtschaft Rom-Vatikan II, Fasz. 173
Zentrale Informationsprotokolle 1834, 1836
Staatskanzlei (StK)
Polizei, Fasz. 75
Deutsche Akten, alte Reihe 225.
Deutsche Akten, alte Reihe 226
60 ad Polizei, Zensur, 1777–1848

Sammlung H. H. Schwedt, Limburg.
Prosopographie zu Indexkongregation und Inquisition 1542–1848

## 2. Gedruckte Quellen

Acta Gregorii PP. XVI, Bd. 1, hg. von A. Bernasconi, Rom 1901.
Adler, Hans (Hg.), Literarische Geheimberichte. Protokolle der Metternich-Agenten, Bd. 1, 1840–1843. Mit einem Geleitwort von Walter Jens, Köln 1977.
Arndts Werke, Auswahl in zwölf Bänden, hg. von August Leffson und Wilhelm Steffens, Erster Teil: Gedichte; Zehnter Teil: Kleine Schriften I, Berlin o. J.
Carcel Ortí, Vicente, Correspondencia diplomática del nuncio Tiberi (1827–1834), Pamplona 1976.
Engel-Janosi, Friedrich (Hg.), in Zusammenarbeit mit Richard Blaas und Erika Weinzierl, Die politische Korrespondenz der Päpste mit den österreichischen Kaisern 1804–1918, Wien/München 1964.
Glossy, Karl (Hg.), Literarische Geheimberichte aus dem Vormärz, Wien 1912 (Nachdruck Hildesheim [1975]).

Gutzkow, Karl, Wally, die Zweiflerin. Roman. Studienausgabe mit Dokumenten zum zeitgenössischen Literaturstreit, hg. von Günter Heintz, Stuttgart 1979.

Herzog, Rudolf/Pfyl, Othmar (Hg.), Der Briefwechsel 1806–1848 zwischen Ignaz Heinrich von Wessenberg und Heinrich Zschokke (Quellen zur Schweizer Geschichte NF 3. Abt., Bd. 10), Basel 1990.

Hilgers, Joseph, Der Index der verbotenen Bücher. In seiner neuen Fassung dargelegt und rechtlich historisch gewürdigt, Freiburg i. Br. 1904.

Huber, Ernst Rudolf/Huber, Wolfgang (Hg.), Staat und Kirche im 19. und 20. Jahrhundert. Dokumente zur Geschichte des deutschen Staatskirchenrechts, Bd. 1, Berlin ³1990.

Metternich, Denkwürdigkeiten, hg. von Otto H. Brand, 2 Bde., München 1921.

Pasztor, Lajos (Hg.), Il Concilio Vaticano I: Diario Vincenzo Tizzani (1869–1870) (Päpste und Papsttum 25), 2 Bde., Stuttgart 1991/92.

Saint-Simon, Claude-Henri de, Ausgewählte Schriften, hg. von Lola Zahn, Berlin 1977.

Schoeps, Hans-Joachim, Metternichs Kampf gegen die Revolution – Weltanschauung in Briefen, in: Ders., Neue Quellen zur Geschichte Preußens im 19. Jahrhundert, Berlin 1968, 169–210.

Spinoza, Baruch, Die Ethik, hg. von Friedrich Bülow, Stuttgart 1976.


## 3. Heine-Ausgaben

Heine, Heinrich, Sämtliche Schriften, hg. von Klaus Briegleb, 6 Bde., München 1975–1985.

Heine, Heinrich, Säkularausgabe, hg. von den nationalen Forschungs- und Gedenkstätten der klassischen deutschen Literatur in Weimar und dem Centre de la Recherche Scientifique in Paris, Bd. 18: Berlin 1977.

Heines Briefe in einem Band, ausgew. von Fritz Mende, Berlin 1989.

Heine, Henri, Œuvres, hg. von Eugène Renduell, 6 Bde., Paris 1833–1835.


## 4. Zeitgenössische Zeitschriften

Annali delle Scienze Religiose, compilati dall'Ab. Ant. De Luca, Vol. II, Rom 1836.

Allgemeiner Religions- und Kirchenfreund und Kirchenkorrespondent 1836, 1839.

Bemerker, Beilage zu: Allgemeiner Religions- und Kirchenfreund und Kirchenkorrespondent 1835, 1836.

Historisch-politische Blätter 1838, 1841.

Notizie per l'anno, [Roma] 1836.

Sion. Eine Stimme in der Kirche für unsere Zeit 1835.

## 5. Sekundärliteratur

Adler, Hans (Hg.), Literarische Geheimberichte. Protokolle der Metternich-Agenten, Köln 1977–81.

Albrecht, Dieter/Weber, Bernhard, Die Mitarbeiter der Historisch-Politischen Blätter für das katholische Deutschland 1838–1923. Ein Verzeichnis (VKZG.B 52), Mainz 1990.

Altenhofer, Norbert, Geschichtsphilosophie, Zeichentheorie und Dramaturgie in der »Erziehung des Menschengeschlechts«, in: Barner, Wilfried/Reh, Albert M. (Hg.), Nation und Gelehrtenrepublik. Lessing im europäischen Zusammenhang, München 1984.

Altenhofer, Norbert, Die verlorene Augensprache. Über Heinrich Heine, Frankfurt 1993.

Altenhofer, Norbert, Chiffre, Hieroglyphe, Palimpsest, in: ders., Augensprache 104–153.

Altenhofer, Norbert, Harzreise in die Zeit, in: ders., Augensprache 7–57.

Altenhofer, Norbert, Deutsche Lyrik und Versepik im Vormärz, in: ders./Alfred Estermann (Hg.), Europäische Romantik, Bd. 3, Wiesbaden 1985.

Assmann, Adeila und Jan (Hg.), Kanon und Zensur. Archäologie der literarischen Kommunikation, München 1987.

Aubert, Roger, Die erste Phase des katholischen Liberalismus, in: Jedin, Handbuch 320–347.

Aubert, Roger, Die Katholische Kirche nach dem Wiener Kongreß, in: Jedin, Handbuch 105–127.

Bailleu, Jordan, in: ADB 14 (1881), 506.

Becher, Hubert, Der deutsche Primas. Eine Untersuchung zur deutschen Kirchengeschichte in der ersten Hälfte des 19. Jahrhunderts, Colmar 1944.

Biermann, Armin, Zur sozialen Konstruktion der »Gefährlichkeit« von Literatur, in: Assmann 212–226.

Bierwirth, Sabine, Heines Dichterbilder. Stationen seines ästhetischen Selbstverständnisses, Stuttgart 1995.

Bischof, Franz Xaver, Konkordatspolitik Dalbergs und Wessenbergs 1803–1815, in: ZKG 108 (1997), 75–92.

Bischof, Franz Xaver, Lambruschini, in: BBKL 8 (1992), 1029–1032.

Blisch, Bernd, Pacca, in: BBKL 6 (1993), 1405–1406.

Böhm, Hans, Heinrich Heine und die Selbstzensur. Zu »Deutschland. Ein Wintermärchen«, in: Karl-Heinz Jahn (Hg.), Im Vorfeld der Literatur. Vom Wert archivalischer Überlieferung für das Verständnis von Literatur und ihrer Geschichte, Weimar 1991, 186–197.

Braun, Karl Heinz, Hermann von Vicari und die Erzbischofswahlen in Baden. Ein Beitrag zu seiner Biographie (Forschungen zur oberrheinischen Landesgeschichte 35), Freiburg i. Br. 1990.

Breuer, Dieter, Geschichte der literarischen Zensur in Deutschland (UTB 1208), Heidelberg 1982.

Brockmeier, Peter/Kaiser, Gerhard R. (Hg.), Zensur und Selbstzensur in der Literatur, Würzburg 1996.

Burg, Peter, Der Wiener Kongreß. Der Deutsche Bund im europäischen Staatensystem, München 1984.

Burg, Peter, Die deutsche Trias in Idee und Wirklichkeit. Vom alten Reich zum deutschen Zollverein (Veröffentlichungen des Instituts für europäische Geschichte Mainz 136), Stuttgart 1989.

Bussmann, Walter, Dönhoff, in: NDB 4 (1959), 26–27.

Camillis, Mario de, Oppizzoni, in: EC 9 (1952), 170.

Dankert, Birgit/Zechlin, Lothar (Hg.), Literatur vor dem Richter. Beiträge zur Literaturfreiheit und Zensur, Baden-Baden 1988.

Dedner, Burghard/Hofstaetter, Ulla (Hg.), Romantik im Vormärz, Marburg 1992.

De Marchi, Giuseppe, Le Nunziature Apostoliche dal 1800 al 1956 (Sussidi eruditi 13), Roma 1957.

Derré, Jean-René, Metternich et Lamennais d'après les documents conservés aux Archives de Vienne (Collection de l'Institut Français de Vienne), Paris 1963.

Doering-Manteuffel, Anselm von, Die deutsche Frage und das europäische Staatensystem 1815–1871 (EDG 15), München 1993.

Eberhard, Naujoks, Der badische Liberalismus im Vormärz im Kampf für Pressefreiheit und gegen Zensur (1832/47), in: ZGO 131 (1983), 347–381.

Eiseler, Alexander, Das Veto der katholischen Staaten bei der Papstwahl seit dem Ende des 16. Jahrhunderts, Wien 1907.

Esch, Arnold, Aus den Akten der Indexkongregation: Verurteilte Schriften von Ferdinand Gregorovius, in: Arnold Esch/Jens Petersen (Hg.), Ferdinand Gregorovius und Italien. Eine kritische Würdigung (Bibliothek des Deutschen Historischen Instituts in Rom 78), Tübingen 1993, 240–252.

Fatouros, Gregorius, Mai, in: BBKL 5 (1993), 560–562.

Ferenbach, Elisabeth, Vom Ancien Régime zum Wiener Kongreß (Oldenburg Grundriß Geschichte 12), München ³1993.

Fetscher, Elmar B., Die Konstanzer Seeblätter und die Pressezensur des Vormärz 1840/41 (Konstanzer Geschichts- und Rechtsquellen 27), Sigmaringen 1981.

Frenz, Thomas, Kirchenstaat, in: TRE 19 (1990), 92–101.

Frühwald, Wolfgang, Katholische Literatur im 19. und 20. Jahrhundert in Deutschland, in: Anton Rauscher, Religiös-kirchliche Bewegungen im deutschen Katholizismus seit 1800 (Beiträge zur Katholizismusforschung, Reihe B: Abhandlungen), Paderborn/München/Wien/Zürich 1986, 9–26.

Garhammer, Erich, Seminaridee und Klerusbildung bei Karl August Graf von Reisach. Eine pastoralgeschichtliche Studie zum Ultramontanismus des 19. Jahrhunderts (Münchener Kirchenhistorische Studien 5), Stuttgart 1990.

Gatz, Erwin (Hg.), Die Bischöfe der deutschsprachigen Länder 1785/1803 bis 1945. Ein biographisches Lexikon, Berlin 1983.

Gatz, Erwin, Gesandtschaftswesen, päpstliches, in: TRE 12 (1984), 540–547.

Gatz, Erwin, Migazzi, in: Gatz, Bischöfe 505–508.

Gatz, Erwin, Sedlnitzky, in: Gatz, Bischöfe 696–698.

Geiger, Ludwig, Das junge Deutschland und Österreich, in: Deutsche Rundschau 127 (1906), 391–404.

Geiger, Ludwig, Das Junge Deutschland und die preussische Zensur, Berlin 1900.

Geiger, M., Politik und Religion nach dem Programm der Hl. Allianz, in: ThZ 15 (1959), 107–125.

Gelmi, Josef, Consalvi, in: LThK³ 2 (1994), 1301.

Gelmi, Josef, Pius VII., in: TRE 26 (1996), 659–661.

Gladigow, Burkhard, Mythenzensur und Symbolkontrolle, in: Assmann 158–168.

Glaser, Horst Albert, Die Unterdrückung der Pornographie in der Bundesrepublik, in: Brockmeier/Kaiser 289–306.

Glossy, Karl (Hg.), Literarische Geheimbriefe aus dem Vormärz, Wien 1912.

Goergen, Peter, Was Spatz war, soll Nachtigall werden. Beobachtungen zu Heines Umgang mit der Religion, in: ders., Seitensprünge. Literaten als religiöse Querdenker, Solothurn/Düsseldorf 1995, 47–65.

Goessmann, Wilhelm/Kruse, Joseph A. (Hg.), Der späte Heine 1848–1856, Hamburg 1982.

Goessmann, Wilhelm, Verschiedene Konversionen?, in: Kruse, Narr 307–312.

Goessmann, Wilhelm, Kulturchristentum. Die Verquickung von Religion und Literatur in der deutschen Geistesgeschichte, Düsseldorf 1990.

Goldinger, W., Münch von Bellinghausen, in: ÖBL 6 (1975), 434 f.

Greipl, Johannes Egon, Das Archiv der Sacra Congregazione degli Affari Ecclesiastici Straordinari und seine Bedeutung für die Forschung, in: RQ 79 (1984), 255–262.

Guttenhöfer, Peter, Heinrich Heine und die Bibel, München 1970.

Hasler, August B., Pius IX. (1846–1878). Päpstliche Unfehlbarkeit und I. Vatikanisches Konzil. Dogmatisierung und Durchsetzung einer Ideologie, 2 Bde. (Päpste und Papsttum 12), Stuttgart 1977.

Hauschild, Jan-Christoph (Hg.), Verboten! Das Junge Deutschland 1835. Literatur und Zensur im Vormärz, Düsseldorf 1985.

Hegel, Eduard, Hermes, in: TRE 15 (1986), 156–158.

Hermand, Jost, Die soziale Botschaft der Geständnisse, in: Kruse, Narr 313–317.

Hermand, Jost/Windfuhr, Manfred (Hg.), Zur Literatur in der Restaurationsepoche, Stuttgart 1970.

Hettinger, Franz, Aus Welt und Kirche. Bilder und Skizzen, Bd. 1: Rom und Italien. Freiburg i. Br. [6]1911.

Heyer, Friedrich, Die katholische Kirche vom Westfälischen Frieden bis zum Ersten Vatikanischen Konzil (Die Kirche in ihrer Geschichte Bd. 4 N. 1), Göttingen 1963.

Hoefer, Franz Thomas, Pressepolitik und Polizeistaat Metternichs. Die Überwachung von Presse und politischer Öffentlichkeit in Deutschland und den Nachbarstaaten durch das Mainzer Informationsbüro (1833–1848) (Dortmunder Beiträge zur Zeitungsforschung 37), München/New York/London/Paris 1982.

Höpfner, Christian, Romantik und Religion. Heinrich Heines Suche nach Identität, Stuttgart 1997.

Horkheimer, Max/Adorno, Theodor W., Dialektik der Aufklärung, Amsterdam 1947.

Houben, H. H., Verbotene Literatur von der klassischen Zeit bis zur Gegenwart. Ein kritisch-historisches Lexikon über verbotene Bücher, Zeitschriften und Theaterstücke, Schriftsteller und Verleger, Bd. 1, Berlin 1924.

Houben, H. H., Der ewige Zensor, Kronberg 1978 (Reprint der Ausgabe von 1926).

Houben, H. H., Gespräche mit Heine, Frankfurt 1826.

Houben, H. H., Das »Junge Deutschland«, in: ders., Jungdeutscher Sturm und Drang. Ergebnisse und Studien, Leipzig 1911, 1–96.

Jardin, L., Bottiglia, in: DHGE 9 (1937), 1430–1431.

Jedin, Hubert (Hg.), Handbuch der Kirchengeschichte VI/1, Freiburg i. Br. [2]1978.

Johnston, Otto W., Der deutsche Nationalmythos. Ursprung eines politischen Programms, Stuttgart 1990.

Kesting, Marianne, Poesie und Poetik der Ausklammerung, in: Brockmeier/Kaiser, Zensur 127–141.

Kissinger, Henry A., Das Gleichgewicht der Großmächte. Metternich, Castlereagh und die Neuordnung Europas 1812–1822. Mit einem Nachwort von Fred Luchsinger, Zürich 1986.

Kramer, Margarethe A., Die Politik des Staatsministers Emil August von Dungern im Herzogtum Nassau (Veröffentlichungen des Instituts für Geschichtliche Landeskunde an der Universität Mainz 35), Stuttgart 1991.

Kruse, Joseph A. (Hg.), »Ich Narr des Glücks«. Heinrich Heine 1797–1856. Bilder einer Ausstellung, Stuttgart 1997.

Kuschel, Karl-Josef, »Vielleicht hält Gott sich einige Dichter...«. Literarisch-theologische Porträts, Mainz 1991.

Langewiesche, Dieter, Europa zwischen Restauration und Revolution 1815–1849 (Oldenburg Grundriß Geschichte 13), München [2]1989.

Le Guillou, Louis, Lamennais, in: TRE 20 (1990), 424–427.

Lill, Rudolf, Das Zeitalter der Restauration. Von Leo XII. bis Gregor XVI., in: Greschat (Hg.), Papsttum II, 171–183.

Lill, Rudolf, Die katholische Kirche zwischen den Revolutionen von 1830 und 1848, in: Raimund Kottje/Bernd Moeller (Hg.), Ökumenische Kirchengeschichte, Bd. 3, Mainz ⁴1989, 160–182.

Lübbe, Hermann, Heinrich Heine und die Religion nach der Aufklärung, in: Goessmann/Kruse, Heine 205–218.

Luft, R., Schönburg-Hartenstein, in: ÖBL 51 (1995), 60–61.

Mager, W., Das Problem der landständischen Verfassungen auf dem Wiener Kongreß 1814/15, in: HZ 217 (1973), 296–346.

Mayer, Hans, Die Ausnahme Heinrich Heine, in: Heinrich Heine, Werke, Bd. I, Frankfurt 1969.

March, José M., La exclusiva dada por Espana contra el cardenal Giustiniani, en el conclave de 1831, según los despachos diplomáticos, Madrid 1932.

Maron, Gottfried, Katholische Reform und Gegenreformation, in: TRE 18 (1989), 45–72.

Martina, G., Fornari, in: DHGE 17 (1971), 1095–1107.

Marx, J., Noé von Nordberg, in: ÖBL 7 (1978), 142–143.

Marx, Julius, Die österreichische Zensur im Vormärz (Österreichisches Archiv 4), München 1959.

Marx, Julius, Die Zensur der Kanzlei Metternichs, in: Österreichische Zeitschrift für öffentliches Recht NF 4, Wien 1952, 170–237.

Marx, Karl/Engels, Friedrich, Pressfreiheit und Zensur, hg. von Iring Fetscher, Frankfurt 1969.

Mayr, Josef Karl, Geschichte der österreichischen Staatskanzlei im Zeitalter des Fürsten Metternich (Inventare des Wiener Haus-, Hof- und Staatsarchivs 5), Wien 1935.

McCarthy, John/Ohe, Werner von der (Hg.), Zensur und Kultur. Zwischen Weimarer Klassik und Weimarer Republik mit einem Ausblick auf heute, Tübingen 1995.

Meyer, F. Her., Bücherverbote im Königreiche Preußen von 1834 bis 1882 (Archiv für Geschichte des Deutschen Buchhandels 14), Leipzig 1891.

Müller, Hildegard, Liberale Presse im badischen Vormärz. Die Presse der Kammerliberalen und ihre Zentralfigur Karl Mathy 1840–1848, Heidelberg 1986.

Nipperdey, Thomas, Deutsche Geschichte 1800–1866. Bürgerwelt und starker Staat, München ⁶1993.

Osinski, Jutta, Katholizismus und deutsche Literatur im 19. Jahrhundert, Paderborn/München/Wien/Zürich 1993.

Ott, H., Mazzini, in: LThK² 7 (1962), 219–220.

Ott, Sieghard, Kunst und Staat. Der Künstler zwischen Freiheit und Zensur, München 1968.

Paarhammer, Hans, »Sollicita ac provida«. Neuordnung von Lehrbeanstandung und Bücherzensur in der katholischen Kirche im 18. Jahrhundert, in: André Gabriels/Heinrich Reinhardt (Hg.),

Ministerium iustitiae. FS für Heribert Heinemann zur Vollendung des 60. Lebensjahres, Essen 1985, 343–361.

Puetzfeld, Carl, Heinrich Heines Verhältnis zur Religion, Berlin 1912.

Pasztor, Lajos, La Congregazione degli Affari Ecclesiastici Straordinari tra il 1814 e il 1850, in: AHP 6 (1968), 191–318.

Pesch, Rudolf, Die kirchlich-politische Presse der Katholiken in der Rheinprovinz vor 1848 (VKZG. B 2), Mainz 1966.

Petersdorff, H. v., Tzschoppe, in: ADB 39 (1895), 66–68.

Piolanti, A., Graziosi, in: DHGE 21 (1986), 1331–1332.

Raab, Heribert (Hg.), Joseph Görres (1776–1846). Leben und Werk im Urteil seiner Zeit (1776–1876), Paderborn 1985.

Raab, Heribert, Das Zeitalter der Revolution. Pius VI. und Pius VII., in: Martin Greschat (Hg.), Das Papsttum II (Gestalten der Kirchengeschichte 12), Stuttgart 1985, 158–170.

Raab, Heribert, Zur Geschichte des Schlagworts »ultramontan« im 18. und frühen 19. Jahrhundert, in: HJ 81 (1962), 159–173.

Raabe, Paul (Bearb.), Der Zensur zum Trotz: Das gefesselte Wort und die Freiheit in Europa (Ausstellung im Zeughaus der Herzog August Bibliothek Wolfenbüttel vom 13. Mai bis 6. Oktober 1991), Ausstellungskatalog, Weinheim 1991.

Radlik, Ute, Heine in der Zensur der Restaurationsepoche, in: Hermand/Windfuhr (Hg.), Restaurationsepoche 460–489.

Rees, Wilhelm, Index, kirchenrechtlich, in: LThK³ 5 (1996), 446–448.

Reinhard, Wolfgang, Gegenreformation als Modernisierung? Prolegomena zu einer Theorie des konfessionellen Zeitalters, in: ARG 68 (1977), 226–252.

Reisner, Hanns-Peter, Literatur unter der Zensur. Die politische Lyrik des Vormärz, Stuttgart 1975.

Reusch, Heinrich, Der Index der verbotenen Bücher. Ein Beitrag zur Kirchen- und Literaturgeschichte, 2 Bde., Bonn 1883–1885, Nachdruck Aalen 1967.

Rhein, Franz, Zehn Jahre »Historisch-politische Blätter« 1838–1848. Ein Beitrag zur Vorgeschichte des Zentrums, Obercassel 1916.

Richard, P., Altieri, in: DHGE 2 (1914), 813–814.

Ritter, Adolf Martin, Arianismus, in: TRE 3 (1978), 692–719.

Ritter, Johannes/Bour, Hubert, Imprimatur, in: LThK³ 5 (1996), 441.

Ritzler, Remigium/Sefrin, Pirmium (Hg.), Hierarchia Catholica medii et recentioris aevi sive Summorum Pontificum – S.R.E. Cardinalium Ecclesiarum antistitum Series [...], Vol. 7, Patavii 1968.

Rivinius, Karl J., Vorgänge um die Mainzer Bischofswahl von 1849/50, in: AMRhKG 38 (1986), 281–324.

Robert, Hervé/Yvert, Benoît, Thiers, in: Dictionnaire des Ministres de 1789 à 1989, Sous la direction de Benoît Yvert, Paris 1990, 189–192.

Sägmüller, Johann Baptist, Lehrbuch des katholischen Kirchenrechts, Freiburg i. Br. 1900.

Salomon-Delatour, Gottfried, Die Lehre Saint-Simons, Neuwied 1962.

Schatz, Klaus, Kirchengeschichte der Neuzeit II (Leitfaden Theologie 20), Düsseldorf 1989.

Schatz, Klaus, Vaticanum I 1869–1870, 3 Bde., Paderborn 1992–1994.

Schlingensiepen, Ferdinand, Heinrich Heine als Theologe, München 1981.

Schmidlin, Josef, Papstgeschichte der neuesten Zeit Bd. 1: Papsttum und Päpste im Zeitalter der Restauration (1800–1846), München ³1933.

Schmidt, Berthold (Hg.), Geschichte des Geschlechts von Maltzan und von Maltzahn Abt. II, Bd. 4: Aus dem 18. Bis 20. Jahrhundert, Schleiz 1926 (Neudruck 1984).

Schmidt, Johann M., »... den Himmel überlassen wir ...«, in: Kruse, Narr 350–356.

Schneider, Burkhart, Ercole Consalvi, in: Wilhelm Sandfuchs (Hg.), Die Außenminister der Päpste, München 1962, 26–42.

Schömig, Ulrike, Politik und Öffentlichkeit in Preußen. Entwicklung der Zensur- und Pressepolitik zwischen 1740 und 1819, Diss. phil. (ms), Würzburg 1988.

Schoeps, Julius H. (Hg.), Aus zweier Zeugen Mund. FS für Pnina N. Levinson und Nathan P. Levinson, Gerlingen 1992.

Schreer, Werner, Die Bücherzensur der katholischen Kirche in Geschichte und Gegenwart, in: Raabe, Zensur 15–21.

Schulze, Hagen, Sand, Kotzebue und das Blut des Verräters (1819), in: Das Attentat in der Geschichte, Köln/Weimar/Wien 1996, 215–232 (Lit.).

Schwaiger, G., Leo XII., in: LThK² 6 (1961), 952–953.

Schwaiger, Georg, Benedikt XIV., in: TRE 5 (1980), 531–533.

Schwaiger, Georg, Gregor XVI., in: LThK³ 4 (1995), 1023–1024.

Schwedt, Herman H., Binterim, in: LTHK³ 2 (1994), 468.

Schwedt, Herman H., Das römische Urteil über Georg Hermes (1775–1831). Ein Beitrag zur Geschichte der Inquisition im 19. Jahrhundert (RQ, Suppl. 37), Rom 1980.

Schwedt, Herman H., Der römische Index der verbotenen Bücher, in: HJ 107 (1987), 296–314.

Schwedt, Herman H., La Mennais, in: LThK³ 6 (1997), 568–569.

Siebers-Gfaller, Stefanie, Deutsche Pressestimmen zum Saint-Simonismus 1830–1836, Frankfurt 1992.

Siemann, Wolfram, Die Protokolle der Mainzer Zentraluntersuchungskommission von 1819 bis 1828. Überlieferung und neue Quellen, in: Stadtverfassung, Verfassungsstaat, Pressepolitik. FS für Eberhard Naujoks zum 65. Geburtstag, hg. von Franz Quarthal und Wilfried Setzler, Sigmaringen 1980, 301–317.

Siemann, Wolfram, Normenwandel auf dem Weg zur »modernen« Zensur, in: McCarthy/Ohe, Zensur 63–86.

Skalweit, St., Maistre, in: LThK² 6 (1961), 1305–1306.

Speyer, Wolfgang, Bücherverbrennung und Zensur des Geistes bei Heiden, Christen und Juden, Stuttgart 1981.

Srbik, Heinrich Ritter von, Metternich. Der Staatsmann und der Mensch, Bd. 1, München 1925.

Treitschke, Heinrich von, Deutsche Geschichte im 19. Jahrhundert, Bd. 2, Leipzig 1882.

Uhland, Robert, Beroldingen, in: NDB 2 (1955), 145.

Verucci, G., L'Avenir, Rom 1967.

Vones, Ludwig, Inquisition, in: LThK³ 5 (1996), 527-532.

Vortriede, Werner, Der Berliner Saint-Simonismus, in: Heine-Jahrbuch 14 (1975), 93–110.

Weber, Christoph, Kirchengeschichte, Zensur und Selbstzensur, Köln 1984.

Weber, Christoph, Kardinäle und Prälaten in den letzten Jahrzehnten des Kirchenstaates. Eliterekrutierung, Karrieremuster und soziale Zusammensetzung der kurialen Führungsschicht zur Zeit Pius IX. (1846–1878) (Päpste und Papsttum 13), 2 Bde., Stuttgart 1978.

Weber, Christoph, Legati e governatori dello Stato Pontificio (1550–1809), Roma 1994.

Weber, Christoph, Senatus Divinus. Verborgene Strukturen im Kardinalskollegium der frühen Neuzeit (1500–1800), Frankfurt 1996 (Reg.).

Weber, Christoph, Ultramontanismus als katholischer Fundamentalismus, in: Wilfried Loth (Hg.), Deutscher Katholizismus im Umbruch zur Moderne (Konfession und Gesellschaft 3), Stuttgart 1991, 20–45.

Weber, Ernst, Für Freiheit, Recht und Vaterland. Zur Lyrik der Befreiungskriege als Medium politischer Meinungs- und Willensbildung, in: Helmut Scheuer (Hg.), Dichter und ihre Nation, Frankfurt 1993, 237–256.

Weber, Ernst, Lyrik der Befreiungskriege (1812–1815), Stuttgart 1991.

Weech, Welcker, in: ADB 41 (1896), 660–665.

Wehler, Hans-Ulrich, Deutsche Gesellschaftsgeschichte, Bd. 2: 1815–1845/49, München 1987.

Weidl, Erhard, Heinrich Heines Arbeitsweise. Kreativität der Veränderung, Hamburg 1974.

Weiss, Otto, Der Ultramontanismus. Grundlagen – Vorgeschichte – Struktur, in: ZBLG 41 (1978), 821–878.

Weitlauff, Manfred, Zwischen katholischer Aufklärung und kirchlicher Restauration. Ignaz Heinrich von Wessenberg (1774–1860), der letzte Generalvikar und Verweser des Bistums Konstanz, in: RJKG 8 (1989), 111–132.

Wirth-Ortmann, Beate, Heinrich Heines Christusbild. Gründzüge seines religiösen Selbstverständnisses, Paderborn 1995.

Wirth-Ortmann, Beate, Heines Jesusbilder, in: Kruse, Narr 332–341.

Wolf, Hubert, Augustin Theiner und die Rottenburger Bischofswahl von 1846. Ein Gutachten des schlesischen Oratorianers aus dem Archiv der Sacra Congregazione degli Affari Ecclesiastici Straordinari, in: Archiv für Schlesische Kirchengeschichte 47/48 (1990), 205–218.

Wolf, Hubert, Der Fall Sailer vor der Inquisition. Eine posthume Anklageschrift gegen den Theologen und Bischof aus dem Jahre 1873, in: ZKG 101 (1990), 344-370.

Wolf, Hubert, Der Freiburger Moraltheologe Johann Baptist Hirscher als Rottenburger Bischofskandidat 1842/47 im Spiegel der Korrespondenz Albert von Rechbergs, in: FDA 114 (1994), 173–190.

Wolf, Hubert, Ketzer oder Kirchenlehrer? Der Tübinger Theologe Johannes von Kuhn (1806–1887) in den kirchenpolitischen Auseinandersetzungen seiner Zeit (VKZG.B 58), Mainz 1992.

Wurzbach, C. von, Biographisches Lexikon des Kaiserthums Österreich, Wien 1856–91.

Wyss, Arthur, Weidig, in: ADB 41 (1896), 450–453.

Zeis, Anton, Reisach, in: Erwin Gatz (Hg.), Bischöfe. Die Bischöfe der deutschsprachigen Länder 1785/1803 bis 1945. Ein biographisches Lexikon, Berlin 1983, 603–606.

Zeller, Bernhard, Zensur und Liberalität im Zeitalter der Restauration, Stuttgart 1979.

Zepf, Irmgard, Heines dichterische Ironie als Einspruch in die positiven Religionen, in: Schoeps, Zeugen 217–235.

Ziegler, Edda, Julius Campe. Der Verleger Heinrich Heines, Hamburg 1976.

Ziegler, Edda, Literarische Zensur in Deutschland 1819–1848, München 1983.

Zinnhobler, Rudolf, Pius IX. in der katholischen Literatur seiner Zeit. Ein Baustein zur Geschichte des Triumphalismus, in: Georg Schwaiger (Hg.), Konzil und Papst. FS Hermann Tüchle, Paderborn 1975, 387–432.

Zoll, Wolfgang, Die Rottenburger Bischofswahlen 1845–1847. Zur Kirchenpolitik Metternichs (Studien zur Theologie und Geschichte 12), St. Ottilien 1994.

# Abkürzungsverzeichnis

| | |
|---|---|
| ADB | Allgemeine Deutsche Biographie |
| AHP | Archivum historiae Pontificiae, Rom 1963 ff. |
| AHVNrh | Annalen des Historischen Vereins für den Niederrhein, insbes. das alte Erzbistum Köln, Köln 1855 ff. |
| AMRhKG | Archiv für Mittelrheinische Kirchengeschichte, Speyer 1949 ff. |
| ARG | Archiv für Reformationsgeschichte, Gütersloh 1903 ff. |
| ASV | Archivio Segreto Vaticano |
| BBKL | Biographisch-bibliographisches Kirchenlexikon, Hamm 1975 ff. |
| DHGE | Dictionnaire d'histoire et de géographie ecclésiastiques, Paris 1912 ff. |
| EC | Enciclopedia Cattolica, Rom 1949–1969. |
| FDA | Freiburger Diözesan-Archiv, Freiburg i. Br. 1865 ff. |
| FS | Festschrift |
| HHStAW | Haus-, Hof- und Staatsarchiv Wien |
| HJ | Historisches Jahrbuch der Görres-Gesellschaft, Köln 1880 ff., München 1950 ff. |
| HPBl | Historisch-politische Blätter für das katholische Deutschland, München 1838–1923. |
| HS | Heine, Sämtliche Schriften |
| HZ | Historische Zeitschrift, München 1859 ff. |
| LThK | Lexikon für Theologie und Kirche |
| NDB | Neue Deutsche Biographie |
| NF | Neue Folge |
| ÖBL | Österreichisches Biographisches Lexikon 1815–1950, Graz/Köln 1954 ff. |
| RJKG | Rottenburger Jahrbuch für Kirchengeschichte, Sigmaringen 1982 ff. |
| RQ | Römische Quartalschrift, Freiburg i. Br. 1887 ff. |
| StK | Staatskanzlei |
| THQ | Theologische Quartalschrift, Tübingen 1819 ff. |
| ThZ | Theologische Zeitschrift, Basel 1945 ff. |
| TRE | Theologische Realenzyklopädie |
| VKZG.B | Veröffentlichungen der Kommission für Zeitgeschichte, Reihe B: Forschungen |
| ZBLG | Zeitschrift für bayerische Landesgeschichte, München 1928 ff. |
| ZGO | Zeitschrift für Geschichte des Oberrheins, Karlsruhe 1851 ff. |
| ZKG | Zeitschrift für Kirchengeschichte, Stuttgart 1876 ff. |

# Die Autoren dieses Bandes

*Dominik Burkart,* geboren 1967, Wissenschaftlicher Mitarbeiter am Lehrstuhl für Kirchengeschichte des Fachbereichs Katholische Theologie der Johann Wolfgang Goethe-Universität Frankfurt.

*Gisbert Lepper,* geboren 1938, Professor für Neuere Deutsche Philologie der Johann Wolfgang Goethe-Universität Frankfurt.

*Wolfgang Schopf,* geboren 1966, Mitarbeiter am Institut für Deutsche Sprache und Literatur der Johann Wolfgang Goethe-Universität Frankfurt.

*Hubert Wolf,* geboren 1959, Professor für Kirchengeschichte am Fachbereich Katholische Theologie der Johann Wolfgang Goethe-Universität Frankfurt.